LE MOUVEMENT
POSITIVISTE
ET LA
CONCEPTION SOCIOLOGIQUE
DU MONDE

OUVRAGES DU MÊME AUTEUR

La philosophie de Platon, 2e édition, revue et augmentée (Hachette et Cie). Ouvrage couronné par l'Académie des sciences morales et par l'Académie française.
Tome Ier. *Théorie des idées et de l'amour.*
— II. *Morale, esthétique et religion platoniciennes.*
— III. *Histoire du platonisme et de ses rapports avec le christianisme.*
— IV. *Essais de philosophie platonicienne,* revus et complétés.
Chaque volume in-18. . . . . 3 50

La philosophie de Socrate, 2 vol. in-8° (F. Alcan). Ouvrage couronné par l'Académie des sciences morales et politiques. . . . . . . 16 »

La liberté et le déterminisme, 5e édit., 1 vol. in-8° (F. Alcan). . . 7 50

Critique des systèmes de morale contemporaine, 3e édit., 1 vol. in-8° (F. Alcan). 7 50

L'idée moderne du droit, 3e édit., 1 vol. in-12 (Hachette et Cie). . 3 50

La science sociale contemporaine, 3e édit., 1 vol. in-12 (Hachette et Cie). 3 50

La propriété sociale et la démocratie, 2e édit., 1 vol. in-12 (Hachette et Cie). 3 50

Histoire générale de la philosophie, 1 vol. in-8°, 7e édit. (Delagrave). 6 »

Extraits des grands philosophes, 1 vol. in-8° (Delagrave). . . . . 6 »

La Morale, la Religion et l'Art d'après Guyau, 1 vol. in-8° (F. Alcan), 2e édition considérablement augmentée, avec un beau portrait de Guyau 3 75

L'Évolutionnisme des idées-forces, 2e édit., 1 vol. in-8° (F. Alcan). 7 50

L'Avenir de la métaphysique fondée sur l'expérience, 2e édit., 1 vol. in-8° (F. Alcan). . . . . 5 »

L'Enseignement au point de vue national, 1 vol. in-18 (Hachette et Cie). 3 50

Le même, traduit en anglais par M. Greenstreet. . . . . 5 shel.

Psychologie des idées-forces, 2 vol. in-8° 2e édit. (F. Alcan). . . 15 »

Descartes. 1 vol. in-16 (*Collection des grands écrivains*). Hachette. 2 »

Tempérament et caractère, 1 vol. in-8°, 2e édit. (F. Alcan) . . . 7 50

Le Mouvement idéaliste, 1 vol. in-8° (F. Alcan), ouvrage faisant suite au **Mouvement positiviste** (*pour paraître incessamment*). 7 50

Morale des idées-forces (*en préparation*).

ÉVREUX, IMPRIMERIE DE CHARLES HÉRISSEY

LE MOUVEMENT

POSITIVISTE

ET LA

CONCEPTION SOCIOLOGIQUE

DU MONDE

PAR

ALFRED FOUILLÉE

PARIS
ANCIENNE LIBRAIRIE GERMER BAILLIÈRE ET Cie
FÉLIX ALCAN, ÉDITEUR
108, BOULEVARD SAINT-GERMAIN, 108

1896

INTRODUCTION

Ce livre est la seconde partie de notre étude d'ensemble sur la direction et les résultats de la philosophie contemporaine. Il a son nécessaire complément dans notre travail consacré au Mouvement idéaliste et aux critiques dirigées contre la science.

En même temps que l'idéalisme, la philosophie positive n'a cessé de faire des progrès dans notre pays. Au reste, les deux principales directions de l'intelligence ont toujours été représentées en France : la direction spéculative et idéaliste avec Descartes, Malebranche, Bossuet, Fénelon, Maine de Biran, Lamennais, Cousin et leurs continuateurs ; le courant empirique et plus ou moins positiviste, avec Gassendi, Condillac, l'Encyclopédie, Cabanis, Broussais, Comte, Littré, Taine, Claude Bernard et beaucoup de philosophes contemporains. Aujourd'hui, ces deux courants nous semblent tendre aux mêmes résultats, soit dans la théorie, soit dans la pratique ; poussés assez loin, ils finiront par confluer en une représentation plus large de l'humanité et du monde, qui, comme nous l'avons soutenu depuis longtemps, sera sociologique. Montrer comment, dans leurs conclusions ultimes, peuvent se concilier la philosophie positive et la philosophie idéaliste, tel est le but de cet ouvrage [1].

I

Les origines du positivisme sont bien connues. La première influence fut celle de Descartes, qui avait rêvé la rénovation de l'humanité par la science; la seconde fut celle des encyclopédistes, puis de Condorcet, de Turgot et des physiologistes idéologues; la troisième fut celle des réformateurs socialistes, notamment Saint-Simon [2]. Réorganiser la société par la science et, pour cela, réorganiser d'abord la science même, telle fut l'entreprise positiviste. A Saint-Simon sont dues les idées fondamentales, — sauf la loi des trois états, formulée par Turgot —; mais Comte leur a donné un développement si systématique qu'il les a faites siennes. En vain Stuart Mill reproche à Auguste Comte cette perpétuelle préoccupation de *systématiser*, qu'il attribue à une inclination naturelle de l'esprit français; il est clair que la systématisation est l'œuvre même de la philosophie. Littré, dont l'esprit était beaucoup moins synthétique, ne fit guère

[1] En ces derniers temps, l'attention a été rappelée sur Auguste Comte, d'abord par un livre substantiel et original de M. de Roberty, puis par celui du P. Grüber, par le concours sur le *Positivisme* à l'Académie des Sciences morales, par les très belles études de M. Faguet dans la *Revue des Deux-Mondes*, enfin par un excellent travail de M. Dugas dans la *Revue philosophique*. On sait, en outre, que le positivisme est représenté au collège de France par M. Laffitte.

[2] Voir, dans l'Appendice, notre *Rapport à l'Académie des Sciences morales sur le concours relatif au positivisme.*

que rétrécir le positivisme en le vulgarisant sous sa forme la plus superficielle. Stuart Mill, pour son compte, admit la classification positive des sciences et la loi des trois états, mais il rejeta la proscription de la psychologie, remplaça le phénoménisme objectif de Comte par un phénoménisme subjectif et psychique; enfin, tout en admettant la religion de l'humanité, il crut possible et nécessaire de se faire une conception du suprême principe du monde. Taine et Renan, refusant de s'enfermer dans aucune école et cherchant dans toutes les directions, élargirent encore le positivisme et commencèrent chez nous le mouvement qui devait préparer une sorte de fusion entre positivisme et idéalisme.

La « philosophie première » doit être l'unité du point de vue subjectif et objectif; quel sera donc l'élément capable de fournir la synthèse intégrale des faits cosmiques en même temps que psychiques? Cet élément ne peut être que mécanique, ou biologique, ou sociologique. Mais la synthèse mécanique du monde est un point de vue abstrait, qui unifie seulement les relations quantitatives dans l'espace et dans le temps. Pour comprendre les phénomènes, le savant essaie de les réduire à des éléments intelligibles qui sont de plus en plus vides : la masse, le mouvement, le temps, l'espace, le nombre, l'identité, la différence. Il les dépouille ainsi successivement de toutes leurs qualités sensibles, qui cependant font leur vraie réalité. La dernière qualité qu'il leur laisse, c'est la résistance, dont l'impénétrabilité n'est que l'expression abstraite, puis, avec une réflexion de plus, il se dit : — « C'est encore là une qualité relative à notre sens du tact » ; il l'enlève donc à son tour pour ne plus laisser, comme Descartes, que l'étendue. Il a alors, devant son imagination ravie de géomètre, des figures de toute sorte qui se meuvent dans l'espace et dans le temps, selon ces lois du nombre qui enchantaient Pythagore ; c'est le triomphe du mécanisme, et le savant s'écrie : Εὕρηκα. Par malheur, la perfection du mécanisme est sa mort ; car nous nous apercevons bientôt que le mécanisme complet est une complète abstraction. Loin d'être une réalité, il est le terme tout idéal de la résolution des phénomènes en éléments intelligibles : c'est la silhouette de l'univers projetée sur notre pensée. Le mécanisme ne peut donc expliquer qu'une partie du contenu de l'expérience, non le tout de l'expérience, ni l'expérience même. Supérieure est la conception biologique de l'univers, qui en fait un organisme vivant où tout est en corrélation fonctionnelle. Cette synthèse fut soutenue par Aristote et, plus récemment, par Hegel. Mais la biologie n'est encore, d'un côté, qu'une application de la mécanique ; de l'autre, par son élément *sensitif*, elle n'est qu'une application de la psychologie. L'idée de la « vie » est mixte et se résout en deux autres : mouvement et appétit. Aussi le point de vue biologique n'est-il pas, à nos yeux, le plus élevé. Nous croyons que la plus récente et la plus complexe des sciences, la sociologie, qui implique la psychologie, fournira le meilleur type et les lois les plus importantes de la synthèse universelle.

Telle fut précisément la direction qu'entrevit Auguste Comte, mais qu'il ne sut pas suivre. Une véritable unité philosophique, dit-il, exige « l'entière prépondérance normale de l'un des éléments spéculatifs sur tous les autres[1] ». Il est indispensable de déterminer « l'élément qui doit finalement prévaloir, non plus pour l'essor premier du génie positif, mais pour son actif développement systématique, parmi les six points de vue fondamentaux, — mathématique, astronomique, physique, chimique, biologique, et enfin sociologique. — à l'ensemble desquels se rapportent inévitablement toutes les spéculations réelles. Or, la constitution même de cette hiérarchie scientifique démontre qu'une telle prééminence mentale n'a jamais pu appartenir qu'au *premier* ou au *dernier* des six éléments philosophiques ». Il faut donc choisir entre « les deux marches contraires de notre esprit, l'une mathématique et l'autre sociologique ». La lutte de ces deux principes est « un déplorable antagonisme, jusqu'à présent insoluble, incessamment développé, depuis trois siècles, entre le génie scientifique et le génie philosophique... Pendant que la science poursuivait, sous l'impulsion mathématique, une vaine systématisation, la philosophie réclamait inutilement contre l'oubli du point de vue humain[2] ». La vraie synthèse subjective, selon les positivistes, doit être « la réaction de la dernière science, celle de l'homme et de la société, sur les sciences qui en sont les préliminaires ».

Malheureusement, nous verrons le monisme sociologique de Comte, d'abord théorique d'intention,

[1] *Cours*, t. I, leçon LVIII, p. 650.
[2] *Ibid.*, 652, 653.

devenir purement pratique et même utilitaire. Comme on l'a dit, Comte a volontairement rétréci son angle conceptuel. La raison finale pour laquelle il soutient « le primat de la sociologie », en effet, c'est la nécessité d'organiser toutes nos connaissances en vue des besoins matériels et moraux de l'humanité et, pour ainsi dire, socialement. Or, même à ce point de vue, le positivisme méconnaît que l'étude objective des choses, sans préoccupation humaine, est précisément ce qu'il y a de meilleur pour l'humanité : on ne peut jamais savoir si telle vérité ne sera pas un jour utile. En outre, la méthode « subjective » ne doit pas être seulement, comme elle l'est pour les positivistes orthodoxes, une méthode pratique qui ordonne le savoir par rapport aux besoins sociaux; elle doit devenir une méthode théorique qui, dans l'être social et dans la société entière, voit la clef de l'explication universelle. Si « le supérieur explique l'inférieur », comme le dit Comte, il est logique de chercher dans l'humanité l'explication de la matière même. Il ne semble pas, cependant, que le fondateur du positivisme ait suivi cette pensée; car la coordination subjective des sciences reste pour lui une simple subordination à nos fins. Chercher dans l'humanité la raison de la nature, comme si la nature était faite en vue de l'humanité, lui eût semblé un retour aux causes finales d'Aristote. Mais, entre la synthèse utilitaire de Comte et la synthèse finaliste d'Aristote il y a, semble-t-il, un moyen terme ; c'est de dire que l'explication de la nature doit se trouver dans les éléments supérieurs et plus concrets qui expliquent l'humanité et qui viennent s'y révéler sous une forme consciente. Il n'en résulte pas que l'humanité soit ni « cause exemplaire » au sens de Platon, ni même proprement « cause finale » au sens d'Aristote, mais seulement que la vie sensitive et appétitive, avec la loi de solidarité qui en résulte, existe déjà dans les germes universels et dans leurs rapports universels. Croire que toute causalité dans le monde est de nature foncièrement psychique et appétitive, ce n'est pas ramener « l'illusion téléologique » d'une finalité extérieure, ce n'est pas faire du monde le produit d'une *idée;* c'est n'admettre qu'une finalité interne sous forme de besoin et d'appétition, seule explication possible de l'agitation universelle. Car enfin, pourquoi changer et se mouvoir. si l'on est bien comme on est et si l'on n'a nul besoin d'autre chose? Le besoin rudimentaire est la seule face interne à nous concevable du mouvement rudimentaire. Aussi, dans tous les êtres que nous connaissons, nous ne pouvons nous empêcher de placer quelque chose d'analogue à l'appétit et au vouloir. En revanche, nous concevons fort bien que leurs sensations puissent être très différentes des nôtres, aussi impossibles même à représenter dans le langage de nos idées que les couleurs dans la langue des sons. L'appétition, avec la tendance motrice qui en est inséparable, est donc bien le principe d'analogie qui rapproche tous les êtres; la sensation, au contraire, avec ses espèces peut-être innombrables, est, comme Platon l'avait entrevu, le principe de la diversité radicale.

C'est ce que le positivisme a méconnu. Son vice essentiel, d'abord en sa « synthèse objective », puis en sa synthèse imparfaitement « subjective », c'est d'avoir précisément fait abstraction du vrai *sujet*, de l'être sentant et pensant, et, par conséquent, de ne pas s'être élevé au véritable point de vue de la philosophie. Le positivisme objectif demeure une vue purement scientifique de la nature ; le positivisme subjectif demeure une vue purement utilitaire de cette même nature ; la vraie conception philosophique de l'univers, identique à la vraie conception morale et sociale, fait défaut jusqu'au bout, parce que le positivisme refuse de considérer et le rapport des objets au sujet pensant, et la vie propre de ce sujet pensant. Nous le verrons exclure de ses recherches, en premier lieu, la théorie de la connaissance, inséparable de la théorie de l'existence, en second lieu, la psychologie. Le voilà donc réduit à la cosmologie, qui forme une extrémité de la chaîne scientifique, puis à la sociologie, qui forme une autre extrémité. D'un côté, c'est la spéculation purement objective; de l'autre, c'est la pratique purement objective, malgré le nom de méthode subjective qui lui est attribué, puisqu'il ne s'agit toujours pour Comte que des intérêts extérieurs et de la vie sociale extérieure. Le mental est absent. et, avec lui, le moral, disons plus, le « social » au vrai sens du mot.

La grande objection qu'on peut faire aux positivistes et à leur méthode purement extérieure est la suivante : — Vous voulez entièrement expliquer l'expérience par ce qui est inintelligible sinon comme produit d'une fonction mentale. Vous voulez rendre compte de la pensée et du sujet pensant en ne supposant qu'un monde d'objets agissant les uns sur les autres. Or, on peut vous montrer que les choses par vous assumées sont elles-mêmes, en tant qu'*objets* intelligibles, des *constructions mentales* et dépendent de l'action de cette pensée que vous prétendez expliquer entièrement par cette seule voie. Les phénomènes dits physiques ne vous sont connus eux-mêmes que sous forme de *représentations*, conséquemment comme processus psychiques ; les propriétés générales que vous assignez aux objets de la perception extérieure sont en même temps des qualités du processus de la perception elle-même. Les états et activités psychiques ne peuvent donc entièrement se réduire aux phénomènes extérieurs, tels que les phénomènes cérébraux ; au contraire, comme les kantiens le soutiennent, de tels phénomènes sont eux-mêmes, en tant que représentations, des résultats de l'activité psychique. Les objets sont des produits du sujet, du moins en partie et dans ce qu'ils ont de pensable ; nous ne pouvons atteindre par la pensée, sinon négativement et comme simples x, des choses qui seraient complètement indépendantes de notre pensée ; l'intelligence a donc le droit de ne pas être exclue des principes du monde connaissable, puisqu'elle est un des termes essentiels du problème, le terme sans lequel l'autre ne serait pas posé. Dès lors en négligeant et même en niant la psychologie, nous verrons Comte se mettre dans l'impossibilité de découvrir ou d'entrevoir l'élément concret universel ; il devra s'en tenir aux lois abstraites du monde, réduites en système. Mais pourquoi une philosophie vraiment première ne compléterait-elle pas par une vue d'intérieur la vue de l'extérieur? Et comme la seule réalité concrète pour nous saisissable est le fait psychique, dont nous avons la seule immédiate et certaine expérience, il en résulte que la vraie philosophie, théorique et pratique doit emprunter à la psychologie son élément concret ultime, comme elle doit emprunter à la sociologie ses dernières lois abstraites. Elle doit se représenter le monde entier en termes psychiques et en rapports sociologiques.

II

L'extension à l'univers de l'idée sociale, — extension à laquelle le positivisme se refuse, — nous l'avons toujours crue possible et nécessaire[1]. Il nous paraît insuffisant d'admettre que les organismes sont des sociétés, que les sociétés, réciproquement, sont des organismes, que la psychologie relève de la sociologie en même temps que de la biologie, que la morale est en majeure partie sociale, etc.; il faut, selon nous, aller jusqu'à dire que l'existence même est sociale et que l'univers est une société infinie, ayant pour loi essentielle la réciprocité d'action et de vouloir, c'est-à-dire la solidarité, premier degré de l'amour. A l'impénétrabilité leibnizienne des consciences et des êtres, nous croyons qu'il faut substituer leur pénétrabilité ou communicabilité, résultant de ce qu'au fond la multiplicité

[1] Voir *la Liberté et le déterminisme*. *la Science sociale contemporaine* (conclusion), l'*Évolutionisme des idées-forces*, *la Psychologie des idées-forces*.

des individus a pour base une radicale unité[1]. Le monisme est donc, pour nous, le point de vue final dont l'atomisme physique et le monadisme psychique ne sont que la préparation.

Nous avons essayé de le montrer ailleurs[2], le principe qui tend à dominer la psychologie contemporaine et qui, de là, devra s'étendre sur la philosophie entière, c'est l'ubiquité du vouloir et du sentir, par conséquent de la conscience et du rapport entre les consciences. Il y a partout, dans l'organisme vivant, discernement et préférence : les mouvements vitaux ne sont que la manifestation externe de ce dedans psychique. Le prétendu *inconscient* recule de plus en plus pour faire place — comme l'hypnotisme l'a montré, — soit à des affaiblissements, soit à des dégénérations, soit à des dédoublements de la conscience, entendue comme le sentiment immédiat qu'a l'être de sa manière d'être et de réagir, indépendamment de toute considération de *moi* ou de *non-moi*. La psychologie, avons-nous dit, finira par reconnaître la continuité et la transformation des modes de l'énergie psychique, comme la physique reconnaît la continuité et la transformation des modes de l'énergie physique. La philosophie générale, à son tour, verra dans l'énergie physique l'expression extérieure de l'énergie psychique, c'est-à-dire de la volonté, qui est omniprésente et constitutive de la réalité même. S'il n'y a point d'insensibilité absolue dans le monde, il n'y a pas davantage d'inconscience absolue,

[1] Voir la conclusion de notre *Philosophie de Platon* et de *La liberté et le déterminisme*.

[2] *Psychologie des idées-forces* (conclusion).

puisque la sensation est l'élément de la conscience, qui n'a besoin que d'être multiplié pour devenir « perception » et « aperception ». Il y a seulement, comme nous l'avons dit, des nébuleuses de la conscience. Leibniz avait raison de croire qu'il n'existe dans la nature rien de mort ni d'absolument inerte, que tout est composé de vivants, que le minéral même paraîtrait organisé dans toutes ses parties à un œil assez perçant pour saisir la pulsation de la vie sous le repos apparent produit par l'équilibre des molécules. Supposez deux bras qui se tirent en sens inverse avec la même force, il y aura repos à l'extérieur; mais, intérieurement, il y aura effort et tension; diminuez cet effort à l'infini et répandez-le en toute chose : vous aurez la matière. Vous dites en présence d'un tas de pierres : — Je le touche, donc il a une « réalité substantielle »; mais Leibniz vous répondra : — Le fait de toucher un tas de pierres ou un bloc de marbre « ne prouve pas mieux sa réalité *substantielle* que la possibilité de *voir* un arc-en-ciel ne prouve sa réalité ». Le marbre inerte, comme l'arc-en-ciel, n'est qu'un phénomène, une manière dont les choses nous apparaissent. Tout est relatif, comme la solidité et la fluidité : « rien n'est si solide qu'il n'ait un degré de fluidité, » rien n'est si inerte et si insensible qu'il n'ait un degré d'activité et de sensibilité; « peut-être donc ce bloc de marbre n'est-il qu'un tas d'une infinité de corps vivants. » Leibniz a pu avoir tort de mêler des considérations de causes finales à ce « dynamisme » universel : c'était introduire dans les choses l'intelligence plus ou moins réfléchie et ratiocinante de l'homme, pour parler à la façon de Montaigne. La vraie « finalité » est l'effort immanent de l'être pour conserver le bien-être ou pour repousser la douleur; elle n'est pas prévision, elle est sensation immédiate; elle n'est pas attrait intellectuel, elle est émotion intérieure et lutte extérieure pour la vie. On peut donc, sans admettre les causes finales proprement dites, croire tout à la fois au mécanisme universel et à la sensibilité universelle, résultat de l'appétition universelle. Par cela même, on place au fond de tout des états de conscience, à des degrés divers d'intensité et d'union réciproque : là un concert puissant et rythmé, ici un son plus faible qui se perd dans l'ensemble, nulle part l'absolu silence. De même, il n'y a nulle part d'isolement absolu, ni, par conséquent, d'individualité absolue et fermée au dehors, de vraie « monade » : tout a des fenêtres sur l'infini, tout est ouvert à tout, solidaire du tout, en société avec le tout.

L'évolutionnisme mécaniste de Spencer aura servi de simple transition entre l'agnosticisme positiviste de Comte et le monisme psycho-sociologique de l'avenir, qui concevra le monde comme une vaste société d'éléments enveloppant une sensibilité et une volonté plus ou moins latentes. Si on rapproche ce résultat de la loi des trois états proposée par Auguste Comte, on peut admettre que l'état « théologique », — si on entend par là la théologie transcendante, — après s'être réduit chez Spencer à un agnosticisme vague, tend à disparaître ou à prendre la forme d'une sorte de panthéisme immanent. L'état « métaphysique », — si on entend par là, avec Comte, un ontologisme transcendant et abstrait, —

tend aussi à disparaître : la philosophie prend, comme le voulait Comte, la forme scientifique, en s'appuyant sur la totalité des sciences pour s'efforcer de concevoir la totalité des choses. Mais elle aura une base psychologique et sociologique plus profonde et plus large à la fois que ne le supposait Auguste Comte. « Il faut, disait ce dernier, faire de l'étude des généralités scientifiques une grande spécialité de plus, » la philosophie. Une classe nouvelle de savants, celle des philosophes, « s'occupera uniquement, en considérant les diverses sciences positives dans leur état actuel, à déterminer exactement l'esprit de chacune d'elles, à découvrir leurs relations et leur enchaînement, à résumer, s'il est possible, tous leurs principes propres en un moindre nombre de principes communs[1] ». Cette conception comtiste de la philosophie, malgré ses éléments de vérité, est insuffisante. Une science de pures « généralités » resterait vague et souvent stérile. L'accroissement des sciences spéciales et des études spéciales rendrait d'ailleurs de plus en plus difficile et superficiel le travail encyclopédique des philosophes, dont la science se réduirait, comme on l'a dit, à une table générale des conclusions. L'unité ainsi introduite dans la science, étant trop abstraite et, pour ainsi dire, trop lointaine, ne pourrait y prendre vie et y exercer une influence : la dispersion « anarchique » des spécialités, qui désolait Comte, subsisterait sous le rapprochement des généralités indéterminées. La philosophie future ne sera donc pas, comme dans

[1] *Cours*, t. IV, 430 et suiv.

le positivisme, un simple résumé des sciences : elle aura ses objets propres et ses fins propres. Elle sera d'abord une systématisation et une critique des notions sur lesquelles reposent les sciences objectives ; mais de plus elle sera une étude du sujet connaissant, qui crée la science et l'applique dans la pratique ; enfin, elle sera une recherche de la fin suprême à laquelle tendent et la connaissance et l'action. C'est pourquoi la philosophie ne pourra jamais s'absorber dans la science, surtout dans la science objective ; elle la dépassera, elle la complétera par une vue sur l'intérieur du réel et sur l'idéal, qui, procédant du réel même, l'incite à se dépasser sans cesse. Grâce à certains appareils scientifiques, dans les places militaires de nos côtes, l'image de chaque navire qui passe en mer vient se refléter sur une carte du port, où sont indiquées les places des torpilles, et quand l'image d'un navire ennemi est sur le point de la carte correspondant à une torpille, l'étincelle électrique part, le navire saute : la combinaison de deux images a servi à produire la combinaison de deux réalités. Ainsi fait le savant lorsque, grâce aux lois du mécanisme universel, il prédit l'avenir ou le soumet à son expérimentation : il calcule le rapport des empreintes laissées par la Nature dans son cerveau, pour agir ensuite sur la Nature même et s'assurer son concours. Mais il n'entame pas pour cela l'intérieur de la Nature. L'élément véritable, le fond des choses échappera toujours à la science positive comme le fond de l'objet à l'empreinte ; science et nature ne sont que dans un rapport de représentation. Mais tandis que la science positive, roulant sur des relations, demeurera une sorte de comparaison ou de métaphore perpétuelle, la philosophie s'efforcera de se représenter la réalité même ; et comme c'est seulement en nous que nous prenons le réel sur le fait, la seule induction légitime sera celle que nous avons indiquée : d'une part, concevoir les éléments universels comme un premier degré de ce qui est en nous le plus radical : sensation et appétition ; d'autre part, concevoir les relations universelles comme le premier degré de la relation la plus complexe à nous connue : la solidarité sociale.

LE

MOUVEMENT POSITIVISTE

LIVRE PREMIER

LA SYNTHÈSE OBJECTIVE DES SCIENCES
ET LA CONCEPTION MÉCANIQUE DU MONDE

CHAPITRE PREMIER

LES SCIENCES ET LA PHILOSOPHIE POSITIVE

Le positivisme s'est fait une conception déjà très remarquable et en partie juste de la philosophie générale. La seule question est de savoir si la philosophie positive est toute la philosophie.

La philosophie positive est, selon Comte et Littré, « l'interprétation de l'univers ». Elle écarte complètement de son domaine tout ce qui appartient à la science spéciale, à la science concrète, et s'arrête aux notions générales qui dominent les sciences abstraites. Mais ces généralités scientifiques ne sont plus les généralités vagues où se complaisaient les anciens philosophes; elles sont des lois précises, rigoureuses, embrassant des groupes entiers de phénomènes, pouvant dès lors donner, comme on l'a dit, « non une simple *notion*, mais une véritable *conception* de l'univers ». Les lois mathématiques, astronomiques, physiques, chimiques, biologiques, sociologiques, résument, selon les positivistes, toutes les propriétés à nous connues; en les connaissant, on connaît donc les conditions d'existence de tout ce qui est pour nous concevable : on a la vraie codification de la nature.

Mais la philosophie ne se contente pas de reproduire et de résumer l'œuvre des sciences, elle la soumet à une nouvelle élaboration, l'intègre et la complète. Il y a des liens intimes entre les divers objets des sciences, il y a, à la base même des notions scientifiques, des éléments plus simples et plus fondamentaux; la philosophie cherche les lois de leur dérivation et leur lien synthétique. Aussi, selon les positivistes les plus récents, la tâche de la philosophie est-elle de justifier l'œuvre de la science en montrant que les principes sur lesquels les diverses sciences reposent ne sont pas un ensemble incohérent de « symboles arbitraires », mais forment une « organisation rationnelle ». La philosophie doit déterminer les principes qui fondent les diverses méthodes et en montrer l'enchaînement logique; elle a ainsi une fonction distincte de celle des sciences. Le positivisme contemporain reproche même au criticisme d'avoir vu dans la philosophie une simple « méthode de *réflexion* sur les sciences », alors qu'elle en est une véritable « organisation ». La « critique », par sa méthode de réflexion, peut bien déterminer, elle aussi, quels sont les principes des sciences; mais la philosophie positive ne reste pas simplement « critique », elle est « théorique ». Elle n'est pas pour cela, à proprement parler, démonstrative, comme le sont les sciences mêmes; elle ne peut pas déduire *a priori* le système des principes, en imitant, comme faisait Spinoza, les démonstrations scientifiques par définition et déduction. Elle a une méthode propre, de même qu'elle a un objet propre différent des objets de la science : cette méthode est ce que Comte appelait la « systématisation ». Tandis que la science, a-t-on dit, cherche à connaître les phénomènes par des principes, la philosophie positive détermine l'enchaînement de ces principes eux-mêmes. La science, par exemple, donne des définitions de la continuité, du mouvement, de l'énergie, etc., mais ces définitions n'ont encore de sens que pour la connaissance scientifique ; aussi ne saurait-on, en les laissant telles, les enchaîner *philosophiquement.* Ainsi le mathématicien dit qu'une fonction est continue pour $x = a$ si, à tout nombre E on peut faire correspondre un nombre positif a tel que, etc. Le philosophe, lui, dira que la continuité est la propriété qui fait que dans les quantités aucune partie n'est la plus petite possible si elle n'est simple[1]. La philosophie positive doit ainsi trouver des définitions supérieures qui soient le fondement rationnel des définitions scientifiques et qui permettent de les lier systématiquement. Par cette organisation en système unifié, les définitions scientifiques perdent le caractère de symboles plus ou moins arbitraires qu'elles pouvaient offrir d'abord ; elles apparaissent comme nécessaires, car elles sont constituées par des « déterminations de la pensée que nous ne pouvons supprimer sans anéantir en même temps la science[1] ».

Ainsi conçue selon l'esprit véritable du positivisme, la philosophie se rapproche, on le voit, de la conception proposée par l'idéalisme même. Hegel, Spencer et Comte tendent à se réconcilier. La philosophie, selon Hegel, n'est pas la conscience d'un autre objet que celui qui est présent dans notre expérience finie et dans notre science, mais elle est une façon plus haute de considérer le même objet, si bien qu'il apparaît alors dans son universalité et sa réelle infinité. La philosophie, selon Spencer, c'est le « savoir complètement unifié ». Mais le savoir complètement unifié prend la forme d'un organisme d' « idées » en parfaite synthèse ; les vrais principes de l'évolution viennent donc se confondre avec ceux d'une dialectique à la fois réelle et rationnelle, telle que la rêva le philosophe allemand[1].

Avec les éléments qui précèdent, la conception de la

[1] Voir l'excellente étude de M. Winter, dans la *Revue de métaphysique et de morale*, septembre 1894.

philosophie est-elle complète? Non. Ce qui manque, c'est une théorie de la connaissance et une théorie de la réalité, liées d'ailleurs par le lien le plus intime et qui, convenablement entendues, forment la vraie « métaphysique » en opposition avec la fausse, tant décriée par Comte.

La question métaphysique se pose et du côté logique et du côté cosmologique; de part et d'autre, le positivisme la méconnaît. Au point de vue logique, il faut rechercher l'origine des lois de la pensée, leur valeur objective, leurs limites d'application : ces trois problèmes sont l'objet de l'épistémologie ou théorie de la connaissance, qui ne se préoccupe plus seulement de la forme du savoir et des méthodes du savoir, mais du fond même de tout savoir et de son rapport à la réalité. Tandis que le positivisme s'établit dans la pensée actuelle et nous défie de la dépasser pour découvrir ce qui l'a

[1] Par cela même, ajouterons-nous, que la philosophie est à la fois évolutionniste et dialectique, elle a une tâche supérieure de « conciliation progressive ». Sous ce nom, nous n'entendons pas une méthode historique, partant de ce principe que tout a été dit par les philosophes et aboutissant à un « choix » sans autre règle que le « sens commun », — traduisez : les préférences personnelles ou les préjugés de l'éclectique. La vraie méthode philosophique est spéculative; elle a pour but la synthèse des systèmes rectifiés et ramenés à leur forme typique. Les systèmes-types doivent leur valeur relative et leur durée à certains faits et à certaines idées sur lesquels ils reposent; pour unifier, il faut faire la synthèse de ces faits et de ces idées, non dans ce qu'ils ont de contradictoire, mais dans ce qu'ils ont de compatible. La synthèse s'opère, selon nous, par trois moyens principaux : le procédé de *distinction*, qui consiste à découvrir des points de vue divers d'où les systèmes divers soient vrais; le procédé d'*union*, qui consiste à découvrir une idée plus large et plus compréhensive servant de principe commun aux systèmes; enfin le procédé des *moyens termes*, qui consiste à trouver des idées intermédiaires entre les systèmes opposés et à les rapprocher ainsi l'un de l'autre. Quel que soit le procédé que l'on emploie, il faut *ajouter* aux doctrines pour en faire la vraie synthèse; il faut *inventer* pour *concilier*. En un mot, c'est seulement dans une construction plus vaste, œuvre personnelle et originale, qu'on peut espérer réunir les constructions déjà élevées par les diverses écoles philosophiques. Et comme jamais la doctrine conciliatrice ne sera elle-même assez large, assez compréhensive pour tout embrasser, l'unité complète demeure un idéal dont on peut se rapprocher sans cesse par le progrès simultané de l'analyse et de la synthèse philosophiques. Un des torts du positivisme c'est de n'avoir pas fait une part suffisante à la méthode de spéculation et de construction.

produite, le criticiste cherche l'origine de la connaissance dans les formes et dans la nature du sujet ; l'évolutionniste remonte la série des temps, nous montre la pensée à ses humbles débuts, en son enfance pour ainsi dire, puis nous fait assister à sa croissance. — Mais, objectent les positivistes, se demander ainsi quelle est l'origine des concepts (si elle est expérimentale ou non), c'est vouloir résoudre par des concepts un problème qui dépasse les concepts ; c'est vouloir découvrir au moyen de la pensée « les stades par lesquels la pensée a passé avant d'être la pensée ». — Certes, peut-on répondre, l'origine première de la pensée échappe nécessairement à la pensée ; mais ce point même a besoin d'être tout d'abord établi par la critique. De plus, entre l'origine première, où se perdait l'ancienne métaphysique abstraite, et l'état actuel, où veulent se tenir les positivistes purs, il y a un intermédiaire : ce sont les origines dans le passé, c'est la genèse et la formation des idées que nous trouvons aujourd'hui dans notre esprit et dont nous faisons la base des sciences. Pourquoi se refuser à l'étude de ces origines ? Pourquoi ne pas tenter de faire la part du psychique et celle du physique ? Ici l'évolutionnisme est légitime, sous la condition de ne pas se borner à un point de vue purement physique et physiologique, qui serait insuffisant pour expliquer le développement de la pensée.

Non seulement le problème des origines, soit primaires, soit secondaires, est légitime, mais la théorie de la connaissance a raison d'examiner encore la valeur objective du savoir et, en troisième lieu, les limites du savoir. Le positivisme lui, préjuge toutes ces questions : il ne se demande ni en quoi consiste l'objectivité, ni jusqu'où elle va. Quant aux limites, il se contente de les affirmer sans les établir par une critique suffisante ; en conséquence, il ne peut déterminer exactement les bornes nécessaires de notre science.

La critique du savoir et des notions fondamentales de la science est tellement légitime et naturelle que ses résultats se manifestent de plus en plus, non seulement chez les savants et les philosophes, mais même dans la masse. L'esprit humain progresse et devient spontanément plus critique. On peut donner en exemple les phases diverses de cette fonction mentale que les psychologues appellent la projection des sensations. Animaux et enfants projettent dans l'objet extérieur les odeurs, les saveurs, parfois les douleurs ; une expérience plus large délivre de cette illusion : les hommes réfléchis ne projettent plus le son dans les objets. On a dit avec raison que la projection est désormais limitée aux sensations de couleur et de résistance, à l'espace et au mouvement[1]. Un progrès s'est donc accompli, et d'autres pourront s'accomplir encore. On pourra, comme Descartes, cesser de projeter la résistance dans les corps, et, comme Leibniz ou Kant, cesser de projeter l'étendue. Leibniz dit que l'étendue « est un simple phénomène comme l'arc-en-ciel et les songes liés ». Les notions mêmes d'espace et de temps se sont transformées. On a commencé sans doute par n'avoir qu'une notion très vague de l'espace infini et du temps infini ; toujours est-il qu'on s'est figuré d'abord le monde comme fini dans le temps et dans l'espace, avec la voûte du firmament pour limite visible. Les rapports entre le temps, l'espace et la matière sont aujourd'hui devenus si intimes que l'esprit humain s'accoutume de plus en plus à l'idée d'un univers sans limites. De même pour la causalité. On a commencé par concevoir la causalité arbitraire. Par l'effet d'une expérience imparfaite et en l'absence d'antécédents phénoménaux visibles, on suppléait aux lois, comme Comte l'a montré, par la projection anthropomorphique du sentiment d'effort volontaire. Aujourd'hui on ne conçoit plus, au moins dans le monde de la science, que la causalité nécessaire. De ces faits on a pu conclure que, dans les antinomies kantiennes, les thèses vont disparaissant peu à peu de

[1] Cardini. *Rivista di filosofia scientifica*, décembre 1891.

l'esprit humain au profit des antithèses : le limité dans l'espace, dans le temps et dans la série des causes disparaît devant l'illimité, que conçoit une intelligence plus développée et que confirme une expérience plus vaste. En outre, les thèses relatives au fini, outre qu'elles impliquaient une difficulté de plus, la création *ex nihilo*, étaient moins liées entre elles et par rapport aux phénomènes : c'était une série d'hiatus et de « commencements absolus ». Le progrès critique et même dogmatique est donc incontestable.

Les lacunes du point de vue positiviste entraînent une série de défauts. Le premier est une idée vague du « fait » et de la « loi ». — Il n'y a, répète Auguste Comte, que des faits et des lois ; — mais ce qui importe, c'est de savoir d'abord ce qu'il faut entendre par « fait ». Or, les positivistes n'ont pas fait la critique de leur notion fondamentale, celle de phénomène : ils ne se sont pas demandé si on peut concevoir des phénomènes qui n'existent pas dans une conscience ou pour une conscience, qui ne sont nullement sentis et n'enveloppent rien de mental. Ils ont emprunté leur notion du *fait* à la conscience vulgaire et primitive, qui, sans s'en apercevoir, transporte au dehors ses propres états et s'imagine qu'ils subsistent sans elle. Tout un travail de réflexion est nécessaire pour faire comprendre à l'enfant que le ciel n'est pas bleu, que la prairie n'est pas verte et que le son de la cloche n'est pas dans la cloche : c'est le réalisme naïf par lequel nous avons tous commencé, et qui, nous venons de le voir, disparaît progressivement. Les positivistes ne se demandent pas si nos sens nous montrent des réalités et jusqu'à quel point. Pour eux, il n'y a de *donné* que l'objectif; il semble donc que l'objectif ait le privilège de n'être en rien abstrait. Mais l'objectif est déjà le produit d'une abstraction, d'un travail éliminateur de l'esprit qui, dans l'ensemble concret des faits de conscience, avec tous ses éléments représentatifs, émotifs et impulsifs, retranche et extrait les émotions, impulsions, sensations mêmes, pour ne laisser subsister qu'une esquisse visuelle ou tactile appelée objet. Or, ce qui est vraiment donné, c'est le tout, c'est le concret de la conscience, ce n'est pas l'objet. A quoi se réduit le fait sensible quand on essaie de le dépouiller des éléments empruntés à notre conscience? L'école positiviste est obligée de le ramener d'abord à un mouvement, puis, d'une manière générale, à un changement, qu'elle suppose s'accomplir en dehors de tout être sentant qui pourrait ou en avoir une sourde conscience, ou en être le témoin. Mais ces deux notions de mouvement et de changement sont parmi les plus sujettes à la critique. Il eût fallu examiner d'abord si un mouvement peut se concevoir dépouillé de tout élément emprunté à notre expérience intérieure. Comte eût vu ainsi, sans doute, que, réduit à un simple changement dans la position de choses inconnues, le mouvement devient tout abstrait. Et de même, un mouvement peut-il exister sans être senti ? N'implique-t-il pas, soit dans l'être qui change, soit dans quelque spectateur, le sentiment d'une différence, sans lequel il ne serait plus rien que d'abstrait ? Et s'il en est ainsi, que peut-on entendre, au point de vue philosophique, par ces « faits » ou, pour parler comme Taine, ces « événements » auxquels on veut tout réduire ? Le manque d'une analyse et d'une critique vraiment philosophiques chez les positivistes est ici évident.

De même pour la seconde conception fondamentale du système, celle de *loi*. Il y a un grand problème de critique qu'elle soulève : la loi étant un rapport constant, on doit se demander si « les rapports » sont concevables en dehors de tout être doué à un degré quelconque de perception et de conscience. Les corps brûlent, disait Stahl, parce qu'il y a en eux un principe inflammable ; les corps brûlent, lui répond Lavoisier, parce qu'ils ont de l'affinité avec un principe inflammable qui est hors d'eux ; Lavoisier a pu prouver par une suite d'expériences que le principe de la combustion est en effet hors du corps combustible, mais, demande Maine de Biran, « quelle expérience nous apprendra si les modes de coordination des phénomènes sont absolument dans les choses ou seulement dans l'esprit qui les perçoit [1] ? » Le positiviste prend pour accordé que l'idée de loi, à l'opposé des idées de cause et d'essence, est entièrement positive, dépouillée de tout élément humain, soit mythologique, soit métaphysique; mais c'est là encore une thèse d'épistémologie à démontrer. Il y a certainement dans notre idée de loi, quoique à un moindre degré qu'en celle de cause, un mode de représentation emprunté à nous-mêmes et à notre conscience. Toute loi enveloppe quelque chose de symbolique. Lorsqu'on dit que le monde des faits est gouverné par les lois, on emprunte une comparaison aux législations humaines. Ces « Mères dont parle Gœthe, qui trônent dans l'infini, éternellement solitaires, » ont beau avoir la tête ceinte des images de la vie, elles sont « sans vie ». Ce ne sont que des idées : elles n'engendrent pas les phénomènes, elles n'agissent pas sur eux comme des causes, car elles ne les précèdent pas, mais les suivent; elles sont elles-mêmes les résultats où se manifeste la forme idéale des actions et réactions naturelles. Qu'est-ce donc, en définitive, qu'une loi ? Comte, Littré et Taine n'ont fait ni l'analyse complète ni la complète critique de la notion la plus essentielle aux sciences. Se borner à dire qu'on ne doit pas rechercher le pourquoi, mais le comment, c'est prendre pour accordé que le *comment* est lui-même parfaitement clair, de tout point objectif, indépendant de toute conscience. Pour prouver une pareille thèse, il aurait fallu déterminer, par la critique, les formes essentielles du sujet connaissant et de l'objet connaissable.

De plus, l'idée de l'*irréductibilité* des lois n'a rien de légitime dans le système de Comte, qui se place exclusivement au point de vue objectif. En effet, à ce point de vue, les lois ne sont que des rapports, qui, précisé-

[1] Voir Bertrand. *Psychologie de l'effort*, p. 188.

ment, doivent et peuvent se réduire à d'autres, dans le temps et dans l'espace. L'irréductibilité n'a pas de sens dans l'ordre de la quantité; elle n'en a que dans celui de la qualité, qui est précisément psychique. Le son n'est irréductible au mouvement que pour notre conscience; objectivement, il n'est qu'une résultante mécanique dont les facteurs peuvent et doivent être déterminés. Le positivisme oscille donc, incertain, entre le monde de la quantité et celui de la qualité. On a eu raison de demander si une loi vraiment *irréductible* ne serait pas synonyme de ces causes *premières* que Comte veut absolument bannir [1]. De même pour l'idée de *propriété*, que Comte substitue à l'idée « métaphysique » et anthropomorphique de force. Est-il bien sûr que la notion de propriété n'ait elle-même rien de « métaphysique »? Toutes les propriétés prétendues ultimes ne sont que des manifestations à notre conscience : c'est dans notre conscience et pour elle que les propriétés calorifiques ne peuvent se réduire aux propriétés lumineuses, ni celle-ci aux propriétés du son, etc. La résistance est elle-même relative à des êtres doués du pouvoir de faire effort. La grande querelle des qualités dites premières et des qualités secondes recommence donc à propos des « propriétés », qui ne sont que des qualités plus ou moins fondamentales et plus ou moins objectives. Ici encore, la critique psychologique et philosophique s'imposait; sans quoi, les propriétés, si chères à Auguste Comte, à Littré et à Taine, ne sont pas plus « positives » que les « vertus » et « facultés » du moyen âge.

Enfin ne pouvons-nous connaître nulle part que les relations particulières des choses entre elles et avec notre propre existence? Faut-il se contenter de la maxime : *Tecum habita et noris quam sit tibi curta supellex?* Le relativisme des positivistes consiste à soutenir que l'esprit humain ne peut en effet rien connaître d'absolu,

[1] M. de Roberty. *Comte et Spencer*, p. 87.

parce qu'il est réduit à la connaissance sensible, laquelle porte sur des phénomènes relatifs les uns aux autres. Kant, lui, place la relativité dans la connaissance même, non dans l'objet. Pour lui, tout objet est non plus seulement relatif à un autre objet, mais encore relatif au sujet pensant, dont il subit dans la pensée les conditions et les limitations. Comte pose l'inconnaissable comme expression des limites rencontrées par l'expérience ; il organise l'ensemble des « propriétés irréductibles » en un grand X. Chez Kant, au contraire, c'est l'analyse du sujet pensant, non pas de l'objet, qui aboutit à l'impuissance de connaître. L'un a suivi la voie objective, l'autre la voie subjective. Pour avoir négligé, ici encore, le point de vue psychologique, le positivisme aboutit à une notion incomplète et du connaissable et de l'inconnaissable. Tout ne peut pas être relatif dans la connaissance, ou du moins dans la conscience : du fait de conscience actuel, en tant que tel, nous avons, quand nous l'éprouvons, toute la connaissance que nous en pouvons avoir; il constitue la réalité présente à elle-même, où il n'y a plus lieu de distinguer le réel de l'apparent. C'est seulement quand nous cherchons les rapports du fait de conscience à autre chose, ses relations extérieures, ses raisons et ses causes, que nous rentrons dans le domaine de la relativité.

Chez Kant, l'idée de l'inconnaissable est accompagnée d'un sentiment pessimiste, qui justifie le nom qu'on a proposé pour sa doctrine : pessimisme de la connaissance. Il est certain, de plus, que ce sentiment, chez Kant, s'associe à celui du sublime religieux, parce que, derrière l'inconnaissable, Kant projette la réalité suprême, le Dieu inconnu. Chez Spencer, le sentiment pessimiste a disparu, mais la religiosité reste encore vague et incertaine : c'est ce qu'on a nommé avec justesse une religion amorphe. Chez Comte, il n'y a ni sentiment pessimiste, ni sentiment religieux : l'inconnaissable laisse le cœur froid et le connaissable seul intéresse. Comte était un empiriste à tendance systématique, mais un empiriste, et c'est l'expérience seule qui lui apprend que l'expérience a des bornes; ce qui est au delà ne lui cause aucun « frisson » : le mystère éternel ne l'inquiète pas. Sa pensée, toute attachée à la terre, reste païenne; du catholicisme, il ne retiendra que l'organisation romaine. Au reste, il aura l'amour de l'humanité, mais ce n'est pas en Dieu qu'il aimera les hommes, et son altruisme sera simplement une « loi sociologique » de même nature fondamentale que les lois biologiques, quoique irréductible de fait à ces dernières comme étant plus *complexe*. Comte finira par une sorte de mysticisme païen. Littré, lui, éprouve encore le sentiment du sublime devant l'océan où nous n'avons ni barque ni voile pour naviguer: mais il cesse alors d'être absolument *positif*, et il s'écarte d'Auguste Comte. Pour Littré, l'univers se scinde en deux parts, l'une connue ou plutôt connaissable selon les conditions humaines, l'autre inconnue ou plutôt inconnaissable, « soit dans la durée de l'espace, soit dans celle du temps, soit dans l'enchaînement des causes ». Cette séparation entre l'accessible et l'inaccessible « est la plus grande leçon que l'homme puisse recevoir de vraie confiance et de vraie humilité ». — « Il ne faut pas considérer, ajoute-t-il, le philosophe positif comme si, traitant uniquement des causes secondes, *il laisserait libre de penser ce qu'on veut des causes premières*. Non, il ne laisse là-dessus aucune liberté; sa détermination est précise, catégorique et le sépare radicalement des philosophies théologiques et métaphysiques. » C'est ici surtout qu'on peut se plaindre, avec Stuart Mill, de l'obstination des positivistes à ne vouloir laisser aucune porte ouverte. Obstination d'autant moins justifiée qu'elle ne se fonde, nous l'avons vu, sur aucune critique rationnelle du sujet pensant et de l'objet pensé. La philosophie positive n'est donc ni assez critique, ni assez spéculative et constructive.

CHAPITRE II

HIÉRARCHIE DES SCIENCES POSITIVES
PLURALISME ET MONISME SCIENTIFIQUES

I

Il y a une logique dans la succession des sciences parce qu'il y a une logique dans la succession des choses; La nature et les rapports des sciences dépendent de la nature et des rapports de leurs objets; les sciences évoluent comme leurs objets mêmes ont évolué et dans le même ordre. Auguste Comte l'a compris, et il a proposé sa célèbre classification, qui est, selon lui, nécessairement conforme à l'ordre effectif de développement de la philosophie naturelle. Il a très bien vu qu'une science n'est constituée qu'à deux conditions : 1° sa *matière* spéciale doit être nettement séparée de celle des sciences plus simples; 2° en relation à cette matière, certaines *lois* doivent avoir été déterminées que notre savoir actuel ne peut déduire des principes de sciences plus simples. La dépendance relative et l'indépendance relative d'une science par rapport aux autres doivent donc avoir été nettement marquées pour que cette science ait sa constitution vraiment scientifique et philosophique. Par exemple, Comte se flattait d'avoir lui-même constitué la sociologie en déterminant la loi propre du développement social et en séparant les faits de la vie humaine des faits de la vie en général. A l'ordre de complexité croissante adopté par Comte dans sa classification des sciences on a objecté que, au temps d'Aristote, la physique et la chimie existaient à peine; la politique et la biologie, au contraire, avaient déjà fait de grands progrès. — C'est, peut-on répondre, que les hommes devaient vivre, d'où la nécessité de la médecine; et ils devaient vivre en société, d'où la politique. Il a fallu aussi que l'astronomie attendît les progrès de l'optique pour avoir les instruments nécessaires à ses progrès les plus récents. C'est l'avancement de la géométrie qui a fait inventer l'algèbre, et ce sont des problèmes de physique qui ont directement suggéré l'analyse transcendantale de Newton et de Leibniz. En s'appuyant sur ces faits, Spencer déclare que les sciences, au lieu d'un arrangement sériel, sont plutôt comme les diverses branches d'un tronc unique qui jette en tous les sens ses frondaisons. Le progrès va à la fois, dit-il, « du spécial au général et du général au spécial ». Mais on a justement remarqué que cette discussion est subordonnée au sens des mots *général* et *spécial*. Il y a une généralité vague et vide, par laquelle la science débute; il y a une généralité pleine et riche, résumant une multitude de choses spécifiques, par où la science finit. Le calcul transcendantal est à la fois plus général et plus spécifique que l'arithmétique et l'algèbre. La loi de Newton est plus générale que les lois de Képler, mais elle est aussi plus spécifique et plus riche de déterminations, car elle enveloppe les lois de Képler en les dépassant. M. Caird [1] a fort bien dit, dans le sens de Hegel et de Comte, qu'il est aisé d'atteindre du premier coup le général si on n'entend par là qu'un élément commun, quelque pauvre qu'il soit : de toute chose, on peut du premier coup abstraire l'être, — cet être pur que Hegel déclare identique au non-être; on a alors, d'un seul pas, atteint le sommet de l'arbre logique de Porphyre. Mais le véritable universel de la science et de la philosophie est un principe qui unit des choses déterminées et qui les détermine encore davantage par

[1] *Social Philosophy of Comte.*

leur relation l'une avec l'autre. C'est une unité qui n'exclut pas, mais implique, au contraire, une multiplicité de différences : extension et compréhension s'y trouvent ainsi réconciliées. Et c'est vers une unité de ce genre que tend le progrès des sciences, qui se fait simultanément par une croissante intégration et une croissante spécification.

Spencer objecte encore à Comte que l'ordre sériel des sciences ne tient qu'à une infirmité subjective de l'esprit humain. Mais lui-même admet une évolution cosmique, où l'antérieur est la condition nécessaire de l'ultérieur; lui-même finit par concevoir, d'une science à l'autre, « une dépendance génétique et une dépendance d'interprétation ». Lui-même dit : « Les phénomènes sont apparus en tel ordre de succession dans le temps cosmique; et l'interprétation scientifique complète de chaque groupe dépend de l'interprétation scientifique des groupes précédents [1]. » Eh bien, c'est précisément ce qu'a soutenu A. Comte, qui reconnaît la loi de dépendance et de complication croissante dans l'ordre de la réalité et dans l'ordre du savoir.

Au reste, loin de représenter les sciences comme une pure chaîne linéaire, Comte a excellemment montré la solidarité mutuelle des sciences et de leur développement historique. « Non seulement, dit-il, les diverses parties de chaque science, qu'on est conduit à séparer dans l'ordre dogmatique, se sont, en réalité, développées *simultanément* et sous l'*influence les unes des autres*, ce qui tendrait à faire préférer l'ordre historique; mais, en considérant dans son ensemble le développement effectif de l'esprit humain, on voit de plus que les différentes sciences ont été, dans le fait, perfectionnées en *même temps* et *mutuellement;* on voit même que les progrès des *sciences* et ceux des *arts* ont dépendu les uns des autres, par d'innombrables influences réciproques, et enfin que tous ont été

[1] *Essays*, III, 47, 48.

étroitement liés au développement général de la *société humaine*[1]. » Devant une telle déclaration, toutes les objections tombent.

II

Pour le positiviste, la science n'est pas une, mais multiple; il y a des sciences, et la Science, qui les embrasse toutes, n'est pour nous qu'une abstraction. Le positivisme n'admet donc pas la réduction d'un ordre de sciences à un autre, ni d'une méthode à une autre. Il laisse une solution de continuité, par exemple, en passant des sciences physico-chimiques aux sciences biologiques, de celles-ci aux sciences sociologiques : à chaque étage, il faut introduire de nouveaux faits d'expérience et recourir à des principes plus concrets. Littré, pour expliquer l'enchaînement et la hiérarchie des sciences, disait : chaque science laisse après elle un « résidu » de questions qui tiennent étroitement à elle, mais qui la dépassent : c'est avec ces questions nouvelles et à cause d'elles qu'une science nouvelle intervient. La physique est complétée par la chimie, la chimie par la biologie, la biologie par la sociologie. Respectant scrupuleusement l'indépendance et l'autonomie des sciences spéciales, le positiviste se garde bien d'imposer les résultats acquis par l'une d'elles comme interprétation de faits appartenant à une autre. Pour lui, chaque loi naturelle n'interprète qu'un certain nombre et une certaine catégorie de phénomènes au delà desquels elle devient aussi impuissante, aussi illusoire que les constructions de l'ontologie. Il faut, par conséquent, avant de tenter une explication rationnelle de l'ensemble du réel, commencer par déterminer soigneusement les « domaines respectifs » et la compétence des diverses sciences qui constituent le savoir

[1] Cours, I, 64.

positif, afin de classer chaque fait observé dans celle d'entre elles qui est capable de l'étudier et de l'expliquer; il faut, de plus, définir le caractère de certitude de chaque groupe de lois, afin de ne pas tomber dans « cette erreur antiscientifique qui consiste à considérer qu'il n'y a d'absolument précis et d'absolument certain que les lois mathématiques[1] ». — « La physique, disait Comte, doit se défendre de l'usurpation des mathématiques; la chimie, de celle de la physique; enfin la sociologie, de celle de la biologie. »

Selon nous, dans le problème de l'unification du savoir, il faut distinguer le savoir objectif, portant sur la *nature*, de tout ce qui a trait au subjectif et au psychique comme tel. Les positivistes, de même que les partisans de la contingence, mêlent les deux points de vue et, comme des *qualités* nouvelles interviennent à chaque étage des sciences positives, ils en concluent que chaque science a des principes fondamentalement irréductibles. C'est oublier que les qualités en question naissent d'un rapport au sujet sentant. Eliminez le sujet, comme vous le devez dans les sciences objectives, il ne restera toujours que des mouvements, soumis aux mêmes lois. La science objective est partout et toujours la *mécanique;* seulement, ne pouvant reprendre *ab initio* le problème de l'univers, nous sommes obligés de constater par expérience certaines résultantes mécaniques, à titre de faits donnés en relation avec telles modifications qualitatives; de là des *hiatus* dans notre explication mécanique de l'univers. Ces hiatus sont des trous dus à

[1] « Le positiviste ne cherche pas à réduire les propriétés de la matière à des propriétés plus simples, les fonctions vitales à des réactions chimiques, celles-ci à des phénomènes de calorique et ceux-ci à des combinaisons de nombre ou de formes, parce que la science n'offre aucun procédé pour mener à bien de pareilles tentatives, qui n'aboutissent qu'à une simplification tout à fait illusoire ». ... « Le jour où la science exacte fera cette simplification, que le matérialisme fait sans hésitation dès à présent, nous suivrons la science; car le rôle de la philosophie n'est pas d'inventer, de distancer le savoir, mais de le résumer[1]. »

[1] Wyrouboff. *Revue positive*, 1875.

notre ignorance. Remplir ces trous, réduire le prétendu irréductible, c'est la tâche même de la science objective. Il est donc antiphilosophique de vouloir assigner de l'irréductibilité dans le domaine des choses extérieures, c'est-à-dire pour ce qui se meut dans le temps et dans l'espace sous la loi du nombre.

Auguste Comte a commis ici des bévues mémorables. Il déclare qu'en physiologie on ne peut pousser l'analyse plus loin que les tissus; il blâme les recherches microscopiques des Allemands[1]. A l'en croire, il faut aussi renoncer

1 « L'unité fondamentale du règne organique, dit Comte, exige nécessairement, sous le point de vue anatomique, que les divers tissus élémentaires soient rationnellement ramenés à un seul tissu primitif, terme essentiel de tout organisme, d'où ils dérivent successivement par des transformations spéciales de plus en plus profondes... On ne pourrait tendre à dépasser ce but général (qui, ainsi que tout autre type philosophique, ne sera jamais pleinement atteint) sans s'égarer dans cet ordre de recherches vagues, arbitraires et inaccessibles, qu'interdit si impérieusement le véritable esprit fondamental de la philosophie positive. » — « C'est pourquoi, ajoute encore Comte, je ne puis m'empêcher ici de signaler, en la déplorant, la déviation manifeste qui existe aujourd'hui à cet égard, principalement en Allemagne... où certains esprits ambitieux ont tenté de pénétrer au delà du terme naturel de l'analogie anatomique, en s'efforçant de former le tissu générateur lui-même par le chimérique et inintelligible assemblage d'une sorte de monades organiques, qui seraient dès lors les vrais éléments primordiaux de tout corps vivant. L'abus des recherches microscopiques, et le crédit exagéré qu'on accorde trop souvent à un moyen d'exploration aussi équivoque, contribuent surtout à donner une certaine spéciosité à cette fantastique théorie... Il serait, ce me semble, impossible d'imaginer, dans l'ordre anatomique, une conception plus profondément irrationnelle, et qui fût plus propre à entraver directement les vrais progrès de la science[1]. »

Comte traite également « d'absurde et d'illusoire » toute recherche qui prétendrait « rattacher le monde organique au monde inorganique autrement que par les lois fondamentales propres aux phénomènes généraux qui leur sont nécessairement communs[2]. Il admet le concept de molécules indivisibles dans la philosophie des sciences du monde inorganique, mais il proscrit sévèrement de la biologie le concept d'animalcules, de micro-organismes qui formeraient les corps vivants. « Un organisme, dit-il, constitue, par sa nature, un tout nécessairement indivisible, que nous ne décomposons, d'après un simple artifice intellectuel, qu'afin de le mieux connaître, et en ayant toujours en vue une recomposition ultérieure. Or, le dernier terme de cette décomposition abstraite consiste dans l'idée de *tissu*, au delà de laquelle il ne peut réellement rien exister en anatomie, puisqu'il n'y aurait plus d'organisation[3]. »

1 *Cours*, vol. III, leçon XLI, p. 529-531.
2 *Ibid.*, p. 531.
3 *Ibid.*, p. 533-534.

« à toute enquête sur les causes de la génération et du développement organique » ; il faut concevoir l'irritabilité et la sensibilité comme une double propriété « strictement primordiale » chez les êtres, ou plutôt dans les tissus qui en sont susceptibles. Il engage les physiciens « à s'abstenir désormais de rattacher, par aucune fiction scientifique, les phénomènes de la lumière à ceux du mouvement, vu leur hétérogénéité radicale[1] » ; la théorie de la vision devra cesser de faire partie de l'optique pour être traitée par les seuls physiologistes[2]; toute tentative ayant pour but d'expliquer la couleur spécifique des corps par les lois générales de la physique et les lois du mouvement est fausse, etc.[3]. « Que l'esprit humain sache donc renoncer enfin à l'irrationnelle poursuite d'une vaine unité scientifique, et reconnaisse que les catégories radicalement distinctes de phénomènes hétérogènes sont plus nombreuses que ne le suppose une systématisation vicieuse[4]. »

Rappelons à ce sujet que Prévost et Dumas, en 1821, déclaraient qu'on ne parviendrait jamais à isoler les matières colorantes du sang; quarante ans après, on préparait l'hémoglobine cristalline. En 1833, G. Müller disait : « La vitesse des nerfs est si grande qu'on ne pourra jamais la mesurer; » deux ans après, Helmholtz montrait qu'elle est mesurable. Magendie, quand Velpeau vint raconter à l'Institut l'histoire d'une opération faite dans le sommeil anesthésique, déclara chose impossible et contraire à la morale d'abolir la douleur des opérations. Pasteur a un jour affirmé que la synthèse chimique ne pourrait jamais créer des substances douées de propriétés polarisantes; quelques années après M. Iungfleisch lui donnait, par les faits, un éclatant démenti[5].

[1] *Cours*, vol. III, leçon XLI, p. 649, 650.
[2] *Ibid.*, p. 653.
[3] *Ibid.*, p. 653, 654. Voyez aussi la leçon XXXV et les leçons XXXV et XL.
[4] *Cours*, t. II, leçon XXXIII, p. 649.
[5] Voir M. Richet, *Revue scientifique*, 12 janvier 1895.

En assignant pour but à la philosophie positive de « résumer en un seul corps de doctrine homogène l'ensemble des connaissances acquises, relativement aux différents ordres de phénomènes naturels », Comte déclare qu'il est loin de sa pensée de vouloir « procéder à l'étude générale de ces phénomènes en les considérant tous comme des effets divers d'un principe unique ». — « Je considère ces entreprises d'explication universelle de tous les phénomènes par une loi unique comme éminemment chimériques... Je crois que les moyens de l'esprit humain sont trop faibles, et l'univers trop compliqué pour qu'une telle perfection scientifique soit jamais à notre portée, et je pense, d'ailleurs, qu'on se forme généralement une idée très exagérée des avantages qui en résulteraient nécessairement, si elle était possible. Dans tous tous les cas, il me semble évident que, vu l'état présent de nos connaissances, nous en sommes encore beaucoup trop loin pour que de telles tentatives puissent être raisonnables avant un laps de temps considérable. Car, si on pouvait espérer d'y parvenir, ce ne pourrait être, suivant moi, qu'en rattachant tous les phénomènes naturels à la loi positive la plus générale que nous connaissions, la loi de gravitation... Le but de ce cours n'est nullement de présenter tous les phénomènes naturels comme étant au fond identiques, sauf la variété des circonstances. La philosophie positive serait sans doute plus parfaite s'il pouvait en être ainsi. Mais cette condition n'est nullement indispensable à sa formation systématique, non plus qu'à la réalisation de ses grandes et heureuses conséquences... Il n'est pas nécessaire que la doctrine soit une, il suffit qu'elle soit homogène [1]. » Paroles fort sages si elles s'appliquent à une philosophie qui prétendrait expliquer le psychique par le mécanique; mais là n'est pas la question. Il s'agit de savoir si la science objective doit être conçue comme réductible à l'unité mécanique et ramenée de fait le plus

[1] *Cours*, t. I, leçon I, p. 52-55.

possible à cette unité. Or, c'est là un genre d'unification non seulement légitime, mais nécessaire. Tout ce qui est mobile dans le temps et dans l'espace est, *ipso facto*, sous la dépendance de la mécanique; donc, encore une fois, toutes les sciences dont l'objet est mobile dans le temps et dans l'espace sont des fragments de la mécanique universelle. Dès lors, peut-on ramener les sciences plus complexes aux sciences plus simples? Les sciences objectives, oui. Une fois éliminé tout le qualitatif et tout le psychique, les sciences biologiques elles-mêmes ne portent plus que sur des mouvements et, par cela même, leur complexité mécanique est réductible à la simplicité des lois du mécanisme. Si, au contraire, vous vous placez au point de vue de la psychologie et de la philosophie générale, il devient absurde de vouloir expliquer la pensée ou le sentiment par le seul mouvement. Au lieu de chercher le lien unificateur dans le phénomène le plus abstrait, il est clair qu'il faut le chercher alors dans le plus concret et le plus réel, c'est-à-dire dans le *fait de conscience*, non plus dans un simple extrait comme le *mouvement*.

CHAPITRE III

LE MOUVEMENT POSITIVISTE ET L'ÉVOLUTIONNISME

I

L'étude « statique » du monde cherche la nature dernière des choses en les considérant comme coexistantes et en laissant de côté le temps; au contraire, l'étude « dynamique » cherche à découvrir le « procès » par lequel la multiplicité des choses est parvenue à être ce qu'elle est. De là la philosophie du devenir et de l'évolution. Comte avait bien distingué les deux aspects statique et dynamique de la science; il avait lui-même, en sociologie, développé le second aspect et l'avait étendu à la philosophie entière par la loi des trois états. Mais, dans sa classification des sciences, il avait pris les sciences telles qu'elles étaient à son époque; or, elles n'avaient guère atteint que leur assiette statique et ne s'étaient pas encore élevées à leur forme dynamique. L'idée de l'« état actuel », plutôt que les idées d'origine, de production causale, de genèse, devait donc dominer; elle aboutit à ce positivisme statique qui prend les choses comme elles sont données et ne cherche pas à combler l'intervalle entre des groupes en apparence irréductibles.

Le progrès des sciences consiste précisément à passer de l'état statique à l'état dynamique, plus dominant à mesure qu'on s'élève de l'astronomie à la physique et à la chimie, puis à la biologie et surtout à la sociologie. Les sciences deviennent de plus en plus génétiques ou, comme disait Edgar Quinet, historiques, sous l'idée de l'évolution. On a justement reproché au positivisme d'Auguste Comte, qui veut s'en tenir à l'état actuel et a horreur des origines, de ne représenter que le mode statique de philosopher, non le mode dynamique. Comte admet bien l'hypothèse de Laplace sur l'origine du système solaire ; pourquoi rejeter les théories sur l'origine de la vie, celle des espèces, celle de l'homme, celle de la société ? Quant à l' « essence » d'un être, c'est, dirait Hegel, sa phénoménalité même, c'est ce faisceau de propriétés phénoménales qui le discerne de tout autre.

Cependant Auguste Comte lui-même a parlé sans cesse de « développement » et « d'évolution », surtout en sociologie ; aussi, bien qu'il s'en soit trop souvent tenu aux considérations statiques, il n'en est pas moins un des fondateurs de l'évolutionnisme. Spencer n'a fait qu'étendre à la nature entière le concept d'évolution.

Ce mot d'évolution, qui signifie déploiement ou développement, désignait proprement, en histoire naturelle, la manière dont un germe organisé se développe et parcourt diverses phases régulières. Tout germe, à l'origine, semble une substance uniforme ; par des différences successives et presque infinitésimales qui s'y introduisent, se produit peu à peu cette combinaison complexe de tissus et d'organes qui constitue l'être adulte. L'être grandit, puis reste stationnaire, puis meurt. On avait encore donné à ce développement le nom de *processus* ou procès, mode de croissance et de décroissance, manière dont l'être *procède* et avance en son développement. Enfin, on a donné parfois à l'évolution, au *processus* des êtres, le nom de *progrès ;* mais ce mot est ambigu, parce qu'il désigne à la fois *comment* l'être avance dans son développement et *pourquoi*, vers quelle fin utile il avance. Le mot de progrès a donc un sens moral et métaphysique : il suppose une considération de but ou de causes finales que la science positive rejette. Il y a dans le monde évolution et processus : voilà qui est certain ; y a-t-il progrès ? C'est une autre question, qui est du ressort de la métaphysique ou de la morale. La science positive doit, comme l'a vu Comte, étudier le développement des êtres indépendamment des considérations d'utilité et de finalité.

Déjà, dans l'antiquité, les philosophes avaient considéré le développement des choses comme une alternative de concentration et de dispersion soumise à un rythme fixe. Héraclite appelait le monde « un feu immense et vivant qui s'allume et s'éteint en mesure ». Le principe du feu et de la lumière était pour lui le fond de toute chose : par des concentrations successives, le feu devenait air, puis eau, puis terre ; les terres à leur tour se dissolvaient et, de dissolution en dissolution, retournaient à l'état igné : le monde finissait par un embrasement universel; puis, cet embrasement, en s'éteignant peu à peu, donnait naissance à un nouvel univers, et ainsi de suite à l'infini. Chaque période de condensation et de dispersion constituait ce que les sages de l'Orient, principalement de l'Egypte, appelaient la Grande Année. Héraclite en conclut que « tout se réunit et se sépare », que la pluralité devient unité et l'unité pluralité, que l'harmonie même suppose l'opposition des forces : car il n'y a point d'harmonie sans le son aigu et sans le grave, ni sans la lutte de l'archet et de la lyre; « la guerre est la mère de toutes choses ». De là ce « mouvement universel », ce flux qui emporte tout. Le repos n'est qu'une apparence. La flamme d'une lampe semble immobile, et cependant elle est un mouvement sans fin de particules, qui en même temps brillent et s'éteignent. La mécanique moderne n'a fait que donner une forme plus précise et plus scientifique à ces vues profondes sur l'universel *devenir* de la nature, qui se ramène en définitive à une perpétuelle alternative de concentration et d'expansion, produite par le perpétuel échange de l'énergie potentielle et de l'énergie actuelle, dont la somme demeure invariable.

La plus hardie conception de l'évolutionnisme fut celle de Descartes : il nous dit de nous figurer un complet chaos physique, de mêler tous les éléments du monde en un amas désordonné et inintelligible ; et, à partir de ce chaos quel qu'il soit, les lois de la mécanique feront apparaître l'ordre ; bien plus, elles feront réapparaître l'ordre actuel, le monde actuel, y compris vous-même. C'est le triomphe de la mécanique et du développement réglé qu'elle rend nécessaire.

Prédécesseur de Laplace, qui mit en œuvre l'idée cartésienne, Kant, à l'exemple d'Héraclite et des stoïciens, appelait le monde « un phénix qui se consume pour sortir de ses cendres avec une nouvelle vie et une nouvelle jeunesse ». « Quand un système de monde, dans la longue étendue de sa durée, a épuisé toutes les variations que sa constitution peut comporter, quand il n'est plus qu'un membre superflu dans la chaîne des êtres, alors il n'a rien de mieux à faire que de jouer son dernier rôle dans la scène des transformations incessantes de l'univers, et, comme il convient à toute chose qui finit, de payer son tribut à la fragilité. L'infini de la création est assez grand pour estimer un monde ou une pléiade de mondes ce que nous estimons une fleur ou un insecte, comparés à toute la terre[1]. » Schelling et surtout Hegel, considérant l'évolution universelle au point de vue métaphysique et logique plutôt que mécanique, y reconnurent trois moments : celui de la thèse, où une force se pose et se manifeste ; celui de l'antithèse, où des forces contraires s'opposent à la première et entrent avec elle en conflit ; enfin celui de la synthèse, où se produit l'équilibre, l'harmonie des contraires. Mais cet équilibre à son tour étant incomplet, une nouvelle phase succède à la première, également caractérisée par une opposition et une harmonie qui se succèdent.

Spencer n'avait plus qu'à donner une description, en grande partie hypothétique, des résultats les plus généraux et les plus apparents du mécanisme progressif. D'après lui, la première grande loi du mécanisme universel est la direction du mouvement selon la ligne

[1] Kant. *Histoire générale et Théorie du ciel* (1755).

de la plus grande force et de la moindre résistance. La seconde est la loi du *rythme*. Tout ondule et oscille, et les mouvements de l'univers forment un dessin compliqué, semblable à la houle de l'océan, qui porte à sa surface de grandes lames, hachées de lames moyennes, couvertes elles-mêmes de petites vagues, à leur tour froncées de rides. La troisième loi est celle de la *multiplication des effets*. Une cause uniforme qui agit sur un objet uniforme y produit, dans toutes les directions, des effets que la variété même des directions et des distances rend variés; les diverses parties de la masse, en effet, ayant des relations différentes avec la force qui agit sur elles, sont différemment affectées. Ainsi une pierre tombant dans une eau uniforme ou homogène engendre des ondulations diverses, moins larges et plus fortes auprès du point ébranlé, plus larges et plus faibles au loin. D'autre part, la force originairement uniforme qui a agi sur un milieu et l'a rendu multiforme, en subit la réaction et devient multiforme à son tour. Le marteau qui frappe l'enclume et y produit des vibrations variées devient lui-même le siège de vibrations variées : il s'échauffe, il s'use, comme il échauffe et use l'enclume. Les effets de chaque cause vont donc se diversifiant de plus en plus par l'action et la réaction. Il en résulte l'instabilité de tout ensemble de choses uniformes dès qu'une force incidente vient agir sur cet ensemble. De l'unité et de la simplicité sortent aussitôt une variété et une multiplicité croissantes. C'est ce que Spencer appelle l'*instabilité de l'homogène* et le passage continu à l'*hétérogène*. La quatrième loi est celle de triage et de *sélection naturelle*. Lorsque des objets dissemblables, par exemple les feuilles d'un arbre, sont exposés à une même force, par exemple celle du vent, les parties semblables tendent à se mouvoir dans le même sens et avec la même vitesse, les parties dissemblables dans divers sens et avec diverses vitesses. Il en résulte une séparation, ou, comme dit Spencer, une ségrégation des diverses parties, par exemple des diverses feuilles :

les plus lourdes tombent aux pieds de l'arbre et s'y rassemblent, les plus légères sont entraînées plus loin. Les vivaces restent sur l'arbre; les mortes sont enlevées les premières et vont se réunir en tas. De même, placez au hasard dans un van des corps de poids différents, comme les grains de blé et les pailles; on démontre mathématiquement que les corps les plus légers s'envoleront et se disperseront au loin, que les corps moins légers iront tomber un peu plus près du van et s'y rassembleront en amas plus ou moins serrés, enfin que les corps les plus lourds, ayant un surplus de force sur la résistance de l'air, demeureront rassemblés au fond du van. Il est inutile de supposer ici un plan de distribution et de ségrégation concerté d'avance. Que sur les couches supérieures d'une atmosphère humide tombent les rayons de la lumière solaire, qui n'est qu'un composé hétérogène d'ondulations de diverses amplitudes, ces différentes ondulations se sépareront et se distribueront en faisceaux de même couleur, puis viendront s'épanouir en arc-en-ciel. Il n'y a eu besoin ni de géomètre pour tracer cet arc parfait, ni de peintre pour le colorer de nuances diverses. Toutes les formes régulières de la nature, par exemple les spirales décrites par certaines nébuleuses, les orbites et les formes arrondies des astres, etc., sont le résultat de cette opération mécanique.

A la ségrégation se rattache la grande loi de sélection naturelle, dont Darwin a tiré de si importantes conséquences. Les êtres les mieux organisés et les mieux appropriés à leur milieu résistent et durent; les autres disparaissent. Huxley compare justement l'action de la nature, telle que la loi de Darwin nous la montre, à l'action d'un crible qui, laissant passer les corps trop petits et retenant les plus gros, opère ainsi un triage mécanique.

Le développement des êtres doit se réduire, selon Spencer, à une formule fondamentale, applicable à toutes choses et résultant des lois générales que nous venons de passer en revue. C'est cette formule du développement universel que fournit la théorie de l'évolution. La première phase, ou *intégration*, est la formation d'un tout au moyen d'une multitude indéfinie de parties. Ainsi le refroidissement et la condensation des matières ignées qui formaient jadis la terre a été un phénomène d'intégration. Cette première phase est caractérisée par la prédominance de l'énergie virtuelle sur l'énergie actuelle, conséquemment des mouvements intestins sur les mouvements visibles de masse. Aussi peut-on dire que toute intégration de matière est accompagnée d'une perte de mouvement et d'une sorte de tendance à un repos relatif. La seconde phase est un état d'*équilibre* plus ou moins stable. Par exemple, la terre est aujourd'hui dans cet état. L'équilibre n'est du reste jamais absolu ni définitif, et on démontre aisément que nulle forme ne peut durer perpétuellement. De là la dernière phase du développement des êtres : la *désintégration*, dont la dissolution des cadavres nous offre un exemple frappant. Ce ne sont pas seulement les êtres vivants qui se dissolvent ; on sait que la terre se dissoudra elle-même un jour, soit qu'elle tombe sur le soleil et se réduise de nouveau en vapeur par la transformation du mouvement de masse en mouvements intestins, soit qu'elle se fende et se disperse peu à peu dans l'espace. Elle aura alors accompli son cycle actuel pour être entraînée dans quelque cycle nouveau de la métamorphose universelle.

II

Formule d'effets, non de causes, l'évolution n'est pas une explication, mais la chose à expliquer. Croire rendre compte des choses en disant : elles évoluent, c'est croire rendre compte de l'existence humaine en disant : les hommes passent par l'enfance, l'âge mûr, la vieillesse, puis meurent : la question est précisément de savoir pourquoi les êtres vivants croissent, puis déclinent. L'explication radicale ne peut être que de trois choses l'une : ou mécanique, par les lois du mouvement, ou psychique, par les lois de l'appétition, ou mystique, par l'inconnaissable. Spencer a fait un mélange fâcheux du premier point de vue et du dernier, sans approfondir le côté psychique. Son évolutionnisme mystique n'est pas une explication ; son évolutionnisme mécaniste n'est valable que pour les objets en tant qu'étendus et mobiles. Comme nous le verrons plus loin, un évolutionnisme à facteurs psychiques est nécessaire.

Le mérite original de l'évolutionnisme, c'est de transporter à la succession des êtres dans le temps la notion de causalité physique, qui, tout d'abord, ne se rapportait qu'à un couple de phénomènes se produisant dans un temps quelconque ; on introduit ainsi l'idée de loi historique ; et ce nouveau type de loi, essentiellement dynamique, permet de concevoir comme déterminées des relations que les sciences purement statiques laissaient indéterminées. Mais de là on a voulu conclure que l'évolutionnisme admet une contingence quelconque[1]. Cette conclusion nous paraît inadmissible. La succession des êtres avec leurs formes diverses n'est qu'une complication des lois élémentaires de causalité qui s'appliquent à chaque couple de phénomènes. L'évolution du système solaire n'est qu'une résultante complexe de tous les mouvements plus simples qui s'accomplissent d'une molécule à l'autre ; chacun de ces mouvements est déjà une petite « histoire », l'histoire d'un instant ; la grande histoire du système solaire n'est que le résultat de toutes les petites histoires moléculaires. L'évolution n'est donc pas distincte du déterminisme sur lequel se fonde la science positive ; elle n'en est que la projection agrandie à travers le temps et l'espace.

Selon l'idée de nécessité, objecte M. Boutroux, les natures des choses sont immuables ; dans la théorie de l'évo-

[1] Voir Boutroux, *L'Idée de loi naturelle.*

lution, au contraire, les natures des choses sont variables, et les lois unissent entre eux des termes toujours modifiés. — Nous répondrons, d'abord, que l'immutabilité des *natures* des choses est une idée ontologique étrangère à la science positive; celle-ci admet le changement comme un fait, qui a lui-même son explication dans d'autres changements, et ainsi de suite. Si peu immuables sont les choses d'expérience que, tout au contraire, elles présentent un perpétuel devenir. Mais cette variabilité, dont la doctrine de l'évolution étudie les phases, n'exclut pas certaines conditions immuables, qui sont les conditions mathématiques, ni certaines lois immuables, à savoir les lois logiques et mécaniques, dont les résultantes, d'ailleurs, peuvent varier à l'infini. « Toute loi naturelle, a-t-on dit, est un rapport constant entre deux termes définis et *immuables*. » Définis, oui, mais pourquoi immuables? Si les termes changent, il y a une raison de leur changement, et une liaison entre ce changement et l'état précédent. Une loi d'évolution et de mutabilité n'en est pas moins une loi. Il est très vrai que les modernes n'ont pas le culte antique de la permanence et de l'immutabilité ; il est très vrai que, pour la moderne philosophie, la permanence est, soit un état plus ou moins provisoire, soit une *limite* du changement. Mais la plasticité et la mutabilité des êtres n'a rien qui exclue le déterminisme; car ce dernier peut consister dans la détermination à tel changement, tout comme dans la détermination à tel état. L'idée d'évolution rend le déterminisme plus flexible, elle ne le supprime pas.

CHAPITRE IV

LE MOUVEMENT POSITIVISTE
EN LOGIQUE ET MATHÉMATIQUES
LA GÉOMÉTRIE NON EUCLIDIENNE

I

Tandis que la métaphysique considère le contenu universel du savoir, la logique étudie les lois régulatrices du savoir. En vain Littré prétend que la philosophie de Comte comprend la logique de chaque science particulière ; il existe une logique générale dont il faut découvrir les lois, que Comte a négligée, à laquelle Stuart Mill a restitué son importance, mais en se tenant au point de vue d'un empirisme étroit.

Les logiciens positivistes ou à demi positivistes, du moins les plus récents, soutiennent avec Stuart Mill que le principe même de contradiction a besoin d'être confirmé par l'expérience, qui seule nous apprendra si les choses ne se contredisent pas. — Mais, par cela même que les choses tombent sous les prises de la conscience, elles sont concevables et, pour être concevables, elles sont identiques à elles-mêmes. Ce point est impossible à refuser aux kantiens. C'est donc bien *a priori* que nous excluons la contradiction et posons l'identité, condition de notre propre existence comme êtres pensants. Le monde aurait beau se contredire sous nos yeux, nous dirions : « Il y a quelque chose là-dessous, » et nous ne croirions jamais à une contradiction réelle.

Selon Hegel, nous disons que A est A et n'est pas

non-A, et nous avons raison de ne pas nous contredire; mais il reste à savoir si A, considéré en lui-même et dans sa nature, n'est pas une unité de contraires, d'être et de non-être, de mouvement et de repos, etc. — Sans doute; mais une unité de contraires n'est pas une unité de contradictions. La coexistence des contraires dans la réalité n'implique nullement pour nous le droit de nous contredire. Elle prouve seulement que la logique abstraite et analytique n'est pas suffisante pour révéler le réel, mais le suppose donné avec ses identités et ses différences.

Il y a, en somme, trois points de vue possibles sur les existences. Ou bien on considère chacune dans son indépendance par rapport aux autres et par rapport à la pensée : elle apparaît alors comme identique à elle-même et différente des autres; elle tombe sous les lois de la logique déductive. Ou bien on considère chaque existence comme liée à telles autres et, de proche en proche, à toutes les autres : elle apparaît alors comme soumise à la loi de raison suffisante ou de causalité; elle tombe sous les lois de la logique inductive. Enfin, à un troisième point de vue, les objets en corrélation mutuelle ont besoin d'être complétés par leur corrélation avec la pensée. A ce point de vue, l'*esse* et l'*intelligi* venant enfin se confondre, la logique et l'ontologie ne font plus qu'un; c'est ce point de vue moniste auquel s'est placé Hegel. Les identités et les différences, d'une part, les raisons ou causes, de l'autre, apparaissent alors comme l'expression d'une unité qui se maintient par les différences mêmes en les réconciliant toutes au sein d'une vie plus haute. Cette synthèse des contraires est réalisée dans « l'esprit ». Seulement il ne faut pas s'en tenir ici, avec Hegel, à la pensée pure; il faut pénétrer, avec Schopenhauer, jusqu'à la volonté.

La logique inductive et la logique déductive impliquent également le déterminisme. On a voulu, dans la logique inductive, distinguer la nécessité et le déterminisme; et il est certain que le mot de nécessité réveille trop l'idée théologique du Fatum. La nécessité, dit-on, exprime l'impossibilité qu'une chose soit autrement qu'elle n'est ; « le déterminisme exprime l'ensemble des conditions qui font que le phénomène doit être posé tel qu'il est, avec toutes ses manières d'être[1] ». Mais cette seconde définition est très ambiguë. Pour que la rosée soit la rosée, il faut la poser avec toutes ses manières d'être et toutes ses conditions; mais s'agit-il seulement de la rosée une fois donnée et réalisée ? Il est clair qu'il faut encore poser les conditions qui la donnent, ses antécédents ; mais alors, une fois les antécédents posés, la rosée ne peut pas ne pas se produire; son apparition est donc nécessaire en ce sens, et les choses ne peuvent pas être autrement qu'elles ne sont. — Il n'y aurait rien de choquant, dira-t-on, à ce qu'il n'existât ni vapeur d'eau ni rosée, etc. — Mais c'est que nous n'apercevons pas toutes les conditions supérieures qui, une fois données, rendent ces choses nécessaires. En remontant assez haut, notre science finirait par lire dans la formule d'une nébuleuse, par exemple, celle de la rosée à venir. Il est donc impossible d'admettre, avec le semi-positivisme des partisans de la contingence, un déterminisme qui laisserait de la place à de l'indéterminisme. Tout ce qui est déterminé est nécessaire dans le sens *causal*, nous ne disons pas dans le sens de l'*identité logique* ou mathématique. M. Boutroux ne veut admettre que la nécessité logique, et il se tait sur le principe des raisons ou des causes, qui, lui aussi, exclut la possibilité du contraire, une fois les antécédents donnés. Quant aux premiers et ultimes antécédents, qui sont les principes mêmes des choses, la science positive ne peut s'en occuper et les prend pour accordés; seul, le métaphysicien se demande si l'être aurait pu ne pas être et pourquoi il y a quelque chose plutôt que rien; mais il applique alors au tout de l'être une loi de causalité qui n'est légitime que pour les parties.

[1] Boutroux. *L'idée de loi naturelle.*

Les phénomènes, offrant des identités, tombent du coup sous la loi de l'identité ; offrant des différences, ils tombent sous la loi de différence ; étant multiples, ils tombent sous les lois du nombre ; quand, de plus, leur multiplicité est coexistante dans l'étendue, ils tombent du coup sous les lois des figures. Quand ils changent, ils tombent sous les lois de la durée ; quand ils changent dans l'espace, ils tombent sous les lois de la mécanique. Nulle part il n'est possible de rien apercevoir qui soit contingence. Il ne suffit donc pas de dire que tout n'est pas réductible à *l'identité* pour prouver que les choses ne sont point soumises au déterminisme, puisque c'est de raisons et de causes qu'il s'agit, non plus d'identité.

Leibniz, tout en admettant le déterminisme, s'était flatté de maintenir dans l'ordre des effets et des causes, mais considéré en son ensemble et non plus dans ses détails particuliers, une sorte de contingence métaphysique : les choses, à la rigueur, prises dans leur totalité, pourraient être autrement, bien qu'en fait elles ne soient pas autrement et que leur détail soit déterminé. Mais cette « harmonie », cette « métaphysique », cette « morale » qu'il voulait introduire partout, avec l'infinité et la contingence, se réduisent à l'équivalence des effets aux causes, à ce que nous appelons la conservation de l'énergie dans la nature, c'est-à-dire à ce qui constitue pour la philosophie moderne, depuis Kant, l'essence même du mécanisme. Avant Kant, chacun le sait, le type et la mesure de la nécessité était l'identité logique ; or il n'y a pas de contradiction *apparente* à supposer qu'il existe une certaine quantité d'énergie *dans un moment* et une quantité plus grande ou plus petite *dans un autre ;* c'est pour cette raison *apparente* que Leibniz voyait quelque chose de contingent dans la conservation de l'énergie et dans l'équivalence même des effets aux causes. C'est là l'excuse, mais non la justification de sa doctrine. En premier lieu, il avait tort de ramener toute nécessité au seul principe d'identité ; le principe des causes efficientes implique une nécessité physique non moins inéluctable que la nécessité logique et abstraite, qui n'est peut-être elle-même qu'un dérivé et une formule de la nécessité réelle et causale. De ce qu'une chose n'est pas contradictoire, il n'en résulte donc nullement qu'elle soit contingente ou libre, encore moins qu'elle soit esthétique ou morale. En second lieu, Leibniz n'était guère conséquent avec ses propres principes quand il ne ramenait pas l'uniformité des lois naturelles et la conservation de l'énergie à une application du principe d'identité lui-même. En effet, Leibniz admettait (à tort ou à raison, peu importe) que le temps n'est pas une réalité, une force, une cause, conséquemment un principe de changement et de mouvement, mais qu'il est un simple rapport et un simple ordre entre les réalités, entre les forces et causes efficaces qui seules sont des principes de mouvement. Or, si par hypothèse on accepte cette prémisse que le temps *n'agit* pas par lui-même et n'est pas par lui-même une cause, une source d'énergie, il en résulte que les mêmes principes en des temps *différents* sont toujours les *mêmes* principes et, en vertu de l'axiome de contradiction, ne peuvent entraîner des conséquences différentes. La *différence* du temps, chose tout abstraite, ne suffit pas pour expliquer un changement dans les conséquences mécaniques s'il n'y a pas aussi un changement dans les principes moteurs. De là résulte la conservation de l'énergie dans la nature, qui, loin d'impliquer une convenance morale, une contingence, se réduit, d'après l'hypothèse même de Leibniz sur le temps, à une nécessité dérivée de la nécessité qui lie les mêmes conséquences aux mêmes principes. La persistance de l'énergie n'est, en définitive, que l'application au mouvement du théorème général sur le changement, qui veut que tout changement succède à un changement et, en particulier, tout changement dans l'espace à un autre changement dans l'espace.

Que le devenir soit pour ainsi dire un tournoiement sur place sans progrès, ou qu'au contraire il soit un progrès réel, toujours est-il qu'il est un mouvement soumis à des règles : causalité est fécondité, sans doute, non stérilité, mais c'est une fécondité selon des lois. Notre espoir de progrès n'est donc pas un espoir en dehors du déterminisme, mais en dedans et par le moyen du déterminisme même.

Il importe d'ailleurs, au plus haut point, de distinguer les diverses formes de déterminisme et de ne pas les ramener toutes à la forme brutale, soit de la nécessité logique, soit même de la nécessité physique : il y a déterminisme là où il y a des raisons, c'est-à-dire partout; mais toutes les raisons ne sont pas obligées d'être réductibles à $A = A$, ni à un coup donné et reçu dans l'espace. Les déterminismes s'enveloppent, et la vraie question est de savoir quel est le plus enveloppant, par cela même le plus essentiel, si c'est un déterminisme physique ou un déterminisme psychique.

II

I. — Stuart Mill, qui soutient une sorte de positivisme géométrique, veut nous faire croire que, avec d'autres habitudes dans un autre monde, nous trouverions naturel qu'un cercle fût carré; mais il y a là une confusion pitoyable. Il pourrait exister un monde où tout cercle nous apparût inscrit dans un carré, mais le cercle ne nous paraîtrait pas pour cela carré. La définition même du cercle exclut analytiquement toute idée de carré, et nous n'avons ici qu'à rester conséquents avec nous-mêmes.

Les positivistes empiristes les plus récents se rencontrent de nouveau avec les partisans de la contingence pour admettre que l'expérience seule peut nous apprendre jusqu'à quel point la nature se conforme aux lois mathématiques et dans quelles limites ces lois sont applicables. « On ne peut, a-t-on dit, savoir *a priori* dans quelle mesure la réalité se conforme » aux lois mathématiques, « symboles imaginés par l'esprit » ; c'est à l'observation et à l'analyse du réel qu'il appartient de nous apprendre si la mathématique règne effectivement dans le monde. — Ainsi, quand vous ajoutez deux oranges à deux oranges, c'est à l'expérience de vous apprendre jusqu'à quel point l'arithmétique règne et si vous trouverez bien quatre oranges ! Voilà ce que nous ne saurions admettre. Que, dans le monde fantastique des choses en soi, on puisse supposer que deux choses en soi plus deux choses en soi font cinq choses en soi, passe encore ; personne n'y peut aller voir. Pourtant l'absurdité se montre déjà, car, dans le monde des choses en soi, les nombres deux et cinq sont inapplicables, ou, s'ils sont applicables, ils devront s'appliquer comme dans notre monde. Mais, pour revenir à ce dernier, comment ne pas reconnaître que, si des objets réalisent des nombres déterminés, ils réaliseront du même coup les rapports déterminés de ces nombres ? Il n'y a ici en jeu que le principe de contradiction. Que la logique et les mathématiques contiennent des éléments irréductibles à la simple identité, cela est clair ; mais, nous l'avons vu, ce qui n'est pas identique n'est pas pour cela contingent et arbitraire. — « L'analyse des principes et des méthodes mathématiques y décèle mainte détermination contingente, dit-on encore, maint artifice admis surtout parce qu'il réussit. » — Mais un artifice de méthode n'entraîne pas plus de contingence dans les objets qu'un échafaudage provisoire dans l'équilibre d'une cathédrale. Quant aux déterminations *contingentes* des mathématiques, où sont-elles ? Sans doute : il faut admettre en fait l'unité et la pluralité, l'étendue, la coexistence, la succession, etc. ; mais ces catégories sont si peu contingentes qu'elles sont constitutives de notre intelligence même. Demande-t-on pourquoi il en est ainsi ? Certes, nous ne pouvons pas répondre, ni expliquer comment il existe un espace ou une durée ; raison de plus pour y voir une nécessité subie par nous et, inductivement, par les choses. Si on veut rêver que tout aurait pu être autrement, qu'on fasse ce rêve de contingence; saura-t-on, au fond, ce qu'on veut dire, et ne jouera-t-on pas avec des notions vides, avec des fantômes de l'imagination métaphysique?

Les lois mathématiques, considérées en elles-mêmes, paraissent impropres, ajoute-t-on, à être réalisées, car elles impliquent « le nombre infini »; or, « un nombre infini actuel est chose absolument inconcevable[1] ». — Le nombre infini est en effet inconcevable et irréalisable, mais non pas l'infinité sans nombre, l'innombrable, qui est au contraire le réel, supérieur à notre numération finie. Les lois mathématiques, à aucun point de vue, ne peuvent comme telles envelopper de contingence.

II. — La géométrie, a dit M. Houel, est fondée sur la notion *expérimentale* de la *solidité* ou de l'*invariabilité* des figures, qui fait qu'on peut les déplacer sans les déformer. — Nous accordons volontiers à cette nouvelle forme de positivisme mathématique que l'expérience de la solidité et du transport de solides invariables est l'occasion première de nos conceptions géométriques; mais, à vrai dire, la géométrie n'a pas besoin de s'occuper de la *solidité* proprement dite; elle n'a besoin que de supposer des figures invariables et mobiles. Or, cette notion n'est pas « empirique »; elle résulte de la définition même des figures, jointe à notre idée de l'espace. D'une part, nous faisons entrer dans la définition du cercle telles conditions abstraites, comme l'égalité des rayons; d'autre part, nous supposons l'espace vide de tout ce qui pourrait modifier une figure par une force quelconque. Dans ces conditions, qui sont les hypothèses premières de la géométrie, il serait *contradictoire* d'admettre qu'un cercle cesse d'être un cercle ou que ses dimensions et sa forme s'altèrent parce qu'on le suppose transporté en un autre point de l'espace, l'espace étant inerte

[1] Boutroux. *L'Idée de loi naturelle*, p. 25.

par définition. Toutes les images de grandeurs étendues sont formées en harmonie avec le principe de l'homogénéité des parties de l'espace ; supposer que nous pouvons avoir une image géométrique qui contredise cette homogénéité, c'est supposer que nous pouvons avoir « une image qui contredise la condition fondamentale de toute image ». La notion d' « espaces non homogènes » est donc dépourvue de sens, à moins qu'on ne veuille dire qu'un espace rempli d'air et un espace rempli d'eau ne sont pas homogènes; mais ce n'est pas en tant qu'espaces qu'ils sont hétérogènes : il n'y a ici d'hétérogène que l'air et l'eau. Faites abstraction de l'eau, de l'air et de toute autre matière remplissant l'espace, pour ne considérer que l'espace en lui-même, vous ne pourrez plus parler d'espaces différents, ni de *plusieurs* espaces, mots dépourvus de toute signification et dont s'abusent les néo-géomètres. Encore une fois, le transport des figures géométriques sans déformation est une conséquence tout analytique des principes mêmes que la pensée a posés. La géométrie n'a pas à se préocccuper des forces qui, en fait, peuvent déformer un cercle qu'on transporte. En tant que cercle dans l'espace, il est le même à Paris et à Londres, puisque ni Paris ni Londres n'entrent dans les définitions et données primitives. Aussi ne saurions-nous accorder à M. Poincaré que « la possibilité du mouvement d'une figure invariable n'est pas une vérité évidente par elle-même, ou du moins ne l'est qu'à la façon des postulats d'Euclide, et non comme le serait un jugement analytique *a priori* ». Ce qui n'est pas évident *a priori*, c'est qu'un cercle de fer transporté de Londres sous l'équateur ne sera pas modifié dans ses dimensions; et de fait il le sera, mais en vertu du changement de température, non du transport dans l'espace géométrique. Quand les néo-géomètres rêvent des espaces de toutes sortes, ils donnent arbitrairement le nom d'espace à une fiction de l'esprit. Il n'est pas vrai que l'espace soit simplement une « possibilité de relations » : il est une possibilité de relations *spatiales*, et toutes ces relations perdent leur sens en dehors des trois dimensions. Qui empêche de rêver aussi un temps à *n* dimensions, qui n'aura plus du temps que le nom ?

Les empiristes en géométrie ont invoqué, en faveur de leur thèse, la géométrie non euclidienne, où d'ailleurs d'autres géomètres croyaient, de leur côté, voir une preuve de l'idéalisme. En réalité, cette géométrie est un roman fondé sur des conventions arbitraires : l'absence de contradiction dans les déductions ne prouve nullement la possibilité des données, leur caractère non contradictoire. Le rôle de l'intuition, en géométrie, doit sans doute être ramené au minimum, ou du moins au nécessaire, mais on ne peut supprimer l'intuition de l'espace, ni la réduire, ainsi que le dit étrangement M. Poincaré, à un accident comme la blancheur de la craie, à je ne sais quoi de contingent. La vérité est qu'on donne souvent le nom d'*intuition* à de beaux et bons raisonnements fondés sur la contradiction, et que les empiristes en profitent pour voir dans cette intuition de la contingence. La superposition même des figures, qui a l'air d'abord d'être une expérience idéale et intuitive, est un artifice de raisonnement. Schopenhauer prend à partie Euclide pour la façon dont il démontre qu'un triangle où deux angles sont égaux est isocèle; mais Schopenhauer se trompe en voyant là une intuition. Si un triangle où deux angles sont égaux est isocèle, c'est que, toutes les données et conditions de construction étant identiques pour un côté et pour l'autre, il serait *contradictoire* d'admettre que les deux côtés ne fussent pas égaux ; ayant éliminé par hypothèse toute *condition* différente, on ne peut plus assigner une différence. Quand on regarde les angles égaux et les côtés, on s'imagine qu'on *voit* les côtés égaux; en réalité, on *déduit* cette égalité : on raisonne d'un raisonnement rapide en concluant l'identité des conséquences de l'identité des données. De même, considérez le théorème que deux triangles qui ont un angle égal compris entre côtés égaux chacun à chacun sont égaux. Vous verrez qu'il n'y a pas besoin de superposer, ou que la superposition est une simple *comparaison* logique, aboutissant à des déductions. Vous comparez les données du premier triangle avec celles du second, et vous concluez que toutes les prémisses sont identiques de part et d'autre; vous avez même angle, même direction des deux côtés, égalité de ces deux côtés; comment le troisième côté, qui est donné par tout ce qui précède, se mettrait-il à différer d'un triangle à l'autre? Je n'ai pas besoin de faire des transports de triangle et des promenades dans l'espace; je suis bien tranquille d'avance : les mêmes données entraîneront les mêmes résultats, aussi bien sur les étoiles que sur la terre. La superposition et la coïncidence sont donc souvent des artifices, — et parfois assez grossiers, — pour donner une matérialité apparente à des raisonnements abstraits procédant par comparaisons abstraites. La prétendue intuition est ici un raisonnement confus, et en conséquence elle n'a rien ni de contingent, ni d'empirique, comme le croient beaucoup de positivistes.

Qu'est-ce que l'intuition même des infinis, sinon encore un raisonnement, ainsi que Leibniz l'avait bien vu? Les mêmes raisons ou données subsistant toujours, il n'y a jamais lieu de s'arrêter, ni d'établir les différences. Si vous jugez que les angles droits formés par une perpendiculaire sont égaux, à quelque distance qu'on prolonge les lignes et quelle que soit la surface comprise entre ces lignes, c'est que les mêmes données ou raisons subsistent toujours, — donc les mêmes conséquences; — et c'est cette déduction que vous prenez pour une intuition.

Mais, s'il en est ainsi, pourquoi exclure de la géométrie les considérations d'infini? Pourquoi vouloir, avec l'école classique des géomètres, que les lignes soient toujours fermées de toutes parts? Si je considère deux rectangles infinis de même base construits sur une même ligne, ne sont-ils pas aussi clairement égaux que deux rectangles ayant leurs quatre côtés? Et je ne fais pas ici appel à l'intuition, mais au raisonnement. Dans le cas des rectangles finis, il est contradictoire de dire que

ABEF, BCDE, où tous les angles et les côtés sont

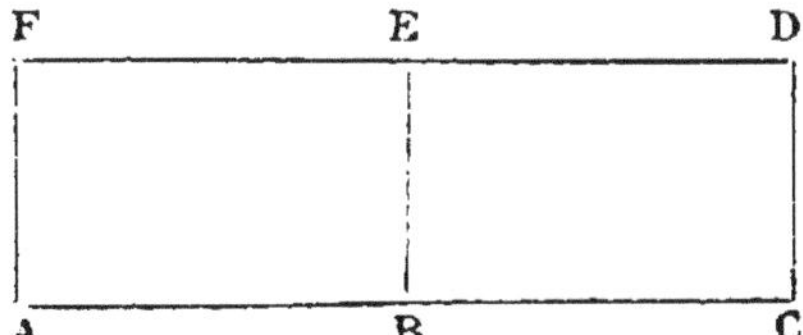

égaux, ne sont pas égaux; car où s'introduirait l'inégalité, les données étant identiques de part et d'autre? Maintenant, supprimez les côtés FE et ED, en laissant tout le reste identique, vous introduisez, au lieu des quatrièmes côtés, deux infinis déterminés entre les côtés AF, BE et BE, CD; ce sont deux rectangles infinis ayant même base et un côté commun EB. Le raisonnement déductif s'applique ici tout comme dans l'autre cas. Ce ne sont pas seulement les figures qui peuvent ici coïncider dans toute leur étendue; les *idées* génératrices, identiques de part et d'autre, entraînent les mêmes conséquences. Donc on peut raisonner sur des infinis bien définis, tout comme sur des finis, et sans autres intuitions que les primitives, celles qui se retrouvent dans toutes les constructions géométriques.

Les objections faites à l'infini actuel de quantité viennent de ce qu'on suppose impossible de comparer deux grandeurs autrement que d'une comparaison numérique. Or, rien n'est plus faux. Le nombre n'est qu'un expédient à notre usage, qui ne peut pas exprimer toutes les quantités[1]. La première et la meilleure comparaison de quantités a lieu par l'espace; c'est aussi en connexion avec l'espace que la conception de l'infinité vient à l'esprit; c'est à l'espace qu'il faut en appeler pour faire des comparaisons d'infinis étrangères à toute notion de nombre.

[1] Voir, dans le *Mouvement idéaliste*, les chapitres sur la philosophie de la contingence.

Voici un exemple donné par le logicien et mathématicien de Morgan.

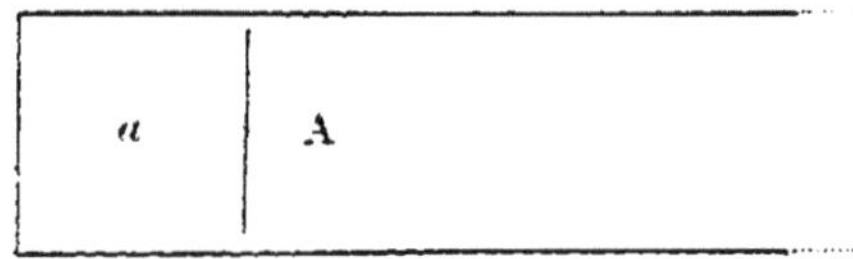

A est infini comparé à *a*, sans qu'il soit besoin de comparaison numérique. « Quantité » ou non, A est quelque chose de déterminé pour l'esprit. Et, quoique infini, A peut s'*augmenter* de *a*, ce qui le rapproche encore plus des quantités.

On peut d'ailleurs, ajouterons-nous, introduire des rapports numériques. Je conçois très bien que l'espace angulaire infini AOC est égal à l'espace angulaire infini

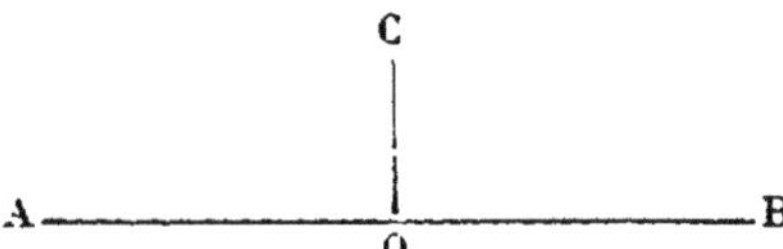

COB, et qu'il est la *moitié* de AOC + COB.

Même dans la géométrie actuelle, on parle d'angles, — ce qui implique un espace angulaire infini, — et de parallèles, ce qui implique encore l'infini ; pourquoi donc exclure la considération des infinis ?

L'infini admis dans les mathématiques d'aujourd'hui n'est qu'une *variable;* c'est dire qu'il n'est point vraiment infini et qu'on ne cesse pas de comparer des quantités finies. L'infini est en dehors; il est la *limite*, si on veut. Mais qu'y a-t-il, philosophiquement, d'absurde à considérer des infinis tout donnés dans l'espace, au lieu de s'en tenir à des *variables* ou à des symboles *numériques*, qui ne sont que des artifices ? Dans l'espace, tout est donné ; dans les nombres, il y a progression perpétuelle. Nous convenons qu'on ne peut raisonner sur des infinis en l'air, ni les comparer, mais les espaces angulaires compris entre des angles égaux, par exemple, sont-ils des infinis en l'air? Et toute détermination dans l'espace est-elle nécessairement subordonnée à des figures fermées *de tous côtés*. S'il en est ainsi, que signifient les angles, et que signifient les parallèles? Ce sont deux ouvertures sur l'infini; il est illogique de vouloir les ramener à des fenêtres closes. A notre avis, c'est cet illogisme qui a fait aboutir la géométrie classique à l'impasse du postulat d'Euclide.

La grosse question, dans la géométrie des infinis, est celle de l'égal, du plus grand, du plus petit. Voici ce qu'on peut poser en principe.

1° Deux infinis superposables et coïncidant dans toute leur étendue sont égaux, lorsque toutes les conditions qui servent à les définir sont égales.

Exemple : Soit les deux lignes parallèles A X, B Y, infinies dans le sens d'X et d'Y; elles sont égales, parce

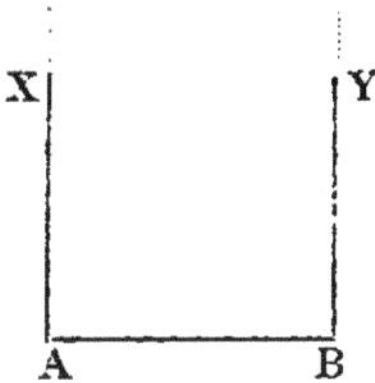

que toutes les conditions qui servent à les définir sont égales. Elles sont en effet perpendiculaires à une même ligne A B, et la perpendiculaire A X, si elle avançait vers B Y en demeurant toujours perpendiculaire à A B, finirait par coïncider avec B Y.

De même, deux infinis rectangulaires construits sur une même ligne indéfinie sont égaux si les bases sont égales : on peut démontrer que, en les faisant glisser sur la même ligne, on les amènerait à coïncider.

2° Le contenant est plus grand que le contenu; un infini est donc *plus grand* qu'un autre si tous les points du second appartiennent au premier tandis que des points du premier n'appartiennent pas au second, ou, en langage vulgaire, si le premier déborde le second.

Ainsi la ligne infinie AX est plus grande que la ligne

A B X

infinie BX parce qu'elle contient tous les points de BX, plus la portion AB que BX ne contient pas.

On n'a plus le droit ici de transporter la ligne AX sur BX sous prétexte de les faire coïncider, car la coïncidence existe déjà dans la partie BX. Le transport altérerait les conditions ou relations premières et changerait la ligne AX en BX, c'est-à-dire en une ligne différemment déterminée et ne partant pas du même point.

De même la ligne infinie CY est plus grande que la

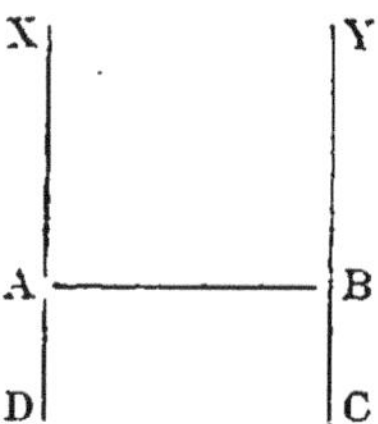

ligne infinie AX, car, en faisant glisser la ligne CY perpendiculairement jusqu'à A, elle coïncide avec AX par la partie BY et la dépasse de la partie AD.

L'infini rectangulaire CDXY est plus grand que l'infini rectangulaire ABXY, parce que tous les points du second

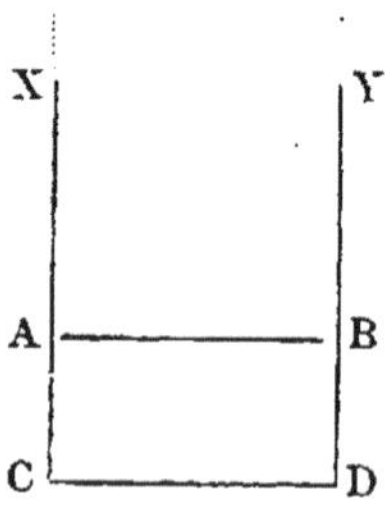

appartiennent au premier, qui déborde le second de la partie ABCD.

Et de même : l'infini rectangulaire EFZH est plus grand que ABXY, parce que, si on le fait glisser le

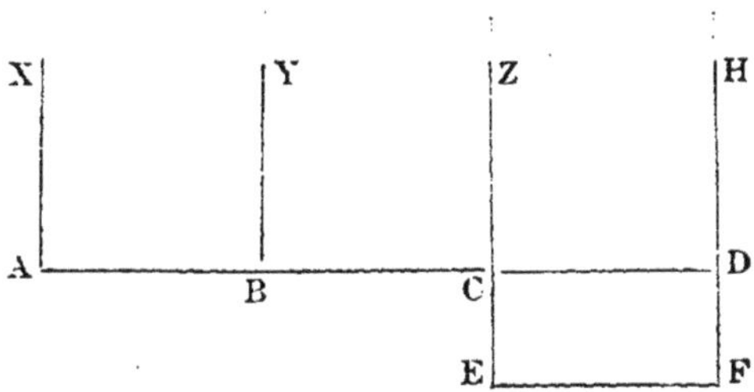

long de la perpendiculaire AD, il contiendra ABXY en le dépassant de la portion CDEF.

Les infinis angulaires de même sommet pourront également être comparés et auront les mêmes relations que leurs angles. On peut démontrer que deux infinis angulaires de même sommet sont égaux s'ils ont même angle : car, en faisant tourner le premier autour du sommet, on l'amènera à coïncider avec le second.

Les géomètres eux-mêmes transportent des angles droits (ou autres) l'un sur l'autre, pour faire coïncider les côtés ; il les retournent sens dessus dessous, comme le poisson sur le gril. Dès lors, qui empêche de retourner l'angle AOB de manière que le point A,

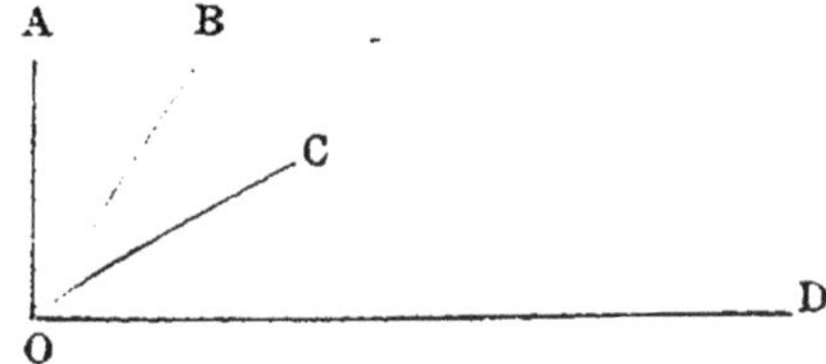

par exemple, tombe au point C, et qu'on ait ainsi l'angle BOC égal à AOB? L'espace angulaire tout entier compris entre les côtés de chaque angle sera égal de part et d'autre, puisque les côtés coïncideront. Cela posé, on peut recommencer l'opération, et on arrivera ainsi, en multipliant l'espace angulaire par lui-même, ou, si vous voulez, en faisant coïncider une série de figures, par recouvrir et dépasser l'angle droit AOD. D'autant plus qu'on admet que, d'un point, on peut toujours, avec un rayon quelconque, décrire une circonférence; or tous les côtés des angles représentent des positions diverses du rayon. Il semble donc que l'infinité de l'espace angulaire entre des côtés eux-mêmes infiniment prolongés, mais de position définie, n'enlève pas à la figure formée par les deux lignes droites sa « signification », ni la possibilité d'être comparée *quantitativement* à d'autres figures. De même, la bissectrice d'un angle divise l'espace angulaire infini en deux espaces angulaires infinis égaux, puisque l'on peut faire coïncider les deux figures dans leur totalité infinie.

Pareillement, je comprends très bien que l'espace rectangulaire infini AOCB est égal à l'espace angulaire

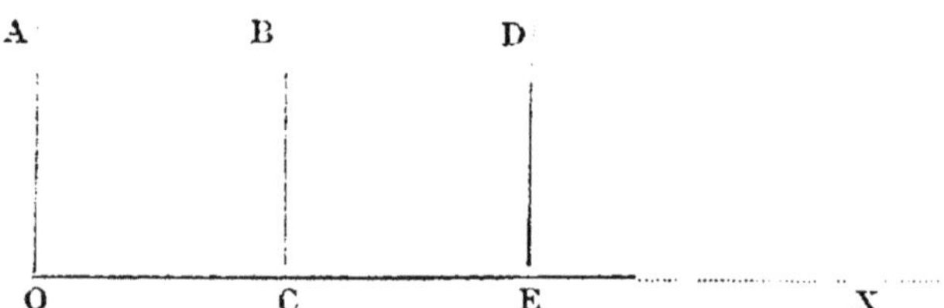

BCED; de plus, si je me sers des artifices de superposition, je comprends que, pour couvrir l'espace angulaire AOX... prolongé à l'infini, aucun nombre fini d'espaces rectangulaires n'est suffisant. C'était le contraire tout à l'heure pour les espaces angulaires.

Dans ces conditions, il semble qu'on raisonne bien sur des figures définies et sur des espaces *définis*, quoique *infinis* en un sens; ces espaces sont déterminés par des lignes, infinies il est vrai en tel sens, mais pouvant s'appliquer l'une sur l'autre dans toute leur étendue. Et même il reste une certaine considération de « variables », puisqu'on a une série d'espaces rectangulaires, par exemple, qui a pour limite l'espace angulaire de l'angle droit.

On conviendra aussi qu'on peut comparer un infini rectangulaire et un infini angulaire ayant un même côté : X A Z sera plus petit que A B X Y, s'il y est contenu tout entier, et si, par conséquent, la ligne AZ ne coupe pas B Y.

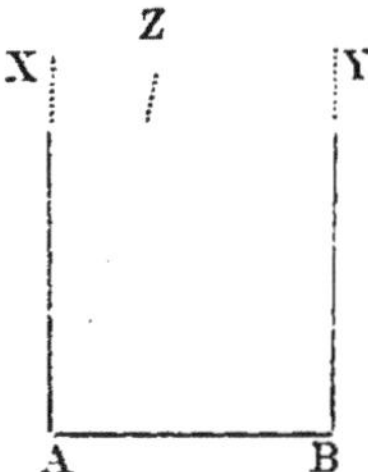

Si A Z coupe B Y en C, on démontre que l'angle X A Z contiendra le rectangle A B X Y tout entier moins le triangle A B C. Mais un triangle égal à A B C se re-

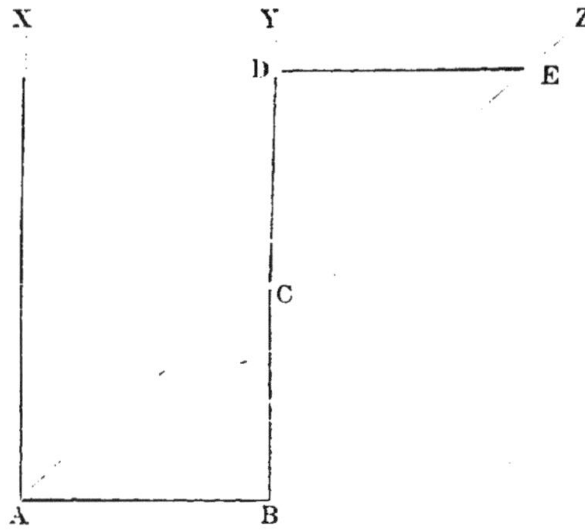

trouve en C E D, et l'infini angulaire comprend encore, en outre du rectangle et du triangle, un excédent infini. Donc il est plus grand que l'infini rectangulaire et couvre une plus grande portion du plan infini. On démontrerait même, en continuant la même construction et le même raisonnement, que l'infini angulaire XAZ est infiniment plus grand que le rectangulaire ABXY. Réciproquement, si un infini angulaire XAZ est, par hypothèse ou par démonstration, plus grand qu'un infini rectangulaire ABXY avec lequel il a un côté commun AX, il ne pourra être tout entier compris dans le rectangle et il devra le déborder; ce qui n'est possible que si le second côté de l'angle, AZ, coupe quelque part le second côté du rectangle, BY. C'est encore là, semble-t-il, une conséquence de tout ce qui précède.

Il suffira donc de démontrer qu'un infini angulaire est plus grand qu'un infini rectangulaire avec lequel il a un côté commun (c'est-à-dire qu'il ne peut coïncider entièrement avec cet infini rectangulaire, qu'il doit le comprendre et le déborder), pour qu'on ait le droit de conclure qu'une seule condition satisfait à cette nécessité, à savoir que le second côté de l'angle, AZ, coupe le second côté du rectangle, B Y. De même, si une figure *fermée* a une aire supérieure à celle d'une autre figure, la première ne pourra pas être tout entière contenue dans la seconde et elle la devra déborder. Il n'y a dans toutes ces considérations de plus grand et de plus petit que des rapports de contenant à contenu ; quelle que soit la figure, fermée ou non de tous côtés, dire qu'elle est plus grande, c'est dire que la portion d'étendue qu'elle définit n'est pas contenue dans l'autre, mais au contraire contient l'autre, ou son équivalent, et la déborde.

Pour nous résumer :

1° Deux infinis angulaires de même sommet sont égaux s'ils ont même angle;

2° Deux infinis rectangulaires construits sur une même ligne indéfinie sont égaux s'ils ont même base;

3° L'infini angulaire XAZ est démontré plus grand que ABXY si AZ coupe BY;

4° La réciproque est également démontrable : si XAZ est plus grand que ABXY, AZ coupera nécessairement BY, puisque l'autre côté AX est commun.

Donc, à propos de deux infinis, rectangulaire et angulaire, construits comme ABXY et XAZ, il sera suffisant ou de démontrer que AZ coupe BY pour conclure que XAZ est plus grand que ABXY, ou, réciproquement, de démontrer que XAZ est plus grand que ABXY pour conclure que AZ coupe BY.

Or, la comparaison avec l'angle droit XAB démontre que XAZ est plus grand que ABXY, puisque, répété *p* fois, il couvre l'angle droit, tandis que ABXY, répété autant de fois qu'on voudra, ne le couvrira jamais. Donc, en vertu des deux théorèmes (3) et (4) précités et réciproques, XAZ ne peut être plus grand qu'à la condition que AZ coupe BY.

C'est à peu près la démonstration du postulat d'Euclide que Bertrand de Genève avait proposée, mais sans l'appuyer sur une théorie des infinis satisfaisante.

Il y a là un raisonnement, ayant une série de moyens termes, procédant par comparaison de quantités dans des conditions définies. On ne saurait donc assimiler cette série de *raisons explicatives* aux postulats sans aucune raison ni explication, soit sur l'impossibilité de mener par un point plus d'une parallèle (ce qui n'est ni évident ni expliqué), soit sur les droites se coupant à angles divers (Euclide), soit sur la somme des triangles égale à deux droits (qui n'est évidemment qu'une conséquence lointaine), soit surtout sur le polygone et la rotation des quatre angles droits, où nous ne comprenons pas que M. Renouvier puisse voir quelque chose d'évident, tant l'énoncé est peu intelligible et tant la proposition réclame une démonstration compliquée. Les considérations de Laplace et de Delbœuf sur la similitude sont supérieures, mais il semble que, là encore, la conséquence est confondue avec un principe. Bref, nous ne trouvons de raison explicative et de moyen terme que dans la comparaison avec l'angle droit, c'est-à-dire, en somme, avec le plan infini. Puisque, dans le fait, nous parlons d'infinis rectangulaires ou angulaires, il est logique de faire cette comparaison avec le tout dont ils sont des parties, et là où il y a comparaison, établissement de rapports définis, il y a raisonnement. Si on recule devant cette conséquence, c'est qu'on a peur des comparaisons d'infinis, qui nous jettent hors des procédés bornés de la géométrie ordinaire ; on ne songe pas que la notion même d'angle et celle de parallèle enveloppent nécessairement l'infini, que la *mesure* des angles est une comparaison d'infinis, déguisée par l'artifice de la circonférence. Donc, selon nous, il faudrait avoir le courage et la logique de rechercher ce que produirait l'étude des infinis géométriques, jusqu'où et comment elle coïnciderait avec la géométrie traditionnelle.

Dès à présent, on peut conclure que tout espace angulaire, en quelqué point que se trouve le sommet de l'angle, s'il est ajouté à lui-même un nombre de fois déterminé, épuisera l'infinité de l'espace circulaire ; tandis qu'un espace rectangulaire infini, quelles que soient sa base, sa hauteur et sa position, et quel que soit le nombre par lequel on le multiplie, n'arrivera jamais à couvrir le quart seulement de l'espace circulaire infini. Si bien qu'un espace angulaire quelconque est plus grand qu'un infini rectangulaire quelconque, comme représentant une portion plus grande de l'espace circulaire infini, auquel les deux termes sont respectivement comparables. C'est, croyons-nous, l'intuition vague de cette relation qui se cache sous le postulat d'Euclide, — une sorte de postulat honteux. Il doit bien y avoir une raison pour laquelle l'oblique rencontre la perpendiculaire ; et au fond, on entrevoit dans cette oblique un rayon de circonférence en marche pour faire tout le tour de l'espace circulaire infini, par l'addition d'espaces angulaires, tandis que la perpendiculaire a beau reculer et ajouter sans cesse des espaces rectangulaires, elle n'arrivera jamais à clore entièrement l'angle droit, les mêmes raisons et conditions subsistant toujours. Avec un espace angulaire que renfermerait tout entier un espace rectangulaire, on ne pourrait plus reconstituer le cercle infini dont le centre est partout et la circonférence nulle part. Il nous semble que c'est le sentiment de ces infinis qui est au fond de la conviction universelle que l'oblique ne pourra pas rester en deçà de la perpendiculaire; car alors l'angle, ajouté à lui-même, resterait contenu dans le quart du cercle infini, comme y restent contenus les espaces rectangulaires ajoutés indéfiniment à eux-mêmes : on ne pourrait plus faire le tour de l'horizon en faisant pivoter l'angle sur un côté, puis sur l'autre, et ainsi de suite. Mais ces intuitions encore grossières réclament un établissement de relations plus précises.

En tout cas, définir les parallèles au moyen de la notion de l'infini et refuser ensuite d'admettre cette notion dans la déduction qui part de cette définition même, nous semble logiquement absurde ; et c'est à nos yeux le vice de la géométrie euclidienne, philosophiquement considérée. De là le désir que nous avons de voir se construire une géométrie des infinis. Il y a là quelque chose à chercher, dût-on ne pas trouver la démonstration du postulat. Peut-être arriverait-on à des rapports géométriques autres que ceux qui sont traduisibles dans le langage géométrique ordinaire. Cette recherche serait beaucoup moins étrange que la géométrie non euclidienne, qui en somme repose sur une absurdité ; car, postulat ou démonstration, il est évident, par la comparaison avec l'angle droit, que l'infini angulaire est infiniment plus grand que l'infini rectangulaire. C'est donc « rêver les yeux ouverts » que de prendre pour point de départ un infini angulaire contenu tout entier dans un rectangulaire. Si on s'amuse pendant des volumes à tirer les conséquences logiques d'une impossibilité (comme si on raisonnait à perte de vue sur un pied plus grand que le soulier dont il est chaussé), ne pourrait-on s'amuser aussi à tirer les conséquences logiques d'une considération d'infinis ? Quant à l'absence de contradiction dans la géométrie non euclidienne, nous avons déjà fait observer qu'elle ne prouve rien, sinon qu'on a déraisonné *logiquement* et sans se contredire[1]. On n'en saurait donc conclure aucun empirisme ni aucune contingence de la géométrie. Celle-ci sera contingente quand on pourra montrer que le contenu est plus que le contenant, que ce qui est plus grand est plus petit, et que les contradictoires peuvent coexister. Sans doute l'espace doit être préalablement *donné* au géomètre avec ses trois dimensions ; mais, comme il est donné en vertu même de notre constitution mentale, la contingence est encore ici impossible. Tout ce qu'on peut imaginer en dehors des conditions de notre pensée est X, mais n'est pas pour cela contingent. Le positivisme empirique des géomètres contemporains nous semble donc insoutenable.

[1] M. Milhaud a fort bien dit : « Supposons qu'on parte d'une proposition acceptée de tout le monde, comme : certains nombres sont à la fois impairs et premiers (3, 5, 7, 11...) ou de telles conséquences logiques qu'il plaira ; puis, pour passer de cette chaîne de déductions à une autre, que l'on construise le vocabulaire suivant : nombre se traduira par *homme*, impair par *vivant*, premier par *mort;* on énoncera alors d'abord : certains hommes sont à la fois vivants et morts. Puis viendra une série de propositions se succédant en bonne logique comme celles dont elles seront la traduction. Qui songera à dire que la correspondance terme à terme de cette suite d'énoncés à une suite de déductions arithmétiques garantit l'absence de contradiction de ces énoncés ? » (*La Certitude logique.*)

CHAPITRE V

LE MOUVEMENT POSITIVISTE ET ÉVOLUTIONNISTE DANS LES SCIENCES MÉCANIQUES ET PHYSIQUES

MATIÈRE, FORCE ET MOUVEMENT

I

Quelle idée le progrès des sciences positives nous a-t-il donnée de la matière ? La matière est l'ensemble des causes extérieures qui agissent sur nos sens ; or, au point de vue positif, ces causes nous échappent dans leur fond, dans leur essence, puisque nous ne pouvons les connaître que par leur action sur nous et par les propriétés qu'elle nous révèlent. Nous ne pouvons pas nous séparer de nous-mêmes pour nous mettre à l'intérieur des objets qui nous entourent et y prendre conscience de ce qui les constitue. La philosophie positive ne peut donc définir la matière que par celles de ses propriétés qui sont objet de science certaine.

Nombre, étendue, durée, mouvement, voilà les propriétés mathématiques de la matière. Sa première propriété physique est la résistance. De la résistance dérive l'impénétrabilité. La résistance au mouvement est ainsi la forme la plus générale que prend pour nous l'activité des corps. Il n'en est pas moins vrai que cette résistance tient en partie à la constitution de nos organes musculaires, car ce sont les sensations venues de nos muscles qui nous la révèlent et qui lui donnent son caractère particulier, indéfinissable. La pesanteur s'apprécie par le mouvement et par la résistance, lorsque nous soulevons un poids. Quant à la sonorité, à la chaleur, à la lumière, ce sont des modes d'action spéciaux qui tiennent en partie aux mouvements extérieurs de la matière, en partie à la constitution propre de nos organes et de notre sensibilité. La physiologie et la psychologie entrent comme éléments essentiels dans l'explication de ces qualités, car ce qu'elles ont de propre et d'indéfinissable est relatif à nos sensations. Pour un aveugle, l'idée de lumière ne peut enfermer que celle d'un mouvement rapide de molécules extrêmement ténues.

Quel est donc le phénomène le plus primordial, parmi ceux qui sont « objets » de science ? L'expérience nous répond que le mouvement est tour à tour cause et effet de la chaleur, de la lumière, de l'électricité, de l'affinité ; nous en induisons que c'est le mouvement qui doit être à l'extérieur le phénomène fondamental, que toutes les qualités *physiques*, indépendamment du sujet et indépendamment de la nature intrinsèque des objets, se ramènent à des modes de mouvement. D'autre part, les sciences mathématiques considèrent aussi le mouvement comme la notion la plus simple et la plus essentielle, où viennent se réaliser ces possibilités abstraites qu'on appelle nombre, temps, espace.

Quant aux « forces » qu'on veut placer derrière les mouvements, elles ne seraient autre chose, si nous pouvions les saisir, que des agents immatériels des volontés, des esprits, comme l'*angelus rector* qu'on préposait aux astres. C'est ce que Comte appelait une notion théologique ou ontologique. Le moyen âge croyait que, si l'eau froide s'échauffe, c'est que la forme accidentelle du chaud a expulsé la forme accidentelle du froid ; il croyait que, si l'estomac digère les aliments, c'est par ses qualités concoctrices. En supposant que de pareils êtres existent, ils ne sont point, à coup sûr, l'objet de la physique ; ils ne peuvent même être l'objet d'une science positive, d'une vraie suite de propositions certaines et nécessaires. « Toutes les qualités des corps, répond Descartes, ne sont rien, hors de notre pensée (c'est-à-dire de notre conscience) sinon les mouvements, grandeurs et figures de quelques corps. » — « Toute ma physique n'est que géométrie, répète-t-il sans cesse, toute ma physique n'est que mécanique. L'univers entier est une machine où tout se fait par figure et mouvement. »

Les partisans des *forces* conçues, comme mécaniquement distinctes des mouvements, objectent encore aujourd'hui que, dans les formules mathématiques, force et mouvement ne sont point même chose; Leibniz, on le sait, l'avait déjà soutenu contre Descartes. Le mouvement doit s'estimer en multipliant simplement la masse par la vitesse; la force doit s'estimer en multipliant la masse par le carré de la vitesse. — Sans doute, mais ces formules toutes mathématiques n'impliquent pas d'autres idées que celles du mouvement et de ses lois. Si Descartes s'est trompé, ce n'est pas sur la nature de la force mécanique, mais sur le calcul du rapport entre le mouvement actuel et le mouvement futur. Quant à la formule de Leibniz, elle revient à la loi suivante : — De deux corps qui sont en mouvement et dont la masse est la même, celui qui va deux fois plus vite que l'autre ira quatre fois plus loin dans le même temps, si rien ne l'arrête. Ce que l'on appelle *force* est donc simplement un rapport entre le fait actuel du mouvement de tel corps et le fait ultérieur d'un chemin parcouru, plus ou moins long. La force mécanique est, comme Descartes l'a vu, un simple rapport entre des faits de mouvement. C'est là, selon nous, une vérité acquise à la science positive.

La loi dite d'inertie se réduit à la déduction suivante : tout mouvement nouveau présuppose des antécédents nouveaux qui l'ont produit; tout passage apparent du mouvement au repos relatif suppose aussi l'intervention de quelque autre mouvement, qui a compensé ou transformé le premier. Point de changement effectif dans une solution mécanique, s'il n'y a pas eu de changement dans les données. Sans doute la vérification expérimentale de l'inertie n'est jamais complète; mais, jointe à la conception rationnelle, elle est suffisante pour entraîner notre assentiment; admettre l'hypothèse contraire à la loi d'inertie, ce serait raisonner contre les raisons mêmes que nous avons.

On a supposé que le phénomène qui, chez l'homme, ressemble le plus à la force d'inertie dans les choses, c'est celui de l'habitude. Déjà Comte avait fait ce rapprochement. L'action mécanique ne serait ainsi, par analogie, que la « dégradation » de l'action véritable, dit M. Ravaisson, ou encore, dit M. Boutroux, « l'activité suppléée » par un lien entre ses produits, dégagée par là même et rendue libre pour des tâches nouvelles. — Mais l'habitude semble bien plutôt elle-même le corrélatif mental d'un phénomène de mécanique, par lequel les molécules organisées se disposent dans un ordre nouveau rendant plus faciles les courants nerveux. Il y a alors transmission de la besogne des centres supérieurs aux centres inférieurs de la moelle.

Auguste Comte a parfaitement vu ce qu'il y a de philosophiquement inexact dans l'idée d'inertie conçue comme *passivité* de la matière. « Cet état passif des corps, dit-il, est une véritable abstraction, contraire à leur constitution réelle... N'y eût-il, dans les molécules, d'autres propriétés que la pesanteur, cela suffirait pour interdire à tout physicien de les regarder comme passives ». Seulement, ajoute-t-il, on peut « faire abstraction des forces inhérentes aux corps et regarder ceux-ci comme sollicités par des forces extérieures, puisqu'on substitue ainsi aux forces intérieures des forces extérieures équivalentes ». Il en est de même, conclut Comte, de toute autre propriété naturelle, qu'il est toujours possible de remplacer par la supposition d'une action externe construite de manière à produire ce même mouvement; « ce qui permet de se représenter le corps comme entièrement passif[1] ». A vrai dire, tout meut et est mu dans l'univers; il y a dans chaque particule des mouvements intestins qui viennent se combiner avec des mouvements extrinsèques; comme on ne peut tout considérer à la fois, on fait abstraction, jusqu'à nouvel ordre, du mécanisme interne pour ne considérer que l'externe.

Mais Auguste Comte soutient, dans le même chapitre, que le principe de raison suffisante ne saurait démontrer la loi d'inertie. « On a dit que le corps doit suivre la ligne droite, parce qu'il n'y a pas de raison pour qu'il s'écarte d'un côté plutôt que de l'autre de sa direction primitive. Comment pourrions-nous être assurés qu'il *n'y a pas de raison* pour que le corps se dévie ? Que savons-nous à cet égard, autrement que par l'expérience ? Ces considérations *a priori*, fondées sur la *nature* des choses, nous sont interdites en philosophie positive. » —Il y a là un malentendu. Quand on dit que le corps qui s'est mu en ligne droite continuera de suivre la ligne droite tant qu'une raison nouvelle n'interviendra pas, on ne suppose point *a priori* que la *nature* des corps soit de se mouvoir en ligne droite; la seule chose qu'on affirme *a priori*, c'est que, étant donné un corps qui, pendant un laps de temps aussi petit qu'on voudra, s'est mu en ligne droite, il continuera le même mouvement *si* un autre corps ne vient pas lui imprimer un autre mouvement; on n'affirme donc *a priori* que la loi de raison ou de causalité : pas de changement dans la direction du mouvement sans une raison tirée de quelque autre mouvement. Si donc un corps, par hypothèse, décrit un arc de cercle, on dira tout aussi bien que, supposé qu'il n'intervienne aucune autre cause, ce corps continuera de se mouvoir circulairement. La loi d'inertie n'est ainsi que la loi de causalité. Pareillement, la même *vitesse* se conserve *si* un autre mouvement ne se compose pas avec le premier. Les données étant supposées les mêmes, la solution est la même pour notre

[1] 15e leçon.

logique, et nous étendons notre logique à la réalité. Le changement visible dans la solution nous fait chercher un changement invisible dans les données[1].

Aussi ne voyons-nous pas que, dans les principes de la mécanique, se glisse la moindre contingence, comme on l'a voulu soutenir. Il est clair que nous sommes obligés, au point de vue concret, de prendre pour points de départ tels mouvements donnés, dans telles directions, dans tels rapports; mais ces points de départ empiriques tiennent à l'insuffisance de notre science, qui ne connaît pas toutes les données réelles du problème.

En mécanique comme ailleurs, le positivisme a essayé d'augmenter la part de l'expérience, et les partisans de la contingence ont fait la même tentative. Les lois mécaniques, ont-ils dit, supposent une réciprocité d'action entre des termes hétérogènes; donc elles sont irréductibles aux lois mathématiques. — A coup sûr la mécanique suppose des lois *causales* de changement ou de

[1] Selon la loi d'inertie, un point matériel, librement abandonné à lui-même, se meut d'un mouvement rectiligne et uniforme (ce qui comprend le cas où la vitesse est nulle et où le point est en repos). M. Tannery [1] objecte que la liberté d'un point matériel abandonné à lui-même est pure fiction et que tous les corps agissent réellement les uns sur les autres jusque dans leurs particules dernières. — Mais la liberté du point matériel, selon nous, est bien moins une fiction qu'une abstraction, comme la ligne, le plan, etc. M. Tannery ajoute que le principe d'inertie est une définition arbitraire : — « Nous pourrions, par exemple, dit-il, affirmer, suivant d'antiques théories, que le point matériel libre se meut d'un mouvement circulaire et uniforme autour d'un point fixe de l'espace; nous pourrions affirmer qu'il reste nécessairement en repos (selon la définition proposée par Kretz dans son opuscule : *Matière et éther*). » — A cela nous venons de répondre : — Si le point est en repos, il restera en effet en repos. S'il est en mouvement rectiligne, il restera en mouvement rectiligne tant qu'une raison autre n'agira pas sur lui, tant qu'une autre donnée ne sera pas introduite dans le problème. Enfin, si un point, pour une raison quelconque, décrit un cercle, il continuera de suivre ce cercle tant que d'autres raisons et données n'interviendront pas. — Sous cette forme, le principe d'inertie est bien une simple application de la causalité et de la raison suffisante, qui elles-mêmes reviennent à dire : les mêmes solutions subsistent avec les mêmes données. L'inertie est simplement l'identité des conséquences dans l'identité des principes. En d'autres termes, elle est une affirmation du déterminisme, une négation de tout hasard.

[1] *Revue philosophique*, 1879, II, 479.

mouvement, non pas seulement des lois logiques ou des lois de nombre et de figure ; mais ces lois causales sont un déterminisme aussi rigoureux que le déterminisme mathématique, et, de plus, c'est selon les lois mathématiques qu'ont lieu tous les changements ou mouvements de la mécanique. Que viennent donc faire ici l'empirisme et la contingence ?

— « Savons-nous, objecte-t-on, si les lois mécaniques sont cause ou conséquence des autres lois ? Et si par hasard elles étaient conséquence, pourrions-nous affirmer qu'elles sont rigoureuses et qu'elles sont immuables ? — » — A quoi nous répondrons : — Les lois mécaniques sont des conséquences rigoureuses et immuables des lois mathématiques et logiques ; elles s'appliquent à tout ce qui se meut dans l'espace. Et ce qui n'est pas dans l'espace, mais dans le temps, n'échappe pas pour cela au déterminisme qui régit tout changement. — « Il n'y aurait rien de choquant pour l'esprit, dit-on encore, à ce que les corps s'attirassent en raison inverse de la distance, au lieu du carré de la distance[1]. » — Ce n'est pas choquant pour notre esprit, qui ignore le principe d'où la gravitation dérive ; mais, si nous le connaissions, ce serait aussi choquant que de supposer un théorème de géométrie faux lorsqu'on admet ceux dont il dérive. Sans doute l'expérience est nécessaire pour nous fournir la *mesure* de l'action que les corps exercent les uns sur les autres ; c'est *pour nous* un *fait* que les corps s'attirent en raison inverse du *carré* des distances ; mais c'est que nous ne connaissons pas le principe plus général dont ce fait est la conséquence mathématiquement nécessaire. Les lois empiriques, qui nous semblent particulières et même contingentes, sont des combinaisons où s'expriment des lois universelles et nécessaires ; ignorant les conditions des faits spéciaux, nous imaginons des lois particulières pour rendre compte des rapports particuliers, tandis que, dans la réalité, tout se ramène à des

[1] Boutroux. *L'Idée de la loi naturelle.*

lois portant sur l'universalité des phénomènes : les faits psychiques et les faits physiques sont sous le sceptre des mêmes lois universelles, dont ils nous manifestent le contenu avec des degrés divers de richesse. En un mot, les lois « empiriques » de la nature sont des conséquences dont nous n'apercevons pas les principes, des effets dont nous ne voyons pas les causes, des relations dérivées dont nous ne voyons pas les liens nécessaires avec les relations primaires. C'est pour cela qu'elles paraissent contingentes, tout comme le hasard, « mot couvrant l'ignorance ».

— Mais, dit-on, les lois physiques ne sont pas primitives et fondamentales ; donc elles peuvent changer. — Non, parce que leurs principes mécaniques et mathématiques ne peuvent eux-mêmes changer. Ce qui est vrai, c'est que les résultats de ces lois, comme les espèces animales, les formes des corps et leurs propriétés mêmes relativement aux êtres sentants, peuvent évoluer, mais toujours en vertu de raisons déterminées et déterminantes. — Dans un kaléidoscope, objectera-t-on peut-être, chaque figure s'explique par des raisons de nécessité mécanique, mais les diverses figures n'en ont pas moins diverses valeurs esthétiques. — Sans doute, mais faut-il en conclure que ces valeurs soient contingentes ? Elles expriment, selon nous, un rapport à notre propre sensibilité et à notre intelligence, rapport qui vient s'ajouter aux rapports mécaniques pour fonder le sentiment de l'agréable et du beau.

M. Poincaré et, après lui, M. Boutroux, déclarent en vain le mécanisme universel condamné par l'expérience, parce que, selon eux, le caractère essentiel d'un phénomène mécanique serait la réversibilité, tandis que la réversibilité n'existe pas dans les phénomènes physiques. C'est là prendre le mot de mécanisme en un sens étroit et inexact. Il y a mécanisme si tous les états successifs de l'univers sont reliés les uns aux autres par des équations mécaniques, quelles qu'elles soient, engendrant ou n'engendrant pas la réversibilité. Si l'on met en présence un corps chaud et un corps froid, le premier cédera de la chaleur au second, mais l'inverse ne se produira jamais; qu'importe? Le fait a des raisons mathématiques et mécaniques comme tout le reste; il est l'effet nécessaire de causes données. Le feu produit la brûlure et la brûlure ne produit pas le feu; la brûlure n'en est pas moins l'objet d'un déterminisme.

A vrai dire, contrairement à la pensée d'Auguste Comte et des anciens positivistes, comme des partisans de la contingence, aucune des sciences objectives, pas même la biologie, n'implique dans ses explications des éléments autres que les éléments mécaniques et des lois autres que les lois mécaniques. Toutes les qualités et propriétés spéciales doivent leur caractère de spécificité à leur relation au sujet sentant; une fois ce sujet éliminé, il reste des phénomènes de mouvement dans l'espace et dans le temps, proie de la mécanique.

II

Du principe de raison suffisante et du déterminisme de la nature il résulte que tout changement est lié à d'autres changements et que tout se tient dans le monde. Les phénomènes mécaniques sont donc toujours corrélatifs, c'est-à-dire déterminés les uns par les autres et dépendants l'un de l'autre. La plus importante conséquence, c'est que tout changement dans le mouvement d'un corps suppose une modification dans le système entier des mouvements liés avec celui que l'on considère. Le mouvement d'une portion de matière doit donc être accompagné d'un mouvement contraire dans une ou de plusieurs autres particules, et on ne peut modifier la direction d'un mouvement quelconque qu'au moyen d'un autre mouvement qui vient former avec le premier une composante nouvelle. Les êtres concrets, mobiles dans l'espace, ne sont, comme on l'a dit, que des

« fonctions », au sens mathématique du mot : c'est-à-dire que les phénomènes y figurent à l'état, les uns de *constantes* plus ou moins définies et fixes, les autres de *variables*, et tous liés par la *relation* où ils entrent, de telle sorte que, certains d'entre eux venant à varier, d'autres varient et se déterminent en conséquence. Un système de forces en mécanique n'est que cela, et c'est cela seulement que son équation exprime [1]. Mais, pour que ce résultat ait lieu, il faut que la quantité de force, mathématiquement estimée, soit invariable dans l'univers. Descartes avait compris avant Leibniz la nécessité d'admettre ainsi quelque chose de constant au fond des phénomènes mécaniques, mais il n'avait pas trouvé la vraie formule mathématique qui exprime cette constance. On sait qu'il avait posé la loi suivante : la quantité de *mouvement* est constante dans le monde ; Leibniz a montré que cette loi, interprétée mathématiquement, aboutit à des conséquences inexactes. La quantité de mouvement, en effet, a pour expression le produit de la masse par la vitesse ; or, si mv était constant, il en résulterait que, dans un système quelconque d'atomes, la vitesse de l'un d'entre eux pourrait être altérée en direction, pourvu qu'elle restât constante en grandeur, sans entraîner de variation dans la quantité totale du mouvement. En cette hypothèse, un atome pourrait éprouver dans la direction de son mouvement une perturbation sans exercer aucune influence sur les atomes voisins. C'est ce qui est impossible en vertu même de l'universelle réciprocité des mouvements. Leibniz n'a du reste pas trouvé lui-même la vraie formule. Il a dit en effet que c'est la force vive (mv^2) qui est constante, tandis que c'est l'énergie totale, sous ses deux aspects différents, *énergie potentielle* ou *énergie actuelle*. Un ressort tendu et immobile contient de l'énergie potentielle qui ne produit pas encore un mouvement visible (par exemple, la détente du ressort

[1] Renouvier. *Crit. phil.*, 1884.

poussant une aiguille de montre) ; quand l'obstacle qui empêchait le ressort de se détendre a disparu, l'énergie potentielle se change en force vive et produit un travail ; elle devient énergie actuelle ou cinématique ; or, vous pouvez transformer de l'énergie potentielle en force vive, par exemple la pression gazeuse produite par la combustion de la poudre en un mouvement de projectile ; mais alors l'énergie potentielle diminue de la même quantité dont s'augmente la force vive productive de mouvement. Au fond il y a simplement transformation de mouvements moléculaires et invisibles en un mouvement visible de masse.

On le voit, la conservation de l'énergie n'est que l'application au mouvement du théorème général sur le changement, qui veut que tout changement succède à un changement et, en particulier, tout changement dans l'espace à un autre changement dans l'espace capable de rendre compte du premier sous le rapport de l'*espace* même. De là l'implication mutuelle des mouvements, leur continuité et leur conservation.

On a objecté que le théorème de la conservation de l'énergie motrice, qui exprime une équation entre deux quantités, « n'a plus de sens appliqué à un monde infini [1] ».—L'artifice de cette objection consiste à supposer une *quantité* d'énergie formant un tout fini dont on affirmerait la conservation. Mais, appliqué à l'infini, le théorème signifie simplement qu'il n'y a nulle part *création* ou *anéantissement* d'énergie motrice et de mouvement, ni à un point ni à un autre de l'espace infini et du temps infini. C'est une *négation* et non une *addition* ou *somme* proprement dite. Or, une négation peut fort bien s'étendre à l'infini sans perdre « son sens ». Le principe de la conservation de l'énergie est un symbole du principe de causalité, qui lui-même enveloppe l'identité logique des mêmes conséquences sous les mêmes prémisses.

[1] M. Tannery.

La science positive, n'entendant par forces physiques que les causes des mouvements de translation, des mouvements de la lumière, de la chaleur, du magnétisme, des affinités, a fini par admettre avec Descartes que ces diverses formes du mouvement sont équivalentes. Prenez l'une d'elles pour origine, par exemple la lumière, vous en verrez sortir directement ou indirectement toutes les autres : chaleur, magnétisme, mouvement. On connaît la belle expérience de Grove qui, dans une boîte contenant une plaque daguerrienne et munie de divers instruments propres à constater les forces physiques, introduit un rayon de lumière : sur la plaque se produit une action chimique; dans les fils d'argent communiquant avec la plaque un courant électrique; dans le galvanomètre, du magnétisme; dans l'hélice thermométrique de Bréguet, de la chaleur; enfin on voit courir les aiguilles : la lumière est transformée en mouvement visible. C'est le monde physique en raccourci[1].

[1] Le père Secchi, un cartésien du XIXe siècle, était fidèle à la pensée de Descartes, quand il montrait que tous les phénomènes terrestres dérivent de la chaleur du soleil et sont pour ainsi dire de la lumière transformée. « Si nos vaisseaux, disait-il, sillonnent les mers sous l'impulsion des vents, la cause en est au soleil, dont les rayons maintiennent notre atmosphère en mouvement; si les cours d'eau animent nos usines, ils le doivent à la radiation solaire, qui, par l'évaporation, élève dans les airs l'eau des océans, laquelle va se condenser dans les hautes régions de l'atmosphère pour venir couler dans nos rivières; si le feu nous rend tout-puissants à l'aide de nos machines à vapeur, il tient cette faculté de la lumière qui a décomposé l'acide carbonique et l'a transformé en dépôts de force. » — « La loi universelle de la physique, remarquait à son tour Tyndall, est la généralisation inattendue de l'aphorisme de Salomon : *rien de nouveau sans le soleil;* en ce sens qu'elle nous apprend à retrouver partout la même puissance primitive dans l'infinie variété de ses manifestations. » Et il continuait en termes tout cartésiens : — « L'énergie de la nature étant une quantité constante, tout ce que l'homme peut faire dans la recherche de la vérité physique, ou dans les applications des sciences physiques, c'est de changer de place les parties constituantes d'un tout qui ne varie jamais, de sacrifier l'une d'elles pour en produire une autre. » Les vagues peuvent se changer en rides et les rides en vagues : la grandeur peut être substituée au nombre et le nombre à la grandeur; des astéroïdes peuvent s'agglomérer en soleils, des soleils se résoudre en faunes et en flores, les flores et les faunes peuvent se dissiper en gaz : « La puissance en circulation est

On sait que Descartes avait considéré l'univers comme formé d'abord d'une « matière subtile » partout répandue dans l'espace infini, puis d'une matière plus dense constituant les astres; les tourbillons de la matière subtile entraînaient les astres comme des navires sur de grands fleuves. Plus tard, la métaphore newtonienne de l'*attraction* à distance, dont Newton lui-même n'était pas dupe, favorisa chez quelques astronomes le retour aux forces occultes de l'époque métaphysique; de plus, Newton ne se rendit pas compte de la vraie nature des rayons lumineux, où il voyait une *émission* de particules au lieu d'une *ondulation*. La philosophie scientifique a, aujourd'hui, admis l'existence de l'éther. Les lois de la propagation de la lumière et de la chaleur ont paru des raisons plausibles en faveur de l'hypothèse cartésienne. Young et Fresnel découvrirent, conformément à la théorie de Descartes, que les mouvements d'une particule incandescente étaient communiqués à la rétine par des ondulations; il fallait en conclure qu'il existe entre notre œil et la particule lumineuse quelque matière qui ondule. Maxwel constata que le nombre qui exprime la vitesse de la lumière n'est autre que le coefficient nécessaire pour changer la mesure de l'électricité statique en électricité dynamique. Comme la lumière et l'impulsion électrique voyagent à peu près avec la même vitesse à travers le monde, on jugea probable que les ondulations qui les transportent l'une comme l'autre se produisent dans le même milieu. L'électricité induite pénètre toutes les substances ou presque toutes, l'éther envahit de même tout l'espace, vide ou plein; les expériences du professeur Hertz ont montré les vibrations électriques de l'éther.

On a cependant mis en doute la théorie de l'éther parce que son ondulation s'accomplit d'une façon extraordinaire.

éternellement la même; elle roule en flots d'harmonie à travers les âges, et toutes les énergies de la terre, toutes les manifestations de la vie, aussi bien que le déploiement des phénomènes, ne sont que des modulations ou des variations d'une même mélodie céleste. »

Tous les fluides par nous connus transmettent les chocs qu'ils reçoivent à l'aide de vagues dont les ondulations se produisent alternativement en avant et en arrière, dans la direction de l'impulsion; l'éther oscille perpendiculairement à la direction dans laquelle le mouvement se propage. Mais William Thomson a découvert ce qu'il nomme un état de *labile equilibrium* dans lequel peut se trouver un fluide infini, et qui lui permet ce genre d'ondulations. Il n'est point aisé, sans doute, dans la théorie des vagues électriques, de rendre compte des différences de l'électricité positive et de l'électricité négative, et quant à la nature de ces deux forces agissant en sens inverse et complémentaires, auxquelles nous donnons le nom de quantités algébriques, nous ne la connaissons pas beaucoup mieux que Franklin. Mais ce n'est pas une raison pour faire de l'éther, avec Salisbury, une sorte de mystère ou de borne à la science. Il n'y a là qu'un problème de mécanique.

On s'est servi, comme Descartes, de l'éther pour ramener la gravitation aux lois ordinaires du choc et du mouvement. L'éther, sans avoir lui-même un poids appréciable, produirait la pesanteur par la pression qu'il exerce sur les agrégats de molécules. Toute molécule vibrante choque et chasse l'atmosphère d'éther dont elle est enveloppée; elle la rend moins dense autour d'elle que plus loin et produit ainsi une sphère de densité croissante à partir du centre. Dès lors, si une autre molécule entre dans cette atmosphère, c'est dans la direction du centre qu'elle rencontre le moins de résistance; elle prendra donc cette direction comme si le centre l'attirait. Ainsi la gravité est réduite en quelque sorte à un effet de pression statique, *mais ce jeu de pression reconnaît lui-même pour cause le mouvement*[1]. Répandez de la poussière sur une table et frappez à l'une des extrémités, vous verrez la poussière accourir comme attirée par votre main, et cela d'au-

[1] Le père Secchi. *Unité des forces physiques*, p. 576.

tant plus vite que vous frapperez plus fort et plus rapidement; voilà, a-t-on dit, l'image visible de l'attraction. Chaque tranche idéale de l'éther ou de la matière subtile est une table, chaque point matériel vibrant est une main qui frappe en tous sens. Les particules les plus rapprochées du centre qui vibre recevront les chocs les plus violents; elles seront chassées au loin. Ainsi la terre trouve, du côté du soleil, un éther moins dense, parce que le soleil a chassé les molécules par ses puissantes vibrations. On pourra d'ailleurs faire à ce sujet bien des hypothèses, mais les seules valables seront celles qui se réduisent au mécanisme, selon l'esprit cartésien, qui est ici le véritable esprit positif. Le mécanisme explique aussi, sans doute, la *cohésion* et l'*affinité*, qui semblaient deux autres genres d'attraction mystérieuse.

L'absence d'équilibre parfait dans la matière primitive est le grand postulat de la cosmologie moderne, et en particulier de la doctrine d'évolution; mais, ce postulat admis, le reste découle mécaniquement; la condensation progressive de la nébuleuse, produite par la gravité, suffit à expliquer l'évolution physique des mondes. On sait que cette magnifique hypothèse de la condensation fut émise d'abord par Kant, puis par Laplace[1]. L'ana-

[1] « J'admets, disait Kant, que toute la matière qui est devenue les globes du monde solaire, planètes et comètes, étant réduite à l'origine de toutes choses à ses éléments simples, remplissait tout l'espace où gravitent actuellement les corps constitués. » Il ajoutait que le même état d'embrasement universel reviendrait un jour et serait suivi d'une nouvelle condensation. « Le jour où l'épuisement du mouvement de gravitation dans l'ensemble de notre monde aura précipité toutes les planètes et les comètes sur le soleil, ce dernier aura reçu un immense accroissement de chaleur. Ce feu, puisant dans cette nouvelle nourriture une activité énorme, réduira sans doute toute chose en ses moindres éléments, qu'en raison de la puissance de dilatation de la chaleur il répandra et dispersera de nouveau dans les lointains espaces, occupés par eux avant la première formation de la nature. Après que la violence de ce foyer central aura été amortie par la dissolution presque entière de sa masse, l'union des forces attractives et répulsives ramènera les anciennes générations et les systèmes primitifs des mouvements, et de cet ordre nouveau il sortira un nouveau monde[1]. »

[1] Kant. *Théorie du ciel.*

lyse spectrale, découverte par Kirchhoff, semble apporter une confirmation indirecte de l'hypothèse. On avait cru d'abord que toutes les nébuleuses étaient résolubles en étoiles distinctes, comme la Voie Lactée, où Kant voyait avec raison un amas d'étoiles; beaucoup de nébuleuses manifestèrent, en effet, au spectroscope les mêmes raies que les étoiles fixes, ce qui indiquait les mêmes métaux; mais d'autres se montrèrent par leurs raies comme des masses gazeuses incandescentes, des mondes en formation. D'autre part, on se souvint que certaines étoiles, primitivement peu ou point remarquées, s'étaient enflammées subitement et étaient parvenues à l'éclat des étoiles de première grandeur, pour disparaître de nouveau après un temps plus ou moins considérable. Ce phénomène sembla s'expliquer par une chute de mondes se précipitant sur leur centre, produisant ainsi un embrasement énorme et se projetant ensuite en atmosphère gazeuse dans l'espace. Des mondes meurent sous nos yeux, tandis que d'autres renaissent. L'hypothèse de Kant et de Laplace apparut ainsi comme un des exemples les plus frappants de la loi d'évolution, avec toutes ses phases : multiplication des effets dans la nébuleuse, passage d'une uniformité indistincte à une variété définie de centres et d'anneaux ; ségrégation des anneaux et des planètes, équilibre plus ou moins durable du système, dissolution finale et nouvelle évolution.

Enfin on conçut l'évolution de la terre et ses périodes comme reproduisant sous certains rapports l'évolution générale. Là encore on prit pour point de départ un mélange et une confusion des éléments réduits à l'état igné; puis on admit une condensation progressive, un refroidissement de la surface, une croissante hétérogénéité des diverses combinaisons de la matière, une production et une ségrégation des divers métaux et des divers métalloïdes, dont les molécules sont probablement elles-mêmes de petits systèmes astronomiques analogues au grand. L'idée de la lente évolution géologique, sans détruire entièrement celle des *révolutions* subites à la surface du globe, admises par Cuvier, la réduisit cependant à un rôle tout à fait restreint et partiel. Lyell montra que la structure de la terre à sa surface s'explique par les mêmes forces qu'aujourd'hui encore nous voyons partout agir. Point de bouleversements généraux et subits suivis de l'apparition soudaine d'espèces nouvelles; la vie organique, sauf les cataclysmes partiels, s'est développée depuis ses débuts sans interruption. Il faut seulement multiplier par des millions de fois l'époque historique de l'humanité, pour mesurer le temps écoulé depuis la cellule organique la plus simple jusqu'à la naissance de l'homme. Ainsi la philosophie scientifique retrouvait partout l'*évolution* comme règle, les *révolutions* comme simples cas particuliers.

En somme, le mouvement de la philosophie scientifique aboutissait par toutes les voies à ce que Descartes et Leibniz avaient déjà soutenu : que la physique est une mécanique, que tout se fait mécaniquement dans le monde matériel, que les diverses apparences de la matière, considérées indépendamment de nos organes et de nos sensations, sont des mouvements de diverses vitesses et de diverses directions. Quant à l'être ou aux êtres où résident tous ces mouvements, la science positive, encore une fois, ne les atteint pas.

On a soutenu récemment que l'hypothèse atomistique est la plus plausible et la plus compréhensive de toutes celles que la philosophie ait tentées pour expliquer la nature par elle-même, et que l'intérêt théorique qui s'y attache se double aujourd'hui de la rencontre qui ramène la science contemporaine à l'antique postulat de la division particulaire [1]. Mais l'atomisme repose sur deux idées : celle d'atome, celle d'une loi de combinaison. Or, l'idée d'atome indivisible ou indécomposable est une

[1] Voir l'excellent livre de M. Mabilleau, sur la Philosophie atomiste.

pure fiction de la pensée pour exprimer symboliquement ce que notre science et notre puissance ne nous ont pas permis encore de diviser ou de décomposer. Quant à la loi de combinaison qui, à elle seule, ferait surgir les propriétés nouvelles, elle est encore un symbole pour exprimer, soit des lois de réactions *internes* qui se produisent dans les êtres, soit des rapports à la sensibilité *interne*, de plus en plus perfectionnée. Au point de vue de la quantité et du mouvement, les nouvelles combinaisons ne sont que des transformations mécaniques équivalentes ; au point de vue de la qualité, le nouveau est un développement intérieur et psychique, soit dans les objets, soit dans le sujet sentant qu'ils affectent, soit dans les deux à la fois. Et cette nouveauté n'est plus de l'ordre des sciences objectives, mais de l'ordre psychologique et philosophique.

On ne connaît pas encore positivement la nature et l'origine des éléments chimiques ; aucun philosophe n'admettra l'existence de soixante-sept corps élémentaires, y compris l'Argon et l'Hélium, ce dernier découvert dans le soleil avant de l'avoir été sur la terre [1]. Les alchimistes avaient raison d'admettre l'identité fondamentale des métaux et des autres éléments. On sait que, selon la loi de Dalton, les atomes de chacun des éléments ont un poids spécial qui leur est propre, et par conséquent ils se combinent en quantités pondérables fixes, ce qui implique une origine commune. On a supposé que tous ces poids étaient des multiples exacts de celui de l'hydrogène ; Stas entreprit de minutieuses analyses,

[1] D'après l'*Annuaire du Bureau des Longitudes*, des travaux récents ont permis de croire que les minéraux contenant du Cérium, du Lanthane, du Dydime, etc., etc., renferment beaucoup d'autres métaux dont la séparation est très difficile, parce que leurs propriétés sont très voisines. Ces minéraux seraient au nombre de sept : le Gandolinium, l'Holmium, le Néodyme, le Praséodyme, le Scandium, le Thulium et l'Yterbium. En outre, suivant quelques auteurs, le Disprolium serait un mélange, et le Samarium un composé d'au moins deux éléments inconnus. Les chimistes seraient donc menacés, a-t-on dit, d'être encombrés par une avalanche de corps simples, analogue à celle des petites planètes qui enflent chaque année les éphémérides astronomiques.

sans arriver à des résultats définitifs, pour voir s'il existe quelque preuve de cette idée théorique. L'analyse spectrale a permis de mesurer la vitesse avec laquelle des nuages d'hydrogène enflammé voyagent sur la surface du soleil; on a déterminé la marche prodigieuse des étoiles s'approchant ou s'éloignant; on a vu que l'atome de chaque espèce, lorsqu'il est échauffé, imprime à l'éther une vibration ou une série de vibrations dont la fréquence lui appartient d'une façon exclusive, qu'aucun atome ou aucune combinaison d'atome, en produisant son spectre, « n'empiète, fût-ce de l'épaisseur d'une ligne, sur le spectre qui appartient à son voisin ». On a appris que les éléments qui existent dans les étoiles, et spécialement dans le soleil, sont principalement ceux que nous rencontrons sur notre globe. On a trouvé dans le spectre solaire quelques corps auxquels nous ne pouvons donner aucun nom terrestre, et constaté aussi quelques lacunes dans la liste des substances que l'on y rencontre. Parmi les lignes qui manquent celles de l'oxygène et de l'azote occupent le premier rang. Les lois périodiques découvertes par Newlands et Mendeleeff ont montré que la liste d'éléments peut se diviser environ en sept familles. Chaque famille diffère des autres, mais chacune est construite sur le même plan intérieur. Dans le plan de ses familles, Mendeleeff avait laissé des places non remplies, parce que les éléments constitués d'une façon convenable pour les remplir n'avaient pu être trouvés; plus tard, trois des éléments répondirent à l'appel. Mendeleeff avait décrit avant de les connaître les qualités qu'ils devaient posséder; le gallium, le germanium et le scandium, découverts peu de temps après la publication de son mémoire, avaient les qualités assignées d'avance. Le résultat de toutes ces recherches est de nous montrer la matière à différents degrés d'évolution chimique, selon la température des astres.

On a plaisanté sur l'idée d'évolution appliquée aux espèces chimiques. Les familles d'atomes élémentaires, a-t-on dit, ne sont point susceptibles de se modifier par l'élevage ; nous ne pouvons en conséquence attribuer les différences graduées que nous constatons à des variations accidentelles perpétuées par l'hérédité sous l'influence de la sélection naturelle. « La rareté de l'iode et l'abondance de son frère le chlore ne peuvent être expliquées par la survivance du plus digne dans la lutte pour l'existence. Nous ne saurions rendre compte des petites différences qui distinguent avec persistance le nickel du cobalt, en invoquant l'héritage récent, par l'un d'eux, d'une variation avantageuse dans les qualités provenant d'une souche ancestrale[1]. » Mais l'évolution n'exige pas un élevage des atomes, ni même une utilité dans la lutte pour l'existence ; elle n'exige qu'un mécanisme transformant le simple en complexe. L'exemple même du cobalt et du nickel, qui ont des poids atomiques et des propriétés analogues, et qui produisent deux séries de composés parallèles en s'unissant à d'autres éléments, prouve que les formes semblables des prétendus corps simples dépendent de conditions semblables, comme dans les composés isomères. A l'explication par l'isomérie s'est ajoutée aussi l'explication par la polymérie. Il est des éléments, comme l'oxygène et le soufre, « dont les poids atomiques ne sont pas identiques, mais liés dans un même groupe par des relations numériques simples et multiples les uns des autres[2] ». Selon M. Crookes, il suffit d'admettre dans la matière subtile des alternatives de flux et de reflux, de repos et d'activité, puis une action intérieure pareille au refroidissement et opérant avec lenteur. Le premier élément né, déjà moins subtil, pourra être l'hydrogène, le plus simple des corps connus par sa structure et ayant le poids atomique le plus bas. Puis les éléments postérieurs seront différenciés plus ou moins selon le temps du refroidissement. Il semble même que les minéraux de la classe

[1] Salisbury. *Les limites actuelles de notre science.*

[2] Berthelot. *Origines de l'alchimie*, 294-297.

du samarokite et du gadolinite soient l'analogue des « chaînons perdus » du darwinisme. M. Crookes conclut : « L'analogie des éléments chimiques avec les radicaux organiques et même avec les organismes vivants nous force à soupçonner qu'ils sont des corps composés dérivant d'un travail d'évolution. Je désire sincèrement que la chimie, comme la biologie, trouve son Darwin. » On a dit avec raison qu'elle devait aussi trouver son Newton, parce que la loi de gravitation s'applique à la constitution moléculaire des corps comme aux grandes masses. Le mouvement, dit Mendeleeff, est partout dans la nature, non seulement dans les gaz, dont les atomes se meuvent et se choquent continuellement avec des vitesses énormes[1], mais à l'intérieur des liquides et des solides. Les édifices moléculaires des chimistes, au lieu d'être une architecture statique, sont analogues aux systèmes dynamiques stellaires. Ainsi, l'ammoniaque (NH^3) présente un soleil attractif, l'azote (N), et des satellites, les molécules d'hydrogène; tandis que le chlorure de sodium (NaCl) apparaît comme une étoile double de sodium et de chlore[2]. Les atomes, a dit Würtz, ne sont pas immobiles et se meuvent comme les planètes autour du soleil.

La réduction de la chimie à la physique et à la mécanique est encore plus assurée depuis les progrès de la chimie des gaz. Lavoisier a écrit une *Chimie pneumatique*; de nos jours, la chimie devient tout entière pneumatique. l'état gazeux étant celui où se montrent dans leur pureté les lois intimes des corps, que l'état liquide et gazeux dissimulent. Et ces lois se ramènent de plus en plus à des lois physiques, mécaniques, à des rapports de volumes, de pression, de poids, de situation, etc., constituant l'astronomie moléculaire.

Selon Berthelot[3], à l'idée de petites masses isolées

[1] Une molécule d'hydrogène, qui parcourt 1,100 kilomètres à la minute, heurte les autres 18 milliards de fois par seconde.

[2] M. Milhaud. *Revue Scientifique* du 16 avril 1887.

[3] *Origines de l'Alchimie*, Conclusion, p. 319, 320.

dans l'espace, telles que les conçoit l'atomisme. il faut substituer une matière continue, homogène. parfaitement élastique, le fluide éthéré remplissant l'univers. C'est au fond la théorie cartésienne. « Les impressions et les sensations qui font naître en nous l'idée des corps matériels seraient, dit M. Schutzenberger, la conséquence des mouvements tourbillonnants dont ce milieu est animé en certains points. De l'espèce du mouvement et de sa nature propre dériverait la diversité de ses propriétés[1]. » Chacun de ces tourbillons « se fait et se défait sans cesse », c'est-à-dire que « la matière contenue dans chacun des tourbillons demeure fixe par sa quantité, non par sa substance ». Ce sont les tourbillons mêmes de Descartes. Un seul être extérieur subsisterait alors, « comme support ultime des choses », le fluide éthéré[2].

Toutefois, selon M. Schutzenberger, la conception cartésienne de la matière rencontre une difficulté très sérieuse « dans le fait de la stabilité, jusqu'ici inébranlable, des éléments. Si ceux-ci ne représentent que les mouvements variés d'une même substance, si les combinaisons chimiques résultent d'une transformation simultanée de deux ou plusieurs mouvements élémentaires et de leur composition en un seul, on s'explique difficilement la nécessité du retour rigoureux au point de départ, au moment de la composition ». Difficilement, peut-être ; mais la stabilité des atomes peut être analogue à celle de notre système solaire, qui ne se modifie sensiblement qu'après des millions d'années, et le retour au point de départ peut être analogue au retour des planètes. Il peut se produire dans la matière subtile ce qu'on a appelé des nœuds de vibrations plus ou moins stables. La stabilité des atomes est toute relative à certaines conditions. Si tels et tels métaux ne sont pas encore formés dans les étoiles blanches, eu égard à l'énormité de la chaleur, on

[1] *Traité de chimique générale*, VII.
[2] *Ibid.*

comprend que, une fois formés, ils ne soient stables qu'entre certaines températures.

Au reste, qu'on adopte l'hypothèse de Laplace et de Kant, ou celle de Thomson et de Helhmholtz, ou tout autre, sur la formation de notre système terrestre, solaire et même stellaire, il importe peu au point de vue philosophique. Nous n'avons pas besoin d'être en mesure de rendre compte des moindres détails pour être assurés que tout le dehors s'explique mécaniquement, pas plus que nous n'avons besoin de pouvoir expliquer pourquoi telle vague de la mer a battu tel rocher pour être assuré que l'élan de cette vague est explicable par des causes mécaniques.

CHAPITRE VI

LE MOUVEMENT POSITIVISTE ET ÉVOLUTIONNISTE EN BIOLOGIE

L'ÉVOLUTION BIOLOGIQUE

La vie peut être étudiée scientifiquement à deux points de vue qu'il est essentiel de ne pas confondre : le point de vue physiologique et le point de vue psychologique. Quels sont les phénomènes caractéristiques de la vie au point de vue physiologique, tels que la philosophie positive les a progressivement dégagés ? — La vie a pour trait essentiel l'*ajustement continu des parties au tout et du tout au milieu extérieur*. Il est clair, par exemple, que nos organes (estomac, poumons, cœur, fibres, cellules, etc.) sont en accommodation continue avec l'organisation générale de notre corps et que, de plus, l'ensemble des changements qui se produisent à l'intérieur de notre organisme s'adapte continuellement aux changements du milieu extérieur, chaleur, froid, lumière, etc. De là, dans la substance des corps vivants, une sorte d'*équilibre mobile* perpétuel, qui est devenu le caractéristique de la vie pour la science moderne. La biologie a montré que les fonctions de la vie sont un travail, et tout travail est une dépense de force. Quand le mouvement se produit, qu'un muscle se contracte, quand la volonté et la sensibilité se manifestent au dehors, quand la pensée s'exerce, la substance des muscles, des nerfs, du cerveau, se désorganise et se consume. Chacune des paroles d'un orateur, chacune des pensées écrites par un auteur représente pour lui une perte de substance et, dans le sens le plus strict, il brûle pour éclairer les autres. A chaque effort de la pensée et de la parole répond une portion déterminée du corps réduite en ses éléments. Dans l'étrange histoire de la *Peau de chagrin*, a pu dire Huxley, le personnage principal est mis en possession d'une peau magique qui lui donne le moyen de satisfaire tous ses désirs; mais l'étendue de cette peau représente la durée de la vie : chaque désir satisfait, la peau se rétrécit. La machine humaine a été également comparée à une machine industrielle ; il en est de nous, a-t-on dit, comme d'une locomotive en marche, autour de laquelle s'empresseraient des myriades de petits ajusteurs microscopiques, qui replaceraient à la surface des rouages chaque particule enlevée par le frottement, qui, bien plus, enlèveraient eux-mêmes les particules plus profondément situées pour les remplacer par des particules identiques. Nos éléments meurent et renaissent : Claude Bernard a eu raison de dire, après Héraclite : *la vie, c'est la mort.* De Blainville, sous l'influence d'idées analogues, avait défini la vie : « *un double mouvement interne de composition et de décomposition, à la fois général et continu* ». Selon Auguste Comte, cette définition ne laisse à désirer qu'une indication plus complète des « deux conditions inséparables de l'état vivant : un *organisme* déterminé et un *milieu* convenable ». Persistance du *type, nutrition*, *évolution*, *génération* sont des formes de concordance et d'ajustement continus, soit entre les diverses parties de l'ensemble, soit entre l'ensemble et son milieu. En un mot, nous avons dans les *organes* un *concert de phénomènes simultanés* et dans les *fonctions* un *concert de phénomènes successifs.* Selon Auguste Comte, le problème de la biologie consiste à « lier la double idée d'*organe* et de *milieu* avec l'idée de fonction ». Ce problème peut être posé en ces termes : « *Etant donné l'organe ou la modification organique, trouver la fonction ou l'acte, et réciproquement.* » Cette définition, ajoute Comte, « fait ressortir le but de *prévision*, que j'ai représenté comme la destination de toute *science*, opposée à la simple érudition[1] ».

Il restait à chercher l'explication scientifique du « double concert des organes et des fonctions » ; pour cèla, on examina en elles-mêmes les parties élémentaires de l'être vivant : ce sont les propriétés des parties qui doivent expliquer celles du tout. Selon Leibniz, les êtres vivants sont composés eux-mêmes d'autres êtres vivants : les parties d'un automate, comme le bois et le fer, ne sont point elles-mêmes organisées, ou du moins ne le sont pas par rapport à l'effet que l'automate doit produire et selon une formule où cet effet soit compris comme résultante. Au contraire, les machines naturelles, comme Leibniz les appelle, « sont machines jusque dans leurs moindres parties » et enveloppent une quantité d'organes qui semble aller à l'infini. Confirmant ces vues, la science contemporaine nous a montré dans chaque individu organisé un monde d'autres êtres organisés, La théorie qui a fini par se faire admettre est celle qui cherche l'explication des organes et de leurs fonctions dans leurs éléments mêmes ; la *théorie cellulaire*, pour laquelle la dernière unité vivante dans laquelle se résout l'organisme complexe est la *cellule*. Déjà Bichat avait compris qu'il faut chercher l'explication des propriétés vitales dans celles des tissus ; A. Comte voulait, on s'en souvient, défendre à la science d'aller plus loin; — en quoi il était infidèle à la vraie méthode positive. Mais les successeurs de Bichat, notamment Claude Bernard en France, Virchow en Allemagne, faisant un pas de plus dans l'analyse, montrèrent que les tissus se résolvent eux-mêmes sous le microscope en une sorte de poussière dont chaque grain est la *cellule*. La substance granuleuse dont elle est formée, semi-fluide, mélange d'albuminoïdes présentant des caractères assez constants, fut appelée par le plus grand

[1] *Cours*, 40e leçon.

nombre des naturalistes le *protoplasma*. Un poil d'ortie, par exemple, quand on l'examine au microscope, nous montre à l'intérieur un petit fleuve de protoplasme dans lequel se produisent des courants de granules nombreux, sorte d'artère où circule sans cesse une liqueur remplie de globules comme notre sang. Jetée dans différents moules, entourée d'une enveloppe, munie d'un noyau, la matière protoplasmique parut constituer la base de toute organisation, végétale ou animale. La découverte de la cellule, qui semblait il y a peu d'années le dernier terme de la biologie, doit aujourd'hui être considérée comme une simple transition vers l'étude du protoplasme. Mais le protoplasme a déjà une structure très compliquée. D'après les recherches de Fayod, de Gênes, on y pourrait démontrer l'existence de nombreuses et spéciales « spiro-fibrilles ». Heitzmann et Schmits ont fait voir la structure réticulée du protoplasma. Au point de vue chimique, le protoplasme est également un produit très complexe et, par cela même, très instable, qui subit continuellement, par ses échanges chimiques avec le dehors, un changement moléculaire. Ce changement a deux directions et deux formes, l'une intégrative et anabolique, l'autre désintégrative et catabolique, dont la chimie intime rendrait compte et, au delà de la chimie, la mécanique.

Formée par du protoplasma à noyau, la cellule est un petit être indépendant, autonome, qui, constituant avec les autres une sorte de *colonie* ou, comme disait Hegel, de *nation*, contribue pour sa part à produire les organes et à accomplir les fonctions de l'ensemble. La vraie méthode scientifique, qui poursuit les raisons prochaines des faits sans prétendre remonter aux causes métaphysiques ou aux fins métaphysiques, doit donc chercher l'explication de l'organisme dans ses organes élémentaires; de là la doctrine appelée *organicisme*, de plus en plus dominante parmi les savants. A cette doctrine on en opposa cependant une autre, le *vitalisme*. Elle consistait à supposer, au-dessus des tendances et propriétés particulières à chaque partie du corps, une cause spéciale qui présiderait à l'arrangement des parties mêmes. Cette cause était la *force vitale*, depuis longtemps en honneur dans l'École de Montpellier et dont un médecin de Paris, Chauffard, reprit la défense désespérée [1]. On n'eut pas de peine à démontrer aux vitalistes : 1° qu'ils ramenaient l'état métaphysique ou théologique dans les sciences physiques et naturelles ; 2° que leur principe métaphysique ne différait point des forces occultes de la scolastique, de la faculté pulsifique des artères, de l'horreur du vide et autres entités érigées en causes ; 3° qu'il ne faut point multiplier les êtres sans nécessité ; 4° que les progrès de la science positive font reculer de plus en plus les forces mystérieuses et, sans supprimer le grand et général mystère de l'existence, suppriment du moins les mystères particuliers : admettre des mystères dans la science n'est qu'un moyen commode de remplacer les raisons. La nouveauté et l'originalité des phénomènes vitaux dans l'évolution universelle doivent s'expliquer scientifiquement par une complication des lois universelles elles-mêmes. Faites passer une étincelle électrique à travers le mélange de l'hydrogène et de l'oxygène en proportions définies, ces corps semblent disparaître et vous ne trouvez plus à leur place qu'une quantité d'eau égale à la somme du poids des deux gaz. Comment agit l'étincelle ? Nous ne pouvons le dire dans le détail. Comment les deux gaz donnent-ils naissance à un liquide, et comment ce liquide à 0°, devient-il un solide aux formes cristallines? Nous ne l'expliquons pas non plus dans le détail ; et cependant nous ne supposons pas une certaine *aquosité* qui, comme dit Huxley, entrerait dans l'oxyde d'hydrogène au moment de sa formation, en prendrait possession et conduirait ensuite les particules aqueuses aux places qu'elles

[1] Voyez la *Vie* par Chauffard, qui croyait que les pattes enlevées à un animal et greffées sur un autre ne cessent pas d'appartenir au premier et dépendent de la même *force vitale*.

doivent occuper sur les facettes du cristal ou les dentelles du givre [1]. Le cas change-t-il quand, par la combinaison de l'acide carbonique, de l'eau et de l'ammoniaque, on voit se produire dans l'être vivant un poids équivalent de protoplasma, de cellules ou de tissus vivants? Faut-il admettre une *force vitale* particulière pour expliquer comment certaines causes produisent un effet que nous n'aurions pu déduire d'avance de leurs qualités à nous connues, pas plus que nous ne déduirions d'avance les qualités de l'oxygène et de l'hydrogène de celles de l'eau? Cette impossibilité de déduction tient simplement à l'insuffisance de notre science, et nous n'avons pas le droit de supposer une force distincte pour nous dispenser de mener plus loin l'explication des phénomènes extérieurs par les lois du mouvement. Nous n'aurions ce droit que si nous étions sûrs de connaître parfaitement tous les éléments mécaniques du corps vivant et d'avoir épuisé par le calcul toutes les explications mécaniques, ce qui n'est pas. « Grâce à la théorie cellulaire, a dit Schwann, nous savons à présent qu'une force vitale, en tant que principe distinct de la matière, n'existe ni dans l'ensemble de l'organisme, ni dans chaque cellule. Tous les phénomènes de la vie végétale ou animale doivent s'expliquer par les propriétés des atomes, que ce soient des forces connues ou des forces inconnues jusqu'ici. »

Puisque c'est aux cellules et aux éléments premiers du corps qu'on demandait l'explication de la structure et des fonctions de l'ensemble, il importait de chercher les propriétés essentielles de ces éléments. Les tissus vitaux sont un agrégat de cellules qui nous révèle sans doute d'une manière amplifiée le travail que chaque cellule produit pour sa part. Or, les tissus vivants ont pour propriétés essentielles l'*irritabilité* et la *contractilité*. C'est surtout dans le tissu nerveux et les cellules

[1] Huxley. *Base physique de la vie.*

nerveuses que l'irritabilité est frappante, mais elle existe à un degré plus ou moins faible dans toutes les cellules. Considérée physiologiquement, cette propriété se ramène à celle de recevoir un mouvement sous une certaine forme et de subir ainsi l'action motrice du dehors. Ce mouvement s'accompagne de chaleur, d'électricité et de phénomènes chimiques. La cellule vivante éprouve, sous l'influence des agents extérieurs, un changement plus ou moins profond dans sa constitution moléculaire, comme un système astronomique qui subirait le choc ou le voisinage d'un autre système et manifesterait cette influence par des perturbations dans sa trajectoire ou dans sa forme. Psychologiquement considérée, l'irritabilité semble le premier degré de la sensibilité ; c'est, pour faire une induction légitime, un rudiment de sensibilité à l'état infinitésimal, un sourd tressaillement qui enveloppe, selon les circonstances, un malaise infiniment petit ou une aise infiniment petite.

Le second caractère qu'on attribua aux tissus vivants et aux cellules est la *contractilité*, c'est-à-dire la propriété de se raccourcir dans un sens, d'augmenter de diamètre dans l'autre, de produire ainsi un mouvement en réponse au mouvement du dehors. La contractilité ne s'observe pas seulement dans les muscles ; on la trouve au dernier degré de l'échelle des êtres connus, dans les mouvements des *amibes*, des cellules primitives et du protoplasma à noyaux. Quant aux nerfs dits moteurs, ils ne sont pas *moteurs* au sens physique et vrai du mot : « ils n'ont rien de commun avec les conducteurs ou transmetteurs de la force motrice tels qu'on les voit dans l'industrie. » On les a comparés plutôt au télégraphe qui transmet une nouvelle d'où peut naître quelque grand événement, une guerre, une révolution[1]. Ils ne meuvent pas les muscles, ils les excitent à se mouvoir en leur communiquant une excitation qui sert d'amorce. Le vitalisme avait donc tort de confondre, sous l'expression de *force* vitale, la « cause occasionnelle du mouvement », qui est l'excitation nerveuse, et l' « énergie » qui se dépense à produire le mouvement. Cette énergie, toute « cosmique » et d'origine extérieure, est accumulée dans l'organisme à l'état de réserve ou de potentiel; elle y est en tension, en équilibre instable, notamment dans les muscles; dès que le nerf apporte un ébranlement, l'équilibre est rompu, l'énergie se libère, le muscle se meut. Et cette influence du système nerveux s'observe sur tous les éléments du corps sauf ceux qui n'ont pas de place fixe et circulent comme le sang et la lymphe. C'est par une action chimique que le nerf, à son extrémité, rompt l'équilibre, produit un dégagement de chaleur et un travail. Considérée physiologiquement, la contractilité apparaît donc comme la propriété de transformer en mouvement, de masse visibles les mouvements moléculaires produits dans la cellule par les agents physiques ou chimiques du dehors. Cette *restitution* de mouvement, dans ses développements ultérieurs, produit la réaction particulière appelée action réflexe. Considérée psychologiquement, la contractilité semble l'*activité* à son plus bas degré, le commencement de l'*effort*. On peut supposer qu'il y a dans les moindres cellules vivantes un vague sentiment de tension, dont le sentiment d'effort musculaire est un multiple et un agrandissement. Mais, même sans anticiper sur les inductions psychologiques ou métaphysiques et en restant dans le domaine de la cosmologie scientifique, il reste vrai que les deux propriétés essentielles de la cellule semblent tout à fait analogues à celles que manifeste toute molécule ou tout système de molécules; recevoir du mouvement et en rendre, ce sont les opérations universelles de la nature; *contractilité* et *irritabilité* se confondent presque à l'origine et ne sont que deux modes de la *motilité*, soumis au déterminisme des lois mécaniques.

Universellement admis par l'astronomie, par la physique, par la chimie, le déterminisme fut encore longtemps nié des êtres vivants par certains physiologistes,

[1] J.-P. Moret. *Revue scientifique*, 19 octobre 1895.

qui attribuaient à la vie un pouvoir mystérieux sur l'organisme, capable de la soustraire aux conditions physiques et chimiques. Auguste Comte avait cependant montré que les phénomènes vitaux sont rigoureusement enchaînés. A son tour Claude Bernard fit voir qu'ils forment un réseau inflexible, un « déterminisme » absolu. Modifiez les conditions de la respiration, de la circulation, de l'assimilation, et vous modifierez ces fonctions mêmes. Certains médecins, demeurés à l'état théologique, croyaient que la force vitale peut produire dans l'organisme, soit malade, soit sain, des résultats différents malgré l'identité des conditions organiques, déployer par exemple une soudaine *vertu médicatrice* et guérir un malade qui, sans cette réaction, eût succombé. « Il y a une trentaine d'années, raconte Claude Bernard, l'école médicale était encore imbue de ces erreurs de doctrine. Je me souviens d'avoir été pris à partie, au début de ma carrière, par le professeur Gerdy, qui, invoquant son expérience chirurgicale, ne craignit pas d'exprimer son opinion dans les termes les plus énergiques : — Dire que les phénomènes vitaux sont constamment identiques dans des conditions identiques, c'est énoncer une erreur, s'écria Gerdy ; cela n'est vrai que pour les corps bruts. » Claude Bernard, par ses expériences, montra qu'on peut produire ou suspendre à volonté les phénomènes vitaux comme on produit ou détruit une combinaison chimique, un phénomène physique. Le même poison, par exemple, déterminera dans les mêmes conditions les mêmes résultats, sans qu'on puisse jamais constater l'intervention d'un être mystérieux et invisible, tel que la force vitale. « Il n'y a pas de *phénomènes* vitaux, il n'y a que des *processus* vitaux. »

Au point de vue physiologique, l'être vivant n'a aucune spontanéité : il est soumis à la loi dite d'inertie, qui est, nous l'avons vu, la loi d'activité déterminée, de mouvement déterminé par composition avec d'autres mouvements. L'activité « spontanée » dont parle Bain, et qui se manifeste davantage au moment du réveil ou dans le jeu des jeunes animaux, n'est autre chose qu'un déploiement d'énergie motrice produit par des excitations intestines, qui elles-mêmes dérivent de la nutrition et de la réparation : la lyre vivante vibre sous des chocs internes au lieu de vibrer sous des chocs externes, mais tous ses mouvements n'en sont pas moins déterminés. Aussi les physiologistes modernes ont-ils fini par admettre que, dans l'être vivant, la réaction est égale à l'action. On a objecté que l'effet, ici, semble dépasser les causes; que, par exemple, un mot injurieux qui n'a produit qu'un léger ébranlement de l'oreille finit par provoquer un mouvement agressif de tout l'organisme s'élançant sur l'insulteur; c'était oublier qu'il y a dans l'être vivant des forces emmagasinées, comme la poudre dans une poudrière qu'une étincelle suffit à faire éclater: le protoplasme est éminemment instable et, par cela même, irritable. Plus récemment, les partisans de la contingence ont fait de vains efforts pour retrouver dans la vie, physiquement considérée, une œuvre de finalité. Le cercle vital, qui fait que les parties dépendent mécaniquement du tout et le tout des parties, n'implique pas plus une brèche au mécanisme que le cercle qui fait dépendre la terre du système solaire et le système solaire de la terre. La solidarité vitale est la preuve même du mutuel déterminisme qui est l'essence du mécanisme. On a voulu voir aussi dans la mort un phénomène dépassant le mécanisme sous prétexte que le mécanisme ne met pas d'impossibilité radicale à une compensation exacte des pertes par les profits; mais, en vertu de ce raisonnement, on admettrait qu'une horloge peut durer éternellement sans usure. Enfin, on a dit que la conscience de vivre serait illusoire si le mécanisme était le vrai, parce que, pour le mécanisme, les éléments seuls existent et leur rapprochement n'est rien. Mais c'est là passer du point de vue objectif au point de vue psychique. Il est certain que la conscience n'est pas un phénomène mécanique. Quant à dire que le rapprochement des parties n'est rien, au point de vue du mécanisme même, c'est s'en faire une notion inexacte : le rapprochement de l'étincelle et de la poudre produit l'explosion, et s'il s'agit du protoplasma, un stimulant extérieur produit aussi une explosion. En admettant que la matière ait un dedans psychique, ce qu'il faut bien admettre au moins pour la matière vivante, on conçoit qu'une telle explosion s'accompagne, selon les cas, de sentiment agréable ou pénible. Physiologiquement, la vie est une série de mouvements solidaires ; psychologiquement, elle est une série d'appétitions et de perceptions ; mais les deux séries sont également des déterminismes.

« Déjà, dans la chimie, dit A. Comte[1], on voit augmenter notablement l'intime solidarité naturelle » des parties de l'être ; mais, ajoute-t-il, en présence des êtres organisés, on s'aperçoit que le détail des phénomènes, quelque explication plus ou moins suffisante qu'on en donne, n'est ni le tout ni même le principal ; que le principal, et l'on pourrait presque dire le tout, c'est l'ensemble dans l'espace, le progrès dans le temps, et qu'expliquer un être vivant, ce serait montrer la raison de cet ensemble et de ce progrès qui est la vie même. » Auguste Comte n'admettait point pour cela une finalité préétablie, mais un déterminisme vital. Il continuait Descartes. Ce dernier, on le sait, avait éliminé les considérations de but, d'usage, d'utilité, de fin poursuivie par l'auteur de la Nature, toutes choses qui sont, disait-il, du ressort de la métaphysique et de la morale, non de la physique ; la vie, dans ses manifestations extérieures et matérielles, non dans ses manifestations intellectuelles, n'était pour lui qu'un problème de mécanique. A cette vue profonde il joignit d'ailleurs un paradoxe insoutenable, celui qui faisait de la pensée le propre de l'homme et la retirait aux animaux. Dès lors, l'animal n'était plus qu'une machine, tandis que l'homme, à la fois vivant et pensant, est à la fois mécanisme et

[1] *Cours de philosophie positive.*

esprit[1]. Leibniz restitua aux bêtes le côté psychologique de la vie, méconnu par Descartes, sentiment, pensée, volonté ; mais il replaça en même temps la métaphysique dans la physique et voulut rendre aux causes finales un rôle dans les sciences de la nature. Kant répondit avec raison que la finalité est un point de vue sous lequel le métaphysicien peut considérer les choses, mais que le savant doit s'occuper exclusivement du mécanisme de la nature. En fait, les savants modernes, pour la plupart, renoncèrent à la considération des *causes finales* pour y substituer, avec Lamarck, celui des *conditions d'existence*. « Comme rien ne peut exister, dit Cuvier s'il ne réunit les conditions qui rendent son existence possible, les différentes parties de chaque être doivent être coordonnées de manière à rendre possible l'être total, non seulement en lui-même, mais dans ses rapports avec ce qui l'entoure, et l'analyse de ces conditions conduit souvent à des lois générales tout aussi démontrées que celles qui dérivent du calcul ou de l'expérience[2]. » Ce principe des conditions d'existence n'était qu'une application du principe de causalité (point d'effet possible sans les conditions qui le rendent possible) ; les savants n'y voyaient rien de mystérieux ni de métaphysique : l'utilité qu'offre un organe était pour eux une propriété du même ordre que toutes les autres, car cette utilité de l'organe consiste simplement dans la *nécessité*, et la nécessité n'est qu'un rapport de principe à conséquence. La science positive n'a point à se demander pourquoi les êtres existent ; elle part de ce fait qu'ils existent, et, pour savoir comment, elle en déduit leurs conditions.

Le principe des *conditions d'existence* avait pour conséquence immédiate la *corrélation* ou *correspondance des organes*, qui sont des conditions d'existence et de durée pour l'être vivant. L'être qui ne réalise pas con-

[1] Voir notre livre sur *Descartes*.

[2] *Règne animal*, introduction.

venablement ces corrélations est destiné à disparaître. La métamorphose d'un organe entraîne, dans le même animal, une métamorphose appropriée du reste; la corrélation des organes a donc pour suite la subordination des organes dérivés et secondaires aux organes primitifs et essentiels. Le têtard, qui n'est pas carnivore, ayant besoin d'un très long intestin pour digérer, a l'intestin dix fois plus long que le corps; changé en grenouille carnivore, son intestin n'a plus que deux fois la longueur du corps. On sait comment, en se fondant sur la corrélation et la subordination des organes, Cuvier put reconstruire, au moyen de quelques débris d'os, des animaux dont la race est aujourd'hui perdue. On comprend aussi le rôle que devait jouer dans la classification cette *loi des corrélations* fonctionnelles, comment l'importance des organes pour les fonctions de la vie établit entre eux une hiérarchie que l'échelle des classes doit exprimer. Toutefois, le principe de la subordination des organes dut être renfermé dans de justes limites; il permet de découvrir l'ordre, la famille, parfois le genre d'un animal, mais non toujours l'espèce[1]. Cuvier lui-même trouva son principe en défaut dans certains cas. Le *tapyrium giganteum*, qu'il avait déterminé sur une seule dent complète, se rencontra, quand on découvrit la tête entière avec des dents absolument les mêmes, être un *dinotherium*, animal perdu qui n'est point un tapir et qui sembla être un pachyderne aquatique comme le morse, quoique bien différent.

Tout en admettant avec Lamarck et d'autres naturalistes le principe des *conditions d'existence*, Cuvier s'était laissé aller positif dans l'étude des organes et des fonctions, à des considérations exagérées d'utilité; il s'en

[1] « Les rapports organiques, a dit Milne Edwards, ne présentent pas toute l'invariabilité que leur attribue la doctrine des caractères dominateurs. Je ne connais aucun caractère, soit physiologique, soit anatomique, soit même chimique, qui domine d'une manière absolue la constitution de l'animal ou de la plante... Par exemple, il n'existe dans l'organisation des vertébrés aucune disposition qui soit en même temps la propriété exclusive et commune de tous ces êtres. »

était tenu à la vieille anatomie d'Aristote et de Galien, qui considérait surtout « l'usage des parties », leur forme et leur but. De là, au sujet des classifications et des types zoologiques, la mémorable lutte de Cuvier et de Geoffroy Saint-Hilaire. Les organes, disait ce dernier, ne sont pas seulement des instruments utiles ou nécessaires à la vie; ils sont encore les pièces d'un mécanisme anatomique qui s'engrènent comme les roues d'une machine, et ne peuvent pas plus se déplacer ou se transposer que ces roues. Cuvier et ses partisans tendaient à séparer les organes et les espèces, comme si la nature était dominée par des types esthétiques distincts ; ils attribuaient une valeur en quelque sorte absolue aux variétés sur lesquelles se fondent les classifications logiques et esthétiques, par exemple à la différence des mammifères, des oiseaux, des poissons, des reptiles, que Platon expliquait par des idéaux distincts; Geoffroy Saint-Hilaire rapprocha les organes et les espèces, réduisit à une valeur relative la variété de leurs transformations ou la multiplicité de nos classifications, retrouva en toutes choses l'unité de la loi génératrice qui, avec un seul type, a pu produire mécaniquement toutes les espèces. Dès lors la notion de l'espèce, par cela même celle de son type idéal, devenait toute relative et toute provisoire : c'était une simple forme plus ou moins transitoire, résultant de la division des fonctions entre les organes et de l'appropriation des organes aux divers milieux. A cette théorie et à celle de Lamarck se rattachèrent les doctrines plus récentes de Darwin sur l'origine et la transformation des espèces, qui essayaient de réduire à un jeu des lois mécaniques les variations en apparence esthétiques de l'art naturel. Il n'existe pas, pourrait-on dire, une adaptation préordonnée des choses les unes aux autres; l'adaptation est perpétuelle, inséparable du monde, donnée avec lui; elle est la loi essentielle des êtres; elle n'est ni le produit accidentel de l'action d'un démiurge, ni celui de combinaisons fortuites et tardives. La biologie théologique avait cherché partout des lois de finalité ; la biologie positive chercha partout des lois de causalité, soit statique, soit dynamique.

Dans cette nouvelle voie, Cuvier et Geoffroy Saint-Hilaire lui-même étaient restés surtout au point de vue statique : ils avaient cherché les lois de *coexistence* des organes entre eux, ainsi que des organes avec le milieu; comme Lamarck, Darwin et Spencer cherchèrent les lois de développement et de *succession*, en un mot d'évolution. La vraie explication scientifique des choses est celle de leur *devenir*, de leur genèse. Enfin nous avons vu qu'un nouveau pas fut encore franchi par la science de la vie lorsque, suivant l'exemple de Geoffroy Saint-Hilaire, les partisans de la *théorie cellulaire* cherchèrent l'explication de la structure et de la fonction des organes dans les propriétés des cellules élémentaires : « *Etudier le mode d'action de chaque élément organique, ainsi que les conditions physiques et chimiques qui déterminent nécessairement ce mode d'action,* » telle fut la méthode de la physiologie moderne.

Claude Bernard, tout en adoptant cette méthode[1], ne la suivit pas toujours lui-même avec assez de rigueur. Il introduisit de nouveau les causes finales par une voie détournée. En un style trop métaphysique, il déclara qu'il fallait admettre, pour expliquer l'évolution du germe vivant, une *idée directrice*, une *idée organique*. — « Tout dérive de l'idée, disait-il, qui seule dirige et crée ; les moyens de manifestation physico-chimiques sont communs à tous les phénomènes de la nature, et restent confondus pêle-mêle comme les lettres de l'alphabet dans une boîte où cette force va les chercher pour exprimer les pensées ou les mécanismes les plus divers. » Sentant lui-même qu'il revenait par là aux *idées* ou *idéaux* de Platon, qui sont aussi des *idées directrices*, Claude Bernard finit par réduire ces idées à une conception purement « métaphysique », dans le sens de Comte, à une façon de parler figurée

[1] Voir l'*Introduction à la médecine expérimentale.*

par laquelle on exprime simplement ce fait que nous ne connaissons pas l'essence intime de la vie, pas plus que nous ne connaissons celle de la matière et de la pensée, et sans doute précisément parce que nous ne connaissons pas ce qu'est au fond la matière ni ce qu'est la pensée. Dans la science proprement dite, l'*idée directrice* de Claude Bernard ne parut pas plus recevable que les antiques considérations de causes finales, dont elle n'était qu'une forme plus indécise. Admettre une idée créatrice et directrice présente au germe, c'eût été revenir à la doctrine des anciens naturalistes et philosophes qui admettaient que le germe animé contient d'avance en miniature l'organisme tout entier, que par conséquent l'organisme est *préformé* dans le germe, que les germes *emboîtés* les uns dans les autres se transmettent d'individu en individu par la génération. Adam aurait eu ainsi en lui-même les germes préformés de tous les hommes. De là le nom de *préformation* ou d'*emboîtement des germes* donné à cette doctrine, la plus commode pour l'imagination, mais qui ne faisait que reculer la difficulté jusqu'à un miracle primitif. La biologie positive admit au contraire la doctrine de l'*épigenèse*, selon laquelle les parties, elles-mêmes vivantes précèdent et produisent le tout, au lieu que le tout précède et produise les parties. L'organisme total n'était plus le principe, mais la résultante. Examiné avec les microscopes les plus grossissants, le germe de tout être vivant parut se réduire à un noyau baigné de protoplasma liquide, sans qu'on pût saisir de différences entre le germe d'un poisson, d'un reptile, d'un oiseau et celui d'un homme. Sans doute, il y a quelque différence secrète qui nous échappe ; mais c'est peut-être une différence de composition chimique et de groupement moléculaire. Cette différence ne va pas jusqu'à figurer d'avance tel animal. Le germe est une cellule détachée de l'animal adulte et conservant les qualités physiques ou chimiques, les affinités physiologiques de ce dernier. Il tend, en vertu du mouvement acquis, à se combiner d'une manière qui doit reproduire un homme, non un cheval ou un oiseau. Cette tendance peut s'expliquer elle-même par une combinaison de mouvements très complexes, analogue à ceux d'un système astronomique. Si nous pouvions calculer les forces vives et les vitesses du système, nous comprendrions pourquoi il entraîne dans son tourbillon tels éléments et non tels autres, les cellules de telle espèce et non celles d'une autre espèce. Toujours est-il que ce germe, loin de contenir d'avance tout l'animal, est propre à produire des monstres comme des êtres bien conformés, et les monstres sont extrêmement nombreux. De plus, il est exposé à avorter presque autant qu'à réussir. Quand il réussit, il reproduit dans son évolution les formes embryonnaires des êtres inférieurs et n'arrive que plus tard à présenter la première esquisse du type de sa race. C'est par additions successives que ce germe, s'accroissant de cellules symétriques, forme ainsi les organes. Assurément, il y a là une merveille dont nous n'avons pu encore pénétrer les détails, mais un système astronomique est aussi une merveille, beaucoup moins compliquée d'ailleurs, dont l'explication *scientifique*, sinon *métaphysique*, ne réside pourtant que dans les lois générales du mouvement. Un système cristallin est également une merveille, et c'est une merveille de mécanique moléculaire. Or, on a trouvé une grande analogie entre la cristallisation et la manière dont s'agrègent en formes définies les cellules de l'être vivant. La cristallisation a aussi ses « types », et on est sûr qu'une solution de sulfate de soude ne cristallisera pas comme une solution de chlorure de sodium. Non seulement les cristaux, comme les êtres vivants, ont leur forme et leur plan particuliers ; mais ils sont capables de les rétablir lorsque les actions perturbatrices du milieu ambiant les en écartent, par une véritable *cicatrisation* ou réintégration cristalline. Lorsqu'un cristal, dit Pasteur, a été brisé sur l'une quelconque de ses parties et qu'on le replace dans son eau-mère, on voit, en même temps que le cristal s'agrandit dans tous les sens par un dépôt de particules cristallines, un travail très actif se produire sur la partie brisée ou déformée ; et en quelques heures il a satisfait non seulement à la régularité du travail général sur toutes les parties du cristal, mais au rétablissement de la régularité dans la partie mutilée. « De sorte que la force physique qui range les particules cristallines suivant les lois d'une savante géométrie a des résultats analogues à celle qui range la substance organisée sous la forme d'un animal ou d'une plante. » Ce n'est pas une raison, pourrait-on ajouter, pour admettre une *idée directrice* ou *créatrice* du cristal. La propagation et le développement de la forme typique a paru encore analogue à certains phénomènes de cristallisation qui semblent eux-mêmes les premières ébauches de l'organisation. Dans un liquide sursaturé de sulfate de soude, et qui cependant ne se cristallise pas encore, introduisez un seul cristal déjà formé, vous verrez la cristallisation se produire de proche en proche dans toute la masse : le type cristallin ajouté à l'eau mère deviendra le générateur et le premier moteur d'un nombre immense de types pareils, qui, en s'ajoutant, formeront l'édifice aux proportions régulières. Il y a des corps qui cristallisent de deux façons différentes ; il y en a qui, avec les mêmes éléments chimiques, peuvent prendre des apparences tout à fait diverses. On comprend que la direction en un sens ou en l'autre dépende d'une condition initiale d'équilibre et de mouvement, laquelle décide du reste. Le germe semble jouer le même rôle d'amorce que le type cristallin ajouté à l'eau mère ; il détermine le mouvement et le sens du mouvement. Supposez maintenant une cristallisation qui passe par diverses formes et qui, de plus, ne puisse aboutir à cet équilibre, à cette immobilité finale que produit l'*indifférence chimique ;* supposez qu'il y ait passage à travers des périodes diverses et que, le liquide en voie de se cristalliser étant le théâtre d'un tourbillon perpétuel, les particules cristallines soient sans cesse déplacées et remplacées par d'autres. Vous aurez ainsi une lointaine image du travail par lequel se développe et évolue l'être vivant.

Pour compléter cette conception, ajoutez-y les analogies tirées de ce qui se passe dans une colonie d'animaux, dans une société, puisque l'être vivant est une société de cellules; vous comprendrez mieux la différence qui sépare les organismes naturels de nos machines artificielles et la façon dont les premiers se forment. Dans nos machines artificielles, chaque partie, loin d'être déterminée par sa nature même à l'action qu'on lui veut faire produire, par exemple mouvoir une aiguille sur un cadran, ne tend qu'à se dérober au rôle assigné du dehors pour retomber sous sa propre loi; il n'y a donc qu'une adaptation extérieure, et les machines sont façonnées du dehors, non du dedans : leur forme leur est imposée au lieu d'être la résultante de leurs mouvements naturels. Dans les organismes vivants, au contraire, chaque élément tend à se développer selon sa loi propre et à accomplir ce qui est nécessaire pour sa propre existence. Comme cette existence même n'a pu se produire et ne peut se conserver que dans certaines conditions, il en résulte que l'organe, en tendant vers ce qui est nécessaire à son existence propre, semble au premier abord tendre intentionnellement aussi vers ce qui est nécessaire à l'existence du tout dont il fait partie. C'est cette apparence qui a produit les conceptions erronées de la *force vitale* et de la *cause finale* présidant à l'arrangement des corps[1].

La biologie a fini par s'élever à l'idée de l'unité entre le règne végétal et le règne animal. La vie est commune aux végétaux et aux plantes et, après les découvertes de la science moderne, elle offre les mêmes caractères essentiels dans les deux règnes. Selon Auguste Comte, la vie animale a une double liaison avec la vie organique ou végétative : celle-ci « lui fournit une base et lui constitue un but ». Pour se mouvoir et pour sentir, « l'animal doit d'abord vivre, c'est-à-dire végéter » ; toute sus-

[1] Voir notre *Science sociale contemporaine*.

pension de la vie végétative entraîne la cessation simultanée de la vie animale. En outre les besoins de la vie organique sont le but primitif de la vie animale, qui assure les moyens de les satisfaire et de les perfectionner. Toutefois dans l'espèce humaine, et lorsqu'elle est parvenue à un haut degré de civilisation, Auguste Comte reconnaît « une sorte d'inversion de cet ordre fondamental », la vie végétative se trouvant subordonnée à la vie animale : « c'est celle-ci qui constitue la véritable notion de l'humanité ». Auguste Comte est le devancier des philosophes qui représentent la vie supérieure comme « surajoutée[1] ».

Claude Bernard fut, comme on sait, de ceux qui contribuèrent le plus à faire tomber les barrières entre le règne végétal et le règne animal. Déjà, entre ces règnes, Aristote et Leibniz avaient montré ou soupçonné une telle continuité et des transitions si insensibles qu'il est impossible de dire où l'un commence, où l'autre finit. Leibniz avait prédit qu'on découvrirait des intermédiaires entre les animaux et les plantes, des animaux-plantes; quelque temps après, Tremblay découvrait effectivement les zoophytes. Ce n'est pas tout, certains êtres parurent successivement plantes et animaux. L'*æthalium septicum*, qui se montre sur les substances végétales en décomposition, par exemple au-dessus des puits à tan, est un fongus ; mais les recherches des naturalistes firent voir qu'à un autre état l'*æthalium* est un être doué de mouvements de locomotion très actifs et absorbant des matières solides pour nourriture[2]. D'autres êtres vivants commencent par être des animaux doués de mouvements actifs qui se soudent ensuite les uns contre les autres et forment une plante désormais fixée au même point. Claude Bernard fit voir que la digestion se retrouve chez les plantes : la matière grasse mise en épargne dans la graine oléagineuse est digérée au moment de la germi-

[1] Voir les ouvrages de M. Ribot.

[2] Huxley. *Base physique de la vie*, p. 179 de la traduction française.

nation, comme au moment du repas la graisse est digérée dans l'intestin de l'animal. La plante respire aussi comme l'animal. Mais ce qui était plus remarquable encore, ce fut de retrouver dans la plante les faits d'irritabilité et de contractilité, de sensibilité et d'activité motrice qui semblaient les caractéristiques de la vie animale. L'irritabilité et la contractilité étant évidentes dans les folioles de la sensitive, dans les étamines de l'épine-vinette, etc.[1]; on vit que la plante peut s'endormir comme l'animal sous l'influence des anesthésiques : la sensitive chloroformisée devient insensible; on remarqua aussi les mouvements des plantes carnivores qui se reploient sur leur proie pour la digérer. Mieux on connaissait la nature, plus on voyait s'abaisser les barrières artificielles que la philosophie théologique et ontologique avait établies entre les êtres pour le besoin de ses classifications. Une même évolution apparut, comme Auguste Comte l'avait admis, du végétal à l'animal, et l'unité du règne organique fut bientôt universellement admise.

[1] Touchez légèrement une foliole de la sensitive, la branche s'abaisse; touchez-la plus fortement, plusieurs branches s'abaissent comme dans les *actions réflexes* de l'animal; enfin, si le choc est très fort, toute la plante abaisse ses folioles. Donnez un coup de bâton sur le bord d'un champ de sensitives, le mouvement se répandra de plante en plante. De plus, la sensitive s'habitue comme l'animal. Mise dans une voiture, elle s'abaisse d'abord aux secousses de la voiture, puis peu à peu se redresse et ne paraît plus sensible aux chocs, à moins qu'ils ne deviennent trop violents.

CHAPITRE VII

HYPOTHÈSES ÉVOLUTIONNISTES
SUR L'UNITÉ DES ESPÈCES ET SUR LEUR ORIGINE
LE TRANSFORMISME. — L'HÉRÉDITÉ

I

Les espèces vivantes peuvent-elles se ramener l'une à l'autre et quelle est leur origine naturelle? Sur cette question de science positive, qu'il ne faut pas confondre avec le problème métaphysique de la première origine des choses, ou avec les savants se partager entre la *perpétuité* des espèces et la *transformation* des espèces.

On s'était accordé à admettre que la terre était autrefois à l'état igné et qu'aucune des espèces vivantes à nous connues n'y pouvait vivre; or, de deux choses l'une : ou les lois, les conditions et matériaux capables de produire un jour les espèces vivantes n'existaient pas dans ce brasier énorme, ou ils y existaient déjà. Dans le premier cas, il fallait supposer une série de miracles par lesquels Dieu aurait créé, en des moments déterminés du temps, d'abord les végétaux, puis, après un certain nombre de millions d'années, les animaux et, parmi les animaux, telle espèce, puis telle autre, puis telle autre encore. De là la théorie de la perpétuité des espèces. Les adversaires de cette hypothèse objectèrent d'abord qu'elle est l'introduction de la métaphysique et de la théologie dans le domaine de la science positive; puis, qu'elle rabaisse Dieu en lui faisant accomplir son œuvre à plusieurs reprises comme un ouvrier humain, et en lui attribuant directement tous les maux, toutes les laideurs, toutes les monstruosités du règne animal, — nécessité de s'entre-dévorer, existence des parasites, mortalité prématurée et disproportionnée dans certaines espèces. De là on concluait que la terre en feu dut contenir déjà les moyens de donner naissance aux espèces vivantes, par une transformation lente et progressive. L'évolution des espèces parut la seule manière, à la fois philosophique et scientifique, de concevoir positivement leur production naturelle, soit qu'on rapportât ensuite métaphysiquement l'évolution même à une cause première et transcendante, soit qu'on la rapportât à l'essence immanente des choses sans intervention d'une cause supérieure. Le *transformisme biologique* fut ainsi représenté comme un corollaire inévitable de l'*évolutionnisme*.

Maintenant, par quel processus eut lieu cette transformation et évolution graduelle de la vie? — C'est là une question spéciale et distincte de la précédente. Quand même nous n'arriverions pas à résoudre entièrement le problème, nous n'aurions pas pour cela le droit de faire appel à un miracle dans la science positive; nous devrions nous contenter de dire : *Ignoramus*. Faire appel à un miracle, c'est prétendre qu'on *sait* quelque chose, qu'on a même épuisé toutes les lois de la nature, calculé tous leurs effets possibles, et qu'on est certain qu'une intervention surnaturelle a pu seule venir au secours de la nature impuissante; la modestie apparente de telles affirmations recouvre l'orgueil le plus impertinent : car qui de nous peut dire que les lois générales de la nature sont incapables de produire tel ou tel résultat parce que *nous* ne savons pas, nous, comment elles ont pu le produire?

Il ne faut point confondre l'hypothèse générale du transformisme, qui s'impose, avec l'hypothèse plus particulière de la sélection naturelle. La sélection fut proposée par Darwin, comme un des moyens qui durent agir dans la transformation des espèces; mais ce n'est qu'une des explications possibles de cette transformation progressive. L'explication par sélection apparut d'ailleurs comme d'importance capitale par son caractère de simplicité mécanique et par la fécondité de ses applications, non seulement en histoire naturelle, mais même en psychologie et en sociologie. Aussi importait-il aux philosophes, non moins qu'aux naturalistes, d'en bien saisir le sens et la portée, car, en admettant que la sélection naturelle ne pût, à elle seule, expliquer l'origine des *espèces*, du moins était-il incontestable qu'elle expliquait celle des *variétés* d'une même espèce, qu'elle faisait partie des grandes lois de la nature, qu'elle devait être à ce titre un objet d'étude pour le philosophe.

Cette hypothèse avait d'ailleurs elle-même une origine philosophique : elle remonte d'abord à Héraclite, qui admettait que la *lutte* est la mère de toutes choses, puis à Empédocle, qui croyait que les divers éléments des organismes, après toute sorte d'essais infructueux, avaient fini par produire des combinaisons viables et durables; enfin à Démocrite, à Epicure, à Lucrèce, qui ont dit : — « Pour que la reproduction et la conservation des espèces soit possible, il faut le concours de mille circonstances, une *pâture suffisante*, une *fécondité* suffisante ; des espèces nombreuses ont donc dû succomber, incapables de se propager et de faire souche ; celles-là seules jouissent encore actuellement du souffle vivifiant des airs qui ont été protégées et conservées par la *ruse*, la *force* ou la *vitesse*[1]. » Dans les temps modernes, Descartes avait entrevu vaguement la sélection ; Diderot, Buffon, de Maillet l'avaient plus clairement devinée. Le vrai fondateur de la théorie transformiste, Lamarck, avait expliqué la variabilité des espèces par l'adaptation au milieu, par l'habitude et l'hérédité, mais n'avait pas ajouté à ces causes le moyen mécanique et extérieur; la sélection naturelle. Enfin voici un passage trop peu connu du *Cours de philosophie positive*, où se trouve

[1] *De natura rerum*, livre V, p. 847-875.

affirmée l'idée darwinienne de l'élimination des moins aptes ou, ce qui revient au même, de la survivance des plus aptes, condition de l'harmonie aujourd'hui constatée entre le milieu et l'organisme. Cette page mérite l'attention de ceux qui ont souci de nos gloires françaises, — « Sans doute chaque organisme déterminé est en relation nécessaire avec un système également déterminé de circonstances extérieures, comme je l'ai établi dans la quarantième leçon. Mais il n'en résulte nullement que la première de ces deux forces corrélatives (l'organisation) ait dû être produite par la seconde (le milieu), pas plus qu'elle n'a pu la produire : il s'agit seulement d'un équilibre mutuel entre deux puissances hétérogènes et indépendantes. Si l'on conçoit que tous les organismes possibles soient successivemeut placés, pendant un temps convenable, dans tous les milieux imaginables, la plupart de ces organismes finiront, de toute nécessité, par disparaître, pour ne laisser subsister que ceux qui pouvaient satisfaire aux lois générales de cet équilibre fondamental : c'est probablement d'après une suite d'éliminations analogues que l'harmonie biologique a dû s'établir peu à peu sur notre planète, où nous la voyons encore, en effet, se modifier sans cesse d'une manière semblable[1]. » Si Comte avait suivi cette ligne de pensée, il eût pu arriver sans peine à la concurrence vitale et à ses effets. On sait que ce fut la loi de Malthus qui suggéra à Darwin son hypothèse[2]. Mais le darwinisme reposait aussi sur une seconde loi, propre cette fois à Darwin, quoiqu'elle ne fût encore que l'extension à la nature d'un procédé connu et pratiqué par l'homme. Comment le jardinier ou l'éleveur qui veut produire des variétés nouvelles de plantes ou d'animaux, par exemple des variétés de roses, des variétés de

[1] *Cours de philosophie positive*, Biologie, 42e leçon, t. III, p. 393.

[2] « Mon chapitre sur la concurrence vitale n'est, dit-il, que la loi de Malthus appliquée à tout le règne animal et végétal[1]. »

[1] *Origine des espèces*, introduction.

pigeons ou de chevaux, atteint-il son but? En choisissant constamment, parmi les générations successives d'une espèce, les individus qui présentent au plus haut degré tel ou tel caractère avantageux : il les laisse seuls se reproduire et survivre[1]. Darwin eut, comme chacun sait, l'idée de transporter dans la nature une sorte de *sélection* non plus artificielle et volontaire, mais naturelle et fatale. Comme la quantité de subsistances pour chaque espèce est nécessairement limitée, les êtres les plus faibles, les moins heureusement doués pour la lutte, doivent être éliminés et s'éteindre; de là un choix naturel, la formation d'une élite au sein de chaque espèce vivante. Les modifications produites d'abord chez un individu, par un jeu des forces naturelles, se sont transmises par hérédité lorsqu'elles étaient avantageuses à l'espèce, et une diversité progressive s'est produite entre les types. Darwin concluait, à la fin de son livre, que « tous les êtres actuellement vivants descendent d'une forme primitive, à laquelle la vie a été une fois pour toutes communiquée par le créateur ».

On lui objecta que les *hybrides*, nés du croisement d'animaux d'espèces différentes, sont souvent stériles dès

[1] En Amérique, un propriétaire de moutons vit naître, dans son troupeau, un agneau mâle à jambes très courtes et incurvées en dehors, qui ne ressemblait point au père ni à la mère. Ne pouvant sauter comme les autres par-dessus les haies, cet agneau devint très casanier et doux. L'éleveur eut l'idée de produire une variété de ce genre; il prit l'individu en question pour bélier de son troupeau et obtint au bout d'un certain nombre d'années un troupeau de moutons à jambes courtes et à mœurs tranquilles appelés *aucons*[1]. Réaumur raconte qu'un couple maltais dont les mains et les pieds ressemblaient aux mains et aux pieds de tout le monde eut un fils possédant six doigts parfaitement mobiles à chaque main et six orteils à chaque pied. Il se maria avec une femme dont les extrémités étaient normales et eut quatre enfants. L'aîné avait six doigts et six orteils, les autres cinq. Le premier, une fois marié, eut quatre enfants, dont trois avaient six doigts. L'apparition des six doigts se produisit ainsi pendant plusieurs générations et si les hommes et les femmes hexadactyles s'étaient mariés entre eux, il auraient pu donner naissance à une espèce d'hommes ayant six doigts[2].

[1] *Philosophical transactions*, année 1813.

[2] Réaumur. *Art de faire éclore les oiseaux*, 1749.

la première génération et finissent toujours par le devenir. Il répondit que cette règle n'est pas exacte, que les hybrides du lièvre et du lapin, qui sont d'espèces différentes, ceux de certaines graminées, les *œgilops*, et du froment ordinaire, sont indéfiniment féconds. Au reste, on comprend que, quand deux espèces se sont avec le temps très différenciées, la faculté génératrice de chacune se trouve elle-même renfermée dans une direction très déterminée, très spécifique, et ne puisse plus reprendre la direction générale ou vague qu'elle avait eue à l'origine : de là l'impossibilité finale de combinaison, même entre des espèces issues d'une race commune.

Une seconde objection à la sélection naturelle fut tirée de ce que les *espèces intermédiaires* devraient se retrouver dans les couches géologiques. Les darwinistes répondirent qu'en effet on a trouvé déjà un bon nombre d'espèces intermédiaires ; on a découvert les intermédiaires entre les hippopotames et les porcs, entre les rhinocéros et les tapirs, entre les tapirs et les chevaux ; la filiation des chevaux est établie jusqu'à l'époque éocène ; de même pour les éléphants, les chameaux, etc. De plus, les espèces intermédiaires, n'étant pas viables, ont dû le plus souvent disparaître très vite. Ces changements eux-mêmes ont été ordinairement assez brusques et ont pu s'accomplir dans la phase embryonnaire. Ainsi le sixième doigt chez certains enfants se produit tout d'un coup, et on ne voit pas une succession d'hommes ayant, l'un un commencement de sixième doigt, l'autre un doigt un peu plus long, l'autre un doigt complet. Il y a dans les êtres des métamorphoses qui s'accomplissent rapidement, par exemple celle du ver en papillon. Voudrait-on croire que le papillon vient du ver, si on n'était témoin du fait et si les papillons seuls existaient aujourd'hui tandis que les vers seraient fossiles? Milne-Edwards ayant placé des têtards dans des conditions d'atmosphère, d'électricité, de lumière, de chaleur qui reproduisaient en partie l'état de la terre et de l'eau aux anciennes époques géologiques, vit les têtards croître, devenir énormes, méconnaissables, sans qu'aucun d'eux pût se changer en grenouille. Enfin, il ne faut pas croire que le darwinisme ait pour conséquence nécessaire de faire provenir directement toutes les espèces et tous les embranchements les uns des autres. Dès l'origine ont pu se produire des directions divergentes, qui donnèrent lieu, en s'accentuant, aux embranchements divers. En effet, les premiers animaux ont été de vrais agrégats ou colonies de cellules et d'animalcules. Les uns pouvaient flotter sur la mer, et leur agrégation a pris, comme les méduses, la forme de rayonnés ; d'autres, trop lourds, sont tombés au fond et ont dû prendre la forme *linéaire* pour pouvoir se mouvoir ; l'animalcule antérieur est devenu dominant et a formé la tête ; de là les *articulés*. Certains articulés renfermés dans des tubes solides qu'ils sécrètent ont pu donner naissance aux mollusques ; d'autres, au contraire, aux vertébrés. Les zoophytes ou rayonnés ne se sont donc transformés ni en vers ni en mollusques ni en vertébrés. Les vertébrés ne viennent pas des mollusques, mais des annelés, etc. Dès lors, il ne faut pas demander des formes intermédiaires entre toutes les espèces, puisque au contraire ces formes n'ont pas dû exister. Objectera-t-on que les caractères accidentels utiles doivent être déjà parvenus à un degré suffisant pour être utilisables et que, au début, ils sont à peine marqués, sans nulle consistance ? Mais ce dernier point a été contesté. Il y a des variations assez grandes du premier coup pour être immédiatement utilisables. On admet aujourd'hui, outre l'évolution par petites modifications graduelles, une évolution par bonds (saltatory evolution) ; la nature fait des sauts, sous le rapport des formes vivantes, de même que, sous une influence légère, un liquide cristallise d'une manière ou d'une autre toute différente, sans intermédiaire. Il y a des systèmes d'équilibre vital, qui probablement se ramènent en partie à des équilibres chimiques, en partie à des modes d'association pour la vie. Les êtres ayant une sorte de centre de gravité dans leurs formes successives, toute perturbation amène un déplacement de ce centre qui se manifeste par un changement assez notable ; dès que l'équilibre est rompu, le nouvel équilibre s'établit autour d'un autre centre plus ou moins distant du premier, sans qu'il y ait toujours besoin de visibles intermédiaires. Il n'y a là qu'un effet mécanique, comme les dessins discontinus du sable sur les bords de la mer.

Les couleurs et les formes des fleurs, les veines des feuilles et mille autres caractères de « mimétisme », de « protection », etc., sont des résultats évidents de l'adaptation lamarckienne et de la sélection darwinienne. De même, chez les animaux, chaque partie du corps s'est adaptée aux moyens extérieurs d'existence, et parfois l'organisation entière a dépendu du milieu. Comment, par exemple, expliquer autrement que par l'adaptation à la vie aquatique l'aspect pisciforme des cétacés, qui sont des mammifères à respiration aérienne et furent primitivement terrestres ? Il faut bien admettre, parmi les facteurs, l'action incessante des causes externes.

Thomson a voulu limiter à cent millions d'années la période de temps pendant laquelle la vie organique a pu se développer librement sur notre sphère. Le professeur Tait a voulu réduire ces cent millions à dix. D'autre part, on connaît l'étendue de la période que réclament les zoologistes et les géologues. « Si les mathématiciens ont raison, disent les adversaires de Darwin, les biologistes ne peuvent avoir à leur disposition tout le temps qu'ils réclament. Si la vie doit avoir existé sur le globe il y a plus de cent mille ans, elle ne peut, à cause de la température qu'avait alors la surface de la Terre, « s'être montrée qu'à l'état de vapeur ! » — Mais ces calculs sont contestables et nous ignorons la rapidité avec laquelle a pu évoluer la vie dans des conditions de chaleur et d'électricité toutes spéciales. « A moins que la lutte pour l'existence ne prenne un caractère rapide et meurtrier, a-t-on dit encore, il n'y a rien que le pur hasard pour permettre au fiancé qui possède la variation avantageuse, et qui court dans l'immensité de la forêt primitive, de rencontrer la fiancée pourvue d'une conformation analogue et qui vit à l'autre extrémité de ce labyrinthe. Ce serait un singulier hasard, si l'un de ces individus favorisés connaissait l'existence de l'autre, un hasard bien plus extraordinaire encore si chacun d'eux résistait à toute tentation de mésalliance[1]. » — Raisonner ainsi, c'est oublier que, comme nous l'avons dit, la plupart des modifications se montrent tout d'un coup dans les germes, et que, sous des conditions analogues, les mêmes modifications peuvent se produire chez tous les membres d'une même famille, ainsi que dans des familles différentes subissant les mêmes influences.

Au reste, faire voir que le darwinisme n'explique pas tout, ce n'est pas réfuter le transformisme. Gardons-nous ici des exagérations de Weissmann. — « Nous acceptons la sélection naturelle, écrit ce dernier, non point parce que nous sommes à même de la démontrer en détail, non point parce que nous pouvons la comprendre avec plus ou moins de facilité, mais parce que nous y sommes obligés, parce que c'est la seule explication que nous puissions concevoir. Nous devons supposer que la sélection naturelle est le principe des explications des métamorphoses, parce que tous les autres modes d'explication nous manqueraient et qu'il n'est pas possible de concevoir qu'il y ait un autre moyen de rendre compte de l'adaptation des organismes, sans invoquer l'existence d'un plan préconçu dans la nature. » — Cette assertion de Weissmann est inadmissible ; la sélection peut n'être pas l'unique moyen *naturel* pour faire sortir les espèces vivantes de la nébuleuse primitive. Evolution n'est pas nécessairement sélection. L'évolution peut avoir lieu par bien d'autres moyens que nous entrevoyons ou même n'entrevoyons pas. Tout ce qu'on peut dire, c'est que, si les espèces ne sortaient pas naturellement de la substance primitivement répan-

[1] Salisbury. *Les limites de notre science.*

due dans l'espace, il faudrait invoquer des miracles spéciaux pour chaque espèce spéciale. Ne soyons pas plus darwinistes que Darwin.

Les partisans de Lamarck, transformant et renouvelant sa méthode, recherchent aujourd'hui, soit par des observations étendues, soit par des expérimentations, le déterminisme » précis des variations, l'effet précis, sur chaque forme animale, des modifications (naturelles ou artificielles) de *chacune* des conditions du milieu. C'est là, assurément, une méthode éminemment scientifique et positive, bien plus fondamentale que celle de Darwin. Les biologistes les plus récents reprochent avec raison au darwinisme de laisser de côté le déterminisme des phénomènes initiaux, c'est-à-dire « l'apparition de la variation ». Ce que Darwin appelle l'*utilité* d'une variation à un moment donné, c'est-à-dire sa « condition de persistance », ne peut être défini, objecte-t-on, qu'une fois l'évolution accomplie et par la persistance même de la variation. La sélection est un effet, non une cause de l'évolution. M. Giard a essayé de combiner l'hypothèse de Lamarck et celle de Darwin en considérant, avec le premier, les conditions physiques et mécaniques du milieu comme facteurs primaires, la sélection naturelle comme *l'un* des facteurs *secondaires*, qui, quand ils agissent, ne peuvent agir que sur les effets produits par les premiers[1]. Loin d'être la seule explication possible, la sélection naturelle n'est pas par elle-même une cause de variation, au moins pour l'individu. Le choix ne produit rien; il exclut certaines formes déjà produites, en laissant survivre les autres. Quelle que soit la cause des variations primitives, le choix des variations les plus utiles dans la concurrence vitale se produira toujours; il dirigera en un certain sens les variations acquises par un moyen quelconque, en les rendant de plus en plus divergentes l'une de l'autre, comme l'aiguilleur qui lance des trains dans des directions diverses. La sélec-

[1] Voir Giard, *Revue scientifique*, 1889, et Houssay, *Revue phil.*, mai 1893.

tion n'explique donc que la perpétuation des caractères acquis par une autre voie. Et cette voie, en définitive, ne peut être que de deux choses l'une : ou le résultat d'influences intérieures, ou celui d'influences extérieures, à moins qu'elle ne résulte des deux influences à la fois. Selon Nœgeli, les vraies causes des variations sont internes : « il y a dans les organismes une tendance innée à se modifier, comme il y a dans le fœtus une tendance à se développer, dans la semence une tendance à germer. » Mais cette tendance rappelle un peu trop la force dormitive de l'opium. Tout développement résulte bien plutôt, comme Auguste Comte l'a admis avec Lamarck, de l'action mutuelle des conditions internes et des conditions externes. Ce sont des phénomènes intimes de nutrition qui dominent toutes les variations des êtres vivants ; mais ces intimes phénomènes sont eux-mêmes des réactions qui supposent un emprunt au milieu extérieur, sous certaines conditions de température, de lumière, d'électricité, etc. L'action des circonstances ambiantes est donc incontestable, comme Lamarck l'avait montré, mais elle n'est pas seule à agir. Selon MM. Geddes et Thomson, certaines adaptations qui se produisent chez les êtres vivants ne sont explicables, ni par une longue sélection entre les résultats fortuits des mélanges sexuels, comme dans la théorie de Weissmann, ni par la simple lutte pour la vie mettant les individus aux prises l'un avec l'autre, comme dans la théorie de Darwin; ils sont des résultats directs et nécessaires de certaines tendances constitutives, c'est-à-dire de certaines lois de croissance présidant à la nutrition et à la reproduction ; en dernière analyse, tout dépendrait de la nature chimique du processus des échanges organiques. L'organisme ne serait pas seulement sous l'influence façonnante de ses propres fonctions (Lamarck) ; il ne serait pas uniquement le produit du martelage extérieur (Spencer) ; il ne serait pas simplement le survivant d'une foule de compétiteurs malheureux (Darwin et Weissmann) ; il serait l'expression d'un déterminisme interne, qui n'a plus rien de mystique et qui peut s'exprimer en termes de la constitution chimique dominante. Les théories exclusivement sélectionnistes prennent toutes pour unité l'individu, qu'elles mettent en concurrence avec d'autres individus ; selon MM. Geddes et Thomson, c'est l'espèce qui doit être prise pour unité : le grand facteur de l'évolution est le facteur reproductif, d'où dérive l'hérédité. Outre l'action du milieu extérieur, il faut donc admettre celle du milieu intérieur de l'organisme. Les cellules germinatives ont elles-mêmes leur évolution propre, liée d'ailleurs à celle de l'organisme, et capable de déterminer, au cours de l'hérédité même, l'apparition des caractères non héréditaires. Enfin il y a un autre « milieu » de capitale importance dans l'évolution, à savoir, le milieu social, composé des autres êtres vivants qui s'associent et, au lieu de lutter ensemble pour la vie, s'unissent en vue de la vie. Cette association des micro-organismes produits des formes nouvelles. Les moyens naturels d'évolution sont donc nombreux.

Quelque réduite que soit la portée de la loi de sélection en biologie, il n'en demeure pas moins certain que cette loi existe. On en a même fait des applications importantes en psychologie, en morale, en politique; par malheur, on n'a pas toujours raisonné juste sur ces applications. Et c'est ici que Comte aurait pu répéter : — Sociologie, garde-toi de la biologie.

II

Une fois admis que toutes les espèces vivantes viennent de petites cellules primitives nées au fond des mers et agrégées en colonies de diverses formes, il restait toujours à savoir d'où vient la vie elle-même et si les premières cellules ont pu se produire dans la mer sans miracle. De là la controverse entre ceux qui admettent la différence absolue du minéral et du végétal et ceux qui n'admettent qu'une différence de degré. Pour Leibniz, nous l'avons vu, la continuité existe partout dans le monde, et la vie existe aussi partout avec l'organisation. Le minéral est déjà organisé dans ses éléments primitifs ; « rien de mort dans la nature », la vie est universelle. Ce que nous nommons en particulier êtres vivants, ce sont les concentrations des énergies vitales répandues partout et qui ne font qu'un avec les forces motrices. Cause de mouvement, force, activité, vie sont au fond synonymes. Il n'y a donc pas, selon cette doctrine, de règne *inorganique*, mais un seul grand règne organique, dont les formes minérales, végétales, animales, sont des développements divers.

Sans entrer dans ces considérations métaphysiques, les naturalistes de l'école positive se demandèrent si on pourrait reproduire artificiellement les moyens physico-chimiques qui donnent à la vie occasion de manifester ses premières formes. Certains savants conçurent l'espoir de réaliser dans une cornue les conditions du passage de l'existence minérale à l'existence végétale. La *synthèse chimique*, si admirablement maniée par Berthelot, réussit à faire de toutes pièces des milliers de *matières organiques*, c'est-à-dire de corps produits par les êtres vivants et qu'on croyait autrefois impossibles à obtenir sans leur secours : sucre, alcool, urée, camphre, etc., etc. On obtint aussi un certain nombre de principes immédiats qu'on rencontre chez les êtres vivants comme produits de dédoublement des matières albuminoïdes. Quant à l'albumine elle-même, elle est d'une telle complexité qu'il n'est pas étonnant qu'on n'ait pu encore, en la reproduisant, lui donner toutes les qualités qu'elle offre chez les êtres vivants, principalement le pouvoir générateur. « Nous ne pouvons nous faire aucune idée exacte, dit Schutzenberger, de la manière dont les 72 atomes de carbone, les 112 atomes d'hydrogène, etc., de l'albumine sont unis entre eux. » Claude Bernard et Berthelot ne désespèrent pas qu'on arrive un jour à produire des substances non seulement *orga-*

niques, mais *organisées*, c'est-à-dire ayant une structure propre aux fonctions de la vie. Toutefois, un échec de ce côté n'aurait rien d'étonnant : les conditions dans lesquelles la vie a pu jadis apparaître au fond des mers primitives sont tellement complexes et peu connues, qu'on ne peut les reproduire exactement dans des laboratoires. De plus, il a fallu le travail des siècles pour faire apparaître les premières cellules organisées, et on ne refait pas en quelques jours, dans une fiole, un travail plus compliqué que le système solaire.

Les célèbres expériences de Pasteur sur les prétendues générations spontanées (admises par Aristote, par le moyen âge et le XVIIe siècle, soutenues de nouveau par Pouchet et Joly) n'étaient des preuves *absolues* ni pour ni contre ; elles montraient simplement que, dans certaines conditions, il ne naît pas d'êtres organisés ; cela n'exclut en rien la possibilité que, sous d'autres conditions, qui n'ont pas encore été réalisées, ils ne puissent prendre naissance. Il ne saurait d'ailleurs être question de génération sans germe pour des êtres déjà aussi différenciés que les infusoires, les rotifères, les mycodermes, etc., mais bien pour les êtres plus indifférents, comme les corps amiboïdes. La question n'est nullement résolue, et les expériences n'ont pas même été conçues d'une manière méthodique.

Si l'on arrive un jour à faire sortir quelques corps vivants de corps prétendus inertes, cela prouvera simplement que l'inertie n'exclut pas la vie, que la matière même est animée, qu'elle se ramène à des éléments capables de sentir dans de certaines conditions, non à des atomes bruts et absolument insensibles. En un mot, il faudra reconnaître, avec la vie universelle de la nature, l'identité fondamentale dont nous parlions tout à l'heure entre les causes cachées du mouvement et les causes cachées de la vie.

III

Les plus récentes découvertes de la biologie nous ont permis de mieux comprendre les faits de génération et d'hérédité et, avec eux, l'influence de la famille, de la race, de la nationalité, sur lesquelles s'appuient les doctrines positiviste et évolutionniste. La nutrition et la reproduction, primitivement, ne faisaient qu'un : l'être se développait par simple division cellulaire, procédé qui existe encore au plus bas degré de l'échelle vitale. Dans le cours de l'évolution, ces deux fonctions se sont séparées; elles sont devenues complémentaires l'une de l'autre et, jusqu'à un certain point, antagonistes. De même, au point de vue psychologique, la faim primitive et l'amour primitif ne pouvaient guère se discerner à l'origine; plus tard, ils se sont séparés et associés respectivement avec les deux grandes fonctions biologiques en contraste : nutrition de l'individu et reproduction de l'espèce. En même temps ils sont devenus les points de départ de lignes divergentes d'évolution et d'action : l'une individuelle, l'autre altruiste et collective. La prédominance excessive des expressions de l'une ou de l'autre fonction amène la dégénérescence : l'idéal, fin de l'évolution, serait leur harmonieux accord, la coïncidence de l'intérêt individuel avec l'intérêt collectif de l'espèce, telle que la rêva Auguste Comte.

La fécondation n'est pas absolument nécessaire, puisqu'elle manque chez une grande partie des êtres, mais elle a une utilité qui devait assurer son triomphe final. L'union des sexes a pour effet le « rajeunissement ». Après un certain nombre de divisions asexuées, les cellules sont affaiblies, usées, vieillies; elles ne peuvent plus se diviser ultérieurement à moins de recevoir une jeunesse nouvelle, par leur union avec une cellule de sexe différent. L'accroissement des organismes qui se produisent sans union sexuelle finit par s'arrêter, dit Weissmann, comme une roue entraînée dans un mouvement de rotation s'arrête par les frottements et a besoin d'une nouvelle impulsion. On sait que Maupas a confirmé cette loi par des expériences célèbres. Le 27 février, il isola un certain infusoire, puis observa attentivement la série des générations qui se succédèrent pendant plusieurs mois. Le 15 juin survenait la deux cent troisième génération asexuelle; à cette époque, les individus nés à la suite des divisions scissipares étaient encore bien constitués, vigoureux et se reproduisaient activement par de nouvelles divisions. Mais bientôt se présentèrent des phénomènes de dégénérescence, qui s'accentuèrent jusqu'au 10 juillet. Les individus devinrent de plus en plus petits; leurs organes s'atrophiaient en partie, par exemple leur appareil buccal; les derniers individus, ratatinés, n'étaient plus que des avortons informes et monstrueux. Tous finirent par mourir après avoir fourni, sans aucune union sexuelle, une série continue de trois cent seize divisions. C'était la dégénérescence et la mort séniles. Il est donc essentiel que, de temps à autre, l'union de deux sexes différents introduise entre les molécules des contacts nouveaux, surexcite les activités nutritives et leur donne un nouvel essor. On comprend d'ailleurs que la multiplication des cellules par division est une dépense et une désintégration; de là la nécessité d'une réintégration par la conjugaison avec un autre individu. Et comme l'élément féminin semble particulièrement réintégrateur, tandis que l'élément masculin est particulièrement désintégrateur, on comprend que leur fusion est nécessaire pour rétablir le rythme normal de la vie[1]. Claude Bernard avait donc eu une intuition de génie en écrivant ces lignes : « L'espèce sera restaurée périodiquement par la réapparition d'une génération sexuelle entre les générations agames; la sexualité, source de toute im-

[1] Voir notre livre : *Tempérament et caractère*, et Geddes et Thomson : *L'évolution des sexes*.

pulsion nutritive, rouvrira constamment le cycle vital qui tend à se fermer. »

La conjugaison paraît essentielle, non seulement pour maintenir d'une manière continue le degré de vitalité et de perfectionnement acquis par l'espèce, mais aussi pour y ajouter des perfectionnements nouveaux. Weissmann a excellemment montré que la fécondation est la principale source de variation pour l'espèce, et même, à l'en croire; ce serait la seule. Les espèces qui se reproduisent sans croisement des sexes, par parthénogénèse, ne peuvent donner lieu qu'à des variations insignifiantes; mais mettez en présence deux facteurs, et les variations deviendront possibles sur la plus large échelle. Dans les loteries populaires, avec quatre-vingt-dix-neuf nombres combinés deux à deux, vous pouvez obtenir des millions d'*ambes*, et, en combinant les ambes, des millions de *quaternes*. Ainsi, dit Weissmann, la reproduction sexuelle est le grand moyen dont se sert la nature pour former des espèces nouvelles.

Les physiologistes ont fait justice de l'opinion selon laquelle le sexe féminin serait déterminé par un arrêt de développement dans l'embryon. Tout au contraire, les conditions nutritives les plus favorables donnent des femelles, chez les abeilles par exemple ; les conditions moins favorables donnent des mâles. L'opinion la plus plausible nous semble celle de MM. Geddes et Thomson qui, se fondant sur ce fait, croient que les sexes sont déterminés par la prédominance de l'un des deux processus du protoplasma en sens contraires, l'un qui tend à la conservation, l'autre à la dépense. Le premier, par sa prévalence relative, engendre le sexe féminin, le second, le sexe masculin. Il est clair que les deux grands travaux physiologiques doivent toujours finir par être équivalents pour que la vie persiste : il faut bien que la réparation compense les pertes. Il n'en est pas moins vrai qu'il y a des êtres qui se dépensent davantage, tout en réparant leurs dépenses, et chez qui le courant vital acquiert ainsi plus d'énergie, plus de rapidité. De plus, la dépense peut être extérieure ou intérieure ; elle peut entraîner l'être vers le dehors ou vers le dedans ; elle peut diriger l'activité nerveuse vers les muscles ou vers les viscères et le cerveau, etc. De même que, pour la fonction nutritive, il y a deux opérations contraires, l'une de construction, l'autre de dépense, de même ces deux opérations se retrouvent dans la fonction reproductrice et semblent, en moyenne, dévolues aux sexes différents. De là le schéma : *nutrition :* anabolisme, catabolisme ; *reproduction :* femelle, mâle. Ainsi s'expliqueraient les caractères depuis longtemps reconnus comme caractérisant les sexes. Selon Aristote, la femelle a un rôle plus passif et réceptif, le mâle est plus actif. L'activité constitutionnelle du mâle se manifeste extérieurement par la taille, l'agilité, les couleurs brillantes, l'exubérance de poils et de plumes, les défenses naturelles. Intérieurement, les échanges nutritifs sont plus rapides et la dépense physiologique plus considérable. Psychiquement, il a plus d'audace, un plus grand besoin de lutte et d'action. Tous ces caractères dérivent de certaines lois de croissance imparfaitement connues. Les caractères physiologiques des deux sexes se sont encore accusés par la sélection naturelle, qui a conservé les individus les plus aptes à leur fonction spéciale, et par la sélection sexuelle, qui a conservé et perfectionné les caractères propres à chaque sexe. Les femelles, par exemple, préféraient ou subissaient de force les mâles les plus forts, les plus actifs, les plus brillants, les plus capables de les conquérir. De là une détermination croissante des caractères masculins à travers les générations successives. Dans l'évolution, les éléments mâles ont été les agents principaux des changements. L'élément masculin, étant aussi plus novateur et plus individualiste, a eu, dans le développement de l'espèce, la fonction d'introduire principalement les variations[1].

[1] Voir les travaux de M. Sabatier, de MM. Geddes et Thomson, et notre livre : *Tempérament et caractère.*

Le sexe semblant ainsi une orientation générale de l'organisme dans un sens ou dans l'autre, cette orientation doit se faire sentir dans l'embryon, permettre à certains éléments de s'y développer, l'interdire aux autres. Ce qui se passe dans les grossesses doubles en est une preuve. Quand les jumeaux sont du même sexe, ils sont le plus souvent semblables, à tel point que leurs parents mêmes ont peine à les distinguer. Si, au contraire, ils sont de sexe différent, ils sont dissemblables sous tous les rapports. La direction première des changements vitaux est donc différente selon les sexes et aboutit à des structures différentes. Or, cette direction ne se décide qu'assez tard dans l'embryon, qui, à l'origine, contient les éléments des deux formes sexuelles. L'élément qui a fini par être subordonné n'en subsiste pas moins à côté de l'autre, et cela dans toutes les cellules de l'organisme, mais à l'état plus ou moins latent. La preuve en est que, dans certaines circonstances, il se réveille et révèle sa présence. Tels sont, par exemple, les cas de castration ou d'ablation des ovaires, après lesquelles on voit reparaître dans un sexe les caractères de l'autre, qui subsistaient au second plan. Les métamorphoses intimes passent alors de la direction plutôt intégrative et intérieure à la direction plutôt dépensière et extérieure, ou réciproquement.

IV

Si on ne considérait le problème de l'hérédité qu'au point de vue brut de l'arithmétique, il faudrait dire, avec certains anthropologistes, que chacun de nous tire son origine, à la vingtième génération, de plus d'un million d'ancêtres et n'hérite de chacun que pour moins d'un millionième. Remontez à l'époque de Jésus-Christ, le nombre d'ancêtres s'élèvera à plus de dix-huit quatrillions; quinze cents ans avant Jésus-Christ, il serait de deux nonillions. Mais l'hérédité n'est pas ainsi une simple somme arithmétique, qui, si elle se produisait, arriverait à faire d'un homme le semblable de tous les autres, les deux étant composés de nonillions de caractères mélangés. Il se fait à travers les siècles un triage : certains caractères sont éliminés, d'autres conservés. Les récentes découvertes sur les lois de l'hérédité ont permis de mieux comprendre comment ce triage a lieu et aboutit ainsi à des types plus ou moins constants de familles, de sous-races, de races.

Les physiologistes ont reconnu que les éléments sexuels, masculin et féminin, en arrivant à maturation, subissent ce qu'on appelle la « division réductrice », qui réduit de moitié le nombre de leurs éléments les plus importants appelés « bâtonnets ». C'est précisément cette réduction qui fait qu'ils ont besoin d'être complétés l'un par l'autre pour reproduire une cellule entière. Livrés à eux-mêmes, ils peuvent bien vivre pendant un certain temps, mais ne peuvent continuer à évoluer parce qu'ils se trouvent arrêtés dans leur développement. L'union des deux éléments féminin et masculin a pour effet de les fusionner en une vraie cellule capable de se développer; les deux demi-noyaux auxquels ces éléments avaient été réduits s'accolent pour en former un seul, qui devient le noyau de l'œuf et la première cellule de l'embryon. Cette première cellule, à son tour, se segmente en deux cellules qui seront les mères de toutes les autres. Et l'on a fait voir que ces deux cellules renferment dans leurs noyaux une quantité rigoureusement égale de substance paternelle et de substance maternelle. C'est cette transmission aux premières cellules de l'embryon, par parties rigoureusement égales, des éléments essentiels dus aux deux parents, puis le partage non moins rigoureux de ces parties à chaque division nouvelle des cellules, pendant la croissance du corps, qui fournissent l'explication du fait matériel de l'hérédité. A chacun de nos parents nous devons la moitié de notre capital de vie primitif, qui ensuite subira les influences du milieu, des circonstances, de la nutrition, etc., et ainsi se transformera, mais qui n'en fut pas moins, à l'origine, un premier fonds dû par parties égales à nos générateurs.

La division réductrice, qui élimine du sein des germes un certain nombre d'éléments, a des conséquences considérables pour l'hérédité. Selon Weissmann, les cellules de l'œuf, à la troisième génération, renferment quatre éléments ancestraux, avec quatre tendances héréditaires différentes. A la quatrième génération, ces tendances seront au nombre de huit, à la cinquième, au nombre de seize. A la onzième, elles seraient déjà de cent deux. Mais beaucoup de tendances s'annulent réciproquement. En outre, beaucoup sont éliminées avec les éléments que la division fait disparaître. La zootechnie fournit des exemples positifs de la transmission de certains caractères jusqu'à la sixième et septième génération, ce qui correspond à trente-deux et à soixante-quatre éléments héréditaires. Comme la substance héréditaire existe dans toutes les cellules de l'individu, chacune de ces cellules peut, quand l'occasion s'en présente, laisser apparaître brusquement un caractère qui jusqu'alors n'existait qu'à l'état virtuel et potentiel. Ainsi s'expliqueraient ces cas remarquables d'hérédité qui se manifestent tout à coup après un certain nombre de générations et dont la pathologie offre de frappants exemples[1].

Weismann a montré que l'organisme réalisé n'est pas toujours une simple *moyenne* entre les éléments qui sont entrés en lutte. Même quand deux éléments héréditaires peuvent se mêler en toutes proportions pour produire une combinaison mixte, il n'arrive pas toujours, selon Weissmann, que la fusion ait lieu. Souvent l'un d'eux l'emporte et les autres n'arrivent pas à s'exprimer, même partiellement. Il y a, par exemple, des éléments

[1] Voir Kœhler, *Pourquoi ressemblons-nous à nos parents* (*Rev. philos.*, avril 1893). Sur l'hérédité psychologique, voir le livre si justement admiré de M. Th. Ribot.

qui déterminent la couleur des poils chez les animaux; supposons une lutte entre des éléments de poils noir, jaune et blanc; selon la force et le nombre de l'un ou des autres, le poil pourra être déterminé exclusivement noir, jaune ou blanc, tout aussi bien que d'une couleur composée de deux ou de trois de ces couleurs; l'animal aura ainsi dans sa substance germinative et reproductive des caractères qui ne seront nullement exprimés en lui et que cependant il pourra transmettre à ses descendants. Chacun sait qu'un chien dont tous les poils sont blancs peut transmettre à ses descendants une couleur de poil noir ou fauve. Il en est de même pour tous les autres traits des organes du corps, et aussi pour les divers traits psychologiques. Weissmann a fort bien expliqué comment un fils peut ressembler à son grand'père paternel sans avoir aucun trait commun avec son père. Une fille peut ressembler à sa tante maternelle sans ressembler ni à sa mère ni à aucun de ses grands parents. Il y a des familles qui, en dépit de leurs alliances, conservent obstinément certains traits typiques, tels que le nez des Bourbons, la lèvre des Habsbourg, etc. Weissmann a montré comment ce fait peut s'expliquer, dans la lutte des éléments héréditaires, par la majorité relative de certains éléments et par leur force de vitalité.

Chez ceux des êtres unicellulaires qui se reproduisent par simple segmentation, il est clair que tous les caractères, même passagers, passent directement dans le nouvel organisme. Mais, chez les êtres multicellulaires, les variations individuelles ne deviennent héréditaires que quand elles se sont fixées d'une manière stable dans l'organisme. Des caractères acquis depuis peu de temps, des maladies artificiellement provoquées, comme des amputations, des mutilations, ne sont point transmissibles. La circoncision des Juifs en fournit la preuve, et aussi la persistance à travers les siècles de telle membrane sexuelle. D'après les expériences de Jordan et de Nœgeli, les plantes alpines cultivées dans la plaine se modifient, mais reportez-les sur les hauteurs des Alpes, même après huit ou dix générations, elles redeviennent bientôt semblables aux plantes mères de leur zone. L'homme, depuis des siècles, parle et est civilisé; sans l'instruction et l'éducation, il n'en resterait pas moins toute sa vie dépourvu de la parole et sauvage, fût-il le fils d'un Laplace ou d'un Hugo.

Pour qu'un caractère, petit ou grand, commence à devenir héréditaire, il faut qu'il arrive à s'imprimer dans le plasma germinatif de l'œuf. Quand même un caractère serait très visible dans une plante ou un animal, s'il n'existe que dans les cellules du corps, non dans le germe, il ne peut être transmis. La grande question est de savoir quels sont les caractères qui peuvent imprégner le germe et devenir ainsi transmissibles. La substance germinative a certainement une très grande stabilité; elle est pour ainsi dire, « essentiellement conservatrice »; elle ne peut donc être modifiée par les changements trop rapides et trop superficiels de l'organisme. Voici deux jumeaux qui se ressemblent à tous égards, mais qui sont soumis pendant le cours de leur vie à des influences de milieu entièrement différentes : l'un habite la ville et sa profession est sédentaire; l'autre travaille aux champs. La pâleur et la faiblesse de l'un, la vigueur et la robuste santé de l'autre peuvent passer pour des caractères acquis. S'ils épousent deux sœurs jumelles, placées, comme eux, en des conditions d'habitat différentes, l'idée couramment reçue sera que les enfants du couple citadin reproduiront ses caractères généraux et qu'il en sera de même des produits du couple rural. Les observations de Weissmann et de son école montrent que les faits ne justifient pas cette conclusion théorique : les enfants des deux couples, pris séparément, ne semblent pas avoir subi l'influence des changements extérieurs déterminés chez leurs père et mère par la différence d'habitat. Les éleveurs connaissent si bien les faits de ce genre qu'ils se préoccupent exclusivement de la race, sans s'inquiéter des accidents survenus au cours de la vie chez l'individu :

ils n'hésitent pas à utiliser pour la reproduction un animal devenu aveugle ou boiteux. Si les caractères acquis étaient régulièrement transmissibles, nous en aurions à tout instant la preuve sous les yeux : un charpentier, un horloger communiqueraient à leur progéniture les déformations spéciales au métier. De même encore, l'aptitude professionnelle développée par la pratique chez le premier venu serait plus marquée en ses enfants cadets qu'en son aîné ; le talent supérieur d'un savant, d'un artiste, d'un lettré se retrouverait nécessairement chez son fils, etc. Toutes choses que l'expérience contredit journellement.

Mais peut-on en conclure que les caractères acquis ne sont *jamais* transmissibles, et que ceux-là seuls le sont qui sont innés ou congénitaux ? C'est la thèse extrême soutenue par Weissmann.

Après avoir si longtemps combattu la théorie de notre grand Lamarck, Weissmann, dans son dernier ouvrage, lui concède son principe le plus fondamental : que les conditions de vie ont agi sur les germes pour produire à la longue des modifications adaptées au milieu. Mais Weissmann admet seulement l'action des conditions de vie *extérieures*. Ces conditions, selon lui, affectent à la fois la mère et l'œuf, non la mère seule, qui aurait ensuite fait l'œuf à son image ; de même une maladie peut affecter à la fois la mère et l'embryon, puis se retrouver chez l'enfant, non par hérédité véritable, mais par contagion intra-utérine. L'action des conditions extérieures est beaucoup moins intense, selon Weissmann sur les éléments du germe, non mûrs encore et abrités dans les profondeurs de l'organisme maternel, que sur les éléments du corps développé, qui sont mûrs et directement exposés aux influences externes. — Sans doute, répondrons-nous, mais, pour si faible qu'elle soit, cette action n'en est pas moins certaine. Weissmann a fait lui-même de belles expériences sur une espèce de papillon ; ces expériences lui ont permis de séparer et de mettre en lumière les deux actions parallèles d'un même agent, la chaleur, sur les éléments déterminants de la couleur des écailles dans le germe et dans l'organisme développé. Or, si Weissmann concède et démontre lui-même expérimentalement l'action des conditions de vie extérieure sur le germe, comment peut-il se refuser à admettre l'action des conditions de vie intérieures? Comment le germe subirait-il l'influence d'un agent externe et demeurerait-il indifférent aux modifications de l'organisme paternel ou maternel, pour peu que ces modifications soient générales et profondes?

Les éleveurs le savent, si une jument de course a été unie une première fois à un étalon de race ordinaire, on aura beau désormais l'unir à des pur sang, elle ne donnera jamais naissance à de vrais chevaux de course. Les chasseurs le savent aussi : qu'une chienne de race pure s'unisse une première fois à un chien vulgaire, elle aura beau ensuite s'unir à des chiens de race pure, tous ses petits se ressentiront de l'impureté de la première union et ils présenteront des caractères physiques ou psychiques empruntés à un père qui n'est point le leur. Cette hérédité par « influence », comme on l'appelle, s'observe aussi dans l'espèce humaine. Un des faits les plus étonnants en ce genre a été récemment constaté en Angleterre. Une femme mariée en premières noces à un homme atteint d'hypospadias eut un fils présentant la même anomalie que son père; elle se remaria avec un homme n'offrant pas cette malformation; elle en eut néanmoins quatre fils qui en furent tous atteints et dont deux la transmirent eux-mêmes à leurs descendants. Et cependant il s'agissait là d'une anomalie de nature exclusivement masculine. Une malformation léguée par le père à l'embryon a donc eu un retentissement dans l'organisme entier de la mère, grâce aux connexions vasculaires qui la relient à son enfant pendant la gestation, et ce retentissement a provoqué dans l'organisme de la mère une modification durable, acquise, transmissible pourtant par hérédité.

Les instincts des fourmis stériles sont un des cas les

plus embarrassants, parce qu'ils ne semblent pas pouvoir s'expliquer par la transmission d'habitudes acquises. Mais il a pu se produire, selon Darwin, un triage entre les fourmis femelles; celles qui engendraient des fourmis stériles en addition aux fourmis fécondes apportaient dans la communauté un élément de supériorité, car les fourmis stériles, uniquement occupées au travail, valaient mieux pour la prospérité générale. De même pour le cas des amazones à qui des « esclaves » fournissent la nourriture : elles ont perdu l'instinct de se nourrir elles-mêmes, à tel point qu'elles meurent de faim devant la nourriture si les esclaves ne la leur présentent pas. — Il y aurait là, dit Weissmann, une belle occasion pour les lamarckiens de s'écrier : les effets de la désaccoutumance se sont transmis par hérédité, si bien que les amazones ont fini par perdre l'habitude de se nourrir elles-mêmes. Il n'y a qu'un malheur; c'est que les amazones sont stériles. — D'où Weissmann conclut : une seule et unique explication reste : la sélection. L'art de chercher et de prendre sa nourriture étant devenu inutile aux amazones, l'instinct de prendre la nourriture n'est pas éveillé, chez elles, par la vue de la nourriture même, mais par la vue de l'esclave. Et Weissmann ajoute : — Grâce à la constante présence des esclaves, les amazones et leurs ouvrières n'ayant jamais souffert du besoin, la perfection de l'instinct présidant à la recherche de la nourriture a cessé d'être un élément décisif pour déterminer qui survivra et qui périra. Cet instinct, dès lors, est peu à peu déchu de son ancienne perfection. — Mais demanderons-nous, suffit-il que les inhabiles à la recherche de la nourriture soient égaux en chances de vie aux habiles pour que *tout* instinct disparaisse? — Il n'y a pas d'autre explication possible, dit Weissmann. — Nous le nions. Dans beaucoup d'espèces de fourmis, les ouvrières elles-mêmes produisent de temps en temps des œufs, d'où sortent des mâles. En outre, ce fait se manifeste surtout dans des conditions de chaleur exceptionnelle qui précisément rappellent la température des anciens âges. La stérilité n'est donc qu'un caractère tardivement acquis et la transmission a pu se produire.

Dællinger a fini, en sept ans d'expériences ininterrompues. par habituer progressivement des monades à vivre dans l'eau à 70° C., le point de départ étant de 15° C., et le nombre des générations ainsi parcourues étant supérieur à 500,000. C'est là un fait intéressant en faveur de l'hérédité des caractères acquis, notamment des habitudes.

Brown-Séquard, ayant produit l'épilepsie chez des cochons d'Inde par certaines mutilations, a vu l'épilepsie se reproduire dans leur descendance ; Weissmann suppose le caractère infectieux de l'épilepsie ; mais. qu'on hérite d'une lésion même ou seulement d'une prédisposition à contracter la maladie de ses parents. ou seulement des micro-organismes qui produisent cette maladie, le fait est qu'on hérite du mal. Si les organismes qui ont hérité arrivent à s'adapter quand même, ils se perpétuent tristement à travers un bon nombre de générations; dans le cas contraire. ils sont éliminés. Que ce soit sous forme d'épilepsie ou autrement. la postérité des alcooliques paie la faute des pères. MM. Charrin et Gley ont réussi à obtenir des lapins dont les uns n'ont que des oreilles rudimentaires avec des échancrures plus ou moins profondes; un autre, qui pèse pourtant 2 kilogrammes, a une queue d'à peine 2 centimètres; un autre, du poids de 2 kilogrammes 18, une queue de 1 centimètre; un autre encore n'a ni pied ni avant-pied; un dernier a la jambe terminée par une sorte de moignon, etc. Ces difformités sont congénitales : elles résultent d'une intoxication préalable du père ou de la mère par des produits microbiens. On injecte aux parents, ou simplement à la mère ou au père, des toxines. Les animaux se montrent souvent indemnes. mais les rejetons naissent morts quelquefois, d'autres fois ils se développent mal, ou encore, exceptionnellement, ils suivent une évolution normale. Ces faits confirment l'opinion répandue qui attribue aux tares morbides des générateurs, aux imprégnations virulentes, une série de désordres constatés chez la descendance. Si on passe à l'espèce humaine, les conséquences restent les mêmes.

Weissmann admet, et avec raison, que, dans un organisme saturé d'alcool ou de quelque autre poison, ou encore dans un organisme transporté sous un autre climat, les cellules reproductrices peuvent participer à la variation du corps tout entier; mais, selon lui aucune modification de nerf ou de muscle, comme telle, ne serait transmissible par hérédité. Pourquoi? Le nerf modifié par l'alcool transmet certaines modifications par hérédité; mais modifié par l'habitude, il ne transmet plus aucune modification! Pourquoi? — Le germe, nous dit-on, reste isolé du reste et poursuit une vie « charmée », soustraite aux troubles extérieurs. — Cette vie charmée n'est-elle pas un véritable « miracle physiologique », si l'on regarde à l'unité réelle de l'organisme? — En fait, les mutilations ne se transmettent pas, dit Weissmann. — Mais c'est qu'elles demeurent des accidents superficiels incapables de modifier les profondeurs de l'organisme. Weissmann a coupé la queue de souris blanches pendant six ou sept générations et les a vues pulluler sans que jamais la queue des générations nouvelles fût raccourcie. Mais on pouvait s'attendre au résultat. Qu'importe à l'organisme de la souris, une fois formé, que la queue soit coupée, et en quoi cette mutilation accidentelle peut-elle affecter les germes qui se développent chez la souris? Il est clair que ces germes devront avoir les éléments d'une queue normale et non d'une queue coupée. Une queue, d'ailleurs, est faite pour pousser et non pour s'arrêter en chemin. De même, vous avez beau couper la queue des moutons mérinos, vous n'avez pas modifié pour cela leur organisation, leur tempérament, etc.; on comprend que leurs petits naissent avec la queue traditionnelle. De même encore, la circoncision séculaire des

Juifs ne peut pas modifier les éléments générateurs ni faire que les Juifs naissent circoncis. Cependant, des expériences toutes récentes ont montré la possibilité de transmettre à des cochons d'Inde certaines mutilations des pattes, au bout de trois ou quatre générations.

Parmi les caractères développés par l'exercice, il en est sans doute encore qui n'introduisent pas dans l'organisme de changements plus profonds que ne le font les mutilations. Les stigmates professionnels, bourses séreuses, développements de certains muscles, callosités, etc., ne passent jamais aux enfants. Le fils d'un danseur ne naît pas avec un mollet développé comme celui de son père; le fils d'un forgeron n'a pas les bras plus gros qu'un autre enfant. Mais ce sont là, chez les pères, des acquisitions de surface, qui ne changent ni la constitution, ni le tempérament. On comprend fort bien que les éléments reproducteurs ne soient pas modifiés par le fait que la jambe ou le bras du père ont grossi sous l'influence de l'exercice.

Spencer remarque avec raison, contre les excès du darwinisme, que les variations accidentelles des diverses parties du corps demeurent indépendantes l'une de l'autre; si donc l'organisation entière des animaux, surtout celle de leurs cerveaux, était due exclusivement à ces variations fortuites et indépendantes, la somme d'harmonie mutuelle et d'adaptation réciproque que nous trouvons aujourd'hui dans l'organisme aurait exigé, pour se produire, un nombre invraisemblable de siècles. Nous devons plutôt supposer que les diverses parties qui variaient ont mis les autres parties en harmonie avec elles-mêmes en les *exerçant* à cette action concordante, et que les effets de cet exercice, devenant de plus en plus organiques, sont passés à la descendance par voie d'hérédité.

Les partisans exclusifs de la variation accidentelle et native transmise par sélection sont obligés de faire appel à une quantité de jeux de la nature qui rappelle un peu trop les rêveries d'Empédocle, — ces rêveries prophétiques qui annonçaient Darwin : « — La terre, dans sa force, produisit des animaux, non pas des animaux entiers, mais des membres isolés; des yeux sans visage, des têtes et point de cerveau, des bras qui erraient sans être attachés à une épaule. Sous l'action continue de l'amitié (de l'affinité universelle), ces membres isolés se réunirent, mais au hasard; tous les monstres restèrent inféconds et périrent; enfin, après bien des combinaisons, il se forma des composés capables de se conserver et de se reproduire. »

En somme, de ce que les changements trop superficiels ne se transmettent pas, il n'en résulte point que les changements intimes, surtout ceux qui ont lieu dans le plus modifiable des organes, le cerveau, ne puissent se transmettre sous forme de tendances innées. Puisque le cerveau est représenté dans le plasma germinatif et doit se développer dans l'embryon conformément à la nature du germe, comment croire que les habitudes cérébrales n'influent pas à quelque degré sur la nature du germe ? De tous les organes du corps, celui dont le fonctionnement est le plus actif, celui qui est constitué surtout par son fonctionnement propre, c'est le cerveau, centre d'associations dynamiques. Ici l'habitude est souveraine, tandis que son action est bien plus limitée sur les autres organes. Le cerveau est toujours en transformation et sa vie est un devenir. Les habitudes cérébrales doivent imprégner les germes beaucoup plus que les modifications acquises par les autres organes. Ces derniers ne peuvent varier que dans des limites très étroites; il ne dépend pas de nous, par exemple, d'accroître la taille de notre corps, de changer notre constitution générale, de fortifier notre cœur ou nos autres viscères. Ici les hasards de la fécondation jouent un rôle essentiel ; mais le cerveau est, par excellence, développable, et sa structure intime est continuée, modifiée par son action même. De nouvelles voies s'établissent entre les cellules ; les circonvolutions augmentent de richesse et de complexité ; la masse est augmentée par la nutrition énergique qu'y excite l'énergie même du travail. En un mot, les arguments valables pour les autres organes n'ont plus la même valeur pour le plus plastique et le plus progressif des organes. Le caractère essentiel du tissu nerveux et principalement du tissu cérébral, c'est précisément « la propriété de se développer par l'usage dans les directions nécessaires pour des utilisations nouvelles ». Un cerveau développé ne peut donc pas, dans le germe, être représenté de la même manière qu'un cerveau non développé. Weissmann s'en tient trop exclusivement au point de vue statique, au lieu de considérer le point de vue dynamique, qui, pour le cerveau et les nerfs devient dominant. Des mutilations peuvent ne pas être héréditaires, tandis que les résultats de la civilisation peuvent s'accumuler progressivement dans les cerveaux d'une race.

CHAPITRE VIII

INSUFFISANCE DE LA CONCEPTION MÉCANIQUE DU MONDE

NÉCESSITÉ D'UNE SYNTHÈSE SUPÉRIEURE

I. — Le mécanisme universel constitue-t-il, à lui seul, quelque chose de suffisant et d'absolu, qui serait toujours conditionnant sans être lui-même conditionné par quelque chose de supérieur ou de plus intérieur? Parfois Auguste Comte semble le croire, mais il finit lui-même par reconnaître que l'explication mécanique ne peut être *totale*. Les évolutionnistes, à leur tour, ont dû faire le même aveu.

L'évolutionnisme objectif consiste dans l'unification du savoir par la réduction des sciences plus complexes à la science la plus simple, qui est la mécanique, d'où il conclut que les phénomènes objectifs complexes sont eux-mêmes dérivés *par degrés* des phénomènes plus simples. Cet évolutionnisme mécaniste est légitime dans l'ordre des choses extérieures et, en général, pour tout ce qui est *mobile*. Mais, si on veut expliquer par là le psychique et embrasser ainsi la totalité de l'univers, l'évolutionnisme mécaniste n'est plus adéquat au réel. La science intégrale ne saurait être simplement la mécanique, ni une extension et « promotion » de la mécanique, comme disait Leibniz; elle est une science supérieure où la mécanique n'entre que comme une conséquence, uniquement applicable à tout ce qui présente les conditions voulues d'applicabilité : pluralité de parties changeant dans l'espace et dans le temps. Le mécanique n'est pas égal au réel. Au fond, dire que *tout* est mouvement est aussi enfantin que de dire, avec Pythagore : « *tout* est *nombre* » ; le mouvement est moins abstrait que le nombre, sans doute, mais, pas plus que le nombre cinq n'explique la fleur du lis, le mouvement à lui seul n'explique cette fleur. Arithmétique et mécanique sont de simples *abstraits*, différemment riches, de la science totale et surtout de la réalité totale.

L'équivalence des forces, premier postulat sur lequel repose l'évolutionnisme objectif, ne peut elle-même être établie par raisons purement physiques et mécaniques. Pour cela il faudrait posséder quelque unité de mesure qui fût certainement fixe et permanente. Or, le suprême moyen de mesure pour le physicien, c'est la balance, et la fixité des résultats de la balance suppose que la pesanteur elle-même ne varie pas. Mais rien ne peut nous assurer que la force de gravitation ne varie point, sinon le principe même de la permanence des forces. On arrive ainsi, dans l'ordre purement physique, à un cercle vicieux. La permanence de la force n'est donc point un principe physique.

Spencer a autrefois reconnu ce cercle vicieux où roule la mécanique, lorsqu'elle ne veut pas remonter à la véritable origine de son principe fondamental. Quelle est donc cette origine? se demandait-il, « quelle est la force dont nous affirmons l'existence? Ce n'est pas la force dont nous avons directement conscience dans nos propres efforts musculaires : dès qu'un membre étendu se relâche, le sentiment de la tension disparaît ». Par cette remarque, le philosophe anglais avait déjà dépassé le point de vue même de Biran : il cherchait au delà de l'effort musculaire une action plus profonde et plus permanente. Il crut trouver cette action dans l'acte même de la pensée. « On ne peut concevoir que la pensée poursuive son œuvre sans de certains éléments entre lesquels ses relations puissent être établies ; on ne peut donc pas concevoir une conscience qui n'implique pas l'existence continue comme donnée fondamentale. La conscience est possible sans telle ou telle *forme* particulière, mais elle est impossible sans contenu..... La persistance de la conscience constitue l'expérience immédiate que nous avons de la persistance de la force, et en même temps nous impose la nécessité où nous sommes de l'affirmer[1]. » Spencer arrivait par là, au delà de Biran, jusqu'à Kant, puisqu'il affirmait la permanence de la force comme un résultat de la constitution même de la conscience. Kant aussi regardait la persistance de la force ou de la substance matérielle comme une condition nécessaire d'unité et, par conséquent, d'existence pour la pensée. Mais Spencer ne s'arrêta pas là. Pour comprendre ses spéculations métaphysiques, il faut se rappeler l'interprétation que son prédécesseur, Hamilton, avait faite des nécessités subjectives admises par Kant. Selon Hamilton, la nécessité de rapporter le changement à la permanence ne vient pas d'une puissance de l'esprit, mais au contraire d'une impuissance, celle où nous sommes de concevoir un commencement absolu et, en général, de concevoir l'absolu, par conséquent l'activité spontanée et libre. Cette théorie d'Hamilton provoquait l'objection suivante : — Est-ce vraiment notre impuissance à concevoir l'absolu qui nous fait reculer sans fin dans la série des phénomènes et placer avant chaque mouvement un autre mouvement dont il est la simple transformation ? Que ce soit l'impuissance à concevoir les phénomènes ou mouvements comme étant l'absolu, Spencer l'accorda, mais non que ce fût l'impuissance à concevoir l'absolu lui-même. Tout au contraire, c'est parce que nous concevons l'absolu, selon lui, qu'il nous est possible de lui opposer les mouvements et de les déclarer tous relatifs. Pour soutenir son opinion, on pourrait dire : — Si un phénomène était absolu, il ne devrait pas dépendre du temps ; il ne devrait pas avoir besoin, pour se produire, d'un milieu constitué par une série d'autres phénomènes ou

[1] *Premiers principes*, page 204.

mouvements, ni être attaché à un anneau particulier de la série. Cette relation subie par le mouvement nous paraît en opposition avec l'idée de l'absolu. Mouvement, c'est commencement d'une relation nouvelle; commencement, c'est dépendance et relation; commencement et absolu sont donc en ce sens incompatibles, et tout commencement doit dépendre de quelque chose de permanent. Dès lors ce serait dans notre puissance de concevoir l'absolu, d'après Spencer, et non, comme le croit Hamilton, dans notre impuissance, qu'il faudrait chercher l'origine de notre régression sans fin sur la ligne des mouvements. Spencer alla jusqu'à expliquer notre croyance à la permanence des « forces » par la présence permanente de l'idée d'absolu dans la conscience. — « La force dont nous affirmons la persistance, dit-il à la fin, est la Force absolue dont nous avons vaguement conscience comme corrélatif nécessaire de la force que nous connaissons. Ainsi, par la persistance de la force, nous entendons la persistance d'un pouvoir qui dépasse notre connaissance et notre conception. Les manifestations qui surviennent en nous et hors de nous ne persistent pas; mais ce qui persiste, c'est la cause inconnue de ces manifestations. En d'autres termes, affirmer la persistance de la force, ce n'est qu'une autre manière d'affirmer une réalité inconditionnée, sans commencement et sans fin. »

Spencer a sans doute confondu bien des choses dans cette démonstration. La « Force absolue » n'offre aucun sens, le mot de force n'étant qu'un symbole des rapports entre les mouvements; quand le physicien parle de *force* positive, il ne s'occupe point de l'absolu. Si on entend par force une puissance motrice, comme celle que nous croyons posséder, nous venons de voir que la force ne peut pas davantage s'ériger en absolu. Ce qui est vrai, c'est que le principe de la persistance et de la transformation des mouvements repose, au fond, sur le principe de causalité et de raison suffisante, non sur des preuves purement objectives et matérielles.

Non seulement la croyance à la persistance de la force et du mouvement n'a pas un fondement physique, mais nous ne concevons le mouvement même, postulat plus essentiel encore au mécanisme, que par la sensation et par la conscience de la réaction musculaire ou prémusculaire; nous ne pouvons construire l'idée de mouvement qu'avec des éléments extraits de la conscience.

On connaît les arguments de l'école d'Elée contre le mouvement, tel que l'avait conçu l'école ionienne et principalement Héraclite, dont la doctrine était si analogue à celle de la transformation universelle. Les arguments éléatiques ont été considérés tour à tour comme irréfutables ou comme sophistiques; entre ces opinions extrêmes, on pourrait trouver un milieu. Bien interprétés et généralisés, les raisonnements éléatiques ne démontrent pas sans doute l'impossibilité absolue du mouvement, mais ils démontrent fort bien l'impossibilité de l'expliquer par des raisons purement géométriques et mécaniques, dans lesquelles on n'introduirait que la notion des nombres et de l'espace. Un objet étendu, si on le considère exclusivement sous ce rapport, ne peut être en plusieurs points à la fois ; car, par hypothèse, tous les points de l'étendue sont en dehors les uns des autres. Dès lors, s'il n'y avait pas autre chose que l'étendue, le changement serait impossible. En effet, une chose ne peut changer de lieu dans le lieu où elle n'est pas; car, si elle était déjà présente à ce lieu d'une présence locale, elle n'aurait pas besoin de changer pour y arriver. Une chose ne peut changer de lieu dans le lieu où elle est; car, en tant que présente à ce lieu d'une présence locale, on ne peut dire qu'elle change de lieu : elle est la même chose au même lieu. Soit la flèche A B. En tant qu'occupant l'espace A B, elle ne change pas dans cet espace, du moins quant à l'espace. Elle ne change pas non plus dans l'espace B C, où elle n'est pas encore. Et pourtant elle change. Donc ce changement n'est point lui-même dans l'espace, quoique le mobile y soit. Ce changement est indépendant de A D et de B C, entre lesquels il sert d'intermédiaire ; il relie la position A B et la position B C; donc il domine ces deux positions. On répond que le changement est un rapport : on avoue donc d'abord qu'il y a, outre l'espace, des rapports et un principe de rapports. Mais le changement n'est pas seulement un rapport entre plusieurs parties de l'espace ; il est un rapport succédant à un autre dont il diffère ; le changement suppose donc les idées de temps et de différence. Enfin, cette différence n'est pas seulement une abstraction ; elle est réalisée. Il y a donc quelque chose qui fait que ce qui était au premier moment dans un lieu est, au second, dans un lieu différent. Or, le principe de différence dans l'espace est lui-même distinct de l'espace et de la différence qu'il y produit. Donc l'origine du mouvement est dans quelque chose de supérieur à l'étendue, et il y a dans l'être qui se meut des éléments plus que géométriques. Aussi les changements dans l'espace présupposent-ils un changement dans le temps, et nous venons de rappeler qu'ils ne nous sont connus que par des changements dans le temps.

Maintenant, quoique le principe du changement produise son effet dans le temps, peut-il s'expliquer à son tour par de simples relations de temps? — On pourrait appliquer à l'idée du temps la critique faite de la notion d'étendue par les Eléates. Le changement de temps ne peut être ni dans le temps où une chose est, ni dans le temps où elle n'est pas; il suppose donc une relation entre deux temps successifs, et cette relation suppose un principe qui l'établisse. Ce principe n'est ni la relation, ni les deux points de la durée entre lesquels elle existe, mais quelque chose de distinct, qui domine les deux moments de la durée où est apparu ce qui a été, où apparaît ce qui est.

Le changement, à son tour, se résout dans des *différences* plus ou moins complexes, et c'est précisément l'idée de différence qui éveille celle de cause. Au sens empirique, la cause est une autre différence à laquelle est liée la première et qui en est la condition ; au point de vue métaphysique, c'est la raison commune et réelle des différences. Si le mouvement excite au plus haut degré l'attention intellectuelle et, avec l'attention, la pensée elle-même, c'est qu'il contient des différences continuelles. Le temps même est une certaine différence, le changement est une certaine manière de différer; et quand la différence se produirait dans un temps indivisible ou en dehors de toute considération de temps, nous n'en chercherions pas moins une raison capable de l'expliquer. Or, l'argument valable pour l'espace et le temps, ou pour la quantité, a la même valeur pour les qualités et les différences. La cause est supérieure aux qualités abstraitement conçues, posées à part statiquement comme dissemblables ou semblables. Un être, pourrait dire un métaphysicien, ne saurait changer par la qualité qu'il a, puisqu'il ne change pas en tant qu'il la possède; il ne saurait non plus changer par la qualité qu'il n'a pas encore et qui dépend de lui bien loin qu'il dépende d'elle. D'où il faut conclure, non qu'il n'y a point de changement et, en général point de différence, mais que le principe dernier du changement et de la différence domine pour nous le changement lui-même, la différence, la ressemblance, les qualités opposées et, en général, les relations. Ainsi les principales idées dont se compose celle de mouvement, — espace, temps, différence, — viennent se suspendre, pour ainsi dire, et se subordonner à l'idée d'un principe supérieur, d'une unité active qui domine et relie le multiple. On se rappelle que Leibniz demandait, à ce sujet, en quoi le corps qui se meut diffère du corps immobile pour ceux qui n'admettent aucune activité. La seule différence, selon Leibniz, c'est que le premier renferme une tendance à passer dans un autre lieu, et cette tendance, ajoute-t-il, est une action. C'est même, selon lui, sur l'idée de cette action que notre prévision se fonde lorsqu'on dit : le corps qui est actuellement en tel point se meut, c'est-à-dire occupera successivement d'autres points. Si cette tendance active était supprimée, rien, selon Leibniz, ne nous assurerait que le mobile ne va pas s'arrêter brusquement, car rien ne le distinguerait, au point précis qu'il occupe, d'un corps immobile occupant le même point. C'est encore cette action, selon lui, qui jette quelque lumière sur l'inintelligible communication du mouvement. Leibniz voyait dans cette communication, au lieu d'un phénomène de passivité, un fait de ressort ou d'élasticité. Le mouvement n'est pas une substance qui se promènerait comme un fantôme, d'un corps à un autre; il n'est pas non plus une qualité qui se détacherait de son sujet pour passer dans un autre: il ne périt pas dans le corps qui frappe pour renaître dans celui qui est frappé, mais, par une action et réaction mutuelles, le mouvement moléculaire et invisible devient un mouvement visible de la masse. Or, cette élasticité ne se conçoit, à en croire Leibniz, que par une tendance antérieure de l'être à persévérer dans son action, par cela même dans le mouvement qui la traduit au dehors. C'est cette action que présuppose le mécanicien lorsqu'il croit que le mobile persévérera dans le même mouvement tant qu'une nouvelle action ne le modifiera pas.

Il y a certainement, dans ces spéculations métaphysiques de Leibniz, une partie contestable. Leibniz suppose des corps en repos, ce qui est une pure abstraction : un corps en repos serait probablement un corps nul; on ne peut donc placer par la pensée un corps en repos à un point de l'espace pour le distinguer d'un corps en mouvement par une « tendance ». En outre, la tendance est une sensation subjective de tension ou d'effort, soit cérébral, soit musculaire, et c'est par pure analogie, non pas une sorte de raisonnement nécessaire, qu'on transporte cette sensation dans le corps qui se meut. Enfin l'élasticité peut s'expliquer par une simple rotation mécanique. Toutefois, on peut dire que les subtilités des Eléates et de Leibniz prouvent au moins, avec l'incompréhensibilité du mouvement, l'impossibilité de le réduire à des éléments tout géométriques; il y faut ajouter évidemment quelque chose qui limite notre effort propre. Par une sorte de projection inévitable, nous plaçons derrière cette limite un effort plus ou moins analogue au nôtre, c'est-à-dire, au fond, que nous projetons dans les objets des états plus ou moins analogues à nos états de conscience, des sensations rudimentaires ou des *subsensations*. C'est là un mode de représentation analogique, qui n'implique pas nécessité; mais ce qui demeure pour nous nécessaire, c'est l'extension au dehors de la causalité, d'abord sous sa forme scientifique, qui est la *loi* reliant les phénomènes d'une manière constante dans le temps et dans l'espace, puis sous sa forme philosophique; car, cette loi même, nous ne pouvons nous empêcher de la concevoir comme une conséquence et une expression plus ou moins symbolique d'une activité inconnue, x, qui serait la vraie cause et la réalité même.

Les lois purement mécaniques du mouvement ont pour conséquence l'unité et l'uniformité de chaque mouvement considéré indépendamment des autres. En vertu de ces lois, le mobile persévérerait indéfiniment dans la ligne droite; la variété ne peut donc venir que de la composition des divers mouvements. Mais d'où vient à son tour cette diversité? — Selon la loi de l'équivalence mécanique, la diversité des conséquents suppose celle des antécédents et, par suite, une certaine variation réelle sous l'identité même des lois logiques et mécaniques. Si des centres de force absolument uniformes sont répandus uniformément dans un espace illimité, ils resteront en équilibre. C'est ce que reconnaît lui-même Spencer. De là résulterait l'universelle stérilité. Il faut donc supposer quelque différence dans les forces, certains centres d'attraction capables de provoquer l'évolution universelle ; mais pourquoi ces centres, cette hétérogénéité, cette variété primitive? Ce n'est pas là une donnée qui se suffise à elle-même. L'hétérogénéité de la matière est donc un nouveau postulat de l'évolutionnisme. Or cette hétérogénéité est aussi impossible à comprendre dans la nébuleuse que dans l'organisme humain. « Si l'hypothèse de l'évolution, dit Spencer, rend compréhensible la genèse du système solaire et des autres systèmes sans nombre qui lui ressemblent, le dernier mystère reste aussi impénétrable. Le problème de l'existence n'est pas résolu ; il est simplement reculé. L'hypothèse de la nébuleuse ne jette aucune lumière sur l'origine de la matière diffuse pas plus que sur celle d'une matière concrète. La genèse d'un atome n'est pas plus facile à concevoir que la genèse d'une planète. En vérité, loin de rendre l'univers moins mystérieux qu'auparavant, elle en fait un plus grand mystère. La création par fabrication est chose bien plus basse que la création par évolution. Un homme peut assembler une machine ; il ne peut faire une machine qui se développe elle-même... Que notre harmonieux univers ait autrefois existé, en puissance, à l'état de matière diffuse, sans forme, et qu'il soit lentement arrivé à son organisation présente, cela est beaucoup plus étonnant que ne le serait sa formation suivant la méthode artificielle que suppose le vulgaire[1]. » Ainsi donc, on voulait déterminer, fixer, unifier les choses par le lien de la pure identité mécanique, mais, au lieu de l'unité et de l'identité, on ne trouve qu'une diversité dont on ne peut rendre compte. C'est que, dans le fond, toute variété, toute hétérogénéité est déjà une organisation ; si le prétendu chaos primitif est gros de l'ordre à venir, comme Descartes l'avait montré, c'est qu'il est déjà lui-même un ordre enveloppant tous les autres.

L'explication mécanique n'étant jamais que provisoire, on est obligé de chercher d'autres raisons dans un autre aspect des choses. Aussi Kant a-t-il pu dire qu'une explication mécanique doit toujours être poursuivie et peut toujours être trouvée, mais qu'elle n'est jamais une explication adéquate. Spencer lui-même a reconnu

[1] *Essays*, t. I, p. 298.

que le psychique ne peut dériver du pur mécanique, et même que, si nous voulons sortir du « dualisme imposé par la relativité de la connaissance », nous devons attribuer la prééminence au principe psychique. Eh bien, précisément, il faut sortir de ce dualisme où Spencer prétend nous renfermer; il faut admettre le monisme et, au lieu d'expliquer tout mécaniquement, rattacher le mécanisme même et ses postulats aux lois psychiques de l'appétition, qui est le fond de toute vie.

II. — La vraie méthode philosophique commande de distinguer les phénomènes plus constants et plus radicaux d'avec les phénomènes moins constants et moins radicaux : il y a des degrés et une hiérarchie entre les phénomènes, quoiqu'ils soient tous inséparables. A ce point de vue, les phénomènes de mouvement garderont toute l'importance qui leur est attribuée de nos jours, car ils se retrouvent partout et en tout; aussi la science peut-elle, par un procédé d'algèbre, en faire les substituts de tout le reste, et traduire tout en langage mécanique, en *fonction* de mouvement. La science objective est-ce par quoi la pensée devient elle-même *fonction* de l'univers; or on peut, dans l'étude des fonctions, substituer, non pas sans doute l'existence, mais l'étude d'un terme à celle d'un autre terme en relation définie avec le premier. Comme nous ne saisissons des choses extérieures que leurs rapports avec nos organes, rapports qui tous consistent à y produire des mouvements, le mécanisme reste le point de vue nécessaire d'où le monde extérieur apparaît à notre science. Mais, philosophiquement, l'opposition absolue des mouvements aux états de conscience ou représentations est artificielle et fausse, puisque le mouvement est lui-même un mode de représentation, qui suppose les deux formes générales de toute représentation, l'espace et le temps. Le mouvement, tel que nous le connaissons, est un fait d'*expérience*; donc le mouvement que nous connaissons implique pour nous l'*expérience* même avec ses lois, et il ne peut être conçu que par emprunt à l'expérience et aux lois de la logique qui la règlent. Nous ne saisissons pas le mouvement *en lui-même*, dans un royaume étranger à l'expérience, à la sensibilité et à la conscience ; nous ne pouvons donc pas comparer le mouvement en soi avec les faits mentaux, pour dire qu'il y a à la fois différence absolue de nature, indépendance mutuelle et cependant parallélisme harmonique. Les mouvements dont parle la science sont les mouvements pour les *sens* et pour la *conscience*, et c'est par artifice que l'évolutionnisme mécaniste suppose éliminé tout emprunt à nos sens ou à notre conscience : si tout était réellement éliminé, il ne resterait pour nous absolument rien. Ne soyons donc pas dupes de nos classifications pour l'usage scientifique et ne nous imaginons pas qu'il existe deux « règnes », l'un où il n'y aurait que mouvement, l'autre où il n'y aurait que sensibilité ou pensée. Pour le philosophe, le monde n'est point double, ni explicable par le chiffre 2. Il n'y a qu'une réalité à la fois une et infiniment multiple, dont notre expérience saisit certains phénomènes, certains rapports parmi une infinité qu'elle ne saisit pas. Au nombre de ces phénomènes et de ces rapports, il y en a un très général et très commode pour la science : le mouvement avec ses lois, qui nous sert à nous *représenter* intelligiblement les choses par emprunt aux sens de la vue et du tact, d'une part, aux lois de la logique et des mathématiques d'autre part ; mais un mode de représentation visuelle ou tactile, sensitif par un côté et, par un autre côté, logique ou intellectuel, ne constitue pas un royaume d'étendue, où la conscience et la pensée n'auraient rien à voir, une série se développant par soi et en soi, en dehors de tout ce qui constitue la vie interne et indépendamment de tous les éléments de cette vie.

Pour le philosophe, c'est le monde sous son aspect purement mécanique et physique qui n'est vraiment qu'un *phénomène* ou *épiphénomène*, c'est-à-dire une représentation dans la conscience d'un observateur.

Comme apparence physique, le monde saisi par nous est constitué par la combinaison de nos sensations. Dans le monde physique ainsi considéré comme simple phénomène ou représentation, nous avons vu qu'il est vain de chercher une réelle activité ou causalité, des forces autres que les forces purement symboliques de l'algèbre : il n'y a que des successions de phénomènes dans le temps et dans l'espace, dont les formules mécaniques expriment simplement l'ordre de séquence. La vraie activité doit être attribuée seulement à la réalité qui réside sous le système des apparences visibles et tangibles. Quelle est donc cette réalité ? Elle se manifeste, comme par une perspective intérieure, dans ce groupe spécial de phénomènes que nous appelons les processus vitaux et surtout cérébraux. Dans ce cas singulier, en effet, l'apparence mécanique qui se présente à l'observation externe est le signe sensible et l'indice d'une activité interne que saisit l'individu sentant et qui constitue sa volonté consciente. Ceci nous ouvre enfin une fenêtre sur le dedans des choses. Les phénomènes cérébraux, considérés comme apparences physiques, sont réductibles à un échange de mouvements entre le cerveau et le système matériel dont le cerveau, comme tel, forme une partie intégrante ; mais, quand le philosophe, se plaçant au point de vue psychologique, considère en lui-même la *réalité* à laquelle les symboles physiques répondent, les phénomènes cérébraux apparaissent comme les résultats d'une action mutuelle entre la conscience de l'individu sentant et le système des *réalités* (x) dont cette conscience est un des facteurs constituants. Or, ce système *réel* de facteurs ayant la vraie force et la vraie efficace, il ne peut se le figurer que comme un système de sensations, émotions et désirs, en un mot d'événements mentaux très rudimentaires, ayant une analogie plus ou moins lointaine avec ce que nous appelons sentir et vouloir. A ce point de vue, il y aura unité entre la sensation et le *réel* du mouvement centripète, unité entre l'appétition et le *réel* du mouvement centrifuge; la sensation sera la conscience du mouvement reçu, l'appétition sera la conscience du mouvememt imprimé; changement physique et changement psychique seront au fond un seul et même changement senti dans le temps et représenté dans l'espace. Au lieu d'être un simple reflet tardif et accessoire de l'évolution universelle, le mental apparaîtra comme un des facteurs primordiaux et constants de cette évolution ; ce sera même le seul facteur ou ressort véritable, dont le mécanisme n'est que le symbole : le mécanisme exprimera les rapports réciproques de réalités qui, en elles-mêmes, seront conçues psychiques, c'est-à-dire douées de sensation et d'appétition rudimentaires, capables, en conséquence, de s'élever à la représentation et à l'idée.

Les catégories de coexistence dans l'espace et de succession dans le temps, fondements de l'évolutionisme mécaniste, sont donc légitimes tant qu'on ne les regarde pas comme ultimes ; elles deviennent illégitimes quand on les considère comme finales ; il faut, d'un point de vue supérieur, caractériser l'existence comme appétitive. De là la nécessité d'une « synthèse subjective » des sciences, complétant la synthèse objective. La possibilité d'une telle synthèse est liée à la possibilité même d'une psychologie, qui elle-même rend possible la sociologie.

LIVRE DEUXIÈME

LA SYNTHÈSE SUBJECTIVE
ET LA CONCEPTION SOCIOLOGIQUE DU MONDE

CHAPITRE PREMIER

LE MOUVEMENT POSITIVISTE EN PSYCHOLOGIE
LA PSYCHOLOGIE BIOLOGIQUE ET SOCIOLOGIQUE
L'OBJET — LA MÉTHODE — L'IDÉE DU MOI

I

L'objet propre de la psychologie positive est, comme le reconnaît Münsterberg, l'état de conscience, jamais le processus cérébral. La conscience est la condition fondamentale du fait psychologique ; elle ne s'ajoute pas à son contenu, elle en est l'essence même. Les faits dont s'occupe la psychologie peuvent donc être définis : les *phénomènes qui, sans l'intermédiaire des organes des cinq sens, tombent sous la conscience*, distincte ou indistincte, ou qui *pourraient* y tomber s'ils étaient plus intenses, plus nombreux, plus durables. Ainsi les éléments d'une sensation de lumière sont extrêmement nombreux et ne peuvent être *discernés* à part l'un de l'autre, mais, comme ces éléments entrent dans la composition des sensations de lumière, ils font partie des problèmes qu'étudie la psychologie scientifique.

On n'a pas tardé à comprendre, depuis Auguste Comte, que la psychologie scientifique ne doit pas être définie l'étude de l'*âme*, car ce serait préjuger la question de la spiritualité ou de la matérialité du moi. De plus, le problème de l'âme, dépassant l'expérience et la science positive, est métaphysique, c'est-à-dire qu'il suppose une induction sur le fond des choses telles qu'elles sont *en soi*; or, il importe de ne pas confondre la psychologie scientifique et la métaphysique. Mais une question préalable se présentait : — La psychologie scientifique est-elle possible, comme ayant un *objet* propre et une *méthode* pour l'atteindre? Au commencement du siècle, Cabanis et Broussais avaient soutenu que les faits mentaux ne sont point distincts des faits physiologiques : selon eux, la psychologie était simplement une partie de la physiologie et devait être étudiée par la même méthode que les autres parties, c'est-à-dire par l'observation du corps humain, du cerveau et de ses fonctions. Le débat recommença avec Auguste Comte. Il conçut la psychologie comme biologique, mais en confondant trop biologie et physiologie. Selon lui et selon Littré, on peut étudier un acte vital de deux façons, ou bien simultanément dans l'organe et dans les phénomènes, ou bien isolément dans les phénomènes seuls. Par exemple, bien qu'on ignore les changements organiques qui produisent le sommeil, on n'en fait pas moins l'histoire de cet acte propre au système nerveux. Semblablement, on peut étudier les maladies (qui ne sont que la perversion d'un acte régulier) de deux façons, soit en cherchant concurremment la lésion et les symptômes, soit en s'occupant des symptômes seulement. Littré donnait en exemple les névroses. « Réunir les deux modes, disait-il, est le but idéal de la science, mais procéder par le second, sans le premier, n'est ni antiscientifique, ni improductif. » La physiologie cérébrale est l'emploi des deux modes, la psychologie est l'emploi du second; tous deux sont incomplets : « du côté de la physiologie, parce qu'elle n'atteint pas organiquement tous les états psychiques, du côté de la psychologie, parce qu'elle n'atteint pas psychiquement les états organiques. » La conciliation sera quand les biologistes, allant organiquement aussi loin qu'il leur est donné, compléteront leur œuvre en embrassant tout ce qui ne peut être traité que *fonctionnellement* et *descriptivement*. Littré concluait que la psychologie est un chapitre de la biologie, et que, philosophiquement, elle ne peut avoir d'autre place. « Etudiée positivement, la psychologie ne témoigne d'aucune différence essentielle avec la physiologie cérébrale. Tandis que celle-ci poursuit l'investigation de la nature psychique de l'homme à l'aide de l'anatomie, de la comparaison, de l'expérimentation et de la pathologie, celle-là en poursuit l'investigation à l'aide des seuls *phénomènes de fonction*. Du moment qu'il est prouvé que la psychologie n'est pas autre chose que de la physiologie cérébrale, il devient impossible d'en faire la base d'une philosophie. » — Mais cette argumentation de Littré n'était pas concluante : la digestion est une *fonction* physiologique parce qu'elle est résoluble en termes de mouvements; la pensée, le plaisir, la douleur ne sont pas des fonctions résolubles de la même manière. Les positivistes, en niant la différence de la psychologie et de la physiologie, niaient précisément une distinction fondée sur des faits *positifs*. Le fait élémentaire de sensibilité, plaisir ou douleur, est « irréductible » à tout ce qui est purement mécanique ou physique; de même pour le fait élémentaire de la pensée, fût-il simplement, comme le prétend Spencer, la conscience d'une différence, par exemple entre la lumière et l'obscurité. A plus forte raison le sujet qui connaît et a la science est-il irréductible aux objets de sa science.

La psychologie, objectent les positivistes, n'a pu sembler avoir un objet distinct de l'organisme physique que quand on croyait à la « substance spirituelle ». — Mais il n'est pas besoin de croire à une substance spirituelle pour distinguer les faits de conscience, directement appréhendés, des mouvements de l'organisme, indirectement supposés comme conditions ou concomitants des faits de conscience. — L'observation interne, disent encore les positivistes, nous montre seulement les faits de conscience dans leur apparition dérivée, non dans les éléments qui les engendrent. — En admettant qu'il en soit ainsi, on en peut dire autant de toutes les sciences. Et de quel droit, vous-même, préjugez-vous la question de savoir si les éléments des faits psychiques sont des faits matériels? — C'est que les faits plus simples sont la condition des faits plus complexes; les faits antérieurs à la conscience sont le fondement explicatif des faits de conscience; or, ces faits sont biologiques. — Mais, encore une fois, les faits biologiques, comme mouvements et fonctions vitales, ne suffisent pas à expliquer les faits de conscience comme tels. C'est prendre parti pour une certaine métaphysique que de chercher les causes du conscient dans les fonctions inconscientes de la vie. On peut aussi bien soutenir que c'est la conscience plus ou moins rudimentaire du plaisir et de la peine qui cause la vie même, *en ce qu'elle a de différent du simple mécanisme*. Sans doute, tous les faits psychologiques, — pensées, sentiments, volitions, — doivent être liés à des mouvements du cerveau ou doivent avoir des mouvements qui leur sont *liés;* mais, encore une fois, ils ne sont pas en eux-mêmes des mouvements du cerveau, car l'idée scientifique de mouvement n'enveloppe que des *changements de position* dans l'*espace* entre des termes dont la *nature* intime demeure inconnue; or, des changements de position, comme tels, ne sont ni des pensées, ni des sentiments. Bien plus, la connaissance adéquate de tous les changements de position qui ont lieu dans les molécules du cerveau ne nous donnerait pas, *à elle seule*, la connaissance de la pensée, ni celle du plaisir, de la douleur, de la volition. Enfin, la conception du mouvement est tout abstraite, puisqu'elle exprime des relations spatiales entre termes x; la conscience des faits psychologiques, au contraire, est toute concrète : il y a dans le plaisir et dans la peine, dans le désir et dans l'aversion, dans la sensation du blanc ou du rouge, quelque chose d'irréductible à des abstractions et à des relations mathématiques dans l'espace. Il est possible que le mouvement se ramène, au moins pour nous, à quelque extrait de nos sensations (principalement des sensations tactiles et visuelles); mais il est impossible que les sensations concrètes et particulières se ramènent à des mouvements qui en sont abstraits et qui n'expriment que des conditions *générales*.

Aussi est-il inexact de croire, comme on le fait quelquefois et comme l'a fait Spencer lui-même, que les actes mentaux soient une *transformation* des faits physiques et physiologiques; car, si un mode de mouvement, comme la chaleur, peut se transformer en un autre mode de mouvement, comme un travail mécanique, il est absurde d'imaginer la transformation d'un mouvement en quelque chose qui n'est plus un mouvement. Aussi les psychologues de l'école anglaise, comme ceux de l'école française et de l'école allemande, ont-ils victorieusement établi, contre les positivistes, que les deux classes de faits présentent des différences essentielles, d'abord entre leurs *caractères*, puis entre les diverses manières dont nous en prenons *connaissance*. Le caractère avec lequel nous apparaissent les faits intérieurs, — sentiments, pensées, volitions, etc., — c'est d'abord, a dit Stuart Mill, la succession dans le *temps;* au contraire, les faits physiques et physiologiques nous apparaissent comme répandus dans l'*espace*. La circulation du sang, par exemple, est un dessin compliqué, commençant à un point et finissant à un autre; la respiration est un rythme qu'on peut également ramener à des déplacements dans l'étendue : l'explication de la respiration est donc terminée, en tant qu'explication physiologique, quand cette réduction à un mécanisme est opérée. Il n'en est point de même de la pensée, du sentiment, de la volonté. L'étendue, a dit aussi Bain, n'est que la première d'une longue liste de propriétés qui appartiennent toutes aux faits physiques et manquent aux faits mentaux : forme, position, couleur, chaleur, dureté, élasticité, inertie, pesanteur, etc. Les positivistes objectèrent à cette première distinction qu'elle est fondée sur des caractères *formels*, et qu'il n'est pas certain que les mouvements, d'une part, la pensée et le sentiment, de l'autre, n'aient point un fond commun; mais l'école anglaise répondit que, pour motiver la distinction de deux sciences, il n'est pas nécessaire d'établir entre les faits dont elles s'occupent une opposition absolue, portant sur le fond métaphysique des choses : la chimie et la physique, à ce compte, ne pourraient se distinguer l'une de l'autre.

Les psychologues invoquèrent aussi, contre les positivistes, la différence des modes de connaissance. Ici, connaissance immédiate et directe, pour les choses physiques, au contraire, connaissance médiate et indirecte par le moyen de nos organes, ces instruments naturels, et aussi par le moyen des instruments scientifiques, ces organes artificiels (microscope, télescope, scalpel, etc.). La connaissance par les sens, procédé de la physiologie, ne peut faire elle-même *partie* intégrante des choses qu'elle saisit, par exemple des mouvements, vibrations, ondulations, formes des nerfs ou des muscles; elle *s'ajoute* aux choses, comme une lumière qui vient éclairer du dehors des objets obscurs. Au contraire, dans les faits de conscience proprement dits, la conscience même, du moins sous la forme de sentiment immédiat et spontané, est un *élément* intégrant et constitutif des faits, dont elle est inséparable : plaisirs, douleurs, pensées, désirs, etc. Aussi les faits physiques se passent-ils de la même façon qu'ils soient connus ou non connus, connus par celui-ci ou par celui-là; ils n ont rien de *personnel;* ouverts à tous les yeux, ils n'appartiennent pas à cette sphère individuelle que nous appelons le *moi*. Au contraire, moi seul je puis dire, en saisissant ma pensée ou mon sentiment : *je* pense, *je* sens ; un autre ne peut me voir penser ou sentir. Les pensées et sentiments qui constituent une conscience sont, fit remarquer Spencer, absolument « inaccessibles » à tout autre que « le possesseur de cette conscience ». L'état de conscience, quel qu'il soit, — plaisir, douleur, espérance, crainte, colère, — n'est connu par personne que « dans sa conscience propre ». C'est par induction de nous à autrui que nous transportons aux autres les mêmes états. — Les diverses consciences pourraient-elles, cependant, dans des conditions à nous inconnues, se fondre et se pénétrer? Nous ne saurions le dire : ce qui est certain, c'est que, dans l'état actuel, elles ont un caractère fermé.

Les positivistes avaient donc beau vouloir, avec Comte et Littré, substituer la physiologie cérébrale à la psychologie, la conscience demeurait toujours nécessaire pour *interpréter* psychologiquement les phénomènes physiologiques; de là le cercle vicieux où ils se débattirent. Ils ne pouvaient parler des vibrations du cerveau correspondant à une pensée ou à un sentiment sans savoir d'abord ce que c'est qu'une pensée, ce que c'est qu'un sentiment; ils avaient beau disséquer des cerveaux et les regarder au microscope, ils n'y voyaient pas la pensée et le sentiment. Supposons un sourd qui essaierait de se faire une idée de la sensation du son en observant, avec des instruments d'une puissance extraordinaire, le cerveau d'un homme normal; supposons encore qu'il arrive ainsi à voir vibrer les nerfs auditifs comme les cordes d'une lyre : il ne parviendra jamais, par ce moyen indirect, à traduire les mouvements observés en sensations de son. Passerait-il des siècles à étudier le cerveau et les nerfs, il ne se douterait pas de ce qu'est le son comme tel : rien ne supplée sur ce point le témoignage de la conscience. De là cette réflexion opposée à Comte par un anatomiste : — Nous ressemblons, devant les fibres et les cellules du cerveau, à des cochers expérimentés qui connaissent les rues et les maisons d'une ville, mais sans savoir ce qui se passe dedans. — « Tout le temps que nous parlons de nerfs et de fibres, fit aussi observer Bain, nous ne parlons pas le moins du monde de ce qu'on appelle proprement la pensée :

nous énonçons certains faits physiques qui l'accompagnent, mais ces faits physiques ne sont pas le fait psychologique, et même il nous empêchent de penser au fait psychologique. » Il reste incontestable, concluait Mill, qu'il y a entre les états de l'esprit des uniformités de succession et que ces uniformités peuvent être constatées par l'observation et par l'expérimentation. « En outre, il n'a pas été jusqu'ici prouvé, comme ce l'est pour les sensations (quoique ce soit probable), que chaque état mental a pour antécédent immédiat et pour cause prochaine une modification nerveuse. En fût-on même certain, on serait toujours forcé de reconnaître qu'on ignore complètement en quoi consistent ces états nerveux. Nous ne savons pas, nous n'avons aucun moyen de savoir en quoi l'un diffère de l'autre, et nous n'avons d'autre manière d'étudier leurs successions et leurs coexistences que d'observer les successions et les coexistences des états mentaux dont on les suppose les générateurs, les causes. » Les successions des phénomènes mentaux ne peuvent donc être déduites « des lois physiologiques de notre organisation nerveuse » ; et nous devons continuer à chercher longtemps encore, sinon toujours, « toute la connaissance réelle que nous pouvons en acquérir dans l'étude directe des successions mentales elles-mêmes. Puis donc que l'ordre des phénomènes mentaux doit être étudié dans ces phénomènes, non être inféré des lois de phénomènes plus généraux, il existe une science de l'esprit distincte et séparée. » Sans doute, ajoutait Mill, on ne doit jamais perdre de vue ni déprécier les rapports de la psychologie avec la biologie. Il ne faut pas oublier que « les lois de l'esprit peuvent être des lois dérivées des lois de la vie animale, et que, par conséquent, elles peuvent dépendre en dernière analyse de conditions physiques ; et l'influence des états ou changements physiologiques sur les successions mentales, qu'ils modifient ou contrarient, est un des sujets les plus importants de la psychologie. » Mais, d'un autre côté, Mill regardait comme une erreur « tout aussi grande en principe, et plus sérieuse encore en pratique, » le parti pris de s'interdire les ressources de l'analyse psychologique, d'édifier la théorie de l'esprit sur les seules données que la physiologie peut actuellement fournir. Si imparfaite que soit la science de l'esprit, Mill n'hésitait pas à affirmer qu'elle est « beaucoup plus avancée que la partie correspondante de la physiologie » ; abandonner la première pour la seconde lui semblait donc une infraction aux véritables règles de la philosophie inductive, « infraction qui doit conduire et conduit en effet à des conclusions erronées dans plusieurs branches très importantes de la science de la nature humaine[1] ».

Lewes soutint cependant de nouveau, avec une remarquable vigueur, le point de vue biologique de Comte : regardant les fonctions mentales comme des fonctions vitales, il réduisit la distinction des états de conscience et des états de l'organisme à une simple différence dans le mode d'appréhension. « La psychologie, disait-il, est l'analyse et la classification des fonctions et des facultés sentantes, révélées à l'observation et à l'induction ; et elle a pour complément la réduction des unes et des autres à leurs conditions d'existence, soit biologiques, soit sociologiques[2]. » A vrai dire, tout en prétendant rester au point de vue de la science positive, Lewes faisait de la philosophie spéculative, car c'est pour le philosophe, non pour le savant, que l'aspect objectif et l'aspect subjectif sont ramenés à « l'unité d'existence dans la vie ». La distinction du subjectif et de l'objectif ne correspond pas, selon Lewes, à une séparation essentielle des faits ou des choses ; il n'y a pas d'abîme entre le monde extérieur et le monde intérieur : point de « pont à jeter par-dessus », comme le voulait Cousin. Tout événement, toute sensation a un « double aspect », objectif et subjectif, selon le mode d'appréhension. Par abstraction, je puis ne considérer

[1] *System of Logic*, VI, IV, 2.
[2] *The Study of Psychology.*

que l'un de ces aspects : telle sensation est une flamme. une couleur en dehors de moi, ou c'est un changement produit dans ma conscience. Considérez la loi de gravitation : c'est une loi de l'objet ou de la matière : elle contraste avec la loi d'association, loi du sujet ou de l'esprit. C'est que, dans le premier cas, notre attention est portée sur les relations objectives, et alors, négligeant l'aspect subjectif de la connaissance, le savant donne cette loi comme indépendante de l'esprit qui la conçoit. Dans le second cas, l'aspect subjectif absorbe notre intérêt ; nous ne pensons qu'aux états de conscience associés, sans songer aux faits externes qu'ils impliquent et aux processus nerveux qui en sont les corrélatifs physiques. Pourtant, rien n'empêcherait de regarder la loi de gravitation comme une loi subjective et la loi d'association comme une loi objective : il suffirait d'échanger les deux points de vue. « Les faits observés et classés sont nécessairement des perceptions de l'observateur, et la loi qui formule ces observations est sans aucun doute une construction idéale qui n'a point de réalité objective. Les deux lois, celle de la gravitation et celle de l'association, sont donc des conceptions symboliques, et ce qu'elles symbolisent, ce sont des états de conscience. Vues à cette lumière, elles sont l'une et l'autre des faits psychologiques ; considérées objectivement, la première est un fait mathématique, la seconde un fait biologique. » Toutes ces remarques de Lewes sont justes, mais constituent de la philosophie et même de la métaphysique. « La biologie, ajoutait-il, occupe une place de droit parmi les sciences objectives, puisque, malgré le caractère spécifique des phénomènes vitaux, ceux-ci ne sont que des spécialisations des propriétés de la matière et s'expriment scientifiquement en termes de force. » — Ici c'est la métaphysique même du matérialisme qui apparaît, si Lewes entend par matière ce qui se meut dans l'étendue. — Mais, continue-t-il, la biologie n'en a pas moins sa place parmi les sciences subjectives, car : 1° le mécanisme vital a pour ressort d'action la sensibilité; 2° l'évolution générale des phénomènes biologiques, du végétal à l'animal, de l'animal à l'homme et à la société, implique les phénomènes de l'esprit. Ici, l'idéalisme reprend le dessus. Lewes remarque que les faits de la vie animale et de la vie humaine, bien qu'ils puissent s'exprimer objectivement en termes de force, sont usuellement exprimés par le vulgaire en termes de sensation et de conscience; aveu instinctif de l'équivalence et de l'inséparabilité des deux aspects. Lewes reproche ensuite à Stuart Mill, au lieu de considérer l'état organique et l'état mental comme des aspects différents d'un seul et même processus, d'avoir partagé « la commune erreur qui fait du processus nerveux l'antécédent et le générateur du processus mental ». C'est comme si, pour reprendre la métaphore d'Aristote, on faisait du convexe d'une courbe l'antécédent de sa partie concave. « A vrai dire, cette manière de parler s'entend de quelques cas. Ainsi le processus d'excitation rétinienne est la première phase d'un processus complexe, dont la dernière enveloppe la sensation visuelle; en ce sens, il peut être dit l'antécédent de cette sensation visuelle, et même il peut avoir lieu sans se terminer par la phase complémentaire de réaction sensorielle appelée vision. Mais on entend tout autre chose quand on dit qu'un processus nerveux ou état organique est le corrélatif physique d'un état mental. Ce n'est pas cet événement isolé, c'est la synthèse totale et complète, en d'autres termes l'ensemble des conditions données, qui est la vraie cause du produit mental. Si, par l'expression de processus nerveux, nous entendons simplement le changement moléculaire produit dans le nerf et le centre, au lieu de nous représenter par là un changement produit dans l'organisme sentant tout entier, alors il est vrai qu'un procès nerveux est l'antécédent d'un état de conscience, l'étincelle qui précède l'explosion. En ce sens, il serait absurde de prendre ces termes, nerveux et mental, pour l'équivalent de concave et convexe. Mais, en disant que tous les phénomènes de l'esprit sont immédialement causés *soit* par d'autres états de l'esprit, *soit* par des états du corps, Stuart Mill s'imaginait évidemment qu'il peut y avoir des états mentaux qui ne soient pas en même temps des états du corps. » En fait, les états de l'esprit « sont toujours causés par des états de l'esprit; c'est seulement du point de vue objectif qu'ils sont des états du corps ». Exemple : la mélancolie est un état mental dont la loi est psychologique, quand on se place au point de vue subjectif, « la cause étant une affection déçue ou une mauvaise spéculation financière » ; ici, les conditions sont des événements psychologiques, où n'entre pour aucune part l'idée des conditions organiques. Mais cette même mauvaise humeur est aussi un état de l'organisme; considérez-la objectivement : c'est une perturbation des sécrétions organiques, une altération de l'équilibre nerveux. « Les séquences de faits sont donc maintenant toutes physiologiques, comme tout à l'heure elles étaient purement psychologiques[1]. » La doctrine de l'évolution, qui fait émerger la vie mentale des formes graduellement intégrées de la vie générale, eût dû, ajoute Lewes, conduire Spencer à ranger la psychologie parmi les sciences biologiques. Pourtant, Spencer admet la distinction et même l'opposition de la biologie et de la psychologie. Au lieu d'entendre par « psychologique » l'aspect subjectif d'un processus vital qui, objectivement, est physiologique, Spencer dit : — « Dans une proposition psychologique, un rapport externe se joint au rapport interne comme objet coessentiel de la pensée... La chose considérée n'est plus la connexion entre les phénomènes internes, ce n'est plus la connexion entre les phénomènes externes; c'est la connexion entre ces deux connexions. » — Mais, répond Lewes, quand on a admis, comme Spencer lui-même, que le processus nerveux et le processus sentant « sont

[1] Bain a dit aussi, dans l'*Esprit et le Corps*, ch. VI : « Il n'y a pas action de l'esprit sur le corps et action du corps sur l'esprit; il y a l'esprit et le corps réunis déterminant un résultat à la fois moral et physique, ce qui est une action bien plus facile à comprendre. »

deux aspects d'un même fait » on n'est plus libre de séparer (autrement que par un artifice d'analyse) les faits de conscience de leurs conditions organiques. Si l'on répond qu'il est impossible de comprendre comment les deux sont « relationnés ensemble », c'est qu'on revient à la conception vulgaire d'un phénomène qui serait quelque chose, ses conditions à part, au lieu d'être la synthèse ou la fonction de celles-ci. « Une fois supposé, en effet, que tout changement dans la conscience vient *à la suite* de son processus organique, comme l'explosion suit l'étincelle, alors la transsubstantiation de cet état organique en état de conscience devient un mystère impénétrable. Mais la thèse du double aspect des phénomènes, sans dissiper le mystère des deux natures, a du moins, selon Lewes, le mérite de ne pas compliquer les faits d'expérience d'hypothèses inutiles. Etat organique et état mental sont alors de simples expressions antithétiques d'une seule et même réalité, ce qui est sentiment pour la conscience étant mouvement pour les sens. « Les diviser en deux faits différents, et chercher ensuite le lien qui les unit, est une entreprise illusoire. Cette illusion est entretenue par la conception populaire, mais erronée, de la relation de cause et d'effet; on imagine qu'un processus ou événement, nommé *cause*, appelle à l'existence un autre processus ou événement, nommé *effet*. De là cette charade métaphysique : — Comment un processus peut-il bien en créer un autre?... — Mais la relation entre l'effet et la cause est simplement la relation entre deux manières d'envisager un certain événement; tel est aussi le rapport de l'état organique et de l'état mental, quand le premier est regardé comme la cause et le second comme l'effet. L'état organique ne précède réellement pas l'autre et ne l'appelle pas à l'existence ; mais il est l'expression objective, tandis que l'état mental est l'expression subjective du même fait. »

« Les matérialistes sont tombés dans l'erreur inévitable à l'analyse de prendre la partie pour le tout, et de ne point distinguer l'aspect objectif de l'aspect subjectif des phénomènes. Ils ont eu raison d'insister sur ce point « que les phénomènes mentaux sont des fonctions de l'organisme ; et nous n'avons pas plus à expliquer *pourquoi* il en est ainsi qu'à dire pourquoi les corps gravitent. » Leur faute consiste à ne regarder que le côté physique des choses et à disséquer le cerveau pour comprendre la pensée. « La science positive constate les rapports de la pensée et du cerveau, mais l'aspect objectif n'explique nullement l'autre ; il faut prendre les deux en synthèse pour saisir la réalité telle qu'elle est. » Lewes n'est et ne veut être ni matérialiste ni spiritualiste ; il entend rester, dit-il, positiviste même en psychologie. Mais il est clair que son argumentation, comme celle de Taine, est empruntée à une doctrine générale de philosophie, l'unité foncière des « deux aspects ».

La conception de Lewes constituait, on le voit, un réel progrès dans le sens de la philosophie positive ; mais à la condition de ne pas confondre *biologie* (science générale de la vie) avec *physiologie* (science des fonctions organiques) ; Lewes ne faisait rentrer dans la biologie générale la psychologie qu'en distinguant celle-ci de la physiologie. On peut lui objecter que, à ce compte, tout rentrera à la fin dans la biologie, une fois admis que tout est vivant dans l'univers, même les prétendus minéraux. Si l'on répond que les différences sont assez caractéristiques pour motiver des sciences spéciales, combien cette observation sera-t-elle plus valable encore pour la psychologie ! Puisque la méthode positive, selon A. Comte, doit attribuer une science nouvelle et particulière au « résidu irréductible » que chaque science laisse, Lewes eût dû reconnaître que la biologie, au sens propre et objectif du mot, laisse inexpliqué le fait psychique ou subjectif, plaisir, peine, pensée, etc., et que dès lors ce fait, le plus original de tous à coup sûr, doit faire l'objet d'une science originale.

En outre, infidèle à ses principes, Lewes finit par soutenir que nulle « causation » n'est d'ordre psychique. Biologie d'une part, sociologie de l'autre, voilà les deux seuls pôles entre lesquels « oscille, selon lui, toute explication *causale* de la psychologie ». Ce que l'anatomie est pour le physiologiste, la physiologie l'est pour le psychologue. Imaginez, dit-il, que le physiologiste se borne à l'étude des faits saillants de la vie sans s'inquiéter de la structure profonde des organes : il conclura naturellement que les diverses classes de fonctions, — respiration, digestion, locomotion, — etc., sont dues à autant de principes indépendants ; il ne soupçonnera jamais que le mécanisme sentant tout entier concourt à l'accomplissement de chacune d'elles, comme il contribue aux faits de sensation, d'émotion et de pensée. « Borné à l'introspection, le psychologue conclurait aussi raisonnablement que la sensation, la perception, l'émotion, la volition sont les produits indépendants d'agents différents ; et finalement, forcé de trouver un lien commun à ces divers phénomènes, il imaginerait un principe psychique. » La psychologie biologique, qui cherche dans l'organisme les conditions élémentaires de l'activité mentale, dissipe heureusement ces « fantômes métaphysiques ». — Sans doute, peut-on répondre; mais il n'en résulte pas que la « causation » soit physique, au lieu d'être indivisiblement physico-psychique. Au reste, Lewes déclare se défier des affirmations aventureuses des physiologistes et névrologistes. Ce ne sont en général, dit-il, que des hypothèses provisoires, qu'on ne doit accepter que sous bénéfice d'inventaire : — « La plupart du temps, ce qui passe pour une explication physiologique des processus psychiques n'est que la traduction de ces processus en termes empruntés à une physiologie conjecturale. » Lewes eût dû convenir que l'explication purement physiologique d'un fait à double aspect n'est jamais adéquate. Sa pensée reste inconsistante.

La sociologie, à ce même point de vue de la connaissance des causes, présente, selon Lewes comme selon Comte, une importance exceptionnelle. Déjà Jean-Jacques Rousseau avait remarqué, dans son *Contrat social*, que le passage de l'état de *nature* à l'état *civil*

« produit dans l'homme un *changement très remarquable*, en substituant dans sa conduite la *justice* à l'*instinct*, et donnant à ses actions la moralité qui leur manquait auparavant ». C'est alors seulement que, « la *voix du devoir* succédant à l'*impulsion physique* », l'homme, qui jusque-là n'avait regardé que lui-même, se voit forcé d'agir sur d'autres principes et de « consulter sa raison avant d'écouter ses penchants ». Quoiqu'il se prive dans cet état de plusieurs avantages qu'il tient de la nature, il en regagne de si grands, ses facultés s'exercent et se développent, ses idées s'étendent, ses sentiments s'ennoblissent, son âme tout entière s'élève à un tel point qu'il devrait bénir sans cesse l'instant heureux qui l'en arracha pour jamais et qui, d'un animal stupide et borné, fit un être intelligent et un homme. « Ce ne sont pas seulement, » a écrit aussi de Bonald, « les individus qui constituent la société, *mais la société qui constitue les individus*. » Nos idées, disait Herbart, sont un produit de la vie en commun ; le langage est l'agent matériel au moyen duquel les conditions de la vie en société influent directement sur les conditions cérébrales et leur communiquent l'impulsion nécessaire pour produire des résultats qui, sans cette intervention, ne seraient pas possibles. « *Nul homme n'est seul*, et aucune époque connue ne dépend que d'elle-même ; à chaque moment du présent vit et agit le passé, *et ce que l'individu isolé appelle sa personnalité* n'est, même dans le sens le plus strict du mot, qu'un tissu de pensées et de sentiments dont la part incomparablement la plus considérable ne fait que refléter *ce que la société, au milieu de laquelle il vit, possède et régit comme un bien commun*. La masse des idées et des notions vient du dehors aussi certainement que la langue maternelle. » Selon Cattaneo, *la psychologie véritable est celle des esprits associés*. « L'esprit humain, dit à son tour Lewes, en tant qu'accessible à l'investigation scientifique, a *deux sortes de racines*, puisque l'homme n'est pas seulement un *organisme animal*, mais encore une unité qui entre dans la composition de l'*organisme social*. De la sorte, la théorie complète de ses *fonctions* et *facultés* doit être cherchée dans cette *double direction*. » Comme, en effet, les hommes diffèrent plus dans leurs relations sociales que dans leurs relations physiologiques, c'est aux premières que nous devrons demander l'explication des différences intellectuelles et morales qui ne seront pas manifestement assignables à des différences de structure. A côté de l'expérience de l'individu, on placera l' « expérience de la race », l'action de ce facteur social qu'on appelle l' « esprit du siècle, la conscience collective, le sens commun, *consensus gentium* ». Ce nouveau mécanisme spirituel n'a-t-il pas « ses organes indestructibles : la tradition, les beaux-arts, la langue, la religion » ? L'esprit individuel est donc autre chose que le produit de l'organisme individuel et de l'expérience strictement individuelle ; il subit aussi la direction et l'impulsion du *general mind*. « Les conceptions que l'esprit général s'est une fois assimilées deviennent des nécessités de la pensée pour l'individu, juste comme les chemins de fer une fois établis deviennent les modes nécessaires de transport. » C'est l'histoire qui nous fera connaître les lois de formation de nos facultés conscientes. « Le cerveau d'un Anglais cultivé de notre temps, comparé avec le cerveau d'un Grec du siècle de Périclès, ne présenterait pas de sensibles différences ; et pourtant les différences morales et intellectuelles seraient nombreuses et vastes... C'est que l'Anglais a été nourri des productions de plusieurs siècles ; ses sentiments et ses pensées ont pris forme dans des conditions inconnues du Grec, si bien que ce qui eût fait les délices de l'un serait une cause d'angoisse pour l'autre... Une motion tendant à envoyer de l'argent, des vivres, des vêtements et des secours médicaux à des bandes dispersées de Crétois blessés, eût fait retentir l'agora d'éclats de rire ironiques. » La psychogénie historique et sociologique est à la psychologie générale ce que l'embryogénie est à la physiologie. Les études morales suivront la direction des sciences naturelles ; la méthode mathématique, la méthode physiologique et la méthode historique vont les envahir. La psychologie sera alors vraiment une science positive, c'est-à-dire une psychologie objective où l'observation intérieure ne sera plus réellement qu'un moyen de constatation, non un procédé d'investigation, encore moins de réduction aux causes.

Cette conception de la psychologie sociologique a été adoptée et soutenue avec talent par M. de Roberty dans sa *Sociologie*. Il y a, dit-il, les phénomènes psychiques de l'état préhistorique, et il y a ceux qui suivent et qui ont apparu après un intervalle considérable ; laquelle de ces deux espèces de phénomènes devra être étudiée par la psychologie? Si c'est la première, on répondra que les *conditions biologiques* y prédominent visiblement, quoique laissant un certain jeu aux conditions sociales rudimentaires ; si c'est la seconde, au contraire, on objectera que les *conditions sociales* y jouent, à leur tour, un rôle manifestement prépondérant. « La communication des idées par la parole, leur transmission par l'écriture, par les arts techniques, par les beaux-arts et par mille autres symboles ou signes de ralliement et canaux de transmission; le fait complexe de la tradition orale, littéraire, esthétique, scientifique, le choc et la lutte sociale des sentiments, des passions et des intérêts, les institutions multiples de direction sociale, de gouvernement, etc., forment une vaste série d'*influences sociales* enchevêtrées, s'alliant intimement aux *conditions biologiques* pour produire ce résultat : les phénomènes, mouvements ou manifestations psychiques, que l'observation la plus diligente ne découvre que dans l'homme vivant en un état d'association constante avec ses semblables ». En conséquence, la psychologie, « loin d'être considérée comme une science indépendante de la science immédiatement supérieure (comme la chimie, par exemple, l'est par rapport à la biologie, et la physique par rapport à la chimie), pourra être regardée, au contraire, comme une dépendance, un prolongement de la sociologie, et comme une étude qui ne saurait devenir une science constituée que lorsque la sociologie aura atteint son plein développement. L'état peu avancé de la psychologie, loin d'être regardé comme une cause qui retarde les progrès de la sociologie, devra être envisagé comme une simple conséquence de l'état d'enfance dans lequel se trouve actuellement cette dernière science ». C'est à l'élaboration lente et difficile de la science sociale qu'il faudra rapporter, dans une grande mesure, « la stérilité frappante de la plupart des efforts faits jusqu'à présent par les psychologues pour constituer la science de l'esprit sur une *base plus large que celle fournie par la simple considération des organes et des fonctions physiologiques*, sur une base qui permette de sortir de l'étude des conditions premières et des rudiments pour embrasser la totalité des phénomènes psychiques ». La psychologie réunira en un seul foyer les lumières qu'elle tirera, tour à tour, de la connaissance des *lois de la vie* et des *conditions organiques de la pensée*, et de la connaissance des *lois sociales* et des *conditions historiques de la croissance et de l'évolution psychiques*. Selon M. de Roberty, « les manifestations psychiques ne présentent pas un ensemble *uniforme* et compact de phénomènes appartenant à une seule et même catégorie scientifique, mais forment une masse de faits essentiellement *hétérogènes*, dont *une partie* rentre dans la science de la *biologie*, et une autre partie, de « *beaucoup plus considérable* », dans « une science *ad hoc* », la sociologie. Par là, M. de Roberty méconnaît, avec tous les positivistes, l'originalité spécifique du fait de conscience. S'il y a une « catégorie » distincte de phénomènes, c'est celle des plaisirs et douleurs, des sensations et représentations, des appétitions et volitions; s'il y a quelque part un ensemble « uniforme » et « compact », c'est là; car rien n'établit un lien de conformité et même d'unité plus indiscutable que le fait d'avoir conscience, de jouir ou de souffrir de ce dont on a conscience, de vouloir ou de ne pas vouloir ce dont on a conscience.

Nous l'avons vu, les faits purement physiologiques n'enveloppent pas cette conscience, et les faits sociologiques la présupposent comme leur condition interne. Là où il n'y a pas d'êtres capables de sentir et de désirer, fût-ce dans la solitude, il n'y a pas de société possible, sinon par pure métaphore. La sociologie a donc un « résidu » psychique qu'elle n'explique pas et qu'elle postule. On n'ira pas jusqu'à dire que l'homme ne sentirait absolument rien, pas même une brûlure, s'il ne vivait pas en société, qu'il ne voudrait rien, qu'il ne percevrait rien. Quelque limité que fût son développement psychique, ce développement ne serait cependant pas nul. La société implique des individus donnés, et des individus doués d'attributs psychiques. Or, le résidu de la sociologie appartient à la psychologie. Comte avait dit lui-même : « Aucune loi de succession sociale indiquée, même avec toute l'autorité possible, par la méthode historique, ne devra être finalement admise qu'après avoir été rationnellement rattachée, d'une manière d'ailleurs directe ou indirecte, mais toujours incontestable, à la théorie positive de la nature humaine[1]. » A vrai dire, Comte fit beaucoup de psychologie sous les noms d'emprunt de biologie et de sociologie. La psychologie demeure donc distincte et fondamentale, malgré son union inséparable avec la biologie d'une part, avec la sociologie de l'autre.

Le fait irréductible à la biologie objective, c'est le processus appétitif conscient, c'est la finalité consciente et volontaire. Dans la vie pure et simple, il y a bien déjà une finalité interne, en ce sens que l'organisme total est fin pour tous les mouvements du corps, mais, dans la conscience, nous avons un être qui se pose lui-même des fins, le sachant et le voulant, qui peut même se poser des fins étrangères à lui-même et universelles. La science de la finalité consciente, qui au fond est volonté, c'est la psychologie, et nous ne distinguerions

[1] *Cours de phil. posit.*, t. IV, p. 346.

pas même l'animé de l'inanimé si nous ne *sentions* pas, si nous n'avions pas conscience.

Le point de vue que nous venons d'indiquer et que nous avons développé ailleurs[1], est plus fondamental, non seulement que le point de vue biologique ou sociologique, mais que l'intellectualisme des anciens psychologues. Tout phénomène, intellectuellement considéré, est quelque chose qui apparaît à un être sentant, à une conscience sensible, puisque c'est une modification introduite dans l'état ou l'acte antérieur de cette conscience, c'est-à-dire, en définitive, dans la volonté; cette modification, dont l'être conscient ne voit pas en lui l'origine, finit par se détacher de lui-même à ses propres yeux, pour devenir représentation d'un objet; de là la connexion finale de ces divers termes : sensation, phénomène, apparence, représentation, image d'objet, fait sensible. Il en résulte que tout phénomène, même ceux que nous nommons intérieurs, prend un caractère d'extériorité, dû à ce que ce phénomène renferme de passivité et de fatalité. Aussi la distinction des phénomènes externes et des phénomènes internes demeure-t-elle, du point de vue intellectualiste, toute relative et comparative : c'est une question de degré et comme d'éloignement par rapport au centre. Les *phénomènes* proprement dits sont toujours à la fois extérieurs et intérieurs pour nous, bien qu'on appelle les uns intérieurs, les autres extérieurs. Au reste, les mots *intérieur* et *extérieur* sont ici métaphoriques : *dans* la conscience et *hors de* la conscience n'ont pas le même sens que *dans Paris* et *hors de Paris*. D'une part, donc, l'observation même qu'on appelle extérieure est toujours intérieure, car c'est en nous que nous regardons, même quand nous regardons au dehors; d'autre part, regarder en soi, c'est y apercevoir des phénomènes et états qui impliquent toujours des objets donnés, car les objets sont des apparences placées en face du sujet pensant et indépen-

[1] Voir la *Psychologie des idées-forces*,

dantes de son action. Ce qui caractérise une *chose*, c'est d'être l'objet d'une intuition forcée, par cela même plus ou moins externe. Il faut donc bien, pour trouver une différence plus radicale entre le subjectif et l'objectif, considérer l'acte même d'avoir conscience et surtout de vouloir. Un plaisir, une douleur, une volition ont beau avoir des éléments objectifs, l'élément subjectif ou, si on veut, le pôle subjectif y prédomine tellement qu'on ne comprend pas que plaisir et douleur soient étudiés par un physicien ou même par un physiologiste. La solidarité universelle des faits n'empêche pas leur distinction; les positivistes devraient être les premiers à ne pas l'oublier. Le fait de conscience, comme tel, n'a point « un mode caché d'existence *en soi* » qui serait matériel : il n'existe que *pour* soi; souffrir, c'est souffrir comme on sent qu'on souffre, et on a justement appliqué à l'état de conscience le mot de Berkeley : *esse est percipi;* il est senti comme il est réellement, sans chance d'erreur; fût-il une apparence, son être étant d'apparaître, il apparaît comme il est, et il n'y a pas à chercher sous lui quelque autre chose dont il serait le fantôme[1].

II

De ces principes dérivent les vraies distinctions qui ont fini par s'établir entre la psychologie et les sciences de la nature. Celles-ci n'étudient point les phénomènes en eux-mêmes, dans leur *qualité* intrinsèque et caractéristique; elles substituent aux choses et à leurs qualités des concepts généraux, à leurs causes des lois générales. Par exemple, les qualités de la lumière, que l'optique étudie, sont des qualités par rapport à nous, prises comme indices de qualités intrinsèques qui restent inconnues en elles-mêmes; le physicien leur substitue, dit Wundt, des concepts abstraits et relatifs à nos sens

[1] Voir notre *Psychologie des idées-forces.*

(le blanc, le noir, le violet, l'indigo, le bleu, etc.) ou des rapports généraux (lois de réfrangibilité, etc.). En somme, les relations quantitatives et les rapports de mouvements remplacent ici l'étude des phénomènes en leur originalité qualitative et en leur véritable action causale. Nous ne pouvons jamais saisir les êtres extérieurs, même vivants, indépendamment des sensations qui nous les révèlent, et ils n'existent *pour nous* qu'à travers nos sensations; or celles-ci, qui sont pour le psychologue des réalités, ne sont pour le physicien ou le biologiste que des signes. Ce sont, pour ainsi dire, les mots de la langue physique, mots premiers et radicaux, dit Wundt, auxquels, pour nous entendre, nous ramenons tous les autres : quand le physicien parle de la chaleur, il se sert 1° du terme chaleur comme *signe général*, 2° de la sensation spécifique de chaleur comme *signe* également *général;* mais ce qu'il étudie, ce n'est pas plus cette sensation que ce mot : ce sont les antécédents de la sensation, ses concomitances et ses conséquences, c'est le changement extérieur auquel elle est liée et qui, en définitive, est un mode de mouvement. Aussi le point de vue de la psychologie n'a-t-il pu de tout point être assimilé à celui des sciences physiques ou biologiques. On a ébauché sans doute une sorte de physique mentale qui, elle aussi, construit des concepts généraux et abstraits, comme ceux d'intelligence, de sensibilité, de volonté, et qui détermine des lois empiriques, comme celles de l'association des idées; mais, en psychologie, les concepts servent uniquement, comme l'a montré Wundt, à classer les intuitions et les rapports d'intuitions; ils ne se substituent pas entièrement, comme dans la physique, aux intuitions mêmes. Loin de là, ce sont ces intuitions immédiates de la conscience qui sont l'objet distinctif dont la psychologie s'est toujours efforcée de se rapprocher. Le psychologue n'étudie pas la *sensibilité*, il étudie et tâche de saisir sur le fait telle sensation réelle, comme celle de la lumière, celle de la chaleur, celles de la faim ou de la soif, et c'est dans cette sensation prise sur le vif qu'il entreprend de discerner l'attitude passive ou active de la conscience, la qualité, l'intensité, la durée, surtout le rapport au sujet sentant et voulant. En un mot, la psychologie s'exerce, autant qu'elle le peut, sur le concret et le conscient, subjectivement saisis par une intuition immédiate, non sur l'abstrait, objectivement conçu comme région des formes matérielles dans l'espace et des changements de forme appelés mouvements.

Une autre caractéristique de la psychologie, encore plus importante, a été opposée aux positivistes par les philosophes qui s'inspirent de Kant. Les concepts de temps, d'espace, de nombre, de mouvement, de loi même et de causalité sont moins généraux que la relation sujet-objet qu'ils supposent, car ils ne sont applicables qu'à un ordre déterminé de représentations ; la distinction du sujet et de l'objet, au contraire, est le mode commun à toutes, le seul sous lequel on puisse concevoir une représentation quelconque. Or, la psychologie est la science du sujet, de toutes les conditions dans lesquelles apparaît et se développe une conscience particulière, un individu mental. Elle s'efforce de dégager et de caractériser le sujet même en tant que tel, d'étudier comment il arrive à dire *moi*, à avoir la *conscience de soi*. Aussi peut-on soutenir, et on a en effet soutenu, que la psychologie a un point de vue essentiellement individualiste. N'entendez pas par là qu'elle s'occupe de *tel* individu A ou B, qu'elle soit une biographie ; non, on veut dire qu'elle étudie toujours la représentation, l'émotion et la volition dans une conscience formant une individualité plus ou moins développée ou centralisée, de même que la biologie étudie toujours la vie dans des organismes individuels[1]. Ce qui constitue la conscience, en effet, c'est l'attribution des phénomènes multiples à un sujet, à un *moi*

[1] C'est sur ce caractère que James Ward a fondé la distinction de la psychologie et des autres sciences.

réel ou virtuel, quelle que soit d'ailleurs, pour le métaphysicien, la nature ultime de ce sujet. Le *moi*, pour le psychologue, c'est ce qui s'aperçoit soi-même immédiatement, mais ne peut pas être aperçu du dehors ; c'est, selon la définition de M. Lachelier, ce qui ne peut être l'objet de la connaissance d'autrui. Le moi n'est pas vu, il voit; il n'est pas pensé, il pense; il n'est pas objet, il est sujet; ou du moins, il n'est objet qu'en tant que sujet, il n'est objet que pour lui-même, par une sorte de retour vers soi, de réflexion et de biais. C'est pour cette raison que toute conscience est, selon le mot de Spencer, psychologiquement fermée à autrui. On ne peut concevoir psychologiquement qu'un autre que moi ait conscience de l'acte par lequel je dis *je*, sans quoi cette intelligence exercerait, elle aussi, cet acte, et se confondrait intellectuellement avec la mienne. La conscience, ainsi conçue, non seulement n'est pas un « objet », mais même, à proprement parler, n'est pas un « *phénomène* », c'est-à-dire une apparence. Avec Aristote, on y peut voir un « acte »; c'est ainsi que, par opposition aux positivistes, l'ont représentée MM. Ravaisson et Lachelier, et aussi, en Allemagne, Wundt.

En somme, le mouvement anti-positiviste a mis en relief deux traits caractéristiques de la psychologie : c'est de considérer les phénomènes, 1° dans leur qualité spécifique, 2° dans leur rapport au *sujet :* un fait est psychologique lorsqu'il est qualitatif et en relation avec une conscience qui dit ou pourrait dire : moi. Certains philosophes avaient soutenu cependant que le fait psychologique est caractérisé, au contraire, par son rapport à un *objet*. Non seulement la sensation et la pensée, mais tout sentiment et tout désir, a dit Brentano, tendent à quelque objet, enveloppent la représentation d'un objet, sont ainsi de nature représentative. Un éclair est physique parce qu'il ne représente rien, mais la sensation de lumière et la peur qui l'accompagnent chez l'être vivant sont psychiques parce qu'ils représentent l'éclair. Ainsi, parmi les psychologues, les uns se préoccupaient de ce qui *représente*, les autres de ce qui est *représenté*. Mais ces deux points de vue, à vrai dire, ne s'excluaient pas : ils s'appelaient au contraire et se complétaient. Qui dit représentation, en effet, dit à la fois rapport à un sujet et rapport à un objet, toute représentation étant nécessairement polarisée. Et comme tout fait de conscience enveloppe quelque représentation, on pouvait dire, à la rigueur, que la psychologie est la science de la représentation comme telle, abstraction faite de la nature métaphysique des objets représentés et du sujet représentant. Mais cette définition avait le tort de négliger le plaisir, la douleur et la volonté.

Les plus positivistes parmi les psychologues récents, allant plus loin encore, ont soutenu que le sujet est une pure abstraction, qu'il y a simplement des états *objectifs* qui se suivent, ayant chacun son contenu et sa forme propre, sa qualité sensitive, son ton émotionnel, son intensité, sa durée, etc.; qu'il n'y a rien, en dehors des objets, qui puisse constituer un sujet avec quelque forme ou qualité propre, surtout avec une action propre, de quelque nature qu'elle soit. Le sujet n'est plus que la personnification plus ou moins mythologique du pronom *je* ou *moi*, et ce pronom exprime simplement la sensation constante de la totalité de notre corps, — surtout de notre cerveau, — qui accompagne toutes les autres sensations et représentations parce que notre corps même subsiste. *Je* signifie : l'ensemble d'impressions venant de ma tête, de mon larynx, de ma poitrine, de mes muscles, de mes tendons, de ma peau, etc. Il existe des phénomènes qui se suivent, parmi lesquels des sensations, émotions, etc., et aussi des phénomènes reflétant ou répétant d'autres phénomènes, qui, par un nouveau phénomène encore, apparaissent passés : ce sont les souvenirs; mais il n'y a nulle part de sujet, de moi, pas plus que de *pensée* ou de *conscience* : ce sont là des abstractions verbales. Au-dessus et au delà des deux « portions de la conscience », moi et non moi, dit William James, il n'*existe* rien, sinon le fait qu'elles sont *connues*.

— Mais, peut-on répondre, c'est toujours là un fait original, qui d'ailleurs est dérivé et ultérieur; car nous ne commençons pas par connaître des objets et un sujet; nous commençons par un état de *conscience*, non de *connaissance*, et c'est la conscience, non la connaissance, qui est le fait fondamental pour nous. Or, la conscience a un pôle subjectif dès le début, aussi bien qu'un pôle objectif. — « Le fait que les deux portions de la conscience sont connues, continue-t-on, est la *condition* de l'expérience, non une des *choses* expérimentées à ce moment. » — Certes, la conscience n'est pas une des *choses* expérimentées, mais elle n'est pas non plus une condition abstraite de l'expérience, puisqu'elle est l'expérience même. — « Cet acte de *connaître*, ajoute W. James, n'est pas immédiatement *connu*, il n'est connu que par une réflexion subséquente. » — Oui, s'il s'agit de l'acte de connaître; mais la conscience immédiate, le sentir, le jouir ou le souffrir, le vouloir, sont-ce là de simples *objets* de réflexion ultérieure, ou les conditions réelles (non abstraites) et les éléments intégrants de toute réflexion? Il faut bien commencer par des faits et distinguer les faits hétérogènes; or, il y a un fait qui se retrouve dans tous les autres faits intérieurs et les constitue tels : avoir conscience; « expérimenter » un plaisir ou une peine, un désir ou une aversion, est-ce donc même chose que de connaître un *objet* quelconque? On ne peut réduire tout le subjectif à de l'objectif, une douleur, par exemple, à une venue d'objets devant la conscience, encore moins à une promenade de molécules dans l'espace. Le psychologue ne peut pas expliquer l'appétition ou la sensation par des « forces » physiques, car la notion de *force*, au sens philosophique de ce mot (activité efficace) — dérive de la conscience même de notre action volontaire. Doit-il l'expliquer par des *mouvements?* — Mais la notion du mouvement implique celle du changement, empruntée elle-même à la conscience de nos changements propres. Et les changements dont nous avons conscience sont tantôt du mode passif, tantôt du mode actif; dès lors, de quel droit nous dépouiller entièrement d'activité, pour faire présent de cette activité à des choses extérieures qui ne sont conçues actives que par emprunt à nous-mêmes? Sans doute, le sujet, considéré indépendamment de ce qu'il éprouve ou de ce qu'il fait, donne lieu à des discussions sans nombre, la plupart dépassant la psychologie proprement dite; mais ce qui demeure certain, c'est qu'on ne peut réduire tous les faits de conscience, même le plaisir et la douleur, même le besoin et le désir, à des phénomènes objectifs ni à des représentations, alors même que ces faits de conscience sont accompagnés d'un élément objectif et représentatif. Il est donc légitime d'étudier les faits intérieurs par leur côté subjectif, c'est-à-dire sensitif, perceptif et appétitif.

Mais ici prendra place une dernière objection. Les sciences qui précèdent la psychologie éliminent précisément tout le subjectif, pour pouvoir étudier les objets et leurs rapports indépendamment du sujet; d'autant plus que les objets sont seuls capables de tomber sous les lois de la quantité, par cela même sous le calcul. Or, ce « résidu » que les sciences précédentes ont dû éliminer pour devenir positives, à savoir l'ensemble des éléments subjectifs, voilà ce que la psychologie prétend connaître scientifiquement[1]! — Mais pourquoi cette prétention serait-elle illégitime, si, d'une part, les faits subjectifs peuvent être constatés, décrits, classés; si, d'autre part, ils présentent des uniformités de coexistence et de succession, des lois empiriques; enfin s'ils peuvent être établis en correspondance déterminée avec des faits physiques antécédents ou concomitants? Quel « paradoxe » y a-t-il à étudier le réel avec une orientation différente, en se tournant vers le pôle subjectif et en coordonnant tout par rapport à ce pôle? Pourquoi, par exemple, ne se demanderait-on pas quelles sont les espèces, les lois, et les conditions du plaisir et de la douleur, ou des di-

[1] Boutroux, *Idée de la loi naturelle*, 121.

verses sensations, etc.? Quelque subjectifs que soient les faits de conscience, ils conservent assez d'éléments objectifs, ils sont assez intimement unis à des objets pour pouvoir devenir eux-mêmes par là objets de connaissance; de même que les faits appelés proprement objectifs, quoique étant à un autre point de vue subjectifs, renferment assez d'éléments indépendants du sujet pour être étudiés dans leurs rapports mutuels de quantité, d'étendue et de durée.

III

On a fort justement exprimé le regret que M. Ribot, qui a écrit deux beaux livres, l'un sur la psychologie anglaise, l'autre sur la psychologie allemande, n'en ait pas écrit un sur la grande psychologie française, qui commence par Descartes, Malebranche, Condillac, pour continuer par Cabanis, Destutt de Tracy, Maine de Biran, Blainville, Gratiolet. Ce dernier, pour ne citer que cet exemple, est, avec Biran, un des prédécesseurs de la « théorie empirique », qui, dit M. Ribot, est caractérisée par le rôle prépondérant qu'elle attribue aux mouvements et à la sensibilité musculaire. Gratiolet avait déjà dit : « Ce serait une erreur de croire que, par des impressions simultanées de tous les points d'un objet sur la peau, par l'application exacte d'un organe du toucher à tous les points d'une surface, on se ferait de la figure des corps une idée plus nette. Buffon l'a cru, il est vrai; mais l'expérience le dément. Quand nous voulons, dans l'obscurité, toucher la forme d'un objet, nous ne l'appliquons point aux larges surfaces de notre corps, nous le circonscrivons avec certains mouvements des extrémités de nos doigts, de ces cinq pointes d'une main parfaite que M. de Blainville appelait, dans son langage pittoresque, un compas à cinq branches. Ainsi, dans la perception de la forme, le toucher seul est impuissant. Il faut pour cela un nouvel élément, c'est-à-dire un mouvement voulu. L'esprit *sait* qu'il a mu le corps. Il garde la trace de ces mouvements, et la trace de tout mouvement, c'est une figure ou une forme [1]. »

Auguste Comte lui-même, tout en attaquant la psychologie, lui a rendu maint service. C'est avec raison qu'il reprochait à la psychologie « métaphysique » une « fausse appréciation des rapports entre les facultés affectives et les facultés intellectuelles » : — « L'*esprit*, disait-il, est devenu le sujet à peu près exclusif des spéculations; les facultés affectives ont été presque entièrement négligées et subordonnées à l'intelligence »; or, une telle conception représente « l'inverse de la réalité », non seulement pour les animaux, mais pour l'homme. « L'expérience montre que les affections, les penchants, les passions, constituent les principaux mobiles de la vie humaine. Il est même certain que les penchants les moins nobles, les plus animaux, sont habituellement les plus énergiques et, par suite, les plus influents. L'homme a été représenté, contre l'évidence, comme un être essentiellement raisonneur, exécutant continuellement, à son insu, une multitude de calculs imperceptibles, sans presque aucune spontanéité d'action, même dès la plus tendre enfance ». Deux causes, selon Comte, ont conduit les métaphysiciens à cette « hypothétique suprématie de l'intelligence ». La première consiste dans la démarcation établie entre l'homme et les animaux; la seconde provient « de l'obligation où ils étaient de conserver l'unité du *moi*, pour la faire correspondre à l'unité de l'*âme*, qui leur était imposée par la philosophie théologique dont la métaphysique n'est qu'une transformation ». Au reste, Auguste Comte oubliait que Biran avait lui-même insisté sur la vie affective, et sa critique s'adressait plutôt aux éclectiques qu'aux vrais psychologues français.

Plus la psychologie positive a fait de progrès, soit en France, soit en Angleterre et en Allemagne, plus elle a

[1] Gratiolet, *Anat. comp. du syst. nerv.*, p. 413.

mis en évidence la constante corrélation que Comte avait admise, conformément à la grande tradition cartésienne, entre les faits physiologiques et les faits psychologiques, sous le rapport de la *qualité* et de la *quantité*. En premier lieu, le développement des *organes* physiques et celui des *capacités* mentales ont été reconnus parallèles dans toute la série animale. Les animaux chez qui la *masse* du système nerveux est relativement plus considérable sont aussi ceux chez qui la vie mentale est le plus développée. Toutefois, on a fait remarquer que le système nerveux préside encore à d'autres fonctions que les fonctions mentales : il a un triple emploi, — intellectuel, musculaire et nutritif. Si l'animal dépense de la force nerveuse pour l'action intellectuelle, il en dépense aussi pour l'action musculaire : les animaux dont les muscles sont grands et actifs doivent donc avoir un développement proportionnel du système nerveux. Aussi n'est-ce pas l'homme qui a la plus grosse masse nerveuse, mais bien l'éléphant. De plus, la force nerveuse sert encore à accomplir ou à favoriser les différents actes qui entretiennent la vie organique : digestion, respiration, circulation. Détournez la force nerveuse au profit d'un grand effort intellectuel ou d'un grand effort musculaire, les diverses fonctions de la vie « végétative » seront ralenties : le budget total, par ce virement, n'est sans doute ni accru ni diminué, mais l'équilibre des richesses nerveuses peut être compromis. Le rapport ne saurait donc être absolument exact entre la simple *masse* du système nerveux et l'énergie des facultés mentales.

Le rapport s'est montré plus étroit quand on a comparé la *complexité* des fonctions mentales et celle de la structure nerveuse. A mesure que les opérations psychiques sont plus variées et plus spéciales, le système nerveux offre aussi une variété et une spécification croissantes : les organes se multiplient, les centres nerveux sont à la fois plus nombreux et plus solidaires les uns des autres. Enfin tout vient s'épanouir et se centraliser dans la fleur de l'arbre nerveux : le *cerveau*. Même par sa qualité la plus extérieure et, en quelque sorte, la plus grossière, le *volume*, on a reconnu que le cerveau se montre déjà en fréquent parallélisme avec le développement de l'esprit. La statistique a prouvé aussi qu'en général, et malgré les exceptions, une grande supériorité d'esprit est accompagnée d'un *poids* du cerveau qui dépasse la moyenne[1]. Mais on a reconnu qu'il ne suffit pas de considérer dans le cerveau le volume ou le poids. Tandis que le volume du cerveau croît seulement en progression arithmétique, les facultés intellectuelles semblent croître en progression géométrique. Par exemple, entre le poids d'un cerveau ordinaire (1,360 grammes) et celui de Cuvier (1,828 grammes), il y a proportionnellement beaucoup moins de différence qu'entre un esprit ordinaire et le génie de Cuvier. Le cerveau de Voltaire était petit. Il a donc fallu introduire dans la question d'autres éléments qui échappent à la balance : d'abord, la *complexité* mécanique de la structure cérébrale et des circonvolutions, avec l'unité dans cette complexité même[2]; puis la perfection *chimique* du cerveau, produite par la variété et la juste proportion de ses éléments; enfin les qualités *physiques*, électricité, chaleur, magnétisme, etc. Tout porte aujourd'hui à croire que, si nous pouvions bien connaître ces divers éléments, nous verrions s'établir, comme le croyait Auguste Comte,

[1] Le cerveau de Cuvier, par exemple, pesait 1,828 grammes. Celui du géomètre Gauss 1,491 grammes; celui de Dupuytren : 1,456; Schiller : 1,785; Spurzheim : 1,559; Grote : 1,410. Chez les Européens, le poids moyen d'un cerveau d'homme est de 1,403 grammes; celui d'un cerveau de femme est de 1,247 grammes. D'après le Dr Thurnam (*Journal of Mental Science*, année 1866), les cerveaux des aliénés pèsent 2 1/2 p. 100 de moins que la moyenne des cerveaux sains.

[2] On a cherché à calculer le nombre des fibres qui composent certains nerfs. Le troisième nerf cérébral (nerf moteur ordinaire de l'œil) contient probablement quinze mille fibres. Le nerf sensitif de la vue n'en contient pas moins de cent mille. C'est par centaines de millions qu'il faut compter les fibres qui composent la substance blanche du cerveau. « Cette énorme multiplicité des éléments nerveux indépendants semble répondre aux exigences du nombre énorme de rapports qui sont indispensables aux actions ordinaires des êtres humains. » BAIN, *Sens et intelligence*, 32.

une concordance parfaite entre le développement total du cerveau et celui de l'esprit.

Non seulement la psychologie biologique a reconnu l'union entre les *organes* et les « *facultés* », mais elle a montré une union encore plus étroite entre les *fonctions* physiologiques et les *opérations* mentales. Cette union se manifeste d'abord par la coexistence constante des deux ordres de faits. La chose est incontestable pour tous les faits de *sensibilité*, qui supposent un mécanisme capable de produire la sensation (vue, ouïe, faim, soif, etc.). Les faits *intellectuels* et les idées même les plus abstraites sont toujours accompagnés de représentations sensibles (*images* ou *mots*), de tendances motrices et de mouvements naissants, qui peuvent ensuite se propager dans la physionomie, dans les membres, dans le corps entier; vous ne pouvez penser aux actes de l'intelligence sans prononcer le mot d'*intelligence*, à la colère sans le mot *colère* ou sans la représentation d'un visage irrité, etc. Enfin les faits *volontaires*, essentiellement actifs, tendent toujours à quelque action plus ou moins motrice, dont le commencement a lieu dans le cerveau et qui se prolonge dans les organes en signes visibles.

A cette coexistence des faits physiologiques et des faits mentaux, qui fait qu'ils s'accompagnent toujours, la psychologie biologique a ajouté une *dépendance* mutuelle et une réciprocité d'action. Les changements produits dans l'organe cérébral ont pour corrélatifs des changements dans l'état mental : une lésion du cerveau atteint l'esprit, un coup violent sur la tête abolit la conscience; si l'effet produit dans le cerveau est un dérangement durable, il abolit la mémoire. De même pour une blessure grave; de même pour l'inanition. Les altérations du cerveau engendrent des aliénations mentales : on a à peu près démontré qu'il n'y a point d'aliénation qui ne soit accompagnée d'une lésion plus ou moins visible du cerveau, — soit lésion de structure, soit trouble de composition chimique et de nutrition. Réciproquement, les changements de l'esprit ont été reconnus comme ayant toujours pour corrélatifs des changements dans le corps. La psychologie physiologique a montré que le travail du cerveau entraîne, comme celui des nerfs et des muscles, une destruction chimique plus ou moins grande de la substance nerveuse ou musculaire. Par cela même, le sang ne peut manquer d'arriver en plus grande quantité pour remplacer les matériaux usés. Cet afflux du sang a été démontré par des expériences concluantes, fondées sur ce principe que l'augmentation de la quantité de sang dans le cerveau doit produire une diminution de cette quantité dans les autres membres, par exemple dans le bras, et par cela même diminuer leur volume. En pratiquant dans la tête séparée du tronc des injections de sang défibriné, on a vu les manifestations de la vie et même de l'intelligence reparaître pour un instant : on sait que, après avoir décapité un chien familier, Brown-Séquard y injecta du sang oxygéné qui ramena les signes de la vie : il appela le chien par son nom; les yeux de l'animal se tournèrent vers lui comme si la voix du maître eût été entendue et reconnue. Par cela même qu'il y a afflux du sang au cerveau et combinaisons chimiques produites par le travail cérébral, il doit en résulter un développement de chaleur; ce développement a été apprécié par les instruments thermométriques[1]. Enfin, on a prouvé

[1] On sait que Broca faisait lire à haute voix des étudiants en médecine, qu'il leur faisait faire des leçons, etc., et qu'après dix minutes de lecture, la température s'élevait de près d'un degré. Toute cause attirant l'attention, un bruit, la vue d'un objet ou d'une personne, une émotion, produisaient une élévation de température. Schiff introduisait des aiguilles thermo-électriques fort sensibles à la chaleur, dans le cerveau d'un poulet : il lui présentait une feuille de papier colorié : la sensation de couleur et la surprise provoquaient une augmentation de température. Il recommençait l'expérience assez de fois pour que la surprise disparût à peu près et qu'il ne restât plus que la sensation nue; il y avait encore dans ce cas augmentation de chaleur; la différence des deux quantités indiquait approximativement, selon lui, le degré de chaleur qui correspond à l'impression sensorielle du rouge, du bleu, etc. Schiff agissait de même à l'égard du chien : il lui mettait sous le nez un papier vide : augmentation de chaleur; puis un papier contenant un morceau de lard rôti : forte augmentation de chaleur. Il faisait entendre un miaulement, un aboiement, un cri : la température augmentait aussitôt d'une manière sensible.

que l'effort intellectuel répété produit dans le cerveau des changements durables et en modifie la structure. Le cerveau de l'enfant, par l'éducation, acquiert des développements nouveaux et des circonvolutions nouvelles, comme un album qui se charge de dessins de plus en plus nombreux et délicats. La variable psychique et la variable physiologique sont toujours liées.

Certains métaphysiciens ont pourtant continué de supposer que des opérations mentales peuvent s'accomplir sans corrélatif cérébral; mais leur hypothèse est contraire à toutes les inductions. Et si on veut raisonner par déduction, on peut dire qu'une opération intellectuelle sans *objet* est impossible, car tout *objet* implique une certaine *représentation*, qui elle-même implique un mouvement cérébral. Le plaisir et la douleur ne se comprennent pareillement que par un état de l'organisme favorisant ou contrariant la vie, soit physiologique, soit psychique. La volonté, enfin, ne peut vouloir à vide : elle a un objet, qui est toujours une représentation; elle a un effet, qui est toujours une *motion*. Un acte de l'esprit isolé, n'exprimant rien en dehors de lui, serait suspendu dans le vide, sans valeur pour la science comme pour la morale.

Il en résulte que la vraie méthode, en psychologie, doit être à la fois intérieure et extérieure. Les progrès de cette méthode ont été notables et rapides depuis un demi-siècle. Les Ecossais et, à leur suite, plusieurs éclectiques disciples de Victor Cousin avaient fait prédominer la description extérieure et les classifications purement logiques sur l'observation intime des faits et sur la détermination de leurs lois. Cette méthode donna lieu, de la part des positivistes, à des objections décisives. On prenait à tort le *nom* général donné à une classe de phénomènes pour une *explication* des phénomènes, comme si on croyait expliquer la chute des corps en se contentant de dire que la raison de cette chute est la pesanteur. De plus, la méthode écossaise et éclectique multipliait outre mesure les facultés : par là, ses partisans croyaient voir mieux que les autres, comme un homme qui, ayant le vertige et voyant vingt lumières où il n'y en a qu'une, croirait avoir de meilleurs yeux. Pour que deux classes de faits soient réellement distinctes, il ne suffit pas qu'elles soient différentes dans leurs caractères apparents, il faut encore qu'elles aient des raisons et des lois indépendantes. Quoi de plus différent que la chute d'une pierre et l'ascension d'un aérostat? La raison est pourtant la même : la loi de gravitation. Enfin, les Ecossais méconnaissaient l'unité et la continuité de la vie consciente, en négligeant de montrer le lien mutuel des faits, leur genèse et leur *évolution*. Le résultat final était une sorte de mythologie « métaphysique » où l'on personnifiait les abstractions changées en entités : la volonté s'opposait à l'intelligence et à la sensibilité : l'une « conseillait », l'autre « poussait ». On se contentait d'ailleurs, en toute chose, de simples *à peu près*. Les psychologues de cette école ressemblaient, comme on l'a dit, à des statisticiens qui, — au lieu de nous apprendre avec précision que, dans un certain pays, un mariage donne en moyenne quatre enfants, ou encore que les trois cinquièmes de la population savent écrire, et cela en raison de telles lois, de telles mœurs, de telles circonstances, — se borneraient à nous révéler que les mariages produisent *quelques* enfants, que les gens qui savent écrire sont assez *nombreux*, en vertu de quelque faculté *prolifique* ou de quelque faculté *graphique*. Ce qui importe à la science, c'est de déterminer exactement les *quantités*, les *qualités*, les *conditions*, les *lois* des phénomènes. La méthode descriptive n'était donc qu'une introduction.

Un second défaut de la même méthode, telle qu'elle fut appliquée par l'école associationniste, c'était de s'arrêter aux lois brutes de l'association, sans les ramener à quelque loi supérieure, plus fondamentale, plus organique. Les lois de l'association des idées ont elles-mêmes besoin d'être expliquées au double point de vue de la psychologie et de la physiologie, par notre structure mentale et par notre structure cérébrale. Ce n'est pas seulement parce que nous avons découvert beaucoup de causes que nous croyons aux causes; cette croyance, qui tient à notre constitution intellectuelle et physique, doit se résoudre en éléments inhérents à la conscience même et au système cérébral.

La méthode positive, peu à peu introduite en psychologie, ne se contenta plus du premier « témoignage de la conscience », qui peut être trompeur. Les positivistes ne manquèrent pas de rappeler que la conscience saisit des *résultats* concrets, rarement les *causes* et les *lois;* à moins qu'il ne s'agisse de faits réfléchis et d'actes délibérés. De plus, les vraies conditions et les vraies lois des phénomènes de conscience sont très souvent physiologiques. Pourquoi, par exemple, l'habitudeé mousse-t-elle les *sensations* (loi psychologique) sinon parce que la sensation use le nerf et que le nerf usé ne peut plus provoquer une sensation aussi intense (loi psycho-physiologique)? La plupart des faits de conscience répondent à des états du cerveau confusément sentis dans leur résultat; les premiers expriment obscurément les seconds, où se trouvent souvent les véritables conditions et lois. Si la conscience saisit des *totaux* et des *combinaisons*, elle saisit très rarement à part et d'une vue distincte les *éléments*. Ainsi, le timbre d'un son peut être un composé de sensations élémentaires répondant à des notes diverses et à des accords harmoniques, mais la conscience n'aperçoit clairement que le tout, qui lui semble simple et indécomposable. Quand nous prenons une résolution, même réfléchie, il y a souvent tel ou tel mobile qui entre comme élément dans notre choix et que cependant nous n'apercevons point. Quand nous croyons prendre une détermination indifférente, nous confondons l'apparence d'indétermination avec une indétermination réelle; il y a toujours un motif à tous nos actes, ne fût-ce que le motif de mettre à l'essai notre prétendue liberté d'indifférence. Nous nous trompons sur nos propres intentions, sur nos passions profondes. Nous nous aveuglons aussi quelquefois sur nos certitudes ou nos croyances. Il y a des gens qui confondent un état de doute ou de simple foi avec la certitude ; il y a même des gens qui *croient croire* et qui n'ont pas en réalité la foi qu'ils s'attribuent.

La méthode positive, au lieu de s'en tenir à toutes ces apparences, s'est efforcée d'atteindre les lois et conditions réelles des phénomènes ; aussi est-elle devenue à la fois subjective et objective, psychologique et physiologique. Outre l'*observation* et l'*expérimentation*, elle a employé, toutes les fois qu'il était possible, la *mesure*. L'*observation intérieure* n'est pas praticable au moment précis où les phénomènes se produisent, surtout s'il s'agit de faits spontanés, d'émotions, de passions que la réflexion altérerait ou détruirait (par exemple la colère) ; c'est ce que Broussais et Comte avaient bien vu ; mais l'observation, dans ces cas, est remplacée par la mémoire. Quant aux phénomènes réfléchis et de nature intellectuelle (raisonnement, délibération, etc.), l'observation peut souvent en accroître la clarté et en favoriser le développement. L'*expérimentation* proprement dite n'avait qu'une place restreinte dans la psychologie subjective, c'est-à-dire dans l'étude des phénomènes intérieurs, abstraction faite des phénomènes extérieurs : nous pouvons rarement instituer une expérience proprement dite sur nous-mêmes, c'est-à-dire provoquer artificiellement l'apparition d'un fait mental, sentiment, volition, pensée, en modifier les conditions, supprimer telles ou telles circonstances pour vérifier ce qui en résulte. Néanmoins, il y a des cas où on peut faire des expériences sur soi, surtout s'il s'agit de phénomènes réfléchis. Par exemple, je puis prendre des résolutions en apparence arbitraires, comme lever mon bras, aller à droite ou à gauche, prononcer un mot ou un autre, pour examiner si ces actes, qui paraissent d'abord sans raison, n'ont pas été produits par une série de raisons très réelles. Je puis aussi faire des expériences sur l'association des idées, sur les moyens par lesquels j'arrive à réveiller tel ou tel souvenir, sur les idées intermédiaires par lesquelles j'ai passé, etc. Je puis de même faire un raisonnement par induction ou par déduction afin d'y saisir sur le fait les procédés du raisonnement. Mais le principal instrument d'expérimentation intérieure, pour le psychologue, c'est l'*imagination*. Il faut qu'il se représente vivement certains états de conscience, ainsi que leur succession; qu'il opère par l'imagination des combinaisons d'états ou des analyses de ces mêmes états. Le psychologue pur est obligé de faire une sorte de *roman* tel que tout le monde s'y reconnaisse. Si l'imagination inventive joue un grand rôle dans l'expérimentation physique, comme Comte l'avait montré avant Claude Bernard, à plus forte raison doit-elle dominer dans l'expérimentation intérieure.

En outre, dans la *psychologie physiologique*, l'expérimentation externe a pris une importante place, — comme quand il s'agit d'étudier le mode d'action des sens, le sommeil, l'influence d'un narcotique ou d'un anesthésique, etc. La psycho-physiologie a soumis à des expériences le temps exigé par une opération intellectuelle, par un acte d'attention, par un acte de comparaison, etc.; elle s'est efforcée d'appliquer la mesure à l'étude des faits qui intéressent tout ensemble le physique et le moral, de déterminer dans quelle proportion varie le mental quand varient simultanément les conditions physiques, *et invicem*. D'autres ressources ont été encore fournies par la psychologie comparée. Dans la *psychologie pathologique*, où la santé et la maladie entrent en parallèle, on a trouvé des expérimentations pour ainsi dire toutes faites par la Nature, des séparations de phénomènes, des altérations de fonctions que nous n'aurions pas nous-mêmes effectuées : lésions de la mémoire, aphasies, folies, etc. La *psychologie animale* a fourni pour ainsi dire l'image de l'homme incomplet ou, comme disait Comte, mutilé. La *psychologie de l'enfant* nous a fait assister au développement des facultés mentales. La *psychologie sociologique* nous a montré la variation des sentiments moraux, des idées religieuses, selon les races, les âges, l'état de sauvagerie ou de civilisation; elle a étudié l'homme dans ses manifestations collectives: mœurs, lois, gouvernements, histoire, arts, littératures, etc. « Beaucoup des recherches de la nouvelle psychologie, a dit M. Ribot, portent sur des questions très modestes, et il est probable que les partisans de l'ancienne psychologie trouveront que c'est beaucoup de travail pour un maigre résultat. Mais ceux qui sont pliés aux méthodes des sciences positives ne feront pas de même. Ceux-là savent combien d'efforts réclament les plus minces questions, comment la solution des petites questions mène aux grandes, et combien il est stérile de discuter les grands problèmes avant d'avoir étudié les petits ».

En réunissant ses diverses ressources, la psychologie biologique et sociologique ne pouvait manquer de faire des progrès analogues à ceux des autres sciences. Les psychologues attardés qui veulent se priver de ces procédés et qui croient avoir tout dit quand ils ont invoqué le témoignage de la conscience, ressemblent à cet astronome allemand qui refusait d'employer le télescope sous prétexte qu'il voyait les astres avec ses yeux. Mais d'autre part, le physiologiste qui prétend, comme les premiers positivistes, se passer de la conscience pour l'étude de la pensée, du sentiment, de la volonté, ressemble à un astronome qui désapprouverait l'usage de la vue dans les observations astronomiques, sous prétexte que la vue n'est pas suffisante quand il s'agit d'apercevoir les étoiles les plus éloignées. Ce qu'on peut reprocher à ce positivisme exclusif, c'est de rester à un point de vue tout objectiviste et d'absorber ainsi le sujet sentant ou désirant dans les objets de ses sensations ou de ses appétitions. Comme il est impossible de concevoir l'existence d'un sujet isolé d'objets, les positivistes ont beau jeu et peuvent toujours découvrir de l'objectif dans le subjectif; mais il ne faut pas oublier la contre-partie : le point de vue psychique ne viendra jamais se perdre entièrement dans le point de vue physique, qui, après tout, n'est possible que par le premier et n'est même qu'un extrait du premier.

Aussi voit-on peu à peu se substituer à la conception unilatérale des états mentaux comme « reflets » du physique la conception synthétique des états mentaux comme facteurs du changement et de l'évolution. Nous ne sommes pas dans le monde de simples miroirs représentatifs, de simples appareils enregistreurs ; jouir, souffrir, peiner, vouloir, ce n'est pas là, sous les apparences de l'activité, une passivité véritable. La psychologie ne doit donc pas seulement étudier les états de conscience en eux-mêmes et statiquement, mais encore dans leur rapport avec le changement intérieur et avec le mouvement extérieur, c'est-à-dire dans leur dynamisme. Et comme toute cause de changement ou de mouvement est, au sens le plus général, une force, il s'ensuit que le problème psychologique par excellence devient le suivant : quelle est la vraie force des états de conscience et des idées, leur vraie puissance en nous et sur nos organes? La psychologie doit rechercher, et ce que peut l'objet sur le sujet, et ce que peut le sujet sur l'objet: sous leurs rapports de « représentation », elle doit découvrir leurs rapports d'action réciproques, et montrer comment la représentation même peut devenir, par la volition consécutive, un des moteurs de l'évolution universelle.

IV

Si nous passons aux conclusions ultimes des recherches psychologiques, nous arrivons à nous demander ce qu'est le *moi* pour la psychologie positive. — Selon Auguste Comte, la théorie métaphysique du moi représente « un état fictif ». Il n'existe à cet égard, dit-il, d'autre sujet de « recherches positives » que « l'étude de cet équilibre des diverses fonctions animales, tant d'irritabilité que de sensibilité, qui caractérise l'état normal où chacune d'elles est en association avec l'ensemble des autres suivant les lois des sympathies et surtout des synergies. C'est du sentiment continu d'une telle harmonie, fréquemment troublée dans les maladies, que résulte la notion très abstraite et très indirecte du *moi*, c'est-à-dire du consensus universel de l'ensemble de l'organisme[1]. » On reconnaît ici d'avance la théorie de Taine et de M. Ribot. D'ailleurs, Comte ne se demande pas si, au-dessus de ce « moi empirique », qui est en effet la conscience de l'harmonie organique, il n'existe pas une conscience d'ordre supérieur, comme le prétendent les métaphysiciens. « Les psychologues, ajoute-t-il, ont vainement voulu faire de cette idée, ou plutôt de ce sentiment, un attribut exclusif de l'humanité. Il est la suite nécessaire de toute vie animale, et il appartient aussi aux animaux, bien qu'ils n'en puissent disserter. Sans doute un chat ou tout autre vertébré, sans savoir dire *je*, ne se prend pas pour un autre que lui-même. » A cette juste remarque, Comte en ajoute une autre qui a été comptée parmi ses plus grands paradoxes : — « Le *sentiment* de la personnalité, » dit-il, entendant par là l'individualité qui se sent elle-même, « est peut-être plus prononcé chez les animaux supérieurs que chez l'homme, à cause de leur vie plus isolée. » Si Comte veut dire qu'il y a plus d'égoïsme instinctif chez le chat ou chez le tigre, renfermé en soi et vivant isolé, que chez l'homme en société, une telle opinion peut se soutenir ; mais le vrai sentiment du *moi* est d'autant plus développé que celui même d'*autrui* l'est davantage : loin de s'exclure, les deux termes s'appellent, et c'est l'être humain qui est à la fois capable du plus grand égoïsme réfléchi comme du plus grand altruisme.

La conscience du *moi*, selon les disciples anglais et allemands de Comte, est un résultat de l'association des états mentaux; ce résultat, étant final et consistant dans un état psychique clair et intense, est directement *appréhendé;* il est donc pour nous le fait *premier*, parce qu'il résume en lui, sous une forme originale et spécifique, tous les autres faits dont il est la résultante, mais il

1. Quarante-cinquième leçon.

ne s'ensuit ni que la conscience du *moi* soit première en elle-même, ni qu'elle constitue la réalité fondamentale. — Il faut pourtant, répondrons-nous, que, dans la réalité fondamentale, il existe quelque chose qui rende possible cette conscience et en contienne le germe. Si on se représente la réalité comme un pur mécanisme (ce qui d'ailleurs, étant tout abstrait, est inintelligible), on ne pourra jamais, de l'étendue figurée et mobile, tirer la conscience ; mais, si on se représente la réalité comme quelque chose d'analogue à ce que nous saisissons en nous de plus primitif et de plus élémentaire, la sensation et l'impulsion, peut-être suffira-t-il en effet de combiner des sensations et impulsions, de les associer et de les centraliser, pour se figurer, par un « schéma » acceptable, la formation progressive de la conscience *du moi;* mais on n'aura pas découvert pour cela l'origine de la conscience en général, du psychique. La conscience, qui nous révèle à nous-mêmes notre réalité, est la condition de toute connaissance que nous pouvons acquérir des autres réalités ; elle est un fait ultime et inexplicable, puisque toute explication la présuppose. Par quel prodige la conscience réussirait-elle donc à découvrir sa propre origine ? Si elle la cherche en elle-même, dans le domaine des faits de conscience, elle roule en un cercle vicieux ; si elle la cherche hors d'elle-même, dans des faits supposés en dehors de toute conscience, dans la pleine nuit de l'inconscient, elle ne s'y trouvera jamais. La lumière ne peut découvrir son origine dans les ténèbres absolues : en voulant les regarder, elle les dissipe. Il y a donc pour la conscience quelque chose d'entièrement certain : c'est elle-même ; et d'entièrement inexplicable par autre chose : c'est encore elle-même.

Une fois accordé que la racine dernière de notre conscience, comme de notre existence et de sa relation à l'existence totale, plonge à des profondeurs que nous ne saurions atteindre, il est permis à la psychologie positive de substituer au problème de l'origine celui de la nature actuelle et d'essayer de résoudre en ses éléments la conscience que nous avons de notre individualité. Le sentiment du *moi*, du sujet empirique, opposé par Kant au sujet pur, peut devenir un objet d'observation et d'expérience; il peut même, comme tout objet d'expérience, être soumis à l'expérimentation. De là les éclaircissements apportés à la psychologie par les altérations spontanées ou artificielles de la conscience [1].

Nous sommes tellement habitués à distinguer dans nos états actuels un sujet *pensant* et un objet *pensé* que nous transportons malgré nous cette grande antithèse dans tout état de conscience; nous en venons ainsi à croire qu'il n'y a point d'état de *conscience* possible sans un *moi* ou sans une relation au moi. « Quelle que soit la variété de matériaux qui existent dans le champ de ma pensée, a dit Mansel, je ne puis devenir conscient de ces matériaux qu'en les *reconnaissant* comme *miens*. La relation au *moi* conscient est donc le trait permanent et universel que tout état de conscience comme tel doit présenter [2]. » Cette doctrine trop intellectualiste prend le point d'arrivée pour le point de départ. Le « moi conscient », avec la distinction formelle et sûre du mien et du tien, est une idée qui ne se développe que chez les animaux supérieurs. Je puis très bien *sentir* sans *juger* que cette sensation est *mienne;* je puis même, dans certains états voisins de l'extase, m'absorber presque tout entier dans l'objet. Nous avons dit que les états de conscience sont polarisés d'une manière plus ou moins distincte, mais les pôles n'ont pas besoin d'être *pensés* pour être *sentis*. Le sentiment que tout animal a, comme nous, d'une réaction venue de son intérieur par opposition à celui d'une action venant de l'extérieur ne suppose pas l'idée du moi. Le rhizopode est en réalité une société d'animaux, une colonie; son *moi* est un *nous*, l'esprit qui l'anime est un esprit collectif, le pendant

[1] Voir la *Psychologie des idées-forces*, t. II.
[2] Mansel, *Métaphysique*, p. 58.

d'un intérêt de clocher ; chaque pseudopode veut bien être touché par le voisin qui lui est accolé, non par les étrangers, qui peuvent être des ennemis. Le rhizopode serait embarrassé pour concevoir un *moi* qui n'existe guère, ou même un *nous*, qui supposerait encore des individualités distinctes et unies ; il ne conçoit rien, mais il sent le pôle externe et le pôle interne, la direction « centripète » et la direction « centrifuge », la sensation qui arrive au dedans et l'appétition qui va au dehors.

Les métaphysiciens avaient cru prouver que l'idée du *moi* implique l'unité *substantielle*, en se fondant sur cette forme toujours semblable où viennent se résumer intellectuellement les états de conscience : *cogito*. Les positivistes, comme les kantiens, ont vu là un effet d'optique, transportant à une « substance » imaginaire l'unité de cet acte intérieur qui est la pensée. La conscience est, selon eux, une cœnesthésie, par conséquent une simultanéité d'impressions extrêmement nombreuses, un concert de voix organiques qui se mêlent. Pour établir une différenciation dans ce tout continu, il faut apercevoir en même temps certains éléments différents et ressemblants tout ensemble, il faut saisir des coexistences d'états. Alors commence la pensée proprement dite ; elle commence dans la coexistence et elle s'y maintient toujours, de succession en succession ; son unité, sa réalité même est à ce prix. Non seulement elle est un et plusieurs, comme disait Platon, mais elle est un et plusieurs au même moment. Vous ne pensez jamais sans vous représenter quelque chose qui a des parties, soit dans l'espace, soit dans le temps, soit sous le rapport du nombre ; si vous vous figurez un arbre, son tronc, ses feuilles, il faut que votre idée de l'arbre soit elle-même multiple comme l'arbre, le tronc et les feuilles, quoique bien moins riche en détails et en parties. La pensée ne voit l'arbre qu'à la façon dont les yeux mêmes le reflètent ; l'œil n'embrasse à la fois qu'une surface restreinte, mais le regard, vif et rapide, se promène de bas en haut, de droite à gauche. La pensée parfaite serait comparable à une nappe infinie de lumière se répandant d'un seul coup sur les choses et les illuminant toutes à la fois : notre pensée imparfaite ne prend conscience de soi et de son objet, ne naît ainsi à elle-même, si on peut dire, qu'en se simplifiant et en se bornant, en cessant d'osciller pour s'arrêter sur un point déterminé : ce point, elle le quitte bientôt pour s'immobiliser sur d'autres points aux alentours ; puis elle les groupe, par l'enchaînement de ses arrêts successifs, autour du centre qu'elle a choisi; elle arrive alors, comme l'œil, à l'illusion d'une vraie vue d'ensemble, d'une totalité en pleine lumière, sans être cependant capable de concevoir au même instant toutes les parties qui constituent cette totalité : notre pensée est, par essence, un perpétuel et indéfinissable glissement. La « substance simple » et indivisible des anciens psychologues pourrait bien expliquer l'unité de notre pensée; par malheur, elle n'en pourrait expliquer la multiplicité : ce que vous gagnez d'un côté, vous le perdez de l'autre.

Quant à notre *identité substantielle*, comment la saisissons-nous, sinon par la permanence du souvenir ? Mais le souvenir, pour la psychologie positive, n'est jamais qu'un phénomène présent, représentant un passé avec lequel vous le jugez lié et qui n'est plus. Dès lors, comme Kant l'a vu, le souvenir ne peut démontrer l'identité substantielle de notre *moi* présent avec notre *moi* passé; il n'implique qu'une identité de fonction, qui peut être analogue à l'identité conservée par notre organisme dans le tourbillon incessant de la vie. L'arc-en-ciel d'une cascade reste immobile sous les mêmes rayons du soleil, malgré la chute perpétuelle des gouttes d'eau; qui sait s'il n'en est pas de même de cet arc-en-ciel intérieur que nous appelons notre *moi* ?

Enfin, les métaphysiciens avaient attribué à notre substance individuelle un libre arbitre par lequel il semble qu'elle se détache du tout, se met à part, devient un empire dans un empire. La psychologie positive cherche en vain cette initiative absolue, cette création *ex nihilo* qui n'aurait d'analogue que le *Fiat* de Jéhovah. Du côté du corps, tout mouvement est la continuation des mouvements qui l'ont précédé ; la force que nous déployons en remuant nos lèvres pour dire oui ou non, pour consentir ou refuser, résidait déjà d'une manière insensible dans notre cerveau : on aurait pu, dès notre naissance, y lire déjà le *oui* ou le *non* que nous prononçons aujourd'hui. Du côté de notre conscience, notre assentiment ou notre refus résulte d'inclinations et d'idées sans nombre : nous sommes aussi incapables de les analyser que nous le serions de mettre en équation les ondes cérébrales qui sont venues expirer sur notre langue et sur nos lèvres.

Les inductions *philosophiques* tirées de la psychologie positive n'aboutissent donc pas à l'existence réelle d'un moi absolument impénétrable et absolument autonome. Notre orgueil a beau se complaire dans le caractère exclusivement individuel que nous attribuons à notre moi, dans son indépendance inaccessible à autrui : notre conscience n'est point aussi individuelle que nous nous l'imaginons. Comte disait que le moi isolé est une abstraction. De fait, un état particulier de ma conscience, comme la faim, la soif, l'amour, la haine, peut tout au moins devenir *intelligible* pour votre conscience : et de là même vient que tous les hommes se comprennent entre eux. — Mais, répondrez-vous avec Spencer, cette intelligence d'autrui que nous avons est chose superficielle, qui laisse les êtres chacun à part dans leur conscience propre. — Soit ; mais qui sait si sous certaines conditions que j'ignore, je ne pourrais point passer tout entier dans votre conscience ? Chacun connaît les exemples des jumeaux soudés ensemble : telles ces deux sœurs jointes par la hanche, dont chacune sentait les pieds et les jambes de l'autre. Une soudure plus complète des deux corps et même des deux cerveaux aurait fondu les deux individus en un seul. Nos deux hémisphères cérébraux ressemblent fort à des jumeaux ainsi soudés, et on s'est même demandé s'ils n'ont point chacun leur individualité déguisée dans le tout : bien des phénomènes de dédoublement du moi pourraient s'expliquer par un manque de concordance entre le travail du cerveau droit et celui du gauche. Ce qui est certain, c'est que le cerveau est lui-même une vaste société de vivants, puisqu'une portion peut le plus souvent suppléer l'autre. Si donc, par hypothèse, votre cerveau et le mien, ou plutôt votre organisme et le mien devenaient identiques et indiscernables, peut-être les deux actes de conscience, les deux *je* seraient-ils indiscernables. — Il n'y en aurait plus qu'un, direz-vous. — Soit : je serais passé tout entier en vous. Le pôle négatif de l'aimant peut devenir le pôle positif par un changement de courant. Dans les plaques sonores sur lesquelles on répand un sable fin qui vibre, tel dessin formé en un point, puis déformé, peut se reproduire identique en un autre point par l'effet des mêmes vibrations. Deux écheveaux de soie pourraient-ils prendre conscience l'un de l'autre? Oui, si l'un savait et surtout sentait exactement comment les fils de l'autre sont brouillés. De même, si je connaissais et sentais tous vos fils intérieurs, tous vos plis et replis, tout ce qui constitue cette combinaison particulière et empirique que vous appelez moi, je prendrais alors vraiment conscience de vous. De même encore, quand je pénètre du regard toutes les parties d'un cristal, quand je vois se jouer la lumière à l'intérieur, sans aucune ombre, le cristal est devenu d'une transparence absolue pour mes yeux ; votre conscience pourrait aussi, peut-être, devenir absolument transparente pour la mienne, et les deux confondues ne feraient plus qu'une seule conscience. L'effort même de la pensée, et aussi l'effort de l'amour, c'est précisément d'arriver à cette pénétration mutuelle, à ce caractère d'universalité, d'impersonnalité, où le *je* et le *vous* ne s'opposent plus.

Si donc la distinction entre notre conscience et ce qui est hors d'elle fonde la distinction des faits internes et externes, ainsi que la distinction de la psychologie et de la physiologie, elle n'implique pas pour cela une séparation absolue d'existence. A l'antique doctrine de la conscience atome, de la conscience absolument *une*, la philosophie devra substituer cette formule : *continuité* de la conscience. Le lien qui existe entre nos différents états ne suppose pas nécessairement un centre indivisible, un être simple, une monade sans fenêtres. La continuité et la réciprocité d'action existent partout dans la nature; c'est la grande loi et le grand mystère; il n'y a point d'être isolé ni de véritable monade, pas plus qu'il n'y a de point indivisible, sinon dans les abstractions du géomètre. Une fois que la philosophie aura admis cette vérité, une fois qu'elle aura reconnu ce lien universel de continuité qui est le fond même du déterminisme, les individus ne pourront plus être conçus que comme des concentrations de la sensibilité universelle ou de la volonté universelle. Ils ne seront pas définis, comme par certains positivistes et par Taine lui-même, un amas de sensations détachées, mais ils ne seront pas non plus érigés en unités indivisibles : ils apparaîtront au milieu du tout comme des développements continus de sensations reliées entre elles et de désirs également reliés.

Si, pour la philosophie contemporaine, le moi est un acte et une idée au lieu d'être une substance, il n'en résulte nullement que notre moi se réduise, comme certains positivistes le soutiennent, à quelque chose d'inerte et de superflu. C'est là, sans doute, une illusion fréquente chez nos nouveaux psychologues; ce n'en est pas moins une illusion, aussi importante à signaler que celle des anciens psychologues sur la « substance » indivisible. L'erreur, ici, provient de ce qu'on oublie toujours l'influence et la force inhérente aux idées mêmes, qu'on fait flotter comme des ombres en dehors de la réalité. Le *moi* ne fût-il, en définitive, qu'une idée centrale et dominante, cette idée ne peut pas ne pas se réaliser en une certaine mesure par cela même qu'elle se conçoit; de plus, cette réalisation constituant un avantage, un surcroît de force dans la lutte pour l'existence et pour le progrès, les êtres en qui l'idée du moi s'est le plus développée ont dû l'emporter, survivre et se propager. Notre unité intérieure, à mesure qu'elle se réalisait, tendait donc à s'idéaliser sous la forme du moi; en s'idéalisant sous cette forme, elle tendait à se réaliser davantage[1]. Dans notre conscience, le résultat final est la sélection croissante de l'idée du moi parmi toutes les autres : cette idée centrale grandit sans cesse, s'éclaire et éclaire tout le reste.

Mais, quelque utile, quelque nécessaire que soit ainsi l'idée du moi, elle n'en a pas moins besoin, en morale, d'avoir son contrepoids dans l'idée du tout; et c'est ce que Comte a vu. La psychologie contemporaine, bien comprise, peut contribuer à ce résultat moral, car son dernier mot est : — Rien de si un qui ne soit multiple, rien de si mien qui ne soit aussi collectif. C'est l'action du tout qui se continue en moi au lieu d'y commencer; je sers à modifier cette action, je joue mon rôle, je fais ma partie, mais je ne saurais jouer seul; je ne puis que du bout des lèvres m'écrier : — Moi, moi, dis-je, et c'est assez. Le chœur immense des choses me répondra toujours : nous, et il couvrira ma voix, perdue dans le concert infini des mondes. C'est *en tous les autres* que nous avons « vie, mouvement, existence », — et les autres en nous, puisque nous coopérons à l'œuvre universelle, puisque nous connaissons les autres, puisque nous les aimons. Je ne puis ni sentir seul, ni penser seul, ni parler seul, ni vouloir seul, ni exister seul. Et pourquoi se plaindre d'une loi qui, comprise et acceptée par notre intelligence, devient la loi de solidarité, la loi de fraternité universelle ?

[1] Voir *Psychologie des idées-forces*, t. II, chap. III.

CHAPITRE IX

LE MOUVEMENT POSITIVISTE ET ÉVOLUTIONNISTE EN ESTHÉTIQUE
L'ESTHÉTIQUE BIOLOGIQUE ET SOCIOLOGIQUE

L'esthétique de Kant, malgré la profondeur et l'originalité de certains points de vue, était restée trop formaliste, comme sa métaphysique et comme sa morale. Il considérait la réalité *en soi* comme hors de notre atteinte, d'où il résultait que, selon lui, nous saisissons *a posteriori* une matière informe de sensations et de phénomènes, *a priori* de simples *formes nécessaires*, dont l'application produit la science, l'art et la morale. Telle est la solution qu'il proposait, en esthétique, de « l'antinomie à laquelle donne lieu l'usage du jugement conforme aux exigences de la raison ». Il ajoutait qu'il n'y a que deux moyens d'éviter cette solution : ou bien, niant que le jugement esthétique du goût ait pour fondement quelques principes *a priori*, on soutiendra que « toute prétention à un assentiment *universel* et *nécessaire* est vaine et sans raison, et qu'un jugement de goût doit être tenu pour exact dès qu'il *arrive* que *beaucoup* en tombent d'accord, non que cet accord nous fasse soupçonner quelque principe *à priori*, mais parce qu'il atteste (comme dans le goût du palais) la *conformité contingente* des *organisations particulières* (c'est le système qui réduit le beau à l'agréable) ; ou bien on admettra que le jugement du goût est proprement un jugement caché de la raison sur la *perfection* qu'elle découvre dans une chose et dans le rapport de ses parties à une *fin*, et que, par conséquent, ce jugement n'est appelé esthétique qu'à cause de l'obscurité qui s'attache ici à notre réflexion, mais qu'en réalité il est téléologique ». Dans ce cas (système de la perfection), on regarderait la solution de l'antinomie par des idées transcendentales comme inutile et de nulle valeur, et on concilierait les lois du goût avec les objets des sens « non pas en représentant ces objets comme de simples phénomènes, mais en les considérant aussi comme des choses en soi ». Le but de Kant était donc d'aboutir au noumène par l'esthétique comme par la métaphysique et la morale. Il élevait au sommet des choses trois *idées* : premièrement, l'idée du supra-sensible en général, sans autre détermination que celle de *substratum* de la nature : c'est le noumène de la métaphysique ; secondement, l'idée du supra-sensible comme « principe de la finalité subjective de la nature pour notre faculté de connaître », idée déjà plus déterminée que la précédente, et qui est le noumène de l'esthétique ; troisièmement, « l'idée du supra-sensible comme principe des fins de la liberté et de l'accord de la liberté avec ses fins dans le monde moral » : c'est le noumène de la morale et de la religion. Kant ne se demande pas s'il n'y aurait point une quatrième méthode, du moins en esthétique, pour résoudre l'antinomie apparente entre les plaisirs variables des sens et le plaisir rationnel du beau : c'est la méthode *objective* et *scientifique* qui, ramenant nos sensations à leurs causes objectives, montre qu'elles sont ou ne sont pas justifiées biologiquement par leur conformité avec l'organisation normale des sens et avec l'action normale des choses sur notre sensibilité. Par exemple, si quelqu'un trouve agréable une dissonance et désagréable un accord consonant, l'esthétique positive lui montrera que la proportion des vibrations est simple dans la consonance et complexe dans la dissonance, que, par conséquent, il y a ici travail et perte de force pour l'organe, là exercice facile et accroissement de force, donc de vie, donc de plaisir normal et pur. D'où il suit que l'homme en question est une exception biologique une sorte de monstre ou de malade esthétique, — monstruosité qui, par quelque côté, doit rentrer elle-même dans les règles générales. De même, on peut justifier le beau sociologiquement, par sa conformité aux lois de la sympathie sociale et de l'expansion des sentiments sociaux. On a donc eu raison, en esthétique, de substituer la méthode objective à la méthode transcendentale, qui aboutissait pratiquement ou à un empirisme sans loi, ou à un formalisme vide. Dans le kantisme, la matière du beau disparaissait et la forme elle-même devenait une chose antiscientifique, sans règle, sous prétexte de liberté. C'était un *jeu* de formes, qui se changeait tout à coup en un *sérieux mystique* par l'apparition du noumène au-dessus ; l'art était comme une danse sacrée devant un tabernacle voilé. De nos jours, grâce aux méthodes positives, l'esthétique est devenue, comme la psychologie, de plus en plus scientifique : elle a emprunté ses principales explications à la géométrie, à la physique, à la physiologie, enfin à la sociologie. Elle a mérité aussi de plus en plus le nom que Kant lui refusait, celui de science. A en croire Kant, il n'y aurait point de « science du beau », mais seulement une « critique du beau », parce que le beau est une chose de sentiment, non de raisonnement ; mais, s'il est vrai que le sentiment du beau est un plaisir immédiat et ne résulte pas d'un raisonnement abstrait, on peut cependant analyser scientifiquement et raisonner de plus en plus les conditions objectives ou subjectives du beau, de manière à expliquer et à justifier le plaisir qu'il nous cause. En essayant de pénétrer ainsi les raisons cachées de la jouissance esthétique, on a préparé, selon nous, la conciliation en une large synthèse des diverses théories du beau ; l'esthétique est apparue comme devant être essentiellement : 1° biologique (au sens large, qui comprend la vie physico-psychique) et 2° sociologique. La réalité *vivante* et l'idéal *social*, voilà en effet les deux conditions du beau et, par conséquent, les deux bases de l'art. La partie biologique doit beaucoup à Spencer,

Bain, Wundt, Helmholtz, Grant Allen, Gurney, Stumpf, Hirth, Ch. Henry, James Sully, Taine; la partie sociologique, à Guyau[1].

I. — De l'aveu de tous, le sentiment esthétique a d'abord parmi ses conditions essentielles ce que l'on nomme plus proprement l'agréable : la première base de l'esthétique est une théorie du plaisir. Kant soutenait, au contraire, que le beau est ce qui, même dans la sensation ou perception, n'est point plaisir sensible, agrément des sens; par exemple, si j'entends une série de sons musicaux, il y a d'abord dans ces sons un certain effet agréable produit sur l'ouïe ; mais, selon Kant, ce plaisir ne fait pas partie du sentiment du beau, qui ne commence qu'avec le plaisir produit par l'ordre et par la combinaison des sons, qu'avec l'agrément intellectuel. Le plaisir sensible tient à la *matière* même des phénomènes, l'agrément intellectuel tient à leur *forme;* or, selon Kant, le plaisir du beau est purement *formel*, non *matériel*. — On s'aperçut bientôt, d'abord, que cette distinction trop scolastique de la forme et de la matière n'a rien d'absolu : comment discerner ce qui, dans une sensation de plaisir, est pure matière ou pure forme ? En outre, la matière des sensations agréables est aussi la matière du sentiment esthétique. Non seulement le beau plaît d'une manière générale, mais encore il plaît aux sens, et ce plaisir est un élément de la beauté même, au lieu d'être, comme dit Kant, « en dehors ». Kant reprochait à l'agrément des sens d'être un *attrait*, une *émotion*, de produire, par conséquent, une inclination, un désir et un intérêt; mais c'est en vertu d'un système préconçu et artificiel qu'il voulait ainsi exclure du beau toute inclination et toute émotion. Le charme des sens n'est point un calcul abstrait d'intérêt, capable de nuire à la beauté : c'est

[1] Voir encore, sur l'esthétique, les travaux de Marshall, Sergi, Pilo, Renouvier, Lévêque, Sully-Prudhomme, Séailles, Souriau, Arréat, Gunckler, Guéroult, Dauriac, Griveau, Gosse, Véron, Letourneau, etc., et le chapitre de M. Tarde sur l'Art dans sa *Logique sociale*.

une satisfaction immédiate, qui n'a rien de contraire par elle-même au plaisir du beau. Kant allait jusqu'à dire que, « dans la peinture, les couleurs qui enluminent le dessin ne sont que des attraits; elles peuvent bien animer l'objet pour la sensation, mais non le rendre digne d'être contemplé et déclaré beau[1] ». N'était-ce pas accorder au simple squelette et aux contours des choses un privilège exagéré que d'y voir ainsi la seule source du beau, indépendamment du coloris qui exprime la vie? De même, la musique, — à laquelle Kant entendait peu de chose, — lui semblait plus voisine des arts agréables que des beaux-arts ; c'était pour lui un jeu de sons qui ne devient un art que par la *composition* et indépendamment des « attraits de l'ouïe ». Faut-il donc réduire les arts à des formes sèches et froides sous prétexte de les épurer? Ils sont, au contraire, des applications de l'hédonisme et de l'eudémonisme. La condition fondamentale du beau est dans la réalité et dans la vie; or, — comme le disait Kant lui-même — le plaisir est « le sentiment de la vie et de son expansion »; de là, pour faire vivre le beau, la nécessité de ces sensations agréables qui nous font, pour ainsi dire, sentir en nous-mêmes le flot montant de la vie. Le plaisir des sens ou de l'imagination (qui n'est que le sens prolongé) est le fond chaud et vibrant de l'art. Au lieu de qualifier de beau ce qui plaît indépendamment de l'agrément des sens, l'esthétique scientifique le qualifie : *ce qui produit comme premier effet un agrément des sens pur, sans mélange de peine*, ni de considérations étrangères à cet agrément conscient. Ce n'est là, d'ailleurs, qu'un premier effet.

Quand le plaisir des sens est accompagné d'un besoin impérieux, par exemple dans la faim ou la soif ardente, il s'y mêle un élément de douleur qui en altère la *pureté* et la conscience pure. Les plaisirs de ce genre sont plutôt, comme disait Platon, la guérison d'une douleur. Par cela même ils sont plus éloignés du plaisir esthé-

[1] *Critique du jugement*, I, 104, trad. Barni.

tique, qui suppose que les besoins essentiels de la vie sont préalablement satisfaits et qui provient plutôt du superflu que du nécessaire. En outre, les plaisirs des sens inférieurs, tels que le sens de la température, le goût et l'odorat, sont presque exclusivement sensoriels; c'est ce qui cause leur infériorité esthétique par rapport aux jouissances de la vue ou de l'ouïe, qui doublent le plaisir sensitif par le plaisir intellectuel. Pourtant, on a démontré qu'il ne faut pas borner les plaisirs esthétiques aux seules perceptions de l'ouïe ou de la vue. Le tact peut percevoir des formes et ces formes peuvent être belles. L'odorat peut devenir aussi un instrument de perceptions délicates, fines et subtiles. Quoique l'usage n'ait pas consacré l'expression de *belle odeur* (le mot de beauté désignant surtout la *forme*), une combinaison d'odeurs exquises a sa valeur esthétique : les poètes n'ont point tort d'introduire sans cesse dans leurs tableaux le parfum des fleurs et des prairies, la senteur de la mer, etc. L'odeur de la rose est esthétique, comme sa couleur et sa forme : elle a une suavité qui indique à la fois de la force et de la douceur, de la grâce enfin, ce caractère du beau qui excite à aimer. De même, les sensations du goût peuvent devenir aussi des perceptions, et si ces perceptions sont à la fois variées et bien ordonnées, elles offriront un élément esthétique. N'y a-t-il pas quelque rudiment de beauté jusque dans le bouquet d'un vin fin et généreux? Quant à la sensation de chaleur ou de fraîcheur, les poètes la font entrer avec raison dans leurs descriptions[1]. En somme, toute *perception* agréable, qui n'est plus la sensation brute, contient déjà le germe du beau; elle se distingue, en effet, de la sensation par les actes intellectuels rudimentaires qu'elle enveloppe : souvenir, comparaison, classification, association des représentations, raisonnement spontané et rapide ; quand elle est facile, presque immédiate, quand nous saisis-

[1] Voir Guyau, *Problèmes de l'esthétique contemporaine*.

sons à la fois dans l'objet des différences et des ressemblances, quand cet objet permet par cela même l'exercice libre de l'intelligence au lieu de demeurer un chaos de phénomènes inintelligibles, il y a déjà beauté. D'ailleurs, entre la sensation agréable et la perception agréable on ne trouve pas de limite distincte, mais une différence de degré. Il y a simultanéité d'éléments divers dans ce que nous sentons comme un et simple, fût-ce une saveur, une odeur, un son isolé. Par conséquent, il y a déjà un certain concours de forces dans la sensation et, quand elle est agréable, ce concours nous fait percevoir l'harmonie : 1° des éléments entre eux, 2° de leur ensemble avec le maintien et le développement de notre vie. Pour prendre plus expressément la forme intellectuelle, le plaisir n'a besoin que de se réfléchir sur soi et, en une certaine mesure, de *s'analyser;* il n'en contient pas moins déjà en lui-même de l'intelligence synthétique. De là cette conséquence que tout plaisir est à la fois sensible et intellectuel, avec prédominance plus ou moins grande du côté synthétique et spontané (qui est proprement le sensible) ou du côté réfléchi et analytique (qui est proprement l'intellectuel). Ajoutons que tout plaisir est actif et volontaire à quelque degré. Il suppose, en effet, une réaction du cerveau en réponse à une excitation extérieure, qui se trouve d'accord avec nos conditions intérieures de développement. Cette réaction est une action motrice, une distribution de mouvement qui, dans le cas présent, est harmonique. Or, la volonté est la conscience de notre activité interne et de sa direction dominante. C'est pourquoi tout plaisir pur, en nous donnant la conscience de la vie favorisée, nous donne la conscience de la volonté exercée et satisfaite. Selon que la part des excitations extérieures ou celle de la réaction cérébrale domine, le plaisir est plus ou moins passif ou actif; en réalité, il suppose toujours un ensemble d'actions et de réactions, parmi lesquelles cette réaction supérieure que nous nommons volonté.

Puisque tout plaisir est ainsi, en proportions diverses, sensible, intellectuel et volontaire, nous revenons à cette conséquence que tout plaisir est beau en ce qu'il a de vital et d'harmonieux, ou qu'il y a identité fondamentale entre beauté élémentaire et jouissance pure. Si nous n'appelons pas belles toutes les jouissances de ce genre, c'est en vertu de raisons extrinsèques, par comparaison avec des jouissances ayant plus d'intensité, d'extension, de durée, de valeur morale et sociale ; mais chacune, considérée en soi, dans sa limpidité et sa clarté consciente, indépendamment de tout mélange et de toute circonstance extérieure, est belle à proportion qu'elle procure un sentiment de la vie plus intense, plus complet et plus libre. Aussi l'opposition classique du beau et du plaisir a-t-elle fini par apparaître comme en partie superficielle et artificielle.

L'opposition non moins classique du beau et de l'utile a été également ramenée à de moindres proportions. Ce qui ne plaît que médiatement et en vue d'autre chose ne peut être le maximum de jouissance esthétique ; le sentiment du beau ne doit donc pas résulter d'un avantage qu'on se promet dans l'avenir, mais d'une satisfaction actuelle, inhérente à la vie même et indépendante de son effort contre l'obstacle. Or, l'utile n'est qu'un moyen de procurer à la vie une satisfaction, et ce moyen peut être lui-même ou pénible ou indifférent ; si, par accident, il est agréable à quelque degré, il l'est toujours moins que ce qu'il a pour but de procurer. De plus, l'utile est l'objet d'un calcul ; or, le sentiment esthétique est tout spontané. C'est en ce sens que la beauté a pu être dite une « absence d'utilité ». Mais, si on entendait par inutile ce qui n'augmente en rien notre être ou notre bien-être, il serait faux alors de dire que le beau soit l'inutile, car rien n'est plus profitable en définitive à notre progrès et à notre bonheur, rien n'est plus nécessaire que le superflu du beau. Quand nous soutenons que le plaisir esthétique est *désintéressé*, nous voulons dire simplement qu'il n'enveloppe point le concept d'un bien *ultérieur*. Kant définissait l'intérêt une satisfaction attachée à l'*existence* d'un objet ou d'une action [1], et il prétendait que, dans le sentiment de la beauté, nous sommes « indifférents à l'existence de l'objet beau [2] ». C'était prêter à l'amour du beau un caractère trop platonique : nous ne sommes nullement indifférents à l'existence de la Vénus de Milo, encore moins d'une personne vivante, dont nous contemplons sa beauté ; nous ne sommes pas indifférents à l'anéantissement des œuvres de Beethoven ou de Shakspeare quand nous les écoutons ou les lisons : nous tenons à l'existence de toutes ces merveilles non seulement pour elles-mêmes, mais encore pour nous et, sympathiquement, pour tous les hommes avec qui nous sommes en société. « Vouloir une chose, dit Kant, et trouver une satisfaction dans l'existence de cette chose, c'est-à-dire y prendre un intérêt, c'est tout un [2] ; » s'il en est ainsi, nous voulons, nous aimons le beau, nous le désirons même quand il nous manque ou nous est enlevé : nous ne sommes pas seulement des *amateurs*, mais des *amants* de la vraie beauté.

Le *bon*, auquel on a trop opposé le beau, est la perfection de la vie intensive et extensive. Pour Kant, la perfection supposait une adaptation de moyens à une fin; conséquemment, pour dire qu'une chose est parfaite, nous devrions d'abord *concevoir* abstraitement ce qu'elle doit être, puis juger que les moyens sont appropriés au but : or, c'est là un jugement de connaissance, non un jugement de goût. — Mais, peut-on répondre, le plaisir du beau est le *sentiment* d'une perfection et non le jugement abstrait de cette perfection. De plus, c'est d'abord en nous que doit être cette perfection sentie, et l' « objet » ne sert qu'à nous en donner la conscience. Donc, en nous tout au moins, le bon, le parfait et le beau se confondent au sein de la vraie vie.

[1] *Critique du jugement*, trad. Barni, I, p. 72.
[2] Page 76.

Pour mieux séparer le beau du bon et du parfait, Kant avait fini par réduire le beau à une sorte de caprice sous le nom de « liberté ». Il opposait la « beauté *libre* » à la « beauté adhérente », qui « suppose un concept et la perfection de l'objet dans son rapport avec ce concept ». Les fleurs, disait-il, les dessins à la grecque, les rinceaux des encadrements ou des tapisseries ne *signifient* rien par eux-mêmes, « ils ne représentent rien, aucun objet qu'on puisse ramener à un concept déterminé, et sont de libres beautés ». Il rapportait aussi à cette espèce de beau « ce qu'on nomme en musique *fantaisies* (sans thème) et même toute la musique sans texte ». Dans l'appréciation d'une beauté libre (considérée relativement à sa seule forme), « le jugement de goût est pur; il ne suppose point le concept de quelque fin à laquelle se rapporteraient les divers éléments de l'objet donné, et par laquelle serait limitée la *liberté de l'imagination qui se joue en quelque sorte dans la contemplation de la figure*. Mais la beauté d'un homme (et, dans la même espèce, celle d'une femme, d'un enfant), la beauté d'un cheval, d'un édifice, supposent un concept de fin qui détermine ce que doit être la chose, et par conséquent un concept de sa perfection... *Ce n'est donc qu'une beauté adhérente.* » De même que « le mélange de l'agréable (de la sensation) avec la beauté (laquelle ne concerne proprement que la forme) altérait la pureté du jugement de goût », le mélange du bon avec la beauté « nuit aussi à la pureté de ce jugement ». — « On pourrait, dit Kant, ajouter à un édifice beaucoup de choses qui plairaient immédiatement à la vue, si cet édifice ne *devait* pas être une église ; on pourrait *embellir* la figure humaine par toutes sortes de dessins et de traits, légèrement, mais régulièrement tracés (comme font les habitants de la Nouvelle-Zélande avec leur tatouage), si cette figure ne devait pas être celle d'un homme[1]. » Ainsi Kant semblait

[1] *Critique du jugement*, pages 111 à 115.

croire que le tatouage pourrait *embellir* et que la beauté d'une figure, par ses éléments de convenance et l'expression, est inférieure à celle des rinceaux ou des dessins à la grecque. Dans cette théorie formaliste, le beau ne serait purement beau qu'à condition de ne « rien signifier ». Nous allons voir comment l'esthétique contemporaine, au contraire, a reconnu la profonde signification biologique et sociologique de toute vraie beauté.

Considéré d'abord dans ses conditions biologiques, le beau a paru s'expliquer par le principe général de la persistance du mouvement et de la *force*, contre-partie physique de la tendance de la *vie* à se maintenir et à s'accroître. Les conditions objectives du plaisir esthétique ont été ramenées aux conditions du maximum d'énergie et de vitalité. Ce point de vue biologique sert à unifier tous les autres, y compris celui même de Kant. D'abord, la forme d'activité la plus propre à nous donner un maximum de stimulation vitale avec un minimum de dépense est-elle le *travail* accompli par besoin et sur des obstacles réels ? — Non, car le besoin suppose un manque de force à réparer et le travail est une dépense de force : donc, de toutes parts, l'énergie n'est pas à son maximum. Il en résulte que le plaisir esthétique suppose un *excédent d'activité* non employé à la satisfaction des besoins immédiats de la vie physique : il exige de la force emmagasinée ou capitalisée. De là le caractère de luxe attribué aux plaisirs esthétiques. D'autre part, toute activité accumulée tend à entrer en exercice avec une *spontanéité* apparente, si bien que l'absence de besoins inférieurs à satisfaire crée précisément un désir supérieur : celui d'agir pour agir, de penser pour penser, de vivre pour se sentir vivre. Mais quels sont les moyens les plus efficaces de satisfaire le besoin nouveau créé par l'absence même des premiers besoins ? Ce seront toujours les moyens qui permettront à nos forces de s'exercer en se dépensant le moins possible. Or, il y a en nous des voies toutes tracées pour l'activité exubérante qui, dans un organisme en vigueur, est excitée à se dépenser : ces voies sont celles des actes utiles ou agréables que nous avons pris l'habitude d'exécuter. Le surplus de force nerveuse prendra donc cette direction, qui est celle de la *moindre résistance*, et nous accomplirons certains actes qui ont d'ordinaire en vue tel ou tel but, quoique ce but n'existe plus actuellement : nous courrons sans avoir rien à atteindre, nous sauterons sans avoir d'obstacle à franchir, nous lutterons sans avoir d'adversaire à vaincre, etc. Les actes ainsi dirigés vers un but qui n'est pas réel, vers une utilité devenue inutile, sont une *simulation ;* le genre d'exercice qui peut donner des jouissances sans exiger la même peine que la vie réelle. c'est donc la reproduction des actes et émotions de la vie. Il y avait, comme on le voit, quelque chose de profond dans la théorie d'Aristote, qui faisait de l'imitation un des principes de l'esthétique. L'imitation plaît à l'enfant, pourrait-on dire, parce qu'elle lui permet de produire du nouveau avec peu de peine ; elle plaît à l'homme pour la même raison : nous aimons à imiter les autres, à nous imiter nous-mêmes. C'est pour ce motif peut-être que le souvenir, imitation du passé, acquiert un attrait et une poésie jusque dans la douleur : la souffrance reproduite par l'imagination prend je ne sais quel charme, *et hæc olim meminisse juvabit.* Nous avons une faculté qui est imitatrice de sa nature, l'intelligence : qu'est-ce que penser, sinon reproduire en soi toutes choses et vivre ainsi la vie de l'univers ? L'intelligence est un vaste spectacle où nous sommes à la fois acteurs et spectateurs. De là les théories qui, dans la beauté, ont vu surtout un objet de représentation ou de *contemplation.* Le beau, disait Platon, est l'objet propre de l'intelligence. « Nos facultés représentatives, dit à son tour Kant avec profondeur, sont d'abord l'*imagination*, qui se représente par une vision intérieure les diverses parties d'un objet, puis l'*entendement*, qui imprime à cette diversité la forme de l'unité ; or, ce qui nous donne le sentiment immédiat d'un exercice facile de ces deux facultés et d'un accord entre elles, nous l'appelons beau ». Le beau n'a pas de fin *matérielle* et n'a plus que la *forme* de la finalité : c'est ce que Kant exprimait par ces termes : « le beau est une finalité sans fin ». En ce sens, la théorie de Kant redevient vraie et se concilie avec la théorie biologique. Schiller disait que l'art est essentiellement un *jeu* supérieur auquel se livrent nos facultés supérieures. Spencer, frappé de cette pensée, devenue familière aux esthéticiens de l'Allemagne, la développa dans le sens biologique, en montrant la ressemblance qui existe entre le jeu et l'art. Les animaux placés au bas de l'échelle, dit Spencer, ne jouent pas : le besoin les absorbe tout entiers. Les animaux qui ont un excédent d'activité et de richesse jouent : le chat et le lion guettent une boule et bondissent, la roulent sous leurs griffes comme ils feraient d'une proie ; le chien court après un gibier imaginaire ou fait semblant de lutter avec d'autres chiens ; il s'irrite en imagination, montre les dents, mord à la surface et quelquefois plus qu'il ne faut : l'amusement dégénère en lutte réelle. Ainsi, pourrait dire un darwiniste, le « combat pour la vie », simplement simulé, devient jeu.

Sans nier cette part du jeu dans l'art, on n'a pas tardé à s'apercevoir qu'elle avait été fort exagérée. Le vrai sentiment esthétique est sérieux par excellence. C'est le point sur lequel l'école anglaise n'avait pas assez insisté et que Guyau mit en pleine lumière. Il y a en effet quelque chose de plus précieux encore pour la vie que tel ou tel effet accompli, par exemple un obstacle franchi, un poids soulevé, un problème résolu : c'est la puissance qui sert à l'accomplir. L'effet est particulier et passager, la puissance contient virtuellement un nombre indéfini d'autres actes analogues : elle est la vie et l'action en son foyer. L'apparente superfluité des sentiments esthétiques et leur apparent « éloignement des fonctions vitales » implique donc une nécessité plus profonde, une gymnastique qui accroît l'intensité des fonctions les plus importantes. On revient ainsi au principe dynamique et biologique précédemment posé : c'est que le sentiment esthétique est un maximum de puissance avec un minimum de dépense, ce qui s'obtient lorsque la puissance s'exerce en vue d'elle-même et ne se dépense que pour s'accroître. L'école évolutionniste n'avait pas poussé jusqu'au bout son principe, qui est la vie : elle ne voyait pas que l'art est une vie supérieure, dégagée en partie de l'effort, et dont le jeu n'est que la première image : c'est la plénitude de l'existence débordante, la volonté affranchie et maîtresse de soi. Le jeu même, le simple jeu est-il aussi dépourvu qu'on le prétendait de toute finalité? Pour jouer, pour exercer ses facultés et jouir de leur exercice, on se donne à soi-même un but. Si on fait une promenade, on se dit le plus souvent : j'irai à tel endroit. Une excursion alpestre est le plus beau des jeux parce qu'elle a un sommet à atteindre ; si un enfant lance une balle, il la lance contre un but ; s'il fait des châteaux de cartes, c'est pour réaliser un équilibre difficile. Le jeu a donc son *intérêt;* à plus forte raison l'art.

Comme l'intensité de la vie est d'autant plus grande que les diverses fonctions vitales, principalement les plus actives, s'accomplissent à la fois et d'une manière concordante, nous pouvons définir le beau, tel qu'il apparaît jusqu'ici d'après les recherches scientifiques : *ce qui nous donne la conscience immédiate d'un maximum d'énergie avec un minimum d'effort, à la fois dans notre sensibilité, notre intelligence et notre volonté, par conséquent d'un excédent de vitalité et de joie.* La beauté complète est ainsi un avant-goût de la félicité, et tout fragment de beauté est un fragment de bonheur conscient de soi.

Du même principe biologique et psychologique découlent des conséquences d'un autre genre, qui, sous le nom différent d'*ordre* ou d'harmonie, montrent encore la *puissance* vitale se conservant selon les lois de la persistance des forces et du vouloir. L'ordre, c'est-à-dire l'unité dans la variété, a fini par apparaître, du point de vue positif, comme permettant une économie d'effort. Si notre système nerveux est uniformément excité au même endroit, par exemple par la même couleur rouge sur le même point de la rétine, il s'usera rapidement et le plaisir se changera en fatigue; une certaine *variété* dans les couleurs est donc un moyen d'éviter la déperdition de force et de maintenir plus intacte la puissance fonctionnelle de la vision. Mais cette variété elle-même ne doit pas dépasser des limites déterminées ; car le système nerveux est obligé, devant chaque excitation nouvelle, à un acte particulier d'accommodation, l'esprit, à un acte d'attention ou de discernement : de là une série de chocs et d'efforts qui produit la fatigue. Nous finissons par éprouver une sorte de courbature physique et psychique devant un spectacle bizarre, incohérent, où tout est inattendu ; notre état confine au rêve et à la folie, ce qu'on exprime vulgairement en disant qu'on perd la tête. Le passage d'une couleur à la complémentaire repose l'œil, et on peut dire qu'en général l'unité et la variété sont comme deux consciences complémentaires. Selon Spencer, nous l'avons vu, toute opération intellectuelle se ramène à la perception des différences et à la perception des ressemblances, et l'une est nécessaire à l'autre pour produire la pensée ; donc ces deux actes se complètent et le passage de l'un à l'autre est l'oscillation naturelle du pendule intérieur.

L'unité dans la variété peut prendre différentes formes, dont les principales sont le rythme dans les mouvements ou les sons, la symétrie dans les figures. Spencer a fait voir que le rythme est la forme nécessaire de tout mouvement propagé dans un milieu résistant : c'est une résultante du principe de la persistance des forces. En même temps, pour les êtres organisés, le rythme est une nécessité biologique, puisque leurs organes moteurs, n'ayant qu'une étendue déterminée, sont forcés de recommencer le même mouvement à plusieurs reprises. L'enfant projette une jambe, puis l'autre ; il agite ses bras en cadence pour marquer sa joie, il marque déjà la mesure. Tout ce qui est rythmé au dehors de nous est pour nous une économie d'effort. Dans les expériences psycho-physiques, le temps nécessaire aux opérations intellectuelles diminue quand les excitations se succèdent dans un ordre régulier, si bien que chacune est attendue : tels sont les battements d'un métronome. Si nous recevons une série de coups irréguliers (qu'on peut représenter par des lignes de longueurs irrégulières), nous serons obligés de disposer nos muscles comme pour résister aux plus violents, ne sachant pas à quel moment ceux-ci arriveront; si, au contraire, les chocs reviennent dans un ordre déterminé, l'organisme pourra ménager ses forces en ne proportionnant sa résistance qu'au choc attendu. De là, selon la remarque de Spencer, le plaisir causé par le rythme du vers, par le retour du même nombre de syllabes et des mêmes rimes : — « Quand nous arrivons au bas d'une rampe d'escalier, un pas de plus ou de moins que nous ne comptions nous donne un choc; ainsi fait une syllabe de trop dans un vers[1].» Quand la rime attendue vient à manquer, nous éprouvons le sentiment d'un vide, comme quand nous frappons sur un objet qui se dérobe : c'est de la force perdue. L'harmonie des sons suppose aussi, comme on sait, la régularité de leurs vibrations et la simplicité des rapports entre les sons divers. Quand deux séries d'ondes sonores sont produites par la sirène, il arrive parfois que ces ondes s'interfèrent mutuellement, si bien que tantôt elles se renforcent, tantôt elles s'affaiblissent; entre un renflement et un autre, l'oreille ramasse des forces pour la sensation prochaine : si ces battements se produisent à des intervalles très rapprochés, le temps nécessaire à l'oreille pour s'accommoder lui fait défaut ; de là perte de force, fatigue et sensation désagréable. Telle est l'explication que l'esthétique scientifique a donnée de la dissonance. C'est ainsi que, dit Helmholtz, quand on passe derrière une claire-voie dont les bran-

[1] *Essai sur la philosophie du style*, p. 365 de la trad. française.

ches projettent sur nous leur ombre, l'œil est fatigué par les successions trop rapides d'ombre et de lumière ; de même quand une bougie vacille, surtout si les vacillations sont vives et irrégulières. Au contraire, dans l'harmonie, il y a *affinité des sons*, selon l'expression de Wundt : Rameau et d'Alembert avaient déjà remarqué que nous avons coutume d'appeler harmoniques les sons qui ont en commun des parties ou qui nous apparaissent comme les éléments d'un même son fondamental. L'esthétique scientifique a donc ramené les lois de l'harmonie à des moyens de maintenir le maximum de force et de plaisir avec le minimum de fatigue. La même théorie a pu s'appliquer à une autre forme de l'ordre, qui est la symétrie des figures. Une ligne brisée exige de l'œil plus d'effort qu'une droite : en effet, pour parcourir une ligne droite je n'ai qu'à continuer le mouvement commencé ; s'il y a des angles, au contraire, je suis obligé d'ajouter un effort de plus à chaque écart de la ligne pour changer la direction de mon œil et revenir en arrière, comme pour faire tourner une voiture à des angles de rues. Si ces changements multiples de direction se reproduisent symétriquement, ils redeviendront agréables, parce que le surplus d'effort aura pour effet final une variété n'excluant pas l'unité. Les lignes courbes, où l'œil change sans cesse de direction par rapport à la ligne droite, mais d'une façon continue et régulière, présentent la plus grande variété dans l'unité et n'exigent qu'un mouvement de l'œil facile : de là leur charme. En outre, quand elles sont fermées, elles produisent le sentiment du *complet* et de l'*achevé*, comme quand un air finit sur la tonique. En général, toute discontinuité, toute interruption, tout manque de symétrie est une attente déçue, une force cérébrale inutilement déployée. Aussi l'esthétique scientifique a-t-elle confirmé l'ancienne théorie selon laquelle les nombres et les proportions régissent la beauté. Un ovale est agréable quand le rapport du grand axe au petit est de 1 à 2. Les géomètres, les dessinateurs et les architectes avaient découvert depuis longtemps les proportions qui produisent les effets les plus agréables dans la manière de diviser les lignes en sections verticales et horizontales; telle est la *section d'or*. Une loi mathématique régit la proportion de la largeur à la hauteur, — par exemple les bras d'une croix par rapport au pilier, la largeur d'une façade comparée aux divisions de la hauteur. Si l'arrangement symétrique des parties autour d'un centre nous plaît, c'est qu'il donne lieu à l'exercice le plus naturel et le plus facile de la vue. Notre rétine, en effet, a elle-même un centre, la tache jaune, autour duquel la vision indirecte dispose les autres impressions : le centre d'un objet ou d'un groupe d'objets occupe naturellement, comme on dit, une « place d'honneur ». Tantôt l'élément central est un point, comme dans les formes circulaires, étoilées et rayonnantes; tantôt c'est une série de points ou un axe, comme dans le cylindre, la spirale, les tiges des arbres et des fleurs. L'œil est physiologiquement disposé à rattacher toutes les parties d'un dessin à quelque élément central. Dans la *Cène* de Léonard de Vinci, on a remarqué que la tête du Christ occupe, comme elle le devait, le centre de la toile : tous les autres personnages, rangés avec une symétrie à la fois libre et exacte, convergent vers ce centre où se trouve l'unité de l'action. Wundt a pu conclure des lois de l'ordre et de la symétrie que le sentiment esthétique renferme toujours une *comparaison* et une *mesure* des impressions. Le sentiment est satisfait quand cette comparaison nous montre une harmonie ; il l'est au plus haut degré quand cette harmonie coexiste avec une diversité d'éléments. Toutefois, si on nous révèle le rapport simple des axes d'un ovale ou le rapport simple des vibrations de deux sons, nous ne trouvons pas pour cela l'ovale ou l'accord plus agréable ; ce n'est donc pas, à vrai dire, une conception de l'ordre, comme Wundt semble le croire, qui produit le charme de la forme ; c'est le sentiment synthétique de l'ordre. Ce sentiment, à son tour, est celui de notre puissance vitale se déployant avec le moins d'obstacles : l'ordre est le moyen et par cela même la manifestation de la persistance des forces. Wundt et Helmholtz nous paraissent, comme Leibniz, avoir trop intellectualisé le sentiment du beau, qu'ils réduisent à une perception confuse de rapports rationnels : nous avons vu qu'il y a dans ce sentiment quelque chose de plus profond, de plus physique à la fois et de plus psychique : conscience du mouvement favorisé et de la vie favorisée[1]. Au reste, la vie enveloppant elle-même parmi ses fonctions l'intelligence, il est clair que le sentiment de l'activité intellectuelle doit faire partie du sentiment de la vie en général ; et comme l'acte primaire de l'intelligence consiste dans la perception des différences et des ressemblances, il suffit que l'objet offre à la fois beaucoup de différences et de ressemblances appréciables sans peine pour qu'il paraisse beau intellectuellement. La pensée discursive, médiate et analytique, est une suite d'efforts plus ou moins inhibitoires pour découvrir des ressemblances ou différences cachées : le vrai plaisir n'est que dans la résultante, qui est la synthèse. Si donc celle-ci est immédiatement donnée, si l'intelligence n'a plus besoin que d'un coup d'œil pour embrasser l'ensemble, cette intuition dynamogène lui procurera le maximum de satisfaction avec le minimum de peine : elle saisira la fin sans parcourir la série intermédiaire des moyens : analyse, c'est conscience des moments de l'effort; synthèse, c'est puissance déployée et épanouie. On a expliqué ainsi scientifiquement tout ce que des esthéticiens trop mystiques avaient pu dire sur le caractère prétendu « inconscient » et aveugle du beau : la biologie reconnaît encore là une application du principe dynamique de la moindre action.

[1] M. Ch. Henry a même ramené le problème esthétique à cet énoncé : — Quelles sont pour nous les directions agréables ? — Il répond que ce sont les directions dynamogènes, par opposition aux inhibitoires. M. Ch. Henry aboutit d'ailleurs, lui aussi, à faire de l'esthétique une sorte de mathématique inconsciente ; son esthétique nombrée rappelle parfois Pythagore et Leibniz.

La *puissance* de la vie, une fois ménagée et régularisée par l'*ordre*, — qui, en paraissant la limiter, ne fait qu'en assurer l'augmentation, — se traduit à elle-même sous la forme du désir rempli et de la volonté satisfaite ; or, la satisfaction de la volonté peut s'appeler encore liberté. De là l'élément le plus profond qu'on a découvert dans le plaisir du beau : je veux dire l'élément volontaire, complétant l'élément sensible et intellectuel. C'est la liberté sous ses diverses formes, soit dans l'ordre physique, soit dans l'ordre intellectuel, soit dans l'ordre moral, qui donne à la beauté cette fleur « plus belle encore que la beauté même », la grâce. La liberté dans les mouvements se reconnaît à leur aisance, à leur facilité, à leur mollesse : c'est toujours la vie déployée sans obstacle qui fait qu'une série de mouvements, difficiles en eux-mêmes, peut paraître toute naturelle et spontanée. Spencer a fait voir que le mouvement gracieux est celui qui réalise la plus grande économie de force, par exemple tout mouvement continu, circulaire, onduleux ; les attitudes gracieuses sont celles qui ménagent la force employée à maintenir l'équilibre; la grâce dans les mouvements de la pensée est du même genre : elle provient de la facilité avec laquelle l'esprit passe d'un objet à l'autre ou saisit un ensemble par intuition ; aussi est-elle bien plutôt dans la pensée spontanée que dans la pensée tendue par la réflexion. Enfin, au point de vue moral, la grâce est dans la liberté suprême de la volonté ; or, cette liberté ne consiste pas dans l'effort de la vertu, dans la lutte avec soi-même ; elle consiste plutôt dans la spontanéité et l'abandon de l'amour. Telle l'innocence naturelle de l'enfant, la douceur sereine de la charité. La grâce morale, comme Schiller et Schelling l'avaient bien vu, comme M. Ravaisson l'a montré, c'est ce qui est aimable et aimant. Les autres formes de la grâce ne sont que les symboles de cette forme supérieure : si elles excitent notre sympathie, c'est qu'elles paraissent elles-mêmes animées d'une sympathie analogue. La grâce du saule pleureur semble faite de douceur et de tendresse. Or, dans l'amour, la vie a tout ensemble sa plus grande intensité et sa plus grande extension : concentrée et répandue, elle est foyer et rayonnement. C'est donc le maximum d'effet obtenu avec le minimum d'action, c'est la volonté personnelle se développant en sympathie avec son milieu universel, c'est la paix substituée à la lutte pour l'existence.

Ainsi l'esthétique positive, en découvrant dans la beauté l'expression individuelle et sociale de la vie, a travaillé dans le même sens que l'idéalisme, qui avait reconnu au fond de la vie même la volonté et l'amour, par conséquent le principe de toute sociabilité.

II. — Les idéalistes avaient aussi admis que le sublime est ce qui éveille en nous le sentiment de l'infini sous le rapport de la puissance, de l'intelligence et de la bonté ; c'était dire, au fond, que le sublime est encore le sentiment de la vie, mais tendant à son infinitude d'intensité et d'extension, par conséquent d'individualisation et de socialisation tout ensemble. Pour que cet effet se produise, il faut d'abord, comme l'a montré Kant, que la grandeur de l'objet dépasse nos sens ou notre imagination et que nous ne puissions en embrasser l'ensemble dans une intuition immédiate : si je veux me figurer l'Océan comme un tout, je ne vois plus qu'un grand lac avec des bornes; il en résulte que je suis obligé de reporter sans cesse la borne plus loin par la pensée. Or, c'est précisément par une opération de cette sorte que l'idée d'infini naît en nous : les mêmes raisons subsistant toujours, nous pouvons toujours recommencer la même addition et nous acquérons de cette manière la notion de l'illimité. Tandis que la beauté a des limites précises, une forme en harmonie avec le fond vivant et individuel qu'elle révèle, le sublime a quelque chose d'indéterminé et, sous ce rapport, presque d'informe, qui fait pressentir une puissance de vie cosmique toujours supérieure aux corps organisés que nos sens embrassent, supérieure à l'individualité même, universelle et universellement communicable. « Le sublime, disait Kant, ne réside dans aucun des objets de la nature, mais seulement dans notre esprit; » tout objet, en effet, est grand ou petit selon le point de comparaison et n'enveloppe qu'une parcelle de la vie universelle. Aussi Jean-Paul considérait-il comme la forme suprême de l'ironie ou de l'humour une sorte de sublime retourné, consistant à montrer la petitesse et le néant de tout ce que nous trouvons grand : l'océan, cette goutte d'eau perdue sur une motte de terre, perdue elle-même dans l'espace ; la tempête, cette agitation superficielle de forces aveugles; la montagne, ce chaos de rochers qui ne sont que des grains de poussière. Mais cette relativité universelle qui tour à tour nous montre en chaque chose, comme l'avait vu déjà Pascal, un infiniment grand ou un infiniment petit, est propre à éveiller en nous par contraste l'idée de l'infini véritable, de l'universalité de l'être où l'individu particulier se perd et se retrouve.

Au premier aspect de l'objet qui éveille en nous le sentiment du sublime, par exemple d'une montagne couverte de glaciers et de précipices, nous avons conscience de notre petitesse comme êtres vivants en face d'une force physiquement supérieure qui pourrait en un instant nous anéantir; de là un resserrement, une contraction analogue à la crainte. Burke, interprétant mal le principe biologique, voyait à tort l'origine du sublime dans la terreur de l'être vivant menacé par la mort; la terreur nous enlève au contraire tout sentiment de sublimité et, d'ailleurs, ne pourrait avoir de rapport qu'avec un seul genre de sublime. Il n'en est pas moins vrai que le sublime de la puissance nous fait éprouver une sorte d'effroi imaginaire et, en quelque sorte, d'horreur platonique. C'est une simple représentation du danger, et cette représentation est un mélange de plaisir et de peine : elle repousse et attire tout ensemble, comme un abîme qui donne le vertige. « Le cœur, a dit Nicole, aime à se sentir vivre. » Nous aimons donc la terreur purement représentative, comme dans la tragédie. Biologiquement, cette angoisse produit une inhibition momentanée des fonctions vitales, puis, par une réaction dynamogène, leur expansion plus énergique et le triomphe final de la vie. Cette expansion marque, dans l'émotion du sublime, le second moment, caractérisé par la conscience de la grandeur en nous et de la vie surabondante. Pour expliquer cette conscience, Kant faisait intervenir immédiatement l'idée de l'infini; mais ce n'est là, bien souvent, qu'un résultat ultérieur : même sans songer à l'infini, nous pouvons déjà éprouver la délectation de la puissance vivante et de la force déployée. En outre, les lois de la sympathie et de la sociabilité veulent que nous ressentions et imitions en nous-mêmes tout ce dont nous sommes spectateurs : si je vois un oiseau qui s'élève dans l'air, je le suis du regard et vole pour ainsi dire avec lui; de même, dans l'exemple de Lucrèce, si je vois devant moi la mer dressant ses vagues comme des montagnes et ballottant un navire, je crois déployer moi-même la force dont j'ai le spectacle. Si, au premier moment, je me suis identifié sympathiquement avec le marin, au second moment, je puis m'identifier avec la mer, grâce à la sécurité qui m'est assurée. Dans le navire, je ne pourrais jouer que le rôle passif; sur le rivage, je puis jouer par la pensée le rôle actif et déchaîner la tempête comme si j'étais maître des flots. Je produis ainsi dans mon cerveau même une sorte de tempête d'ondes nerveuses qui est comme la reproduction de l'autre : c'est une diffusion et exertion de force vitale par laquelle j'ébranle mon organisme entier. Or, toute activité énergique produisant une exaltation du sentiment de la vie, nous devons éprouver quelque chose d'agréable à la vue de la tempête, pourvu que nous ne songions au péril ni pour nous ni pour autrui; car, en ce dernier cas, la compassion ou la désolation étoufferait le sentiment esthétique. Par là, le sublime rentre dans l'explication positive déjà admise pour le beau : persistance de la force, expansion individuelle et sociale de la vie. Le sublime est un moyen de nous donner le sentiment d'un immense essor de vitalité avec le moins de dépense réelle. Quand je vois une montagne, le travail d'entassement gigantesque étant tout fait devant moi, je n'ai besoin, pour le concevoir, que d'un effort d'imagination facile : j'ai à peu de frais le sentiment de la force énorme déployée par d'autres êtres et, sympathiquement, celui de la force déployée par moi. Par la pensée, je puis ainsi devenir tour à tour la montagne, la mer, la flamme de l'incendie, la foudre de la nue, l'étoile du ciel : je me déploie et triomphe dans les forces de la Nature, qui est au fond une vaste société d'êtres dont je fais partie. Quand Pascal représentait son roseau pensant écrasé par le monde et l'écrasant à son tour par la pensée, il aurait pu ajouter que l'homme, alors même qu'il ne peut résister physiquement, conserve encore la volonté de la résistance, volonté individuelle qui est invincible à l'univers; en même temps, l'homme peut vouloir un état idéal où toute résistance serait remplacée par l'union de chacun avec tous, et c'est là la suprême manifestation en nous de l'infinitude. La vraie infinité ne serait-elle pas la liberté, à la fois individuelle et universelle, achèvement commun de la personnalité et de la socialité? Nous croyons en apercevoir une première image dans la conscience de notre vouloir, et cette conscience, s'exaltant à la vue même des forces extérieures qui la menacent, devient un sentiment de victoire idéale, par conséquent de joie morale.

Kant ne reconnaissait que deux sortes de sublime : celui de grandeur et celui de puissance. Mais ces deux espèces se ramènent l'une à l'autre : si l'immensité du ciel et de ses mondes nous paraît sublime, c'est simplement comme expression d'une puissance de vie illimitée : le sublime « mathématique » n'est donc que la face extérieure du « sublime dynamique », qui, nous l'avons vu, est finalement « dynamogène ». En outre, le sublime de la puissance n'est pas exclusivement la manifestation d'une force « redoutable en soi, quoique non actuellement redoutée »; il peut exister, contrairement à la doctrine de Kant, jusque dans l'ordre intellectuel, qui n'éveille pas le sentiment du trouble. Le ciel étoilé, déjà sublime comme manifestation de la *puissance*, l'est aussi comme manifestation d'un *ordre* plus grand et plus intelligible que notre intelligence ne peut le concevoir. Ce n'est pas seulement la force cosmique, c'est aussi l'harmonie des forces cosmiques qui dépasse indéfiniment notre puissance de conception et, par cela même, nous suggère la notion de l'illimité. Jusqu'au sein de l'humanité, les découvertes de génies comme Copernic, Descartes, Pascal, Leibniz, Newton, Laplace, nous donnent le sentiment du sublime, d'abord dans l'intelligence humaine, puis dans le Cosmos dont elle poursuit le secret. Mais le sublime intellectuel, pour être complet, doit répondre à ce qui dépasse toute représentation sensible et même logique, toute sensation et tout savoir. Tant que la science demeure possible, le sublime n'est pas à son point culminant. C'est l'unité du sujet et de l'objet qui, en se laissant entrevoir par delà les bornes de notre science objective, produit en nous, avec le sentiment d'un anéantissement intellectuel, celui du plus haut triomphe de notre intelligence même, car, après tout, c'est nous qui concevons cette suprême unité. Derrière l'apparente destruction de la pensée se retrouve encore la pensée. Seulement ce n'est plus, semble-t-il, une pensée purement individuelle : c'est la pensée universelle, présente en quelque manière à notre individualité. Nous prenons alors conscience de notre identité fondamentale avec le tout, de notre éternité dans le tout, de la vie à jamais indestructible sous ses manifestations passagères ; morts en tant qu'individus, nous revivons dans la société universelle, et cette pensée de l'être éternel, qui nous fait franchir les bornes de notre personnalité éphémère, produit en nous un sentiment d'austère grandeur où la tristesse se mêle à la joie.

Un sublime supérieur encore à celui de l'intelligence, c'est le sublime moral, qui est toujours en même temps social. Kant, quoiqu'il ne lui donnât point une place à part, le faisait évidemment consister dans la vertu, c'est-à-dire dans la *liberté* individuelle se soumettant à la loi du *devoir;* l'idée de solidarité était presque absente. Mais, dans l'ordre moral, on a dû admettre avec Schiller quelque chose de supérieur encore à la sublimité de la vertu : celle de la bonté, qui est la sociabilité même. Quand, par l'effet d'une volonté persévérante, la bonté est devenue une seconde nature, quand elle ne révèle plus l'effort intérieur et qu'elle est tout amour, elle a par cela même la grâce [1]. Et la grâce peut avoir son infinitude comme la puissance, dont elle est, en dernière analyse, la suprême manifestation. Quand la volonté se fait aimer à force d'être aimante, la vie est à son degré supérieur d'expansion : elle réalise tout ensemble la plus grande force et la plus grande harmonie, la plus grande variété et la plus grande unité. L'idéal moral et social, en sa plénitude, vient s'identifier à l'idéal cosmique et supra-cosmique.

III. — Plus que la théorie du sublime, celle du risible a profité du mouvement des sciences positives, grâce à la nature bornée et au caractère réaliste de son objet. Le rire et le risible ont été la matière de nombreuses études scientifiques. On a reconnu que le rire est caractérisé physiologiquement par une suite d'expirations courtes, rapides, saccadées et comme convulsives, avec contraction des muscles faciaux. Au point de vue biologique, c'est une série d'actes réflexes qui suppose la généralisation de la secousse nerveuse imprimée au système musculaire. Les mouvements du rire sont sans but et ne servent qu'à employer l'excédent d'excitation ; le

[1] Voir, sur ce sujet, M. Ravaisson, *La Philosophie en France.*

rire physiologique a donc été défini : « la décharge d'un trop-plein d'excitation nerveuse », qui, n'ayant pas de voie assignée, suit la plus habituelle et la plus facile. Comme Darwin le montra, à mesure que l'excitation croît, elle envahit les divers ordres de muscles, ceux des lèvres (sourire), puis ceux des organes vocaux et des voies respiratoires (rire), puis les membres supérieurs (agitation du tronc, du diaphragme et des bras), puis les membres inférieurs et l'épine dorsale (rire spasmodique). Le rire peut être causé par toute émotion très forte, agréable ou douloureuse ; parfois il est voisin des larmes, qu'il provoque, et réciproquement. Dans l'état nerveux, on ne sait si on doit pleurer ou rire. Lorsqu'un petit enfant commence à pleurer, il suffit parfois, remarque Darwin, d'une circonstance inattendue survenant brusquement pour le faire passer des larmes au rire : il semble que ces deux manifestations puissent servir également bien à dépenser l'excès de force nerveuse mise en jeu à un moment donné[1]. Avec Darwin, Spencer admit que les mouvements du rire joyeux supposent une *secousse* intérieure, quelque chose d'*inattendu*, un *choc*, une *surprise*. En outre, il montra qu'il faut distinguer le cas où la surprise est produite par quelque chose de grand ou d'admirable, et celui où elle est produite par quelque chose de petit ou de laid. En face d'un spectacle à la fois imposant et inattendu, il y a *contraste* entre notre état antérieur et notre état présent, mais ce contraste consiste alors dans un passage du petit au grand ; il est, dit Spencer, *ascendant*. De ce genre sont le sentiment de l'admiration, du respect, de la terreur, en un mot l'étonnement sous ses diverses formes. Dans ce cas, qu'est-ce qui doit se produire? Nous passons d'un état de conscience moyen, « qui n'absorbait qu'une faible quantité d'action nerveuse, » à un état de conscience énergique où notre intelligence et l'action nerveuse du cerveau sont soudainement *captivées*, employées à sentir

[1] Darwin. *Expression des émotions*, trad. fr., p. 217.

vivement et à essayer de comprendre. Dès lors, il y a accroissement d'afflux nerveux dans le cerveau et, par cela même, diminution d'afflux nerveux dans les muscles. D'où Spencer déduisit, en vertu des lois mécaniques, qu'il y aura relâchement des muscles. Par exemple, chez les enfants et les paysans, à la vue d'un spectacle qui les étonne, la mâchoire pend, les yeux parfois louchent, les mains se desserrent et laissent tomber l'objet qu'elles voulaient tenir. Supposons, au contraire, que le contraste consiste à passer du grand ou du moyen au petit, du beau au laid, de l'harmonieux au discordant; en un mot, supposons un contraste *descendant*. Au milieu d'une symphonie de Beethowen, dit Spencer, pendant le court intervalle qui sépare un morceau de l'autre, détonne un bruyant éternument ; l'attention aux belles choses, qui produisait une certaine tension cérébrale, se trouve tout d'un coup interrompue et le courant nerveux est détourné d'une grande chose sur une petite. Il en résulte un trop-plein qui demande à se dépenser et qui, prenant la voie la plus facile, aboutit aux muscles très mobiles de la bouche, de la glotte, de la respiration, où il produit le spasme du rire.

Mais le problème n'était pas seulement d'expliquer pourquoi certain état agréable de l'esprit se traduit par le rire; il s'agissait encore et surtout de savoir pourquoi des objets petits, laids,- bas, absurdes, produisent une émotion agréable. Le contraste n'est que l'élément *formel*, le défaut est l'élément *matériel* du risible. Parmi les psychologues, les uns avaient surtout remarqué le premier élément. « Rien ne porte davantage à rire, avait dit Pascal, qu'une disproportion surprenante entre ce qu'on attend et ce qu'on voit. » (*XI*[e] *Provinciale.*) Le rire, avait dit Kant, est une émotion qu'on éprouve quand une grande attente se trouve tout à coup réduite à néant. » (*Critique du jugement*, I, 299.) D'autres avaient remarqué surtout l'objet du rire : « C'est, selon Aristote, quelque défaut ou quelque laideur, mais non accompagnée de souffrance. » (*Poétique.*) Aristote avait bien vu que le défaut ou la laideur ne doivent pas nous faire souffrir, ni faire souffrir celui en qui ils se trouvent, car, dans se second cas, notre sociabilité nous causerait une souffrance sympathique et la force nerveuse se dépenserait d'une tout autre manière. Si quelqu'un se blesse en tombant, nous ne rions pas ; s'il tombe sans se blesser, la secousse sympathiquement éprouvée se décharge en rire, au lieu de se dépenser en émotion de crainte ou de peine. Très souvent, à la vue d'un échec, d'un effet manqué, nous rions comme si nous étions les auteurs de cette sorte de tour joué par la nature à l'homme, surtout s'il s'agit d'une vanité rabaissée, d'une prétention réduite à néant : c'est ce qui a lieu quand quelqu'un vante son agilité, parie de sauter un fossé, et tombe au beau milieu. Il semble alors que la victoire des forces naturelles sur l'orgueil humain soit notre propre victoire. En ce sens, il y avait quelque vérité à dire, avec Hobbes, que le rire enveloppe un certain sentiment de supériorité. Nous avons vu que le jeu, où tout provoque le rire, est souvent de la petite guerre, comme un vestige des anciens combats, une figuration de la lutte universelle pour la vie. Le rire a ainsi une signification biologique. Mais, outre le sentiment de supériorité et de triomphe vital, le rire enveloppe encore, pour l'esthétique biologique, le plaisir également vital du délassement, sur lequel Bain a insisté : nous avons besoin de nous détendre et de nous reposer l'esprit en passant du sévère au plaisant. Un autre élément est le plaisir de la nouveauté : la vue d'un objet risible est pour nous la révélation d'un phénomène *curieux*, comme nous disons. Enfin un quatrième plaisir, le plus important de tous, est celui de déployer notre vie intellectuelle en corrigeant par la raison l'imperfection dont nous sommes témoins : nous acquérons ainsi, pour ainsi dire, le sentiment de notre bonne santé mentale, latente d'ordinaire et inconsciente. Un caricaturiste représente deux bourgeois à table qui, pendant le siège de Paris, viennent de manger leur chien ; à la vue des os qui restent, la femme s'écrie d'un ton mélancolique : « Pauvre Azor! comme il se régalerait, s'il était là! » — Cette plaisanterie burlesque nous fait saisir une série de contradictions qui ne sont cependant pas entièrement absurdes; il y a là une suite de rapports compliqués et de prémisses isolément vraies qui aboutissent à faire éclater une impossibilité : d'où un exercice, une oscillation rapide de la raison, qui se traduit par le chatouillement du rire. Nous rions de même quand un caricaturiste nous représente un chasseur venant de tuer son chien et, au lieu de s'apitoyer, faisant cette réflexion d'amour-propre satisfait : l'année dernière, je n'avais pu rien atteindre! Tout mélange de vraisemblance et d'absurdité produit un fonctionnement facile et vif de la vie cérébrale.

Enfin, il y a une dernière raison de plaisir dans le sentiment du ridicule, et cette raison, au lieu d'être biologique et psychologique, devient sociologique. Nous comprenons qu'il est bon qu'un défaut soit reconnu, senti, et nous voudrions qu'il le fût par celui même qui le possède : reconnaître son imperfection, n'est-ce pas déjà s'en corriger? Le rire est donc comme une invitation de notre raison à la raison d'autrui pour que, par un élan supérieur, elle franchisse l'obstacle où elle s'est une première fois heurtée. Un échec peut être une source de puissance à venir pour celui-là même qui l'éprouve, s'il avoue franchement cet échec et en comprend les causes. Aussi voulons-nous que celui qui s'est trompé soit le premier à rire de lui-même, parce qu'il acquiert alors le sentiment d'une énergie non épuisée par ses effets, d'une vie intérieure qui saura réparer ses pertes d'un instant, d'une liberté qui saura triompher des ruses de la nature : « Soyez au-dessus de cela. » A ce point de vue, le sentiment du comique n'est pas seulement, comme disait Aristote, une sorte de purgation : on peut ajouter qu'il est une forme déguisée et indirecte de la sympathie sociale. Le comique, en somme, ne doit être qu'un moyen de faire mieux sentir, par la vue de quelques exceptions, le développement synergique et sympathique de la vie, soit physique, soit intellectuelle, soit morale.

IV. — L'art manifeste d'abord un besoin supérieur de développement vital, qui s'éveille quand les instincts inférieurs de conservation sont satisfaits ; il manifeste, en second lieu, la tendance à exprimer au dehors et à faire partager par autrui nos propres sentiments esthétiques, qui, en se communiquant, s'accroissent. L'art est donc une fonction à la fois individuelle et sociale, biologique et sociologique. L'abbé Dubos avait essayé jadis d'expliquer le sens du beau et l'art par le climat. Herder indiqua des voies analogues. Auguste Comte pensait que l'art, la religion et la science finiront par se confondre. Taine se borna trop à des généralités vagues sur la race, le climat et le moment. Hennequin a montré combien ces facteurs, tels que Taine les entend, sont peu déterminés et déterminants. Guyau aura l'honneur d'avoir prouvé que le *social* n'a pas seulement une influence sur l'art, mais qu'il en constitue l' « essence » même. Depuis Guyau, le point de vue sociologique a été repris de diverses manières, notamment par M. Tarde, dans sa *Logique sociale*, et par M. Ernst Gosse[1]; mais c'est toujours des origines et du but de l'art qu'on s'est occupé, plutôt que de son essence même. Selon M. Gosse, qui a écrit un livre intéressant sur les commencements de l'art, le problème esthétique a deux formes : l'une individuelle, l'autre sociologique. On peut considérer l'art à ses débuts chez les peuples primitifs pour mieux en saisir l'origine et les lois. M. Gosse étudie l'ornementation du corps, la décoration des armes et ustensiles, la représentation figurée de l'homme et de l'animal, puis la danse, qui, selon une excellente remarque de M. Ribot, est l'intermédiaire entre le jeu et l'art : la danse, statuaire animée, liée au chant, conduit à la poésie et à la musique. Les premières œuvres d'art ont eu d'abord des buts pratiques autant

[1] *Die Aufaenge den Kunst*, 1894.

qu'esthétiques. Les moyens de production et l'état économique exercèrent une grande influence ; le climat n'eut d'action que par l'intermédiaire du travail humain, de la production. Quant au but et aux destinées de l'art, les idées d'Auguste Comte ont fait leur chemin. Selon ce dernier, les beaux-arts gagneront beaucoup à « l'avènement du régime positif, qui saura les incorporer à la vie sociale, à laquelle ils sont jusqu'ici restés étrangers ». La prépondérance du « point de vue humain » et celle de « l'esprit d'ensemble » seront favorables, selon lui, aux dispositions esthétiques. Auguste Comte remarque que « l'activité laborieuse et pacifique propre à la civilisation moderne », étant à peine ébauchée, n'a pu encore être appréciée au point de vue esthétique. L'art est comme la science, comme l'industrie elle-même : « loin d'avoir vieilli, il n'est pas assez formé, parce qu'il ne s'est pas dégagé du type que l'antiquité lui a légué. » L'existence moderne « trouvera son idéalisation, dès que son caractère sera nettement marqué ». Le double sentiment du vrai et du bien « ne peut se développer sans faire naître le sentiment du beau ». Ce dernier effet de la philosophie positive « est donc intimement lié à chacun des trois autres ». La conception théologique est devenue, selon Comte, « encore plus impuissante sous l'aspect esthétique qu'elle ne l'est au point de vue intellectuel et social ». Quant à la « vaine entité de la Nature », par laquelle la métaphysique a tenté de remplacer la croyance initiale, « sa stérilité est aussi évidente en poésie qu'en philosophie et en politique[1] ». Auguste Comte conclut que le principal résultat du progrès moderne est « la convergence spontanée de toutes les conceptions dans la notion de l'Humanité, qui comportera, sans aucun artifice, une immense aptitude esthétique, quand elle aura convenablement prévalu ». Comte voit une source inépuisable de grandeur poétique dans « la conception de l'homme envisagé comme le chef suprême

[1] Soixantième leçon.

de l'économie naturelle. » L'action de l'homme sur la nature, encore si imparfaite, ne s'est manifestée pleinement que chez les modernes : « Ce résultat d'une pénible évolution sociale n'a donc pu comporter une même idéalisation. » L'esprit positif produira, dans l'art, « une rénovation esthétique non moins nécessaire que la révolution intellectuelle et sociale, dont elle est inséparable ». Dans sa *Synthèse subjective* [1], Comte admet que « la logique de la religion, une fois délivrée de l'empirisme scientifique, ne se restreindra plus au domaine des hypothèses capables de vérification, quoique celles-ci soient seules compatibles avec sa préparation positive » ; elle trouvera son complément dans le domaine, « bien plus large et non moins légitime », des conceptions esthétiques, qui, sans offenser la raison, sont particulièrement propres à développer nos sentiments et mieux adaptées à « nos besoins moraux »; les « institutions de la vraie poésie » sont « aussi en harmonie que celles d'une philosophie profonde avec les conditions intellectuelles de la synthèse subjective » : elles doivent obtenir une aussi grande extension et une aussi grande influence dans nos efforts pour systématiser nos pensées. Le positivisme permet leur action, sans aucun danger de confusion entre les deux méthodes distinctes de pensée qu'il consacre ouvertement, l'une qui « voit la réalité objective », l'autre, qui voit l' « idéalité ». Comte admet donc, en somme, le rôle social et religieux de l'art, devenu l'idéalisation des réalités découvertes par la science. Au fond, ce sont les mêmes destinées que Spencer assigne à l'art de l'avenir, et ses pages sur la poésie de la science sont bien connues. Guyau, en appréciant les idées de Spencer dans ses *Problèmes de l'esthétique contemporaine*, y ajouta des vues analogues à celles de Comte sur le rôle de l'art et sur son harmonie avec la science ; il montra que nous tendons vers une époque idéale où « tout plaisir contiendrait, outre les éléments sensibles,

[1] Page 40.

des éléments intellectuels et moraux », où le plaisir serait non seulement la satisfaction d'un organe déterminé, mais celle de l'individu moral tout entier; bien plus, ce serait « le plaisir même de l'espèce représenté en cet individu ». Alors se réaliserait de nouveau l'identité primitive du beau et de l'agréable; mais ce serait l'agréable qui rentrerait et disparaîtrait pour ainsi dire dans le beau. Alors aussi l'art aurait tout le sérieux de la vie, comme la vie aurait toute la beauté de l'art.

Mais, pour atteindre ce but, il faut que l'art réalise de plus en plus son essence, sa « loi sociologique ». Cette loi selon laquelle il crée, c'est la sympathie et la sociabilité même : toute œuvre d'art a pour essence, selon l'auteur de l'*Art au point de vue sociologique*, l'établissement d'un rapport de société entre nous et d'autres êtres vivants, de manière à nous faire vivre leur vie. La beauté de l'œuvre d'art se mesure « à la profondeur et à l'étendue de la sympathie sociale qu'elle réalise et qu'elle excite ». Aussi, comme la morale et la religion, l'art a pour dernier objet « d'enlever l'individu à lui-même et de l'identifier avec tous ». C'est ce que Comte avait déjà rêvé. L'homme devient religieux, dit Guyau, quand « il superpose à la société humaine où il vit une autre société plus puissante et plus élevée, d'abord restreinte, puis de plus en plus large, — société universelle, cosmique ou supra-cosmique, avec laquelle il est en rapport de pensées et d'actions ». Une « sociologie mythique ou mystique » est ainsi le fond de toutes les religions. De même, l'idée sociologique est essentielle à l'art. Pour distinguer l'art de la religion mieux que Comte n'y avait réussi, Guyau fait remarquer que la religion a un *but*, à la fois spéculatif et pratique : elle tend au *vrai* et au *bien;* elle n'anime pas toutes choses uniquement pour satisfaire l'imagination et l'instinct de sociabilité universelle ; elle anime tout pour *expliquer* les grands phénomènes terribles ou sublimes de la nature, ou même la nature entière, puis pour nous exciter à *vouloir* et à *agir* avec l'aide supposée d'êtres supérieurs et conformément à leurs *volontés*. Le but de la religion est donc « la satisfaction effective, pratique, de tous nos désirs d'une vie idéale, bonne et heureuse à la fois, — satisfaction projetée dans un temps à venir ou dans l'éternité ». L'essence de l'art, au contraire, est « la réalisation immédiate *en pensée et en imagination*, et immédiatement *sentie*, de tous nos rêves de vie idéale, de vie intense et expansive, de vie bonne, passionnée, heureuse », sans autre but et sans autre loi que l'intensité même et l'harmonie nécessaires pour nous donner l'actuel sentiment de la plénitude dans l'existence. La société religieuse, la cité plus ou moins céleste est l'objet d'une *conviction* intellectuelle, accompagnée de sentiments de crainte ou d'espérance; la « cité de l'art » est « l'objet d'une *représentation* intellectuelle, accompagnée de sentiments sympathiques qui n'aboutissent pas à une action effective pour détourner un mal ou conquérir un bien désiré ». L'art est donc vraiment une réalisation immédiate de son objet par la représentation même ; « et cette réalisation doit être assez intense, dans le domaine de la représentation, pour nous donner le sentiment sérieux et profond d'une vie individuelle accrue par la relation sympathique où elle est entrée avec la vie d'autrui, avec la vie sociale, avec la vie universelle ». Ainsi se révèle une « unité profonde entre tous ces termes : vie, moralité, société, art, religion ». Le grand art est celui où se maintient et se manifeste cette unité; l'art des « décadents » et des « déséquilibrés », est « celui où cette unité disparaît au profit des jeux d'imagination et de style, du culte exclusif de la forme ». L'art maladif des décadents a pour caractéristique la dissolution des sentiments sociaux, le retour à l'*insociabilité*.

En résumé, depuis Kant, Schiller, Comte et Spencer, l'esthétique biologique et sociologique a fait d'incontestables progrès. Pour Kant et ses continuateurs, l'art traitait la réalité comme un spectacle, les objets réels comme s'ils étaient de simples images d'eux-mêmes, les fonctions de la vie comme si elles étaient un amusement. La thèse opposée semble aujourd'hui prévaloir. L'art traite le spectacle comme une réalité, les images comme des objets, le déploiement de nos facultés comme une vie vécue et sentie; au lieu de se jouer autour du cœur des choses, l'art s'efforce de mettre un cœur en toutes choses et, pour cela, de créer. La vie incomplète de la nature ne pouvant suffire à l'homme, le génie enfante de lui-même une vie supérieure en plénitude et en fécondité : il la vit réellement et nous la fait vivre. Cette vie supérieure, qui a pour essence l'expansion infinie, loin d'être un simple caprice de la représentation, est un objet de jouissance intime, d'amour et de volonté. La théorie de l'art pour l'art est donc ébranlée. Flaubert, pour soutenir cette théorie, citait avec admiration la parole de Buffon : « Toutes les beautés intellectuelles qui se trouvent dans un beau style, tous les rapports dont il est composé, sont autant de vérités aussi utiles et peut-être plus précieuses pour l'esprit public que celles qui peuvent faire le fond du sujet. » La remarque de Buffon était juste pour beaucoup de sujets où la forme a certainement plus d'importance que le fond même; mais Buffon ne perdait pas de vue que les beautés du vrai style sont des beautés *intellectuelles*, résidant dans les rapports des mots avec les pensées, des pensées entre elles, des mots entre eux; c'est donc encore l'harmonie, la solidarité, l'accord, la logique interne, identique à la loi de la vie, qui font la valeur d'une phrase bien faite. Et cette valeur est elle-même une éducation pour l'esprit du lecteur, une révélation de la convenance, de l'accord avec soi et avec autrui, de l'*eurythmie*. De là vient, pour le dire en passant, l'importance des études classiques. Il n'en résulte, ni que l'art soit indifférent aux idées, ni qu'il soit indifférent aux conséquences morales et sociales des idées ou sentiments qu'il exprime. Est-ce à dire que, pour l'esthétique sociologique, l'œuvre d'art doive être une « thèse » morale ou sociale? Nullement : le didactique est le plus souvent ennemi de l'art et de la poésie; mais un ensemble d'idées et de sentiments sur la nature, sur l'humanité, sur la société ou sur telle classe de la société, n'est pas nécessairement une thèse, quoique une doctrine, une croyance, une foi puisse y être contenue. L'art véritable, sans poursuivre extérieurement un « but » moral et social, comme dans la théorie encore trop utilitaire de Comte, renferme donc, en son essence même, sa moralité profonde et sa profonde sociabilité, qui seule fait sa santé et sa vitalité immortelle.

CHAPITRE II

LE MOUVEMENT POSITIVISTE EN SOCIOLOGIE

Nous assistons aujourd'hui à l'avènement de la sociologie, qui est le commencement d'une ère nouvelle dans la philosophie même ; or, c'est à Auguste Comte qu'est due la constitution de la sociologie comme science. Ce seul titre suffirait à immortaliser son nom. Il y a en France, du côté de la sociologie, un courant de pensée qui, depuis Comte, a pris des formes originales et qui fait pressentir, pour le prochain siècle, une philosophie capable de réconcilier, par l'idée du lien social universel, positivistes et idéalistes.

I. — Par malheur, la sociologie est encore une science jeune ; elle manifeste l'ardeur et parfois les intempérances de la jeunesse ; aussi a-t-elle des enthousiastes et des détracteurs. Ces derniers lui reprochent jusqu'à son nom hybride, qui ne l'est cependant pas plus que celui de minéralogie. Ils lui reprochent de ne pas bien se définir elle-même, comme si aucune science était parfaitement définie. Ils lui reprochent, enfin, de ne pas avoir encore dégagé avec précision les procédés propres de sa méthode, comme si une science, au début, était obligée de déterminer sa manière de marcher autrement qu'en marchant et en laissant au philosophe le soin des spéculations ultérieures sur les méthodes. En fait, d'ailleurs, la sociologie est nettement définie depuis Auguste Comte : la science qui étudie la nature et les formes, les causes et les fins, les lois d'équilibre et de développement des sociétés. Qu'est-ce qu'une société? En quoi diffère-t-elle de l'individu? Quel est le fait social le plus élémentaire? La société est-elle un organisme vivant ou une simple réunion d'individus? Ses lois rentrent-elles dans celles de la biologie, ou dans celles de la psychologie, ou constituent-elles un ordre spécial et original de relations? — Voilà, évidemment, des questions de haut intérêt, très différentes de celles que se posent, soit l'historien, soit l'économiste, soit le politique. La sociologie n'est pas un groupe de sciences, elle n'est pas non plus une simple méthode scientifique, elle est une science spéciale. Elle contient d'abord une partie *formelle* qu'un sociologue allemand, M. Simmel, a excellemment indiquée, mais dont il a eu le tort de faire le tout de la sociologie. Une « sociologie proprement dite » étudiera seulement, selon lui, ce qui est spécifiquement social, la forme et les formes de l'association en tant que telle, abstraction faite des intérêts et des objets particuliers qui se réalisent dans et par l'association. « Dans les groupes sociaux, que leurs buts et leurs caractères moraux font aussi différents qu'on peut l'imaginer, nous trouvons, par exemple, les mêmes formes de la domination et de la subordination, de la concurrence, de l'imitation, de l'opposition, de la division du travail; nous trouvons la formation d'une hiérarchie, l'incarnation des principes directeurs des groupes en symboles, la division en partis ; nous trouvons tous les stades de la liberté ou de la dépendance de l'individu à l'égard du groupe, l'entre-croisement et la superposition des groupes mêmes, certaines formes déterminées de leur réaction contre les influences extérieures [1]. » M. Simmel donne pour exemple la formation de l'aristocratie. « Outre la division des masses primitivement homogènes, la solidarité de ceux qui se sont élevés, leur répulsion à l'égard des personnalités supérieures et des groupes inférieurs, il faut encore, d'une part, rechercher les

[1] *Revue de métaphysique et de morale*, 1893.

intérêts matériels qui ont provoqué ces processus, et, d'autre part, déterminer les modifications que la différence des modes de production comme la différence des idées dominantes leur imposent. » Même certaines déterminations qui semblent être de nature individuelle se réduisent à des processus sociaux, pourvu qu'on se fasse des formes de la société une idée suffisamment large. « Les sociétés secrètes, par exemple, soulèvent un problème sociologique particulier : comment le secret agit sur l'association, quelles formes particulières celle-ci prend sous la condition de celui-là, de telle sorte que des réunions qui, à ciel ouvert, offraient la plus grande diversité, prennent par le seul fait du secret certains traits communs. » Ainsi conçue, la sociologie nous paraît se réduire à une science abstraite qui brise trop la réalité concrète de l'histoire. On est allé, dans cette voie de l'abstraction, jusqu'à soutenir que les « formes » sociales peuvent être découvertes par la raison seule, que leur constitution ou leur évolution est susceptible d'être décrite *a priori*. M. R. Berthelot, dans la *Revue de Métaphysique*, a proposé l'étude d'une « sociologie pure ». Sans nier le côté vrai de ces doctrines, nous croyons que la sociologie, loin d'être une science toute formelle, doit avant tout considérer les *fins* et les *causes* des phénomènes sociaux. — Mais, objectera-t-on, les sciences sociales particulières peuvent bien se définir chacune par la fin qu'elle poursuit : l'économie politique par la richesse, la jurisprudence par le droit, la politique par la sécurité et le progrès national, etc. ; mais existe-t-il une fin sociologique spéciale, pouvant devenir l'objet d'une science spéciale? — Nous répondrons, d'abord, que l'absence même d'une telle fin n'empêcherait pas la nécessité d'une science générale des faits sociaux et de leurs lois. Mais, de plus, il y a réellement une fin sociologique, à savoir la société même, la vie collective, pour laquelle l'homme est fait et sans laquelle il ne serait pas un homme. Et cette vie collective a sa nature propre, ses conditions, ses moyens, ses diverses formes, ses divers degrés (Famille, Etat, Eglise, etc.); elle a son histoire, ses lois de développement, de progression et de régression, etc. En outre, les fins différentes poursuivies par les sciences sociales particulières doivent être coordonnées, puis subordonnées à l'unité de la grande fin sociale; la vie économique et la vie juridique, objets de disciplines particulières, présupposent la constitution sociale, les désirs et mobiles de l'humanité. L'utilité même, que la science économique étudie, est, pour la plus grande partie, le résultat de l'association humaine et de son action sur la nature; la « valeur » est un produit social, l'offre et la demande n'existent que par la vie sociale; l'économique suppose donc, à sa base, la sociologie, qui étudie les éléments mêmes et les principes de la société[1]. De même pour la jurisprudence. Fustel de Coulanges est un de ceux qui avaient rendu jadis le plus de services à la sociologie, et cependant sa qualité d'historien professionnel, jointe à son peu de compétence philosophique, lui ferma les yeux sur la valeur propre de la science qu'il contribuait à faire avancer. « Depuis quelques années, dit-il, on a inventé le mot sociologie. Le mot histoire a le même sens et signifie la même chose, du moins pour ceux qui le comprennent. L'histoire est la science des actes sociaux, c'est-à-dire la sociologie elle-même. » — Sans doute l'histoire est ou du moins devrait être la science des actes sociaux; mais il est clair qu'elle les étudie seulement dans leurs manifestations passées, dans les faits de toute sorte qui les ont révélés sous des formes diverses à travers les siècles; elle ne les étudie pas en eux-mêmes, dans leurs lois propres, indépendamment des phénomènes et actions contingentes par lesquels ils ont pu se manifester dans le temps. La philosophie même de l'histoire, sans parler de l'histoire proprement dite, n'est encore qu'une application de la

[1] Voir sur ce point : *The Theory of Sociology*, par Franklin Giddings, dans : *Annals of the American Academy of Political science*, t. V.

sociologie à l'explication et à l'appréciation du développement de l'humanité ; elle n'est pas la sociologie elle-même. Aussi M. John Lubbock a-t-il répondu à Fustel de Coulanges, dans son discours d'ouverture du congrès de sociologie en 1894 : « Les hasards, les successions, les dynasties peuvent à peine entrer dans la sociologie, tandis que la discussion des questions touchant l'éducation, la santé, la condition des pauvres, beaucoup d'autres circonstances contribuant en grande mesure à la prospérité et au bien-être de l'humanité, n'ont pas fait pour ainsi dire partie de l'histoire, en tout cas jusqu'à présent. Il y a donc des portions de l'histoire qui ne rentrent pas dans le domaine de la sociologie et des questions de sociologie qui ne rentrent pas dans le domaine de l'histoire. Comme il est triste que les historiens aient tellement négligé le rôle social de l'histoire ! Nous trouvons des pages et même des chapitres consacrés à des guerres, à des batailles, à des luttes pour le pouvoir, tandis que la condition sociale du peuple est entièrement omise ou traitée en une phrase ou deux. Il est dit : heureux est le peuple qui n'a point d'histoire. — Point d'histoire ! Il ne peut pas y avoir de peuple sans histoire. Il se peut que l'histoire se compose du développement et de la croissance tranquille et silencieuse d'un peuple, mais cela n'en est pas moins une histoire, et elle est, pour cette raison même, plus instructive et plus intéressante[1]. » M. John Lubbock a raison ; on peut seulement dire que lui-même paraît trop absorber la sociologie dans ses applications concrètes à ce qu'on nomme les « questions sociales », c'est-à-dire à la condition économique du peuple. La sociologie proprement dite étudie, comme nous l'avons vu, les lois mêmes et les fins de la vie en société, les formes que cette vie peut prendre et la succession de ces formes. Elle demande des lumières à l'histoire, à l'économie politique et à la jurisprudence,

[1] *Annales de l'Institut international de sociologie*, I, p. 2.

mais pour leur en rendre à son tour et pour leur donner surtout une unité de principes, de méthode et de but. La sociologie est donc bien une science à part ; elle ne se confond pas plus avec l'histoire que la mécanique ne se confond avec la description des divers états du ciel aux diverses époques cosmographiques.

Il ne faut pas non plus absorber la sociologie dans la biologie. Avant Comte, la conception purement biologique de la société était courante. Bacon et Pascal avaient comparé l'humanité à un seul homme, les périodes de son histoire à celles de la vie humaine; plus tard, les découvertes de la biologie avaient donné à ces métaphores un sens précis et les comparaisons étaient devenues des raisons. Il en était résulté une sorte de confusion de la sociologie avec la biologie : la première ne formait pas une science indépendante. Par cela même, on s'en tenait à la conception individualiste de la société : celle-ci, composée d'individus, apparaissait elle-même comme un grand individu, soumis, en somme, aux mêmes lois biologiques que les autres : la profonde originalité, la spécificité des faits sociaux échappait. Ce sera l'honneur de Comte que d'avoir montré dans les faits sociaux une sphère ayant sa valeur propre, ses lois caractéristiques, qui ne peuvent pas plus se ramener aux lois ordinaires de la pure physiologie que les lois de la physiologie ne se ramènent aux lois de la pure physique. L'application qu'on devait faire plus tard du darwinisme à la société humaine est un exemple du danger de réduire une science plus complexe à une autre plus simple, la sociologie à la biologie. Comte ne méconnaissait pas pour cela la dépendance partielle de la sociologie par rapport à la biologie, ni à la psychologie, qui elle-même, à ses yeux, rentrait dans la biologie : — « Puisque, dit-il, le phénomène social, conçu en sa totalité, n'est, au fond, qu'un simple développement de l'humanité, sans aucune création de facultés quelconques, toutes les dispositions effectives que l'observation sociologique pourra successivement dévoiler devront donc se retrouver, au moins en germe, dans ce type primordial que la biologie a construit par avance pour la sociologie[1]. »

En biologie, on distingue l'organisation, qui est statique, et la vie, qui est dynamique; de même, en sociologie, Comte distingue l'ordre social et le progrès social. Aristote avait déjà presque constitué la théorie de l'ordre social; d'autre part, depuis le XVIIIe siècle, on avait élaboré celle du progrès; on n'avait jamais présenté ces deux éléments dans leur véritable relation, qui n'est pas un antagonisme, mais une harmonie. A l'époque de Comte, éclectiques et doctrinaires se contentaient de compromis plus ou moins précaires; il fallait arriver à une théorie rigoureusement scientifique, vraiment positive, où l'ordre fût démontré la base statique du progrès, où le progrès fût démontré le développement dynamique de l'ordre. Comte, dans sa science de la société, essaya de concilier tout ce que l'école des conservateurs avait pu dire en faveur de l'ordre, tout ce que les révolutionnaires avaient pu dire en faveur du progrès. Il y a, sous ce rapport, une grande ressemblance entre les idées sociologiques de Comte et celles de Hegel, quoique le premier n'ait pas, comme on l'a prétendu, connu les œuvres du second. Comme l'hégélianisme, le positivisme a réagi, avec excès, contre l'individualisme du dernier siècle, contre un libéralisme qui tendait à détruire toute autorité, contre un esprit critique qui voulait tout remettre en question, contre une tendance révolutionnaire qui voulait tout renverser. Si Comte fit trop pencher la balance du côté de l'autorité, sa conception synthétique des conditions de l'ordre et des conditions de progrès n'en demeure pas moins vraie.

II. — Auguste Comte n'a donc pas seulement donné à la sociologie un nom (ce qui a déjà son importance pour bien marquer l'individualité et l'originalité d'une étude),

[1] *Cours de phil. posit.*, IV, 333.

mais encore et surtout une constitution scientifique. La France aura ainsi, dans un ordre d'idées qui sont d'intérêt capital, pris l'initiative. L'Angleterre, avec Stuart Mill et Spencer, suivit l'impulsion et produisit des œuvres de premier ordre : Stuart Mill étudia la méthode de la science sociale, Spencer fit de beaux essais de description et de systématisation. Puis, dans le pays même d'Auguste Comte, comme aussi en Angleterre, le mouvement sociologique s'est ralenti quelque temps; mais, depuis un certain nombre d'années, il a repris son importance, et ce n'est pas en France que, de nos jours, il est le moins considérable. La définition, la méthode, les faits élémentaires et les grandes lois de la sociologie, ses applications les plus générales et, en un mot, tout ce qui constitue la philosophie de cette science, est actuellement, chez nous, l'objet de recherches déjà très fécondes en résultats. Pour ne citer que les œuvres les plus récentes et dues aux plus jeunes, on ne saurait méconnaître l'originalité et la force des travaux de M. Gabriel Tarde et de M. Durkheim, qui avaient, d'ailleurs, été précédés par Guyau, M. Espinas, M. de Roberty et d'autres encore. M. Letourneau a donné aussi de bonnes études sur l'évolution de la propriété, du droit, de la civilisation, des littératures, etc.; M. Le Bon sur la psychologie des peuples et des foules, M. Lacombe sur l'histoire considérée comme science, M. H. Michel sur l'idée de l'État, M. Bouglé sur les sciences sociales en Allemagne, M. Worms sur l'organisme et la société, M. Belot, M. Marcel Bernès, M. Lapie sur les diverses discussions relatives à la méthode et à la direction de la sociologie[1].

[1] On sait qu'une *Revue de Sociologie* a été fondée sous la direction de M. René Worms, qui, lui-même, a publié et s'apprête à publier encore d'excellents travaux de sociologie. Enfin, grâce à la même initiative, a été fondé un Institut international de Sociologie, dont les Congrès ont donné lieu à des lectures très variées, faites par des savants de divers pays. On trouvera ces lectures reproduites intégralement dans les *Annales de l'Institut international*, avec le discours inaugural de M. John Lubbock. Dans la préface et dans les différentes études que ces *Annales* contiennent, M. René Worms a bien déterminé les caractères de la méthode positive

En Allemagne, outre Hegel, Krause, Stahl, Ihering, etc., les sciences sociales ont eu pour représentants Lazarus, Wagner, Simmel. MM. Schaeffle et Paul de Lilienfeld ont, comme Spencer, appliqué « la méthode biologique et organique » à l'étude des phénomènes sociaux; ils ont même exagéré la ressemblance des sociétés avec les organismes. M. Gumplowicz, de son côté, a bien posé l'objet propre de la sociologie, ou, comme il dit, le « processus naturel » qu'elle doit étudier pour sa part et qui n'est l'objet d'aucune autre science : — « Ce sont, dit-il, les mouvements des groupes humains et les influences exercées par eux réciproquement. » Mais, de cette définition générale, qui est acceptable, le savant autrichien passe tout d'un coup à cette conclusion inattendue, incomplète, qui est une mutilation systématique de l'objet de la sociologie : « Chaque groupe humain, dit-il, tend à s'assujettir d'autres groupes afin d'améliorer, par les services de ceux-ci, son propre bien-être. » Selon M. Gumplowicz, ce sont donc « les actions et réactions des groupes conquérants et conquis », qui constitueraient l'objet de la sociologie. A nos yeux, c'est restreindre arbitrairement le lien social que d'y voir un simple *vinculum* imposé par la force. N'y a-t-il donc dans la société aucun lien de sympathie, d'imitation, de suggestion mutuelle? N'y a-t-il aucun phénomène d'attraction pacifique, soit entre les sensibilités, soit entre les intelligences, soit entre les volontés? Tout se réduit-il à la lutte des races et à la guerre? M. Gumplowicz nous donne ici un exemple de l'esprit de système poussé à son dernier degré d'exclusivisme; quelque talent qu'il apporte à soutenir son

en sociologie : — « 1° considérer tous les phénomènes sociaux comme intimement liés les uns aux autres, sans en omettre aucun dans ses recherches; 2° en l'étude de chacun d'eux, procéder par la méthode objective plutôt que par la méthode subjective, observer, classer, induire, au lieu d'inventer et de construire; 3° par suite, s'efforcer de bien connaître le monde social tel qu'il est, ce qui, seul, permettra de dire ce qu'il devrait ou devra être; faire de la science avant de prétendre faire des réformes; savoir pour agir, mais savoir avant d'agir. »

point de vue propre, quelque vérité partielle qu'il y ait dans son étude de l'élément de *lutte* sociale, on ne saurait lui accorder que l'idée de *coopération* et *d'union* ne soit pas encore plus fondamentale, au point de constituer l'idée sociale elle-même. La lutte est, au fond, anti-sociale, quoique ses effets puissent être finalement utiles. M. Gumplowicz prend pour l'essence de la société ce qui en est la limitation et la négation partielle. Ce qui unit les hommes, non ce qui les désunit, voilà ce qui fait d'eux une société véritable. Dans ses divers ouvrages, l'éminent sociologue russe, M. Jacques Novicow a abusé encore, selon nous, de l'idée de la lutte et de ce qu'il y a d'ambigu dans cette expression générale : *le triomphe des meilleurs*. Cependant M. Novicow est loin de faire tout rentrer dans l'idée de lutte. Selon lui, un penseur imbu de l'esprit scientifique ne peut méconnaître que l'univers est « à l'état dynamique », mais l'homme, ne pouvant décrire simultanément une série d'états consécutifs, choisit un moment particulier et il fixe pour ainsi dire les phénomènes; en les immobilisant il obtient l'état statique, pure abstraction de notre esprit, artifice de méthode indispensable à la faiblesse de notre intelligence ; l'état dynamique, le *nisus universalis* de chaque atome demeure le seul état réel. Ce nisus, c'est le *struggle* de Darwin, qui d'ailleurs n'exclut pas l'alliance. Aussi M. Novicow reproche-t-il à M. Gumplowicz d'avoir seulement vu le combat : « Que serait le chimiste qui verrait seulement les forces poussant à la déformation des composés chimiques et négligerait d'étudier celles qui poussent à leur cohésion ? Ce sont les deux faces du même phénomène. Les atomes ne peuvent pas disparaître de l'univers ; s'ils quittent un agrégat, il faut nécessairement qu'ils s'associent à un autre; la chimie est à proprement parler la science de ces composés atomiques; » elle est en même temps la science des associations et des dissociations atomiques : les deux phénomènes sont simultanés et parallèles. De même pour la sociologie. M. Novicow est « fédéraliste »; il ne méconnaît donc pas les phénomènes de « l'alliance » ; mais il n'en a pas moins insisté à l'excès sur le phénomène de la lutte, qui prend d'ailleurs les aspects les plus divers et les plus multiples. Le *nisus universalis*, selon nous, n'est pas nécessairement une lutte extérieure; il est essentiellement une tendance interne au plus grand bien, qui peut envelopper le bien d'autrui.

Pour revenir à la France, M. Tarde et M. Durkheim, qui ont récemment publié des travaux très remarquables sur la *Logique sociale* et sur la *Méthode sociologique*, représentent les deux tendances dominantes et contraires de la sociologie actuelle, l'une qui rattache la sociologie à la psychologie et la considère comme une sorte de psychologie collective; l'autre positiviste et objective, qui aboutit à considérer les faits sociaux comme des « choses » indépendantes des volontés humaines et ayant une sorte d'existence à part des individus.

La conception juridique du lien social est celle qui le ramène à un contrat, explicite, ou implicite ; à quoi M. Tarde répond qu'on est associé de fait sans avoir jamais contracté, même implicitement. — Mais on pourrait lui répliquer que le seul fait de vivre et d'agir au sein d'une société quelconque, alors même qu'on est contraint d'y vivre et d'y agir, entraîne à sa suite, comme conséquence de ce consentement général, une série de consentements partiels ; en définitive, de bon cœur ou de mauvais gré, on finit par accepter pour son compte la convention sociale et par essayer d'en tourner les avantages à son profit personnel. Il y a un désir fondamental de vivre en société qu'il est impossible de mettre ici hors de compte. Donc, sans consentir à une foule de choses qui se passent dans la société particulière où on a été jeté de fait, on consent à une foule d'autres, et on se résigne à supporter le reste, ce qui est encore une manière d'acceptation « la mort dans l'âme ». Bref, il y a toujours un élément volontaire et rationnel dans la participation d'un être intelligent à la vie sociale sous une de ses formes et dans un de ses lieux d'action. Et cet élément rationnel est beaucoup plus vraiment social que l'élément imitatif, qui est machinal et voisin du mécanisme.

De même, la conception économique du lien social le ramène à un échange de services ; à quoi M. Tarde objecte qu'on est souvent membre de la même société sans se rendre aucun service, ou même en se nuisant réciproquement : — « C'est, dit-il, le cas des confrères, qui presque toujours se font concurrence. » — Mais nous répondrons que, si grande que soit une concurrence, elle implique cependant une participation fondamentale aux services mutuels de l'ordre social. La rivalité de deux marchands ne les empêche pas de coopérer, chacun pour leur part, de leur intelligence et de leur argent, au maintien et au développement de l'ordre social ou, plus particulièrement, national. Or, sous ce rapport, ils se rendent des services mutuels, fussent-ils pour d'autres choses, selon l'expression vulgaire, « à couteaux tirés ». Tout n'est donc pas faux dans l'idée du service social. « On peut se rendre mutuellement, objecte encore M. Tarde, entre castes hétérogènes, de même qu'entre animaux différents, les services les plus signalés et les plus continus sans former une société. » Nous ferons observer que, partout où il y a des services conscients et mutuels, il y a un commencement de lien social, alors même que, sous d'autres rapports, on appartiendrait à des sociétés particulières opposées et même ennemies. *Une* société n'est pas *la* société. Celle-ci enveloppe tout ce qui a conscience d'être en mutualité de services, surtout de services volontaires. Il ne nous semble donc pas que le côté économique du lien social doive être négligé.

Enfin, certains sociologues, comme M. Durckheim, donnent pour propriété caractéristique des actes sociaux d'être imposés du dehors par une contrainte quelconque prenant une forme quelconque, depuis celle de la peine jusqu'à celle de la simple coutume ou mode. Ici, c'est le côté déterminant de la société, non plus le côté volontaire, qui est mis en avant. Si M. Durkheim voulait dire que la force collective est ce qui constitue le lien social, ce serait une exagération notoire; mais nous pensons qu'il veut seulement désigner, sous le nom de *contrainte* collective, tout ce qui exerce collectivement une influence déterminante, par quelque moyen que cette influence se manifeste. Il s'agit, selon nous, d'un déterminisme collectif. Or, ce point de vue a aussi sa vérité. Le principe même de l'imitation, — mis en avant par M. Tarde, — lorsqu'il aboutit à l'imitation-coutume, à l'imitation-mode, est une forme de détermination de l'individu par la collectivité.

Il ne nous semble donc pas que M. Tarde ait suffisamment dégagé ce qu'il pouvait y avoir de vrai dans les principes différents du sien. Quant à ce dernier même, l'imitation, il ne nous paraît pas aussi fondamental qu'il le suppose. Sans doute, on le trouve partout dans la société humaine, comme aussi parmi les singes, mais on peut se demander si un singe qui imite ce qu'un homme fait devant lui accomplit, pour cela, l'acte fondateur du lien social; nous en doutons fort. L'imitation est un processus d'expansion pour les faits sociaux; elle ne les constitue pas. — Dans un troupeau de singes, dit M. Tarde, de chevaux, de chèvres, d'abeilles même et de fourmis, le chef donne l'exemple de l'acte qu'il ordonne *in petto*, et le reste du troupeau l'imite. — Sans doute, mais, outre la simple imitation machinale, qui n'est qu'un moyen, il y a ici une intention commune d'échapper à un commun danger ou de goûter un commun plaisir, ne fût-ce que le plaisir d'agir ensemble, de crier, de gesticuler, de bondir ensemble. Et c'est ce désir commun, avec l'idée ou l'image du groupe toujours présent à l'esprit de chaque individu, qui établit entre les individus divers un commencement de lien social; ce n'est pas le fait brut de l'imitation, résultat et non principe.

Sans vouloir ici entrer à fond dans l'examen du problème, il nous semble donc que la société est constituée indivisiblement par un ensemble de nécessités collectives et par un consentement individuel, plus ou moins implicite, à ces nécessités. Il y a à la fois de l'involontaire et du volontaire dans le lien social, et l'individu doit avoir, fût-ce la forme la plus confuse, le sentiment et l'intention de son lien avec autrui pour faire vraiment partie d'une société digne de ce nom. Pas de société sans un accord interne, sans un désir d'union plus ou moins conscient et sans une représentation plus ou moins vague du tout dont on fait partie.

III. — Outre la constitution des groupements sociaux, la sociologie en étudie le développement. L'action interne d'un idéal qui produit un avenir perpétuel est caractéristique des sociétés humaines.

Autrefois, la société s'était proposé un idéal immobile fixe, sans concevoir de progrès. A partir du XVIIe siècle et surtout au XVIIIe, on se proposa un idéal infini, on rêva un progrès illimité. L'école de Saint-Simon et de Comte, mettant à profit les conceptions nouvelles des sciences biologiques, comprit que les lois dynamiques de la vie et du progrès sont subordonnées à la structure statique des sociétés et que celle-ci ne varie pas sans limites, au gré des volontés. Comme Kant, Auguste Comte admet la loi de continuité : — « Il faut, dit-il, concevoir chacun des états sociaux consécutifs comme le résultat nécessaire du précédent et le moteur indispensable du suivant. » Il n'en résulte pas que les développements spéciaux de l'activité humaine des « époques *successives* » de l'histoire : l'évolution sociale est, selon les propres termes de Comte, un mouvement général collectif, résultant de la corrélation entre les mouvements particuliers qui la constituent. Reste donc à savoir quel est, dans le mouvement social, l'élément dominateur. On sait que Comte l'a cherché dans l'intelligence; il a conçu l'histoire de la société comme réglée par l'histoire de l'entendement humain. De là d'importantes discussions, que nous voyons se prolonger de nos jours. Selon l'école sociologique qui attribue aux éléments objectifs l'influence prépondérante, pour ne pas dire unique, la vie intellectuelle et consciente n'aurait pas l'importance que Comte suppose : la principale influence appartient à la vie organique et inconsciente, résultant elle-même des acquisitions séculaires les plus lointaines, fixées et intégrées dans les institutions, les coutumes, les lois, l'état économique, etc. Dans les sociétés comme dans les individus, les centres supérieurs de l'organisme, ceux de l'encéphale, ont pour fonction de coordonner la vie consciente, celle qui n'est pas encore incorporée à la vie automatique ou qui ne le sera jamais[1]. Comte revenait, dit-on, à la philosophie idéaliste, quand il admettait que les idées et les opinions gouvernent le monde. — Pourtant, il ne méconnaissait pas la pression exercée par le passé sur le présent, puisqu'il admettait que le gouvernement des sociétés est exercé encore moins par les vivants que par les morts, beaucoup plus nombreux, beaucoup plus puissants, et qui contribuent ainsi pour une plus large part à la formation du « grand être humanitaire ». En outre, dans l'organisme même de l'individu, est-il vrai que la vie végétative et animale soit vraiment directrice ? — Fondamentale, oui sans doute, mais dirigeante, non ; elle est au contraire dirigée. C'est la tête, après tout, qui mène le corps. Sans doute elle ne peut pas lui faire accomplir ce dont il est organiquement incapable ; mais la plasticité du cerveau est bien connue et, dans le domaine soumis à la volonté, les idées reprennent leur empire. Bien entendu, il ne s'agit pas d'idées pures et abstraites, mais d'idées enveloppant des sentiments. Ce sont celles-ci qui constituent les vraies idées-forces. Un ferment, a-t-on dit, suffit pour produire une décomposition de forces et amener une recomposition ; l'idée sert de ferment ; son action n'est pas toujours visible, mais elle a un pouvoir de destruction et de rénovation. En

1 De Greef, *Transformisme social*, p. 224.

même temps que la société est un système de désirs convergents, elle est un système d'idées — forces, toujours en voie de réalisation progressif.

Une notion qui joua un rôle capital dans la théorie positiviste du progrès, c'est celle d'organisation, opposée à l'idée de liberté individuelle et de critique destructive. Aux yeux des positivistes, l'organisation a par elle-même et en elle-même une valeur, parce que, dans l'ordre intellectuel, elle est un lien d'idées, dans l'ordre moral, un lien de sentiments et de volontés. Pour les fondateurs de la sociologie, cette notion ne pouvait manquer de passer au premier plan. Saint-Simon parle sans cesse d'organiser : organisation de l'industrie, organisation de la science, organisation de la religion; Auguste Comte distingue, dans le progrès social de l'humanité, les époques critiques, où l'on soumet tout à l'examen, pour préparer par la destruction de l'ancien l'avènement du nouveau, et les époques organiques, où une nouvelle forme de société prend vie, prend corps. Dans l'état organique, la variété est ramenée à l'unité : tous les faits de l'activité humaine sont classés, prévus, coordonnés par une théorie générale, où le but de l'action sociale est nettement défini. Dans l'état critique, la lutte des individualités, des libertés, des opinions et directions diverses devient prédominante. Selon Saint-Simon, il y a eu un état organique antérieurement à l'ère gréco-romaine, laquelle fut philosophique et critique ; la constitution de l'Eglise chrétienne représente la deuxième période organique; avec la Réforme commence la période critique où nous nous débattons encore. Le moyen âge, à première vue, semble une décadence par rapport à l'antiquité : mais ce qui y constitue un véritable progrès, c'est l'organisation spirituelle si puissamment établie par le catholicisme et qui, du domaine des idées et croyances, passa dans le domaine temporel, politique et social. Notre époque, aux yeux de Comte, n'est encore que critique, puisque la science est en train de détruire l'ancien ordre d'idées et d'institutions, sans avoir pu encore faire surgir le monde nouveau. Une époque viendra plus tard de science et de philosophie positive, où se produira un nouvel organisme spirituel et social, bien supérieur encore par sa cohésion à celui du moyen âge et qui en aura tous les avantages sans les inconvénients. La philosophie scientifique renouvellera, par le savoir positif, les merveilles de la foi transportant les montagnes. Cette conception de Comte avait l'avantage de concilier la notion du progrès avec l'existence des périodes régressives ; mais, à vrai dire, les divisions tranchées sont ici impossibles : il y a toujours en même temps des phénomènes de progression et d'autres de régression[1]. Dans nos sociétés modernes, principalement, on ne saurait s'attendre à une stabilité générale comme celle de l'antique Orient : les mouvements deviennent de plus en plus rapides et se produisent en tous sens. Stabilité absolue et absolue instabilité seraient d'ailleurs également mortelles.

Comte admet finalement, comme on voit une évolution continue du genre humain, qui consiste dans une réalisation toujours plus complète de la nature humaine, et, selon lui, le grand problème que traite la sociologie est de trouver l'ordre de cette évolution. A quoi les partisans de la sociologie naturaliste ont objecté : — Si cette évolution existe, la réalité n'en peut être établie que la science une fois faite ; de plus, ce progrès sériaire et continu de l'humanité n'existe pas : des sociétés particulières, formant des individualités distinctes, naissent et meurent sans que leur chute forme une série géométrique où chaque terme prolonge l'autre[2]. Selon M. Durkheim, les étapes que parcourt l'humanité ne s'engendraient même pas les unes les autres. « On comprend bien que les progrès réalisés à une époque déterminée dans l'ordre juridique, économique, politique, etc., ren-

[1] M. de Greef a insisté sur ces derniers. Voir son *Transformisme social.*

[2] Durkheim, *la Méthode sociologique.*

dent possibles de nouveaux progrès; mais en quoi les prédéterminent-ils? Ils sont un point de départ qui permet d'aller plus loin; mais qu'est-ce qui nous incite à aller plus loin? Il faudrait admettre alors une tendance interne qui pousse l'humanité à dépasser sans cesse les résultats acquis, soit pour se réaliser complètement, soit pour accroître son bonheur, et l'objet de la sociologie serait de retrouver l'ordre dans lequel s'est développée cette tendance. » Or, cette tendance n'est pas « donnée », elle n'est que « postulée et construite par l'esprit d'après les effets qu'on lui attribue ». C'est une sorte de « faculté motrice » que nous imaginons sous le mouvement pour nous en rendre compte; mais la « cause efficiente d'un mouvement ne peut être qu'un autre mouvement, non une virtualité de ce genre[1] ». — Ce raisonnement du naturalisme objectif aboutit à exclure du nombre des facteurs de l'évolution sociale tous les facteurs psychiques, idées et désirs. Mais, répondrons-nous, il n'est pas besoin d'admettre une virtualité, une tendance occulte au bonheur pour comprendre que, en fait, les hommes recherchent le plus grand bonheur possible, qu'ils ont des idées et des sentiments qui les mènent, etc. Pour justifier l'opposition qu'il veut établir entre la sociologie et la psychologie, M. Durkheim oppose la conscience collective à la conscience individuelle, tout en reconnaissant qu'on ne peut « hypostasier » la première. Les états qui constituent la conscience collective, dit-il, diffèrent, spécifiquement de ceux qui constituent les consciences particulières, parce qu'ils ne sont pas formés « des mêmes éléments » : les uns résultent de la nature de l'homme pris isolément, les autres de la combinaison d'une pluralité d'êtres de ce genre ; « les résultantes ne peuvent donc pas manquer de différer, puisque les composants diffèrent à ce point[2] ». — Sans doute, mais les résultantes se produisent dans des consciences indivi-

[1] Durkheim, *la Méthode sociologique*, p. 144.
[2] Durkheim, *ibid.*, p. 128.

duelles ; elles sont la partie de ces consciences où retentit l'action des autres consciences et des conditions communes où elles se développent. Selon M. Durkheim, le fait social est « une manière de penser ou d'agir qui est générale dans l'étendue du groupe, *mais qui existe indépendamment de ses expressions individuelles* ». C'est ici qu'Auguste Comte eût reconnu de la pure « métaphysique ». Comment la société peut-elle exister en dehors des individus, sinon à l'état d'entité ? Il faut dire seulement qu'il y a des faits nouveaux résultant de la solidarité intime des individus, lesquels, pour n'avoir jamais existé isolément, n'en ont pas moins leur nature psychique. Il nous semble donc impossible d'exclure, comme le veut M. Durkheim, les considérations psychologiques du domaine propre de la sociologie.

En somme, grâce au mouvement positiviste, la sociologie a fait de nos jours d'incontestables progrès ; elle a seulement besoin de délimiter mieux son objet et sa méthode, de ne pas se perdre dans les recherches voisines, telles que la morale, le droit, l'économie politique, la politique, l'ethnographie, l'anthropologie, l'histoire ; de ne pas oublier, dans l'étude de ce qui n'est pour elle que matériaux, l'édifice qu'elle doit construire. Mais on ne peut demander à une science qui débute la même sûreté et la même précision qu'à une science déjà en grande partie constituée et isolée des autres ; de la confusion qu'offrent aujourd'hui les recherches de nos savants l'ordre sortira, et les questions dites sociales, en devenant sociologiques, deviendront scientifiques.

CHAPITRE III

SOCIOLOGIE, SOCIALISME ET POSITIVISME

I. — Les socialistes, par une tactique habile, s'efforcent aujourd'hui de faire croire que socialisme se confond avec sociologie. C'est ainsi que M. Enrico Ferri, dans une réunion de la Société internationale de sociologie, déclarait au milieu de protestations unanimes : — « La sociologie sera socialiste ou ne sera pas. » — C'est tout le contraire qu'il faut dire : « Le socialisme et l'individualisme seront sociologiques ou ne seront pas. » S'il y a des éléments quelconques de vérité dans les deux systèmes adverses, ces éléments doivent être scientifiques et conséquemment établis sur les lois de la sociologie ; sinon, ils sont sans réelle valeur.

Dans son pseudo-hégélianisme, Marx fait dépendre des phénomènes économiques tous les autres phénomènes, religieux, moraux, intellectuels. Selon lui, selon Engels, Loria et M. Ferri, qui se fait leur disciple, — le milieu physique et les caractères anthropologiques déterminent une certaine condition *économique* du milieu social ; cette condition (différentes facilités, abondance et sûreté des subsistances) détermine à son tour toute autre manifestation de la vie individuelle et sociale, telle que la morale, le droit, la politique, l'art, la religion, la science, qui, directement ou indirectement, ne sont que des « épiphénomènes du phénomène économique ». Autant dire que les besoins matériels et animaux de l'humanité expliquent toute l'histoire et toute la vie sociale, au lieu d'en être simplement la base physiologique. « Dis-moi ce que tu manges, et je te dirai ce que tu es, » *Was er isst, ist der Mann*. C'est la réduction du corps social à son ventre. Mais la vie est plus que nourriture et l'homme est plus qu'estomac. A en croire Marx et M. Ferri, l'histoire n'est que la lutte des classes sociales dans chaque groupe humain et la lutte des groupes ethniques entre eux pour conquérir le pouvoir économique (propriété des moyens de production et de travail); l'Etat sous toutes ses formes, embryonnaires ou développées, n'est que le « bras séculier » de la classe qui détient le pouvoir économique et, avec lui, le pouvoir législatif, judiciaire et administratif. C'est là, il faut en convenir, de l'économisme intempérant. De plus, au point de vue philosophique, cette prétendue application des idées de Hegel est la négation de la « vie de l'esprit » à laquelle le philosophe allemand suspendait tout le reste. Le « matérialisme économique » de Marx explique ainsi l'histoire par ce que les Allemands appellent les « courants inférieurs ». Rapportant tout à l'égoïsme animal et à la jouissance individuelle il cache sous son apparent socialisme un individualisme brutal. Auguste Comte, au contraire, subordonnait tout aux phénomènes intellectuels, aux « courants supérieurs », qui sont proprement humains et non plus seulement animaux. Les sociologues contemporains, moins exclusifs, reconnaissent l'action de tous les facteurs sociaux, en essayant d'en marquer la hiérarchie. Ils ne s'enferment dans aucun système.

Le pur socialiste, au sens étroit et limitatif du mot, n'est pas celui qui croit à une transformation progressive de la vie sociale, ni même à une augmentation progressive de l'action sociale dans l'ordre économique, mais celui qui méconnaît un des côtés individuels de la propriété, pour n'en reconnaître que le côté social et pour en confier par conséquent la gestion à l'État; d'où dérive un asservissement plus ou moins considérable de l'individu aux pouvoirs publics, dans l'ordre de la production, de la distribution, de la circulation ou de la consommation. Un sociologue n'est pas vraiment socialiste lorsque, tout en soutenant le fondement individuel de la propriété, il en montre aussi les aspects sociaux et les rapports sociaux, et qu'il s'efforce, en conséquence, de faire leur juste part à l'individu et à la société dans le domaine économique comme dans tous les autres. Quant à l'épithète : *socialiste d'État*, rien de plus vague ; on pourrait la réserver à ceux qui, proclamant le droit individuel de propriété, font cependant intervenir l'Etat au delà de ses attributions véritables et normales, en vue d'une distribution plus égale des fortunes ; mais la grande question est de savoir où s'arrêtent les attributions *légitimes* et *normales* de l'État dans une société donnée, avec telle condition présente et tel passé historique. Ce n'est pas par un échange d'épithètes qu'on résoudra un problème aussi complexe et relatif à tant de données[1].

Nous avons en France des socialistes révolutionnaires et des socialistes évolutionnistes. Sous prétexte de fonder un ordre supérieur, nos révolutionnaires veulent commencer par détruire le fondement même d'un ordre social quelconque, supérieur ou inférieur, je veux dire le respect de la loi.

Ce qu'on fait est petit, mais ce qu'on brise est grand.

[1] « L'expropriation avec indemnité, dit M. Jules Guesde, est une chimère autant sinon plus que le rachat. Et quelque regret qu'on en puisse éprouver, quelque pénible que paraisse aux natures pacifiques ce troisième et dernier moyen, nous n'avons plus devant nous que la reprise violente sur quelques-uns de ce qui appartient à tous, disons le mot : la Révolution[1]. » M. Gabriel Deville conseille aux révolutionnaires de se munir de « toutes les ressources que la science met à portée de ceux qui ont quelque chose à détruire ». On procédera à « l'expropriation économique de ceux qui ont été renversés du pouvoir ». Les paysans, voyant ensuite les avantages du collectivisme, « arriveront peu à peu à renoncer à leur propriété exclusive ; et l'on verra alors si leur égoïsme satisfait ne les fera pas assister impassibles à l'expropriation des riches *et même à quelque chose de plus*, pour le cas où ceux-ci auraient la maladroite inspiration de faire les récalcitrants ». On supprimera la dette publique (sans indemnité) « en ramenant tous ces papiers maculés à leur valeur ou poids[2] ».

[1] Jules Guesde, *Collectivisme et Révolution*. Paris, 1878.

[2] G. Deville, p. 58-61 de la préface du *Résumé du Capital* de Marx.

Quel sociologue admettra une pareille procédure ? La loi, si imparfaite qu'elle soit encore, est un essai pour formuler la justice ; qu'on la perfectionne en la rendant plus juste, rien de mieux, mais ce perfectionnement doit être une évolution. Aussi le socialisme évolutionniste, qui le comprend, est sous ce rapport supérieur à l'autre. Mais, quoique plus libéral, l'est-il assez ? La société finit toujours par s'incarner dans l'État, l'État dans le gouvernement, le gouvernement dans la majorité, la majorité dans les politiciens meneurs de la foule ; le socialisme assure-t-il la liberté de l'individu ou des associations devant les pouvoirs dits *sociaux* ? La sociologie reconnaît l'existence naturelle de certaines inégalités et leur utilité pour la sélection sociale, ce qui ne l'empêche pas de proclamer la nécessaire égalité des droits et l'égalisation progressive des classes ; les socialistes, eux, par l'intervention de l'État, se bornent trop souvent à déplacer les inégalités, car l'État n'a pas l'omniscience pour mesurer exactement à chacun selon ses mérites. Dans la Chine collectiviste, le gouvernement accorderait la plupart de ses faveurs aux plus influents ou aux plus bruyants. La concurrence économique sera remplacée par la concurrence de l'intrigue auprès du gouvernement et de ses fonctionnaires, déjà pullulants aujourd'hui et devenus une armée. On aboutira ainsi à faire, selon l'expression de Spencer, un peuple de solliciteurs et de mendiants. Trop de lois, répète Spencer, trop de fonctionnaires, — et c'est sur des considérations de sociologie qu'il s'appuie pour montrer, jusqu'à l'excès, les inconvénients de l'ingérence universelle de l'Etat. De plus, ayant tant de besognes à accomplir et obligé de prélever des impôts grandissants, l'État trouverait la répartition de ces impôts d'autant plus difficile qu'ils seraient plus considérables. Tous les pouvoirs *distributifs* dont les collectivistes veulent armer l'Etat apparaissent donc aux sociologues comme des armes à deux tranchants. Leur Etat-Providence, distributeur des fonctions et des rémunérations, est le pendant de l'Etat justicier d'autrefois, qui, en vertu du principe « métaphysique » et « théologique » d'expiation, prétendait proportionner exactement les peines aux fautes, et qui, pour cela, imaginait les degrés les plus raffinés de supplices. La pénalité théologique était déjà, proprement, une pénalité socialiste. Nous admettons bien, pour notre part, et nous croyons avoir mis en lumière un devoir de *justice réparative*, qui incombe à chacun et à tous[1] ; mais ce devoir n'exige pas qu'on remonte à l'origine de tout produit et de toute propriété pour y déterminer la vraie part de chacun dans les siècles passés et dans le présent ; il y a évidemment prescription. Cette prescription ne laisse subsister qu'un devoir *général* et *moral* de tous envers tous, et c'est ce devoir, selon nous, qui prend la forme de l'assistance ou de la bienfaisance, non seulement privée, mais publique. C'est ce même devoir, joint à d'autres raisons de justice, qui légitime l'intervention et la protection de l'Etat dans certaines circonstances où l'économisme pur la rejetterait au nom du principe abstrait : *laissez faire*. Méconnaître ces devoirs de l'Etat, c'est concevoir la liberté d'une manière toute négative, pour laisser libre jeu à des forces naturelles ou sociales qui peuvent fort bien entraver l'exercice réel de la liberté même. Mais, de là au collectivisme, grande est la distance. Le progrès de l'action sociale bien entendue doit, selon nous, favoriser et non entraver l'action des individus ou des associations libres.

Ce que les sociologues, d'autre part, reprochent à un certain nombre d'économistes, c'est de se placer trop exclusivement au point de vue des lois dites « *naturelles* », de ne pas assez faire entrer en ligne de compte les lois résultant du rapport des hommes entre eux au sein de la société, c'est-à-dire les lois sociologiques. Bastiat célèbre l'harmonie des lois naturelles et croit qu'il suffit de les laisser agir ; on lui a répondu mainte

[1] Voir la *Science sociale contemporaine* et la *Propriété sociale et la démocratie*.

fois qu'un ingénieur qui canalise une rivière, loin de violer les lois physiques, s'appuie sur elles pour rendre la rivière utile à la société; l'œuvre sociale est précisément de tourner au profit de l'homme les lois de la nature et, pour cela, de les organiser. Aussi l'idée d'*organisation*, malgré l'abus qu'en ont pu faire positivistes et socialistes, conserve toute son importance dans la science sociale et a pour elle l'avenir. Une multitude de forces qui sont aujourd'hui à l'état de dispersion inorganique et qui, par là, sont en partie perdues, gagneront à la fois une puissance nouvelle et une forme nouvelle en s'organisant par le moyen de l'association. Mais l'Etat, auquel le socialisme a l'habitude de faire toujours appel, n'est pas la seule association capable d'organiser : les associations particulières peuvent souvent le faire bien mieux que l'Etat, parce qu'elles ne perdent pas leur action sur une trop vaste étendue. Déjà on nous montre le travailleur en lutte contre la domination des « forces collectives et irresponsables » qui résultent de la « ploutocratie » et de la « féodalité financière »; mais quelle force est plus collective et plus irresponsable que l'Etat? — Les fonctionnaires, dit-on, sont responsables devant le gouvernement, qui lui-même est responsable devant le pays. — Sans doute; mais, si le gouvernement est chargé, au nom de la Société, de plus de choses qu'il n'en peut faire et si des abus inévitables en résultent, faudra-t-il donc passer tout le temps des sessions parlementaires en interpellations sur tel ou tel acte de tel administrateur?

Les systèmes exclusifs, socialisme pur et individualisme pur, semblent également faux au sociologue, qui reconnaît dans toutes les fonctions humaines et dans tous les produits humains un côté individuel et un côté social. D'une part, il n'est pas difficile de prévoir que, dans l'avenir, on verra des associations de travailleurs, de plus en plus éclairées, acquérir, gouverner et exploiter à leur bénéfice de vastes industries urbaines et rurales : il y aura donc progrès dans la coopération libre.

D'autre part, il est vraisemblable que l'Etat, ayant désormais la forme démocratique, sera chargé par le peuple de services généraux dans l'ordre économique qui, jusqu'à présent, avaient été laissés aux particuliers. De même pour la commune. Il y aura donc aussi progrès de la coopération obligatoire et administrative. C'est de ce côté qu'il importe de ne pas laisser l'Etat ou les communes empiéter sur les individus ou sur les sociétés particulières. On a prédit d'ailleurs avec raison que, parmi les puissants organismes collectifs aujourd'hui florissants, surtout financiers, on en verra un certain nombre, arrivés à leur plus grande extension, périr par leur excès même, retomber pour ainsi dire en fragments et en miettes que les individus recueilleront[1]. Il pourra donc, sous ce rapport comme sous bien d'autres, se produire une augmentation de l'initiative individuelle parallèle à celle de l'initiative collective, privée ou publique. Ce qui est certain, c'est que tout ira se compliquant et s'organisant avec le progrès de la civilisation, de manière à s'individualiser de plus en plus sur certains points, à se socialiser de plus en plus sur d'autres. Le *travail* et l'*intelligence* ne doivent pas être et ne seront pas toujours les simples instruments du *capital;* ils doivent devenir ses coopérateurs, et le capital lui-même doit recueillir sa portion légitime, non davantage. Pour cela, les diverses formes d'association privée, de coopération et de solidarité, doivent devenir de plus en plus libres, sans jamais attenter, ni à la liberté de l'individu, ni aux droits de la collectivité. On obtiendra ainsi l'accroissement simultané de ces trois choses qui, pour une vue superficielle, semblent antagoniques : l'action collective de l'Etat, l'action collective des associations privées, enfin l'action individuelle, libre en face l'État et en face des associations de toutes sortes. Plus il y aura d'individualisme, plus il y aura de puissance sociale, et réciproquement.

Nous sommes donc bien loin de soutenir que, dans

[1] Voir M. Hector Depasse, *les Transformations sociales*.

l'ordre social, il n'y ait « rien à faire ». Mais ce que nous soutenons, c'est que tous les systèmes actuels, surtout les systèmes socialistes, qui s'écartent le plus des faits et des résultats acquis de l'évolution historique, n'ont pas le moindre droit à s'intituler « scientifiques ». Les systèmes étroitement individualistes, eux aussi, sont fort loin d'être scientifiques, parce qu'ils reposent sur des données économiques incomplètes et que, en outre, ils ne tiennent pas compte d'une multitude d'autres facteurs sociaux; mais au moins n'aboutissent-ils pas à un renversement de l'ordre actuel en vue d'un ordre purement idéal, qui peut être utopique. Il faut donc rappeler à la modestie tous les théoriciens sociaux, et encore mieux tous les politiciens. Les questions sociales sont si compliquées et si difficiles qu'on ne peut trop admirer la légèreté et l'imprudence, soit des constructeurs de systèmes, soit des metteurs en œuvre de systèmes; tout bouleverser sans savoir où l'on va, tailler et amputer dans le corps social comme *in anima vili*, c'est le comble de la démence. Les réformes sociales doivent être essentiellement graduelles et progressives, mûrement étudiées, prudemment appliquées; à cette condition seulement elles seront « sociologiques ».

Le contraste, ressenti par tous, entre les réalités de la vie et les idéaux de la vie, voilà la vraie cause de notre inquiétude actuelle et le moteur de l'évolution sociale. Les économistes individualistes sont, en général, peu favorables à l'idée d'évolution : ils se figurent la nature humaine et la société humaine comme trop invariables; les socialistes, au contraire, se la figurent le plus souvent variable au gré de tous leurs désirs. Mais, pourrait-on leur demander, d'où est sorti l'état social actuel? D'une foule de causes en grande partie psychologiques et sociologiques, — je ne dis pas seulement les besoins, mais encore les désirs et les idées. Or, supposez l'ordre social artificiellement bouleversé, — sur les ruines des formes économiques actuelles subsisteront encore, selon la remarque de A. Wagner, les motifs mêmes qui avaient présidé à la construction de ces formes. C'est ce qu'oublient les socialistes. A leurs yeux, tout est actuellement pour le pis dans le pire des mondes ; à l'avenir, tout sera pour le mieux dans le meilleur des mondes ; un optimisme naïf succède à un pessimisme qui ne l'était pas moins[1]. La psychologie, vrai fondement de la sociologie, nous montre au contraire que la nature humaine ne peut pas être tout d'un coup changée par un changement dans les conditions économiques : pour le psychologue et pour le sociologue, tout est « graduel ». La sociologie n'est donc nullement solidaire du socialisme utopiste ou révolutionnaire. De plus, elle est l'unique science capable de réfuter les erreurs socialistes ou individualistes par des arguments décisifs, parce qu'elle est la seule qui embrasse, en leur mutuelle solidarité, tous les aspects des problèmes sociaux[2].

II. — Il serait fâcheux de voir se produire, dans le camp des économistes libéraux, opposé à celui de M. Enrico Ferri, la même confusion entre sociologie et socialisme : ce serait faire le jeu des partis révolutionnaires que de favoriser la prétendue équation entre le système socialiste et la science sociale ; ces partis ne sont déjà que trop disposés à présenter comme scientifique ce qu'ils soutiennent de plus utopique.

Dans un éloquent discours prononcé en séance publique annuelle, le 30 novembre 1895, et reproduit dans son livre *Contre le Socialisme*, M. Léon Say, président de l'Académie des sciences morales et politiques, a donné son appréciation du positivisme, de la sociologie et du socialisme, à propos du concours sur le positivisme et de

[1] Voir le livre de M. Bouglé sur les Sciences sociales en Allemagne.

[2] Exprimons ici le vœu que des chaires de sociologie soient créées en France (comme elles l'ont été en Allemagne, en Autriche, en Angleterre, aux États-Unis, en Belgique, en Italie), dans les Facultés des lettres et dans celles de droit, surtout à la Sorbonne, au Collège de France et à l'École de droit de Paris.

notre rapport sur ce concours[1]. — « Si les conclusions, dit M. Say, c'est-à-dire la distribution des récompenses, appartiennent à l'Académie, le rapport appartient au rapporteur. » Puis, après des pages de haut intérêt sur les relations de Comte et des économistes, M. Léon Say ajoute : — « Stuart Mill, pas plus que notre rapporteur aujourd'hui, n'a fait, au gré de la plupart des économistes, le départ nécessaire. Il semble que l'un et l'autre aient laissé encore beaucoup trop d'alliage mêlé à l'or pur, et que les traces qu'ils n'ont point éliminées de doctrines suspectes sont justement celles qui donnent le plus souvent pour alliée et quelquefois pour complice, au positivisme et à la sociologie, cette politique militante et passionnelle qui a fait explosion en France depuis quelques années sous le nom de socialisme... La sociologie et le positivisme se rencontrent d'une façon si manifeste dans l'ordre socialiste, qu'on est en droit de se demander d'où vient en réalité cette rencontre. » — Nous ne saurions accorder à l'éminent économiste et homme d'Etat l'identification qu'il tend à établir, d'abord entre positivisme et sociologie, puis entre sociologie et socialisme. Si Auguste Comte a fondé la sociologie scientifique et lui a donné son nom, il n'en résulte pas que tout sociologue soit obligé d'être positiviste, pas plus que n'y est obligé tout chimiste ou tout physicien. La sociologie conserve sa valeur propre, sa méthode et ses conclusions entièrement indépendantes des principes particuliers de la doctrine positiviste. Pareillement, il est impossible de confondre la sociologie avec le socialisme, quelle que soit la valeur qu'on accorde ou qu'on refuse à ce dernier. Nous avons vu que la sociologie, étude toute théorique par elle-même, étudie les conditions générales, les lois d'équilibre et de développement des sociétés ; prétendre que la science des sociétés comme telles aboutit au socialisme, ce serait prétendre que la société même y aboutit naturellement

[1] Voir ce rapport à la fin du volume.

et normalement, ce qui n'est pas sans doute la pensée de M. Léon Say. Herbert Spencer, sociologue, n'en est pas moins un individualiste absolu et même outré. Confondre la science sociale avec le système particulier d'organisation collectiviste appelé socialisme serait aussi paradoxal que de confondre l'économie politique, science des richesses, de leur production, de leur répartition, avec ce même socialisme qui réclame un certain mode collectif de production et de répartition des richesses. Si les socialistes font parfois de la sociologie, ils font encore plus souvent de l'économie politique, ils en font continuellement. Le socialisme matérialiste de Karl Marx vient même de ce qu'il s'est placé exclusivement au point de vue, non pas de la sociologie, mais de l'économie politique, en considérant tous les faits sociaux comme les résultats des besoins matériels. Parce que ce point de vue a entraîné le socialisme de Marx, en accusera-t-on la science économique? Aucun sociologue ne commettra cette injustice.

Si une science est capable de montrer les erreurs qui peuvent être contenues dans le collectivisme, comme aussi d'élargir le point de vue des économistes purs, c'est précisément la sociologie. La méthode vraiment scientifique, en sociologie, est contraire à tout ce qui est utopique et s'oppose, bien loin d'en être « alliée » ou « complice », à la « politique militante et passionnelle » dont nous sommes aujourd'hui témoins.

Outre la parenté du socialisme et de la sociologie, M. Léon Say a aussi soutenu sa parenté avec le positivisme. Nous n'appartenons pas, pour notre part, à l'école positiviste, mais, ni au point de vue des faits, ni au point de vue de la justice, nous ne saurions accuser le positivisme d'avoir pour « conséquence » le socialisme. Il importe peu qu'Auguste Comte ait ou n'ait pas, sur la fin de sa vie, favorisé le mouvement socialiste de 1849, en même temps qu'il se sacrait lui-même grand prêtre de l'humanité. Auguste Comte fut des premiers lui-même à revendiquer la part de la famille et de la patrie entre les deux extrêmes de l'individu et de l'humanité. Il dénonçait déjà le principal danger des utopies actuelles, qui, « rétrogradant vers le type antique par une folle ardeur de progrès, s'accordent à prescrire au cœur humain de s'élever, sans aucune transition, de sa personnalité primitive à une bienveillance directement universelle, dès lors dégénérée en une vague et stérile philanthropie, trop souvent perturbatrice ». Si Comte se laisse séduire à « l'organisation du travail », il est loin de supprimer pour cela la propriété ; il y voit « une indispensable fonction sociale, destinée à former et à administrer les capitaux par lesquels chaque génération prépare les travaux de la suivante ». Il ne veut pas d'une « collectivité inerte et irresponsable ». L'héritage est pour lui « le moyen naturel suivant lequel chaque génération transmet à la suivante les travaux déjà accomplis et les moyens de les perfectionner[1] ». La suppression de l'héritage lui paraît une sorte d'attentat à la « continuité historique », condition essentielle de la vie des sociétés pour tout sociologue. D'ailleurs, encore un coup, Auguste Comte n'est ni tout le positivisme, ni toute la sociologie. Quelles qu'aient pu être ses aberrations, sa méthode était essentiellement défavorable aux revendications fondées sur des idées « métaphysiques » de droit absolu, d'égalité absolue et même de fraternité absolue : elle faisait profession de s'en référer aux faits et à l'expérience. Suffisante ou non (pour nous, elle est insuffisante), une telle méthode est certainement contraire aux spéculations aventureuses des faiseurs de systèmes sociaux. En politique, la prétendue logique qui consiste à raisonner sur une ou deux données seulement lorsqu'il y en a dix ou cent, est le plus grave manquement à la logique ; la théorie vraiment rationnelle et en même temps expérimentale, conséquemment positive au bon sens du mot, est celle qui tient compte de tout le réel : des raisons incomplètes et insuffisantes ne sont pas de

[1] *Discours préliminaire du système de philosophie positive*, I, 152, 160.

vraies raisons, et, par malheur, ce sont celles dont se contente le plus facilement la logique révolutionnaire comme la logique populaire. Aussi la sociologie doit-elle, dans sa pleine indépendance, établir ses principes et développer ses conséquences en dehors de toutes les doctrines militantes, encore une fois, dont *aucune* n'a le droit de s'intituler « scientifique ».

Pourtant, objecte-t-on, « n'est-il pas clair que le socialisme a fait son profit du Grand Milieu, et que, sous prétexte de l'évolution, il a pris le rebours des mots d'Auguste Comte disant « de la nature qu'elle est pour « nous la fatalité et de la société humaine qu'elle est pour « nous la liberté » ? Les socialistes ont proclamé, au contraire, la fatalité comme une loi inéluctable de la société humaine, et la liberté comme une loi de la nature urgente à discipliner; et c'est sur l'Evolutionnisme de Comte qu'ils s'appuient pour parler ainsi. » — Nous ne comprenons pas bien comment les socialistes s' « appuient » sur Comte au moment où ils le contredisent. « Est-ce donc, demande en terminant M. Léon Say, un service rendu à notre pays que d'avoir ouvert une voie philosophique au socialisme et n'est-il pas fâcheux que la philosophie se soit compromise dans une lutte où elle aurait dû apporter à l'humanité un secours efficace au lieu d'une sommation à capituler, son rôle étant de fortifier les âmes et non de les affaiblir ? » La philosophie, répondrons-nous de nouveau, n'est pas le positivisme, encore moins le socialisme ; loin d'être « compromise », elle garde toute son autonomie devant les partis politiques et sociaux. Bien plus, dans l'ordre même de la spéculation, son rôle est de s'élever le plus possible au-dessus des points de vue particuliers et bornés auxquels s'arrêtent nécessairement les sciences spéciales, qu'elles s'appellent droit, économie politique, histoire, ou qu'elles s'appellent physique, chimie, physiologie : au delà et au-dessus des vérités, elle s'efforce d'entrevoir, autant qu'il est donné à l'homme, la vérité, qui, dans l'ordre social, devient la justice.

CHAPITRE IV

LA LOI SOCIOLOGIQUE DES TROIS ÉTATS

Peu de temps après que Comte eut énoncé la loi des trois états, Buchez fit observer qu'elle avait été déjà formulée par Turgot; mais il faut reconnaître que, chez Comte, elle acquit une valeur sociologique et philosophique qu'elle n'avait pas.

Si la classification des sciences exprimait surtout la loi du développement scientifique, la doctrine des trois états exprimait la loi du développement philosophique. L'intelligence individuelle et sociale, placée en face de la nature, n'a pu s'expliquer la nature que par analogie avec elle-même : l'homme a donc cru d'abord voir partout, comme en lui, des volontés intelligentes et sensibles. De là l'état « théologique ou fictif », auquel se superposent l'état « métaphysique ou abstrait », l'état « positif ou scientifique ». Dans ses *Considérations sur les sciences et les savants* (1825), Comte oppose le caractère subjectif des philosophies théologique et métaphysique au caractère objectif de la philosophie positive : « Le véritable esprit général de toute philosophie théologique ou métaphysique, dit-il, consiste à prendre pour principe, dans l'explication des phénomènes du monde *extérieur*, notre *sentiment immédiat* des phénomènes *humains;* tandis que, au contraire, la philosophie positive est toujours caractérisée non moins profondément par la subordination nécessaire et rationnelle de la conception de l'homme à celle du monde. » En somme, selon Comte, le développement social est un progrès vers la science et un progrès dans la science. Le progrès vers la science se résume dans la succession hiérarchique des trois états théologique, métaphysique et positif; le progrès dans la science est la succession hiérarchique des sciences de plus en plus concrètes. Le progrès vers la science fait s'évanouir la théologie en métaphysique, la métaphysique en inconnaissable, par un passage graduel du concret et de l'imaginatif à une abstraction de plus en plus vide. Les dieux deviennent Dieu; Dieu devient la Nature, la Nature devient une entité pure, et tout finit dans l'incognoscible. Les spectres à apparences variées finissent par ne plus former qu'un grand spectre, et ce dernier, comme une ombre vaine, se dissipe peu à peu à mesure que monte à l'horizon le soleil de la science. Celle-ci, d'autre part, qui n'avait été d'abord qu'une vague lumière répandant çà et là quelques clartés dans la nuit imaginative, passe de l'abstraction vague à un relief qui met les objets réels en saillie et répand la lumière sur une vie de plus en plus et mouvante.

Auguste Comte s'est gardé de rapporter chronologiquement les trois états à des phases toujours successives et progressives. Ces trois états, Comte a bien vu qu'ils peuvent coexister et coexistent encore de nos jours. Il est d'ailleurs certain que la prédominance relative de l'un des trois donne aux diverses périodes de l'histoire leur caractère propre. Mais il importe de ne pas prendre ici le change, comme l'ont fait, par exemple, Huxley en Angleterre, M. Renouvier en France, qui croient que les positivistes veulent dire : tout a passé successivement par les trois états, et tout a commencé par être théologique; on a construit théologiquement des cabanes, on a cru que deux et deux font quatre en vertu de la volonté d'un dieu, etc. Il est impossible, a-t-on remarqué à ce sujet, de concevoir un art de faire la cuisine, de chasser, de construire des huttes par une méthode exclusivement théologique; car, bien que beaucoup de tribus sauvages croient que la nourriture et le feu, les arcs et les flèches, etc., ont des âmes, ils n'en doivent pas moins considérer les propriétés positives de ces choses pour en faire usage[1]. Il ne s'est probablement rencontré personne, avait dit aussi Stuart Mill, pour s'imaginer que c'était la volonté d'un dieu qui empêchait des lignes parallèles de se joindre, ou pour prier les dieux que deux et deux fassent cinq. Mais Comte lui-même, dans une page des plus remarquables, donne le sens profond de sa pensée, que les critiques se sont obstinés à méconnaître : — « La philosophie théologique, dit-il, même dans notre première enfance, individuelle ou sociale, n'a jamais pu être rigoureusement *universelle;* c'est-à-dire que, pour les ordres quelconques de phénomènes, les faits les plus simples et les plus communs ont toujours été regardés comme essentiellement assujettis à des lois naturelles, au lieu d'être attribués à l'arbitraire volonté des agents surnaturels. » On ne trouve, en aucun temps ni en aucun pays, selon la remarque d'Adam Smith, un dieu pour la pesanteur. « Il en est ainsi, en général, même à l'égard des sujets les plus compliqués, envers tous les phénomènes assez élémentaires et assez familiers pour que la parfaite invariabilité de leurs relations effectives ait toujours dû frapper spontanément l'observateur le moins préparé. Dans l'ordre moral et social, qu'une vaine spéculation voudrait aujourd'hui interdire à la philosophie positive, il y a eu nécessairement, en tout temps, la pensée des lois naturelles relativement aux plus simples phénomènes de la vie journalière, comme l'exige évidemment la conduite générale de notre existence réelle, — individuelle ou sociale, — qui n'aurait pu jamais comporter aucune prévoyance quelconque si tous les phénomènes humains avaient été rigoureusement attribués à des agents surnaturels, puisque, dès lors, la *prière* aurait logiquement constitué la seule ressource imaginable pouvant influer sur le cours habituel des actions humaines. On

[1] Flint. *La philosophie de l'histoire en France.*

doit même remarquer à ce sujet que c'est, au contraire, l'*ébauche spontanée* des premières *lois naturelles* propres aux *actes* individuels ou sociaux qui, *fictivement transportée* à tous les phénomènes du monde *extérieur*, a d'abord fourni, d'après nos explications précédentes, le vrai principe fondamental de la *philosophie théologique*. Ainsi, le germe élémentaire de la *philosophie positive* est certainement tout aussi *primitif* au fond que celui de la philosophie théologique elle-même, quoiqu'il n'ait pu *se développer* que beaucoup *plus tard* ». Auguste Comte insiste et dit : « Une telle notion *importe* extrêmement à la parfaite rationalité de notre théorie *sociologique*, puisque, la vie humaine ne pouvant jamais offrir aucune véritable *création* quelconque, mais toujours une simple *évolution* graduelle, l'essor final de l'esprit positif deviendrait *scientifiquement incompréhensible* si, dès l'origine, on n'en concevait, à tous égards, les rudiments nécessaires. Depuis cette situation primitive, à mesure que nos observations se sont spontanément étendues et généralisées, cet essor, d'abord à peine appréciable, a constamment suivi, sans cesser longtemps d'être *subalterne*, une progression très lente, mais *continue*, la philosophie théologique restant toujours réservée pour les phénomènes, de moins en moins nombreux, dont les *lois* naturelles ne pouvaient encore être aucunement connues[1]. » On voit combien est profonde la théorie de Comte. Il n'oublie jamais son principe, essentiel en sociologie, de la solidarité et de la simultanéité des divers mouvements sociaux. De même que science, industrie et morale se sont développées simultanément et en réciprocité d'action, de même les trois états de l'intelligence collective ont, selon Comte, toujours coexisté; mais cette coexistence n'empêche pas que l'un d'eux, à diverses époques et sur divers points, a nécessairement prédominé. Il s'agit donc uniquement de savoir, quelle était, aux diverses périodes de l'histoire, la con-

[1] *Cours*, 31e leçon.

ception du monde directrice de l'intelligence sociale et, par là, de la société entière. Auguste Comte répond : la conception théologique a eu la première l'hégémonie intellectuelle et sociale. La loi des trois états exprime essentiellement l'ordre du développement *philosophique*, la philosophie étant la conception même du monde. Aussi Auguste Comte parle-t-il continuellement de la « philosophie » théologique, de la philosophie métaphysique et de philosophie positive. Il fait observer que la philosophie positive a « rallié d'abord les phénomènes astronomiques, ensuite les phénomènes de la physique terrestre, ceux de la chimie, et enfin les phénomènes biologiques ». Il s'agit donc bien, dans sa pensée, de l'explication des choses selon les principes de la philosophie positive, qui n'a conquis d'abord que les sciences les plus simples pour gagner à la fin les plus complexes. Sous cette forme, sa loi des trois états peut très bien se soutenir.

Quant à la théorie psychologique de Comte qui refuse à l'intelligence le principal rôle chez l'homme, elle n'est pas en contradiction, comme on l'a prétendu, avec sa théorie sociologique des trois états, qui subordonne l'évolution de la société à celle des doctrines. Les trois états ne portent que sur l'évolution philosophique et scientifique, non sur l'évolution des autres phénomènes sociaux. L'hégémonie *intelleetuelle* de l'humanité appartient de plus en plus, selon Comte, à la philosophie fondée sur la science, et comme c'est l'intelligence qui est la caractéristique de l'humanité, la société en tant qu'*humaine* est de plus en plus régie par la philosophie et la science. Telle est la vraie thèse de Comte. La loi des trois états ne s'applique directement qu'à l'évolution des grandes conceptions philosophiques et n'agit qu'indirectement sur les autres classes de phénomènes sociaux, « en tant que ces derniers, selon la remarque de Littré, sont en rapport nécessaire de structure et de fonctionnement avec les premiers ». De même, la classification hiérarchique des sciences n'exprime, elle aussi, qu'un aspect de l'évolution : les lois de l'acquisition et de la constitution de nos connaissances positives. Mais ni la loi des trois états, ni celle de la constitution des sciences ne prétendent expliquer la vie entière des sociétés : ce sont seulement des lois *intellectuelles* et *philosophiques*, mais, par cela même, d'importance capitale au point de vue qui distingue l'humanité de l'animalité.

La loi des trois états, a-t-on objecté, n'est pas une loi explicative et causale; « fût-elle réelle, elle n'est et ne peut être qu'empirique »; c'est « un coup d'œil sommaire sur l'histoire écoulée du genre humain [1] ». Mais Comte a présenté sa loi comme le résultat d'une déduction et d'une induction, non comme un fait empirique. La déduction la rattache à la nature même de l'esprit humain et prouve que l'homme a dû nécessairement commencer par une philosophie théologique de la nature, puis métaphysique. L'induction rattache la loi à l'histoire même de la philosophie, où on trouve, selon Comte, sa confirmation. — « Qui dit qu'il n'y aura pas un quatrième état? » — Mais ce quatrième état n'est pas concevable, sinon comme synthèse des autres.

Autant la loi de Comte est soutenable, si on entend par là l'élévation progressive au mode scientifique de nos conceptions ou actions sur la nature, autant elle est contestable, si on l'interprète comme une loi qui aboutirait à supprimer toutes les spéculations et croyances relatives soit à la religion, soit à la métaphysique. Par malheur, Comte n'a pas assez restreint sa loi. Pour lui, *tout* ce qui est d'ordre *intellectuel* doit devenir positif; ce qui ne le peut doit être éliminé du savoir : il faut donc bannir tout examen des questions qui dépassent les méthodes des sciences. Comte croit d'ailleurs que la philosophie et la religion peuvent avoir une forme et un fond compatibles avec ces méthodes. L'homme, dit-on, meurt quand il a vu son propre

[1] M. Durckheim. *De la méthode en sociologie.*

esprit ; ainsi, selon Comte, la théologie voit dans la métaphysique son esprit même, dégagé par abstraction, et elle meurt ; mais la métaphysique voit son esprit dans la science, et elle meurt à son tour.

Sur cette grave question, trois hypothèses sont possibles. On peut admettre, ou que la théologie et la métaphysique finiront par être absorbées dans la science positive et dans la sociologie appliquée, comme le croit Comte ; ou qu'elles continueront de coexister avec la science, mais qu'elles auront un domaine de plus en plus rétréci et une influence de plus en plus restreinte ; ou que, tout en se confinant dans leur domaine propre sans empiéter sur la science, elles s'élargiront parallèlement à l'élargissement de la science même, si bien que chaque progrès scientifique serait, non une réduction, mais une extension de la vraie métaphysique et de la vraie théologie, ou, si on veut, de la vraie philosophie première et de la vraie religion. Il y a un développement par négation et destruction ; il y a un développement par affirmation et construction ; il y a enfin un développement par la synthèse et la conciliation des deux dans une idée plus compréhensive. C'est en ce dernier que consiste l'évolution véritable, et la dialectique de Hegel peut être ainsi mise d'accord avec l'évolutionnisme de Spencer. Par métaphysique, désignez-vous l'explication des faits de l'expérience au moyen d'entités et de causes qui ne peuvent être vérifiées par l'expérience même ou établies en une relation définie avec elle ; dès lors, il est clair que la métaphysique ainsi définie doit disparaître, puisqu'elle ne serait qu'une fausse manière de comprendre l'explication scientifique. Mais il faut distinguer l'ontologie, qui est une mythologie abstraite, de la philosophie première, qui cherche son point d'appui dans le réel saisi par la conscience. Les modernes disciples de Kant et de Comte représentent la métaphysique comme un impraticable passage des réalités au milieu desquelles nous vivons à un monde de choses *en soi*, sans aucun rapport avec une intuition possible ou avec une expérience possible. Ce n'est pas ainsi que les grands métaphysiciens ont conçu la philosophie première. Platon lui-même voyait dans le sensible un premier degré, un état confus et « mêlé », une ébauche de l'intelligible : il ne plaçait pas la réalité en dehors de notre pensée, mais au plus profond de notre pensée même, puisqu'il admettait que nous la saisissons par une intuition; si donc, en un sens, la réalité est en soi, elle est aussi en nous et nous sommes en elle. De même, pour Aristote, c'est une sorte d'expérience fondamentale qui nous fait saisir l'être, identique à l'acte même de la pensée. Il n'existe donc pas, selon les grands métaphysiciens, un monde de choses purement *en soi*. où nous ne plongerions point par notre propre pensée. Pour Descartes, être et pensée sont tout d'abord saisis du même coup. Pour Spinoza, Dieu est immanent à la nature et à l'homme. Pour Leibniz, nous sommes les fulgurations de la monade suprême, et, au fond, nous n'en sommes pas séparés. Que la métaphysique ainsi entendue aille s'appauvrissant et s'évanouisse dans l'abstrait, c'est ce qu'il est difficile de soutenir quand on passe d'Héraclite à Platon, de Platon à Aristote, d'Aristote à Descartes, de Descartes à Leibniz, de Leibniz à Kant, de Kant à Hegel et à Schopenhauer. La philosophie première s'est assurément dépouillée de ses entités, comme la religion de ses mythes les plus matériels; mais son contenu, loin de s'appauvrir pour cela, s'est enrichi tout à la fois sous le rapport de l'extension et de la compréhension.

Comte a été ici la dupe d'une illusion d'optique, que M. Edouard Caird a fort bien expliquée. C'est, dit ce dernier, chez les *métaphysiciens* des siècles passés qu'on peut le mieux discerner les erreurs de leur époque, parce que, chez eux, ces erreurs ne sont pas simplement impliquées et présupposées, mais exposées explicitement et systématiquement; dès lors, par une confusion naturelle, nous prenons pour les inventeurs ou les représentants principaux d'une idée, d'une tendance d'esprit, les philosophes chez qui elle se trouve le plus distinctement exprimée; au contraire ce sont eux qui ont les premiers rendu facile pour les autres, sinon pour eux-mêmes, d'apercevoir les limitations de cette idée ou de cette tendance, et de les dépasser. Ce qui est réellement dû à la métaphysique, « ce n'est donc pas l'erreur, c'est plutôt cette clarté et cette détermination dans l'expression de l'erreur qui en est la réfutation même et qui rend possible pour nous un point de vue plus élevé ». Cette théorie hégélienne de l'histoire est très juste. Avec Hegel et ses continuateurs, on peut admettre que la limite de la pensée grecque, le point auquel, par son propre développement, elle est tombée dans l'erreur et la contradiction avec soi, n'aurait jamais été aisé à discerner si ses présuppositions n'avaient été mises en une sorte de lumière idéale par les œuvres de Platon et d'Aristote [1]. La métaphysique a donc eu son rôle utile et nécessaire pour faire progressivement le triage des erreurs et des vérités.

Mais ce n'est pas là son seul rôle. Comte et Littré reconnaissent eux-mêmes que la science objective tout entière laisse un « résidu » inexpliqué; ne faut-il pas, dès lors, déterminer exactement en quoi ce résidu consiste, son rapport avec les faits et notions de la science, son rôle dans l'esprit humain, la valeur spéculative ou pratique qu'il peut acquérir, sa relation avec nos sentiments et nos croyances? En un mot, le résidu de la science objective n'est-il pas précisément ce que les métaphysiciens prennent pour objet de leur étude propre? En ramenant les phénomènes sous la domination des lois, qui sont des coexistences et successions constantes, la science nous fournit-elle une explication ultime et suffisante de l'univers? Avons-nous obtenu tout au moins la seule explication possible pour nous? — Que l'on réponde négativement ou affirmativement à toutes ces

[1] Caird. *Social Philosophy of Comte.*

questions, encore faut-il donner les raisons de sa réponse; or, ce sont ces raisons qui sont l'objet de la philosophie première, de la métaphysique légitimement comprise, soit comme critique de la connaissance, soit comme spéculation sur l'existence.

En philosophie première, le point de vue exclusivement objectiviste des sciences devient insoutenable. Pour le philosophe, la conscience ne peut plus être une *chose* parmi les autres; le sujet sentant ne peut plus être un des « objets » dont la relation réciproque compose l'unité mécanique du monde. Le sujet et l'objet ne sont pas des *parties* du même ordre d'expérience, avec action et réaction mutuelles, car les notions par lesquelles on prétend, dans cette hypothèse, expliquer l'origine de l'expérience et de la pensée, — notions de cause, d'action, de force, etc., — sont des concepts qui ne peuvent exprimer que les relations des phénomènes objectifs dans l'expérience, mais non expliquer l'expérience même[1]. Pour Schopenhauer, la vérité qu'on peut affirmer *à priori*, parce qu'elle exprime le mode de toute expérience possible et imaginable, c'est celle-ci : le monde est ma représentation. Cela est vrai si, par là, on entend simplement le monde-objet, le monde pensé. Et Schopenhauer aurait pu tout aussi bien dire : « Ma représentation est le monde même. » D'une part, le monde n'existe comme objet que par le sujet; d'autre part, le sujet n'existe comme tel et ne prend conscience de soi que par l'objet. Les deux points de vue subjectif et objectif sont donc absolument inséparables et également constitutifs de la pensée même, qui est ainsi, tout à la fois, individuelle par son centre interne, universelle par le monde infini d'objets où elle se détermine. C'est l'unité des deux points de vue dans le *réel* que doit poursuivre la philosophie première. Celle-ci est distincte par là même des sciences positives.

Comte suppose à tort que l'observation intérieure est la

[1] Voir Kant, Schopenhauer, Green, Caird, etc.

méthode caractéristique et exclusive des métaphysiciens: l'esprit métaphysique, en conclut-il, « est radicalement incompatible avec le point de vue social » et n'a jamais été « capable de dépasser la sphère de l'individuel ». Le sort de la théorie métaphysique, à l'en croire, est décidé par son « impuissance à concevoir l'homme autrement qu'au point de vue individuel », tandis que « le vrai point de vue humain n'est pas individuel, mais social ». L' « homme » est une « pure abstraction »; il n'y a rien de réel que « l'humanité, considérée intellectuellement et encore plus moralement ». — Mais les vrais métaphysiciens, peut-on répondre, ne se sont placés ni au point de vue purement individuel, comme Comte les en accuse, ni au point de vue purement social, comme il voudrait qu'on fît; ils se sont élevés, ainsi qu'ils le devaient, au point de vue universel.

Pour ces diverses raisons, c'est à la synthèse des trois états que marche l'humanité, non à la disparition complète des deux premiers au profit du troisième. Comte lui-même a voulu « incorporer » l'animisme universel ou « fétichisme » au positivisme, mais sous la forme toute pratique d'une religion et d'une morale sociales. La question est de savoir si, même au point de vue de la spéculation philosophique, le côté vrai de la période anthropomorphique ne doit pas se réconcilier un jour avec le côté vrai de la période cosmologique. Nous allons voir que la conception du monde, telle qu'elle résulte des sciences objectives, n'exclut pas, mais appelle au contraire une conception où l'on tienne compte du subjectif. C'est d'ailleurs ce que le fondateur du positivisme a lui-même entrevu, mais en prenant ce mot de subjectif au sens beaucoup trop étroit de l'intérêt humain.

CHAPITRE V

L'ANALYSE PHILOSOPHIQUE.

I. — POSSIBILITÉ DE LA PHILOSOPHIE PREMIÈRE. LES ÉLÉMENTS PSYCHIQUES DU MONDE

I. — Qu'est-ce, au fond, que le monde dit phénoménal? — C'est le monde réel, en tant qu'aperçu sous un certain point de vue par nous qui en faisons partie intégrante. Le principe commun du mysticisme et du scepticisme fut toujours la séparation des phénomènes et des réalités ; selon ces deux doctrines, nous n'atteignons que des apparences, même en nous, et il est possible que les réalités ne leur ressemblent en rien : il y a deux mondes, dont le second, en nous comme hors de nous, reste plongé dans le mystère. Le principe de la vraie philosophie positive, comme de la vraie philosophie idéaliste, c'est, au contraire, l'inséparable unité des réalités et des phénomènes ; la distinction entre les deux n'est plus une distinction réelle, mais, ainsi que Hegel l'a très bien vu, idéale : c'est la distinction entre un savoir complet et un savoir incomplet. Le monde des réalités désigne les choses telles qu'elles existent dans toute la complexité de leurs attributs objectifs et de leurs relations objectives : les « phénomènes » désignent les mêmes choses réelles, mais en tant seulement qu'elles sont connues du sujet pensant dans leurs attributs objectifs et leurs relations objectives. La réalité, pour la philosophie première, c'est donc l'ensemble des choses connues ou connaissables avec tous leurs caractères et tous leurs rapports, y compris leur rapport à la conscience, y compris ce caractère qui leur est commun à toutes d'être ou perçues ou déduites de nos perceptions, de nous apparaître ou de pouvoir nous apparaître. Ce rapport des choses à la conscience est précisément ce qui, pour nous, les constitue *phénomènes,* mais c'est aussi ce qui, pour nous, les constitue réalités. Quand donc la philosophie met en contraste le phénomène et le réel, c'est simplement pour insister sur le caractère « fragmentaire » de la « peinture graduelle que nous nous formons de ce tout, intérieurement lié et enchevêtré, auquel nous donnons le nom de réalité [1] ». Dire que notre appréhension des choses est phénoménale, c'est simplement dire qu'elle est sans doute une appréhension de la réalité où nous plongeons nous-mêmes, mais que, comme partie, elle est distincte du tout. Il faut donc s'en tenir à ce résultat acquis par la philosophie contemporaine; réduction du noumène à une idée absolument indéterminée et sans emploi possible, ce qui entraîne la foncière réalité de tout ce qui est saisi dans et par notre conscience, de tout ce qui, en ce sens, est phénomène [2].

Puisque le monde réel n'est pas d'un côté, le monde phénoménal de l'autre, les phénomènes et leurs lois ne peuvent être indépendants de la nature du réel; ils en sont, au contraire, les effets et, par cela même, les manifestations plus ou moins complètes, mais toujours véridiques à un certain degré. S'il en est ainsi, la science positive, en nous découvrant de plus en plus les lois des phénomènes et en s'élevant à leurs rapports les plus généraux, travaille pour la philosophie première. D'autre part, celle-ci dépend, en ses conceptions cosmologiques, de l'état de la science, qu'elle prolonge par des lignes hypothétiques pour se représenter l'édifice de l'univers. Voilà ce qui restera vrai dans la conception positiviste de la philosophie.

[1] Voir Abbot, *The Way out of Agnosticism.*

[2] Voir notre livre sur le *Mouvement idéaliste.*

Ces principes posés, on peut chercher à se faire une idée de l'univers : 1° dans ses lois ou formes générales; 2° dans son fond même et ses éléments. Le point de vue des lois n'aboutit qu'à la systématisation des sciences, soit physiques, soit mentales, et c'est celui auquel nous avons vu se placer, d'une manière exclusive, la philosophie positiviste de Comte [1]. Pareillement, Taine s'en tint d'abord à ce point de vue. Mais il est clair que son « axiome » primordial, abstraction des abstractions, ne saurait suffire à expliquer « le torrent des phénomènes » ; il faut tout au moins combiner des lois entre elles et se rapprocher de plus en plus du concret en l'enserrant dans un réseau d'abstractions. Telle est effectivement, selon les positivistes contemporains, la seule manière que nous ayons de nous représenter la figure mystérieuse du Cosmos. Comme nous l'avons vu, la philosophie est pour eux une synthèse et une organisation des « lois » scientifiques. Le positivisme de Comte et de Littré, il est vrai, s'était borné aux lois mathématiques, physico-chimiques, biologiques et sociologiques; il avait laissé de côté les lois psychologiques [2]. Exclusion injuste. Réparez cette erreur; introduisez de nouveau les lois de la psychologie dans l'organisme des sciences; ajoutez-y même les résultats généraux de la critique kantienne, qui a déterminé les lois générales de nos connaissances : vous aurez ainsi un code de la nature plus complet. Et vous vous serez rapproché de la réalité, du fait individuel, à mesure que vous aurez compliqué les entre-croisements de lois générales. Tel le jurisconsulte aboutit à l' « espèce », au cas particulier du litige, en combinant les divers articles du code et les divers jugements qui en ont été l'application.

Par cette première voie, on n'obtient évidemment qu'une connaissance des *rapports* des choses, rapports de plus en plus généralisés ou particularisés selon que

[1] Voir chap. I.
[2] Voir livre II, chap. I.

vous montez vers les sciences abstraites ou descendez vers les sciences particulières. Mais peut-on aller au delà et se faire une idée quelconque des termes eux-mêmes? Non, s'il faut en croire le positivisme et même le kantisme, qui laisse derrière un voile impénétrable les « choses en soi ». — Comment ferez-vous, disent les partisans de ces doctrines, pour vous représenter le concret de l'existence? Vous ne le pourrez qu'au moyen de quelque élément concret lui-même par vous choisi et étendu à tout. Or, les seuls concrets vraiment connus de vous sont vos états de conscience; c'est donc avec ces états ou à leur image que vous prétendrez vous représenter le fond des choses, les termes entre lesquels la science a établi des rapports. Mais alors on vous opposera cette question préalable : est-il légitime de projeter au dehors nos états de conscience, et ne sommes-nous pas absolument enfermés dans la philosophie des *lois* sans pouvoir pénétrer dans la philosophie des *êtres?*

Nous répondrons, d'abord, que l'induction de nos états internes à la face interne des phénomènes fonde elle-même sa légitimité sur des *lois;* puisqu'on accorde aux lois tant de valeur objective, il faut en accorder aussi aux inductions qu'elles autorisent. Toutes les lois scientifiques aboutissent à montrer l'universelle analogie, elles tendent toutes à cette conclusion : il y a dans l'univers unité de composition. Au reste, si les éléments des choses étaient de tous points disparates et sans ressemblance, comment se ferait-il que leurs lois fussent partout les mêmes? Comment l'identité de rapports subsisterait-elle dans l'anarchique opposition des termes? Les phénomènes ne nous sont connus que comme systèmes de relations, et l'unité des relations établit déjà la parenté universelle des phénomènes pour la connaissance. Reste, il est vrai, le contenu réel de ces phénomènes, qu'on peut supposer radicalement différent de l'un à l'autre. Mais cette supposition est sans raison; de plus, elle est contraire à toutes les raisons positives, puisque l'on ne comprend pas comment des êtres opposés de nature se manifesteraient par des formes et rapports semblables. Dira-t-on que le contenu doit demeurer x ? Mais il y a un contenu que nous connaissons directement, le nôtre, celui de notre conscience. Comment donc ne serait-il pas naturel de raisonner ici par analogie et d'étendre méthodiquement aux réalités extérieures, *mutatis mutandis*, ce que nous découvrons dans notre réalité intérieure? Quand j'induis de ma conscience personnelle à la vôtre et que je vous attribue des plaisirs ou des douleurs, des pensées, des volitions semblables à ce que je trouve en moi, mon induction réussit théoriquement et pratiquement. Il est d'ailleurs essentiel pour la morale que je ne sois pas ici dans l'illusion, non pas seulement sur les rapports, mais sur les termes mêmes. Il faut que vous souffriez réellement quand je vous porte secours pour vous empêcher de souffrir; il faut que vous jouissiez réellement quand j'essaie de contribuer à votre joie; il faut que vous pensiez et raisonniez comme moi quand je vous témoigne le respect dû à un être raisonnable; il faut que vous ayez une volonté comme la mienne quand je m'abstiens de faire violence à votre volonté. Ici donc, ce sont les termes concrets que je me représente et il y a, dans le grand monde, au moins un monde plus petit que je conçois par le dedans, non plus par le dehors : c'est le monde social, ce sont les êtres pensants et sentants au milieu desquels je vis, c'est la cité des consciences. Voilà un « anthropomorphisme » sans lequel il n'y aurait aucune moralité possible. Quels devoirs pourrais-je m'imposer envers des illusions ou envers des êtres dont je ne concevrais absolument que les rapports extérieurs, les lois formelles, la silhouette logique ou mathématique ? Si je ne m'attribue aucune obligation déterminée envers ce qu'on appelle les *choses*, c'est précisément parce que je ne me vois pas agir sur leur intérieur : j'ignore ce qui peut se passer dans les molécules d'une pierre quand je la transporte d'un lieu dans l'autre ; je suis réduit ici à des inductions philosophiques tellement lointaines qu'elles ne m'imposent pratiquement aucune obligation définie.

Est-ce à dire que, même dans le domaine des choses dites inanimées, toute induction sur le dedans me soit interdite ? Non. Puisqu'il y a des êtres autres que moi dont je me représente l'intérieur, non pas seulement les rapports abstraits et les lois, comment n'espérerais-je pas étendre mon induction de proche en proche, de l'homme à l'animal, de l'animal au végétal, du végétal au minéral ? La conscience des autres hommes et des autres animaux est le moyen terme qui autorise le passage d'une philosophie des *lois* à une philosophie des *êtres*. J'ai un pont du moi au non-moi, qui est vous. Je possède un exemple de l'unité de composition sous le rapport des termes eux-mêmes, non plus seulement des rapports.

L'abstinence positiviste et le jeûne criticiste ne saurait donc plus longtemps être de mise : une philosophie à la fois spéculative et morale m'ouvre le cœur des choses et m'autorise à concevoir ma conscience comme une révélation d'autres consciences, ainsi qu'un moyen d'action sur elles.

II. — Nous pouvons maintenant répondre aux objections que la mise en œuvre de cette méthode peut soulever, soit de la part du positivisme, soit de la part du subjectivisme absolu.

L'homme, dit Littré, est « particulier dans l'espace, où il n'occupe que sa planète ; il est particulier dans le temps, puisqu'il n'est pas même contemporain de sa terre ; il est particulier dans sa substance, puisque son corps n'est composé que d'un petit nombre des éléments chimiques qui constituent le globe. Il est physiologiquement avéré que le cerveau ne crée rien ; il reçoit tout. Sa fonction est de faire, avec ce qui lui est transmis, des jugements et des idées. A vrai dire, tout lui vient du dehors, car les dispositions organiques sans lesquelles ne s'entretiendraient ni la vie individuelle ni la vie collective, et sans lesquelles aussi il n'y aurait pas de sentiments, sont tellement extérieures, que la nature les réalise, indépendamment de tout terme cérébral ou psychique, dans les végétaux. » Il en résulte, selon Littré, qu'il faut modifier le sens du mot subjectif. « Subjectif ne peut signifier quelque chose qui soit préexistant au développement de l'être humain, tel qu'un *moi*, une *idée*, un *sentiment*, un *idéal;* il ne peut signifier que la faculté d'élaboration départie aux cellules cérébrales; excepté en ce sens, le subjectif est toujours mêlé d'objectif[1]. » — Dans ces pages, Littré confond manifestement les *conditions* du subjectif, qui sont extérieures et objectives, avec le point de vue ou mode propre du subjectif lui-même, qui est la conscience. En outre, il ne se demande pas si le subjectif ne doit point être répandu en germe dans tout l'objectif, d'où il finit par sortir, et si l'objectif même n'est pas encore du subjectif. « A la vérité, ajoute-t-il, on répond que la distinction entre les principes subjectifs et les principes objectifs est illusoire et que tout est subjectif, puisqu'en définitive la connaissance de l'objectif est l'œuvre du sujet. Soit; mais là n'est pas la question; elle est de savoir si, les notions étant une fois acquises tant sur l'objet que sur le sujet, il n'y a pas une *subordination* nécessaire entre elles. Or, la réponse est certaine : le sujet dépend de la matière, la vie de la matière brute, l'intelligence de la vie. » Là est précisément le point contesté. L'intelligence, telle que nous la connaissons, dépend assurément de la vie, qui elle-même dépend de ce qu'on appelle la matière; mais qui nous dit que la matière, d'où émerge la vie, soit vraiment « brute », vraiment inerte, absolument inanimée et étrangère à tout élément psychique? De plus, on pourrait demander à Littré si le sujet pensant est aussi « particulier » qu'il le prétend dans l'espace et dans le

[1] Littré. *De la méthode en physiologie.* Philosophie positive, 1867.

temps? Comment se fait-il que ce sujet conçoive l'infinité de l'espace, l'infinité du temps, l'infinité de l'univers? C'est Comte lui-même qui a répété sur tous les tons que l'individu comme tel, en sa particularité exclusive, est une abstraction, puisque l'individu n'existe et ne se conçoit qu'en rapport avec la société entière ; — mais il aurait pu ajouter : avec le monde entier, avec l'universel. Toute affirmation scientifique, vraie de tous les temps et de tous les lieux, suppose en nous autre chose que le pur particulier. Si donc nous vivons de notre vie propre, nous vivons aussi de la vie universelle, et notre pensée ne peut s'exercer rationnellement ou scientifiquement que par son élévation à l'universel. Pourquoi donc, concevant ainsi l'existence du tout, n'essaierions-nous pas de nous représenter sa nature? A vrai dire, Littré suppose le problème résolu en faveur d'un système particulier, le matérialisme.

Spencer, lui, s'efforce par d'autres arguments de nous fermer la spéculation sur les termes ultimes de l'existence. Pour le matérialiste, dit-il, ce qui apparaît sous forme de sentiment peut se transformer en un équivalent de mouvement mécanique, et par conséquent en équivalents de toutes les autres forces manifestées par la matière : le matérialiste peut ainsi croire démontrée la matérialité des phénomènes de conscience; mais le spiritualiste, partant de la même donnée, peut soutenir avec la même autorité que, si les forces déployées par la matière ne sont connaissables que sous la forme de ces mêmes équivalents de conscience qu'elles produisent, il faut en conclure que ces forces, quand elles existent hors de la conscience, sont de la même nature que lorsqu'elles existent dans la conscience, et qu'ainsi se justifie la conception spiritualiste, d'après laquelle le monde extérieur consiste en quelque chose d'essentiellement identique avec ce que nous appelons l'esprit. « Evidemment, le principe de la corrélation et de l'équivalence des forces du monde intérieur et du monde extérieur peut servir à les assimiler les unes aux autres, selon que nous partons de l'une ou de l'autre.... Mais, bien que la relation du sujet et de l'objet nous oblige à ces conceptions antithétiques de l'Esprit et de la Matière, l'une est tout autant que l'autre le signe de la Réalité inconnue qui les supporte l'une et l'autre[1]. » Dans ce raisonnement de Spencer, qui prétend renvoyer les systèmes dos à dos, tout est ruineux. D'abord, on peut fort bien démontrer, contre le matérialisme, l'impossibilité d'une « transformation » des forces purement physiques, c'est-à-dire, au fond, des *mouvements* en sentiments. Au contraire, l'induction qui va du sentiment interne aux causes intérieures du mouvement peut se légitimer. Enfin, la prétendue « Réalité inconnaissable », dont la matière et la pensée seraient au même titre les signes, est une idole métaphysique.

— Pour juger ce que sont les êtres, objectera-t-on, il faut que vous sachiez réellement ce que vous êtes vous-même; il faut, par votre conscience, atteindre vraiment le *réel*, que la perception extérieure n'atteint pas. Or, vous convenez bien que c'est un tort de placer le son dans les cloches, la couleur verte dans l'herbe, l'odeur dans la rose et la douceur dans le miel; mais vous croyez que, dans votre conscience, vous trouverez des éléments capables d'objectivation. Cela suppose que la conscience n'est pas analogue à la perception extérieure et saisit, mieux que celle-ci, des réalités. Or, la perception intérieure est, comme Kant l'a cru, une connaissance de nos états sous les formes qu'ils prennent en se systématisant d'une certaine manière, en entrant dans le système de nos catégories ou, si vous préférez, de nos tendances; mais nous ne connaissons pas plus par là nos états en eux-mêmes que nous ne connaissons le soleil en lui-même par la perception de sa lumière et de sa forme. Il n'y a pas de conscience vraiment *immédiate*, parce que toute cons-

[1] *Les premiers principes*, p. 398.

cience est une *connaissance* et que nulle connaissance n'est immédiate. D'où il suit que la conscience ne nous apprend rien sur les termes ultimes constituant la réalité, qu'elle ressemble sous ce rapport à la perception extérieure et ne peut nous faire sortir du domaine des lois, où le positivisme nous enferme. La conscience est une lanterne sourde qui projette sa lumière sur les choses et nous en montre les apparences, mais qui laisse sa propre nature, comme celle des choses mêmes, dans la plus complète obscurité.

Cette théorie repose, selon nous, sur la confusion de la conscience spontanée avec la conscience réfléchie. On méconnaît la première, qui est cependant, nous l'avons vu plus haut, la vraie et seule conscience. Et pourquoi la méconnait-on ? Parce que, pour la désigner par le langage, pour la décrire, pour l'opposer à la réflexion même, nous sommes bien obligés de nous servir des mots, qui sont tous œuvre de réflexion ; il est clair que la conscience spontanée ne saurait se traduire adéquatement et sans déformation dans la langue de la conscience réfléchie. Par exemple, si je dis qu'une douleur est immédiatement consciente et si, pour m'expliquer, j'ajoute : — « La douleur n'existe pas seulement en soi, mais aussi, indivisiblement et sans intermédiaire, pour soi, puisqu'elle est sentie, — on tirera aussitôt argument du mot *pour soi*, qui semble indiquer un objet posé devant la pensée, une réflexion sur soi-même en contradiction avec la spontanéité. Mais laissons de côté, autant qu'il est possible, tous ces termes d'une langue ultérieure. Oui ou non, pour souffrir, a-t-on besoin de réfléchir sur sa souffrance et de se dire : « je souffre », de juger cette souffrance différente du plaisir et de la classer avec d'autres dans le cadre des phénomènes douloureux, etc. ? Non, on souffre et c'est tout. Du moins commence-t-on par souffrir ainsi purement et simplement, avant de réagir par la réflexion sur sa souffrance ; — réaction inévitable d'ailleurs comme celle de la volonté même, dont elle n'est qu'une partie, la partie intellectuelle. On ne réagirait ni intellectuellement, ni volontairement, si on n'avait pas d'abord immédiatement souffert et si on n'avait pas eu spontanément conscience de souffrir. Cette conscience n'est pas différente de la souffrance même; elle est ce qui la distingue d'un état opaque et ténébreux. Un tel état, présent, ne se laisserait pas saisir, passé, ne pourrait se rappeler par le souvenir. Otez de ma conscience de souffrir tout ce qui est réflexion, jugement et connaissance proprement dite, il reste la douleur immédiatement éprouvée; ôtez de la perception du soleil tout ce qui est objet de connaissance, il ne reste rien d'objectif et il n'y a plus que des sensations subjectives, conscientes aussi, elles, mais ne constituant pas une connaissance du soleil. Et si vous ôtez encore cela, il ne restera plus rien du tout. La perception extérieure n'est donc pas assimilable à la conscience primitive, qui n'a pas besoin d'être perception proprement dite et sans laquelle il n'y aurait ni perception, ni connaissance.

Pour rapprocher cependant la « perception interne » de l'externe, on invoque les erreurs et illusions de la première, qui les font ressembler à la seconde. — Nous pouvons, dit-on, prendre en certains cas « une impulsion de haine pour une impulsion d'amour[1] ». — Mais qui ne voit qu'il s'agit ici d'une interprétation de l'état de conscience au moyen du souvenir et du langage? Notre faux jugement ne change rien à l'immédiate conscience des faits eux-mêmes. — Nous pouvons prendre, ajoute-t-on « la sensation de la faim pour une impression de soif ». — Alors nous nous trompons de cadre et de nom; ce qui ne nous empêche pas d'être avertis immédiatement d'un certain malaise indescriptible et « indéfinissable ». — Nous prenons « un état pénible pour un état agréable ». — C'est qu'alors nous sommes sur la limite des deux : ici encore,

[1] M. Paulhan. *Revue philosophique*, 1893.

la définition peut être fautive, mais ce que nous éprouvons, quelque définition qu'on en donne, nous avons immédiatement conscience de l'éprouver. Les dissertations ultérieures sur cet état interne sont faillibles comme les dissertations sur les objets externes, d'autant plus qu'alors l'état interne, devenu souvenir, devient lui-même *objet* pour la conscience présente. Il existe donc bien, à l'égard des phénomènes subjectifs, un certain travail de « perception », mais ce n'est pas ce travail subséquent qui constitue la conscience primitive ; aussi ne saurions-nous admettre qu'au delà de cette détermination de « rapports », au delà de toutes les « perceptions proprement dites », il ne reste plus que « le fait physiologique, inconscient », la conscience ayant « disparu avec les derniers restes de la connaissance ». — Non, ce qui reste, c'est le fait psychique brut et spontané ; c'est l'immédiation d'une peine ou d'une jouissance non classées, non appréciées, non reconnues, non connues dans leurs rapports, mais consciemment appréhendées comme phénomènes.

— Connaissance immédiate est, dit-on, « un accouplement de termes contradictoires », puisqu'un acte de connaissance suppose « une appréciation plus ou moins complète et plus ou moins définie, mais toujours réelle, une certaine classification au moins rudimentaire, l'éveil de tout un système de phénomènes destinés à encadrer le phénomène dont on prend connaissance et qui constituent l'acte même de la connaissance[1] ». — Certes, toute connaissance est médiate si on entend par là une connaissance de rapports et une organisation réfléchie, non une appréhension de termes sous forme de phénomènes conscients; mais, si on désigne par connaissance, au sens large, l'action de saisir le réel tel qu'il est, il est clair que la conscience de nos états intérieurs sera connaissance immédiate. Tout dépend donc du sens des mots. Que ce soit connaissance ou intuition, encore

[1] M. Paulhan. *Revue philosophique*, 1893.

faut-il que des termes nous soient donnés pour que nous puissions les « classer » et les « encadrer » dans leurs rapports.

Bien plus, est-il vrai que certains rapports élémentaires aient besoin de réflexion pour être saisis et qu'ils ne le soient pas spontanément avec les termes mêmes? Est-il certain que nous ne puissions avoir le *discernement*, la *discrimination* immédiate d'une « différence » entre deux termes simultanément présents à la conscience, tel qu'un point noir sur du papier blanc? Il y a là un problème psychologique que nous n'avons pas à examiner ici; mais ce qui est sûr, c'est qu'avec la première réflexion se manifeste nettement la discrimination, rapport essentiel et fondamental sur lequel s'édifiera la connaissance proprement dite, base de la science. Il faut donc bien admettre, à moins d'une régression à l'infini, que des termes immédiatement conscients nous sont donnés, et même qu'ils enveloppent la distinction élémentaire d'une différence, toute prête à se dégager dès la seconde expérience. Aussitôt que la volonté réagira pour maintenir et surtout pour repousser l'état de conscience, la discrimination fera surgir une antithèse au sein de l'unité primitive.

On invoquera peut-être, avec Maudsley et M. Ribot, la théorie qui voit dans la conscience la marque d'une « imperfection du fonctionnement mental ». — Mais ne prenons pas le change. C'est le fonctionnement *physiologique*, non mental, qui est imparfait, quand, par exemple, nous apprenons à jouer du violon et que nous sommes obligés d'appliquer notre attention consciente au détail de nos mouvements. A mesure que nos organes s'assouplissent et s'habituent, nous pouvons reporter notre attention consciente sur d'autres points ou sur l'ensemble; il n'en résulte nullement que la conscience même soit une imperfection et que son idéal soit l'automatisme. Sa devise est seulement : *De minimis non curat prœtor*.

Enfin, conclure avec MM. Ribot, Maudsley, Paulhan,

que la douleur en elle-même, « indépendamment de notre *perception* consciente qui la juge », est un phénomène physiologique, c'est sortir du « positif » pour faire appel à l'inconnu ; car qu'est-ce en lui-même qu'un phénomène *physiologique* et comment arrivons-nous à le concevoir, à nous le représenter, sinon par des emprunts au monde de la représentation et de la conscience? A vrai dire, un phénomène physiologique ou cérébral, c'est un phénomène réductible à des mouvements que nous pourrions voir avec des instruments plus parfaits, qui pourraient affecter notre tact s'il était plus délicat; c'est un ensemble de sensations *possibles*, de représentations *possibles* dans le *temps* (mode de la représentation) et dans l'*espace* (mode de la représentation). S'il n'y a dans le phénomène physiologique rien de représentable, s'il est posé comme absolument différent de tous les phénomènes saisissables à une conscience quelconque, alors appelez-le de son vrai nom : le Noumène, la Chose en soi, le Mystère. Dire qu'une douleur *en soi* n'est pas consciente, c'est dire qu'elle n'est pas plus douleur que plaisir ou toute autre chose, qu'elle est X.

Mais on fera peut-être une objection encore plus radicale que les précédentes à l'emploi philosophique des faits de conscience pour la représentation de l'univers : — Il y a certainement, dira-t-on, des faits de conscience spontanés, et on ne doit pas les confondre avec des faits physiologiques, dont la notion est ultérieure et extérieure; mais, par cela même que ces faits de conscience, constitutifs de la réalité, sont essentiellement « spontanés », ils échappent à toute connaissance réfléchie et, conséquemment, à toute induction philosophique. L'acte de réflexion, en effet, n'est jamais une pure réverbération d'un état précédent; il est une « action » qui fait naître des faits nouveaux, non une sorte de vision directe comme celle d'une image dans un miroir. — Sans doute, répondrons-nous, et c'est là le principe même de la doctrine des idées-forces; mais il n'en résulte pas que la réflexion soit « décevante » ; car elle est liée au fait spontané par des rapports, et ces rapports nous permettent d'induire du réfléchi au spontané même, par exemple de la douleur telle qu'elle apparaît dans la réflexion à la douleur spontanément éprouvée. Celle-ci, d'ailleurs, peut subsister encore au moment où nous faisons attention à elle : notre réflexion ne la fait point disparaître, souvent même l'intensifie ; la vivante continuité de nos états internes nous permet de les reconnaître et, par là même, de les connaître. Cette connaissance, il est vrai, ne sera jamais absolue et complète, mais elle est plus adéquate et plus fondamentale pour les termes saisis dans la conscience (même par réflexion) que pour les choses du dehors. Nous ne pouvons avoir, au point de vue physique, qu'une algèbre du monde, mais, au point de vue philosophique, lorsque nous nous demandons ce que sont les termes des deux séries, subjective et objective, nous pouvons induire des termes connus ou appréhendés par nous (nos états de conscience) aux termes extérieurs non appréhendés en eux-mêmes (les états extérieurs). Qu'il n'y ait pas entière *identité* entre les termes des deux séries, l'une se développant en nous, l'autre hors de nous, nous le concédons ; encore peut-il y avoir identité partielle ; mais l'accord et la correspondance harmonique demeurent possibles. Nous collaborons, en quelque sorte, à l'existence du soleil comme corps brillant en voyant sa lumière, mais les mouvements extérieurs auxquels répond notre sensation n'en demeurent pas moins indépendants de nous. Nous collaborons même, pour notre part, avec l'univers entier, mais cette collaboration, qui n'est d'ailleurs que partielle, n'empêche pas une foule de faits de se produire indépendamment de nous. Pour être des idées-forces, nos idées n'en sont donc pas moins des idées, avec un côté objectif ; et s'il est vrai qu'elles ne *représentent* pas proprement les objets, elles sont cependant des moyens d'établir une harmonie entre l'action des objets et notre action propre. La vérité, pour être ainsi une concordance d'actions, non d'empreintes et d'images, ne perd pas sa valeur ; tout au contraire, elle en acquiert une plus haute.

En résumé, l'induction est démontrée possible : 1° des états de conscience réfléchis aux états de conscience spontanés ; 2° des états de conscience spontanés aux états internes qui se développent dans les êtres extérieurs, hommes, animaux, plantes, minéraux, éléments de l'univers et univers lui-même.

Nous ne devons pas, toutefois, projeter au dehors sans discernement les données de notre perception interne : induction et analogie doivent être motivées. Nous n'attribuerons pas à l'animal tous les calculs de l'esprit humain; si nous passons au végétal, il est clair que nous devrons retrancher bien plus encore de nous-mêmes : nous nous bornerons à ce qu'il y a en nous de plus primitif et de plus rudimentaire, de plus voisin de ce qui constitue purement et simplement la vie. Mais nous refuser ici toute induction, sous prétexte de positivisme, serait contraire à la loi même de continuité et d'évolution qui est parmi les résultats les plus importants de la science positive. Se borner à dire : — il se passe dans les plantes des faits purement physiologiques, — ce serait encore, sans s'en apercevoir, y projeter des phénomènes observés seulement en nous. Dès que nous objectivons, nous subjectivons du même coup l'objet. Question de degré et de mesure, par conséquent de méthode. Puisque nous ne pouvons concevoir aucune réalité qu'en termes d'états de conscience, il y a analogie foncière entre ce qui se réalise en nous et hors de nous. Croire, avec le positivisme, que ce qui appartient à la nature humaine n'appartient pas à la nature des choses en général, que ce qui est profondément subjectif n'est pas par cela même objectif, c'est creuser un abîme infranchissable entre l'univers et l'homme, que produit l'univers et qui reproduit l'univers.

CHAPITRE VI

L'ANALYSE PHILOSOPHIQUE

II. — MÉTHODE ÉVOLUTIONNISTE POUR DÉTERMINER LES ÉLÉMENTS DU MONDE

D'après ce qui précède, la méthode qu'on a le droit de transporter dans la philosophie générale est celle qui a si admirablement réussi dans la science positive, surtout depuis cinquante ans, je veux dire la méthode évolutionniste. Dans la première moitié du siècle, on avait considéré toutes choses au point de vue statique plutôt que dynamique, parce que les sciences n'avaient alors atteint leur constitution qu'au premier de ces points de vue. C'était, en biologie, le triomphe de la méthode anatomique, qui décrit les êtres arrivés à leur développement spécifique. En psychologie, on considérait de même l'état actuel, une fois donné; Kant lui-même s'était borné à l'anatomie de la pensée. Auguste Comte, lui, avait entrevu le développement dynamique des sciences, mais, laissant entre elles des hiatus, il n'avait pas admis la possibilité de les relier par un lien évolutif. Après lui, les partisans de l'évolution employèrent la vraie méthode dynamique, qui étudie les formes primitives des êtres pour en montrer la genèse et le développement. En histoire naturelle, par exemple, l'embryologie est devenue dominante; on a justement remarqué que, s'il existe encore aujourd'hui quelques naturalistes du genre « descriptif et classificateur » qui hésitent à adopter les idées transformistes, on ne trouverait peut-être pas un embryologiste parmi les hésitants[1]. A moins d'admettre des créations spéciales et miraculeuses pour chaque espèce d'animaux, il faut bien reconnaître qu'ils ont tous procédé de germes primitifs analogues, qui eux-mêmes se sont développés au sein de la prétendue matière brute. La méthode évolutionniste consiste donc, comme on l'a encore dit avec raison, à prendre pour point de départ l'état de « rudiment ». Dans l'œuf, qui semblait d'abord une masse homogène, des différenciations se produisent, aboutissant à des organes différents selon les différentes espèces. Un autre exemple classique, mais qu'on ne saurait trop rappeler, de ce que l'évolution peut produire, c'est celui de l'œil chez les vertébrés supérieurs. L'existence de cet organe si complexe fut longtemps opposée aux transformistes comme une merveille inexplicable dans leur système. Mais l'étude des rudiments a fini par révéler tous les intermédiaires. Les animaux pourvus d'un œil ne sont pas seuls sensibles à la lumière, seuls à en recevoir des « clartés indicatrices » : bien des animaux, sans avoir des yeux, exécutent des mouvements déterminés en tel ou tel sens, dès que la lumière (et la lumière seulement, isolée de la chaleur qui souvent l'accompagne) les frappe sur telle ou telle partie de leur corps. On voit alors se produire, soit des mouvements en arrière sous une lumière trop vive, soit des allongements en avant à la recherche de la lumière. Dans les infusoires et les hydres, la sensibilité à la lumière existe déjà répandue sur toute la surface cutanée. Spencer a essayé, en étendant et compliquant son explication de la formation des nerfs, d'expliquer l'évolution de l'œil rudimentaire chez les animaux inférieurs[2].

[1] M. Sabatier, *Revue de métaphysique et de morale*, 1894.

[2] On sait que, dans quelques-uns des animaux inférieurs, le corps demi-transparent est coloré en vert, en rouge et en brun par des particules éparses de matière très analogues à la matière colorante des plantes; la sensibilité de ces êtres à la lumière est due sans doute aux effets d'assimilation que la lumière provoque sur cette matière. Les animaux

L'action de la lumière, sur les endroits où le *pigment* sensible à cette action est en abondance, y développera des lignes de communication avec le système nerveux voisin; c'est-à-dire qu'elle y développera des nerfs sensibles à la lumière, et ces nerfs, par action réflexe, produiront une contraction musculaire, comme si l'objet d'où viennent les rayons avait touché le corps de l'animal. De là une sorte de toucher à distance qui, en se compliquant, deviendra la vision. De même, il se formera des organes spécialement sensibles aux ondes sonores; ici les conditions de la conscience et de la mémoire deviennent plus faciles à saisir. Les molécules du corps vivant, selon leur distribution propre, se trouvent naturellement avoir des vibrations de nombres divers par seconde, comme des cordes diversement tendues; si donc une onde sonore venue de l'air rencontre des molécules dont le nombre de vibrations se rapproche du sien, elle les ébranlera facilement; au contraire, elle n'ébranlera les autres que difficilement : c'est pourquoi elle se propagera suivant la ligne de la moindre résistance et échouera contre les autres molécules, comme une cloche mal mise en branle dont les mouvements se contrarient et qui est forcée de s'arrêter. Il en résulte que ces vibrations seules arriveront à la perception et à la conscience qui se trouveront en naturelle harmonie d'intensité avec l'organe. Un corollaire de cette doctrine, due à Spencer, c'est que, une fois formé un centre de sensation avec son mode spécifique de fonctionnement, ce centre fournira à la conscience des sensations de même nature malgré la diversité des causes qui parviendront à l'ébranler, et ces sensations tendront à se reproduire sous une excitation quelconque. Si l'excitation vient du

plus élevés contiennent aussi du *pigment* dans des cellules, des granulations éparses. L'œil rudimentaire consiste en un petit nombre de grains de *pigment* placés dans la couche extérieure de la peau, « et de là nous pouvons inférer, dit Spencer, que la vision rudimentaire est constituée par une onde de vibration qu'un changement soudain dans la situation de ces grains propage à travers le corps ».

dehors, il y aura perception ; si elle vient du dedans et se renferme dans le cerveau, il y aura souvenir.

Outre les « rudiments », admis par tous les évolutionnistes, on a voulu placer dans les êtres des « puissances », quelque chose de plus ou moins semblable aux « virtualités » de l'ancienne ontologie ; on a supposé dans « la substance » qui constitue le fond même des choses un « indéterminisme » susceptible de plusieurs degrés, réduit dans le minéral à des éléments infinitésimaux et s'élevant, dans l'ordre psychique, à la dignité de la liberté. Il existerait ainsi de véritables « potentialités contingentes[1] ». C'est là une vue « métaphysique » que la science positive ne saurait accepter, pour toutes les raisons développées plus haut. Dans les sciences de la nature, surtout, une telle vue est inadmissible, l'indéterminisme et la potentialité n'étant qu'un ensemble de causes complexes encore ignorées de nous. Il faut entendre simplement par virtualités des conditions actuelles, d'où l'avenir sortira par leur combinaison même, par leur processus dans le temps et dans l'espace. A ce point de vue, tout est, sinon rudiment, du moins élément, et c'est des éléments que la vraie méthode doit, autant qu'il est possible, se rapprocher. Au fond, l'évolution de l'œil et celle de l'œuf sont des problèmes de mécanique analogues à l'évolution d'une nébuleuse en soleils et planètes, comme la transformation apparente de la chaleur en électricité n'est qu'une continuation de mouvements sous des formes qui affectent diversement nos sens. Mais, pour cette raison même, les éléments de la vie psychique doivent exister dans les éléments de la matière en apparence inerte ; aux rudiments les plus humbles de la vie physiologique doivent correspondre les rudiments les plus humbles de la vie mentale. Si donc, comme nous venons de le rappeler, la peau est impressionnable physiquement à la lumière, ses particules doivent avoir psychiquement une

[1] M. Sabatier, *Revue de métaphysique et de morale*, 1894.

sensibilité sourde à cette même lumière, dont nos sensations de couleur sont des intensifications et des différenciations. Dans le domaine mental, la méthode est analogue à celle de la biologie ; c'est aux phénomènes les plus élémentaires qu'il faut remonter en supprimant tout ce qui est complication, revêtement, épanouissement. La même loi de continuité étant applicable au monde psychique et au monde physique, nous devons jusqu'au bout appliquer la catégorie de la causalité à l'un comme à l'autre, de manière à faire précéder le psychique plus développé d'un psychique plus rudimentaire. Cette méthode d'analyse, selon nous, aboutit à reconnaître comme élément universel le processus appétitif : sentiment-appétition. Ce processus est le vrai « réflexe mental », je veux dire un phénomène non de mécanique, mais de vie psychique, où une excitation *sentie* aboutit à une réaction plus ou moins vaguement *consciente*. Dans le sentiment comme tel, — pure modification agréable ou pénible, l'activité est toute tournée vers elle-même, — par conséquent toute subjective; même quand le plaisir est produit par l'idée de quelque objet, c'est cette idée seule qui est objective, non le plaisir même. L'appétition, au contraire, tend à quelque chose au delà de soi : elle a une fin, quoiqu'elle ne la connaisse pas au début ; elle a une direction objective, qui n'aura qu'à devenir consciente pour constituer un *objet* d'intelligence. L'appétition, à l'origine, est presque aveugle; elle n'est mue ni par le plaisir de la satisfaction attendue, ni par l'idée de ce plaisir, elle ne prévoit pas et ne cherche pas, à parler strictement, sa propre satisfaction : elle fait seulement effort sans savoir vers quel but et tend au delà de soi. Elle *rencontre* ensuite sa satisfaction sans l'avoir conçue, si la tension de l'effort se trouve résolue par la possession de tel ou tel objet. C'est alors que, l'idée de cet objet s'associant à celle de la satisfaction, il y aura proprement désir, c'est-à-dire appétition consciente de soi et de son objet tout ensemble. Alors aussi il y aura proprement cause finale. Antérieurement, c'est une identité profonde de la causalité et de la finalité, où l'intelligence proprement dite n'est qu'en germe, où l'avenir n'est pas prévu, où tout est présent et où l'être ne réagit que sous l'impression présente. Pour un spectateur, cette réaction prend l'apparence d'un effort en vue de ce qui n'est pas encore; mais, à vrai dire, c'est simplement le bien-être déjà actuel, — tantôt favorisé, tantôt menacé par la sensation agréable ou pénible, — qui tend à se maintenir ou à s'accroître.

Les recherches scientifiques et les systèmes métaphysiques sur l' « inconscient » ont abouti à montrer, — contre les intentions de leurs auteurs, — qu'il n'y a pas d'inconscience absolue, mais simplement des états subconscients. De l'inconscient absolu au conscient, de l'insensibilité absolue à la sensibilité, il y aurait un abîme incompatible avec cette loi de universelle dont la forme moderne est la théorie de l'évolution. — « On ne serait jamais éveillé, aimait à dire Leibniz, par le plus grand bruit du monde, si on n'avait quelque perception de son commencement, qui est petit, comme on ne romprait jamais une corde par le plus grand effort du monde, si elle n'était tendue et allongée un peu par de moindres efforts, quoique cette petite extension qu'ils font ne paraisse pas. » — On peut appliquer la même loi de continuité à la conscience entière : le passage de l'inconscient au conscient serait un saut brusque de l'hétérogène à l'hétérogène, une sorte de création. Car la plus grande antithèse qui existe pour notre pensée, c'est précisément celle des états de conscience et d'une chose qui, par hypothèse, ne saurait se traduire en états de conscience, seule langue pour nous connue et même concevable. Aussi peut-on remarquer que la théorie de l'existence *inconsciente* et, en définitive, *inconnaissable*, nous ramenait au dualisme que ses auteurs voulaient éviter, car il n'y a pas de plus grand dualisme que celui de l'inconscient et du conscient. Leibniz disait encore : « De même, disait encore

Leibniz, qu'un mouvement ne peut venir que d'un autre mouvement, de même une perception ne peut naturellement venir que d'une autre perception. » Leibniz aurait dû ajouter qu'un état conscient, au sens le plus large, ne peut venir naturellement que d'un autre état conscient : la seule différence est dans l'intensité, la qualité ou les relations des états de conscience. Nous pouvons d'ailleurs, par la réflexion, saisir en nous-mêmes cette évolution continue d'une conscience faible à une conscience forte, semblable à un son qui s'enfle graduellement, à une lueur qui devient lumière. Quand nous pensons et que l'inspiration nous arrive, nous sentons je ne sais quel courant de choses confuses qui, venant du fond de notre intelligence, aspirent à devenir des pensées : elles se pressent, elles s'amassent, elles se soulèvent comme la marée ; or, puisque nous sentons surgir ce flux d'idées qui montent au jour, comment le placer ailleurs que dans notre conscience ? Il est donc rationnel, pour ne pas admettre en nous une sorte de création ou d'apparition subite, de répandre la conscience elle-même dans les éléments qui, en s'ajoutant l'un à l'autre, ne font que la rendre intense, distincte, à la fois variée et centralisée. Il y a conscience diffuse et conscience concentrée, comme il y a lumière diffuse et lumière concentrée, mais il est inutile d'imaginer en nous une région entièrement obscure où la conscience n'existerait pas. Que l'intelligence et la volonté réfléchies supposent un fond plus reculé et s'exercent seulement sur des relations, c'est ce que l'on peut bien, selon nous, concéder aux partisans de l'inconscient, mais on ne peut représenter ce fond ni comme une matière inerte, ni comme un esprit inconscient : s'il n'est pas intelligent à proprement parler, il n'est pas pour cela insensible. De même qu'il n'y a pas de vide dans la nature, pas de froid absolu, pas d'obscurité absolue même au fond des mers, — car la lumière y entretient une certaine végétation, — de même il n'y a pas de vide, pas d'insensibilité complète, pas d'obscurité absolue dans notre conscience. Les prétendues ténèbres ne sont qu'une lumière moins vive. En nous, partout et toujours, nous trouvons sensibilité sous une forme quelconque, et nous ne pouvons pas plus sortir de la conscience que de nous.

Il en serait de même si nous pouvions pénétrer dans les choses qui nous environnent ; partout, sans doute, nous retrouverions la sensibilité. Comme les rayons Rœrtgen, la conscience traverse tout et pourrait tout éclairer sous des conditions que nous ne saisissons pas. Si le cerveau n'est que l'héritier de la moelle, la moelle n'est que l'héritière des propriétés du protoplasma. L'induction doit donc s'étendre plus loin encore, et on peut dire que le protoplasma lui-même est l'héritier des propriétés inhérentes aux éléments de toutes choses : ces propriétés ne peuvent être que les rudiments de la sensibilité et de la motilité.

On a beau montrer qu'il y a toujours des raisons mécaniques et chimiques aux mouvements des êtres vivants, on n'en peut conclure *ipso facto* l'absence d'un retentissement psychique plus ou moins sourd, car nos réactions conscientes, à nous-mêmes, s'expliquent aussi physiquement par les lois de la mécanique, de la chimie, etc., ce qui ne les empêche pas d'envelopper psychiquement la sensibilité.

Selon Claude Bernard, les physiologistes, ne sachant pas ce que c'est que la conscience, ne peuvent, dans leurs recherches, « s'appuyer que sur des mouvements » ; pour eux, « la réaction motrice est tout ». — Rien de plus vrai pour les physiologistes ; mais alors, pourquoi Claude Bernard parle-t-il lui-même de la « sensibilité » des plantes, terme qui implique la conscience ? Il appelle ainsi le pouvoir de répondre à un stimulant quelconque par un mouvement : — « Objectivement, dit-il, elle a tous les degrés, et, dans ce sens général, elle se confond avec l'irritabilité. » Aussi Claude Bernard la retrouve-t-il chez les végétaux comme chez les animaux. Mais que ne va-t-il plus loin ? Tout corps, quel qu'il soit, répond au mouvement par du mouvement : une bille choquée par une autre réagit ; si donc la sensibilité n'est pas autre chose *objectivement*, il faut la mettre partout. Et si, par inconséquence, on refuse de la mettre partout, c'est que, tout en prétendant ne pas faire de psychologie, on a toujours présent à l'esprit le sens psychique et même humain du mot *sensibilité*.

M. Charlton Bastian demande à ceux qui attribuent une sensibilité psychique « aux animaux les plus rudimentaires » pourquoi ils n'iraient pas jusqu'au bout : « il faudra dire que la limaille de fer a de l'*amour* pour l'aimant. » Nous répondrons que, d'abord, le cas n'est pas le même : autre chose est un animal, même inférieur, et autre chose de la limaille inorganique. Même de l'animal inférieur nous ne disons pas qu'il a de l'*amour*, mais qu'il *sent* un besoin sous forme de malaise vague, et qu'il *sent* la satisfaction de ce besoin sous forme d'aise plus ou moins vague. Quant à savoir s'il n'y a absolument aucun côté mental dans les molécules dites inorganiques qui subissent les lois de l'affinité chimique, c'est ce que personne ne peut dire. Quand il y aurait dans ces molécules un germe très rudimentire des états qui, intensifiés, s'appelleront plaisir ou douleur, bien-être ou malaise, qu'y a-t-il là d'absurde ? N'est-ce pas plus absurde encore de supposer qu'il existe vraiment un abîme entre les êtres inorganisés et les êtres organisés qui en procèdent, et que les phénomènes de conscience viennent tout d'un coup s'ajouter, tombant du ciel, à des mouvements de matière absolument insensible ? Il est beaucoup plus rationnel d'admettre le parallélisme universel du physique et du mental, ou plutôt leur unité essentielle, qui fait que le pur physique d'apparence est encore un rudiment du mental, et que le pur mental d'apparence est encore physique par son côté extérieur.

Il est admis aujourd'hui que les végétaux sont des animaux arrêtés dans leur développement sensitif, au profit des fonctions les plus automatiques ; mais le minéral est probablement lui-même un composé d'atomes vivants groupés de manière à se faire équilibre, réduit ainsi à une mort apparente et à un état d'arrêt, au lieu d'un mouvement d'évolution. Les monères sont presque aussi simples qu'un cristal et prouvent, dit Hæckel, que la vie ne résulte pas de l'organisation, mais que l'organisation résulte d'une vie inhérente aux moindres particules. Zoellner, dans son grand ouvrage sur les comètes, dit à son tour : « Si des organes et des sens plus développés, plus subtils, nous permettaient d'observer le groupement et la régularité des mouvements qu'exécutent les molécules d'un cristal, lorsque ce dernier est profondément blessé en quelque endroit, nous trouverions sans doute que nous décidons bien à la légère et faisons une pure hypothèse, lorsque nous affirmons que les mouvements produits dans ce cristal ne sont absolument accompagnés d'aucune sourde sensibilité. » Destutt de Tracy demandait lui-même si nous sommes bien sûrs qu'il n'y ait pas quelque sensibilité, aussi vague que possible, dans l'union « des particules d'un acide avec celles d'un alcali[1] ». Mais ici, il ne faut pas tomber dans les fantaisies de l'anthropomorphisme cause-finalier, ni se figurer les molécules, selon le mot de Tyndall, comme autant de petits « ouvriers invisibles » qui feraient de la géométrie ou de l'architecture pour construire d'invisibles pyramides. Non, les phénomènes *physiques* s'expliquent tous, comme tels, par les seules lois du choc; seulement, le philosophe doit admettre qu'au choc, intérieurement, répond un phénomène mental élémentaire, quelque chose comme une sensation infiniment petite corrélative à un choc infiniment petit. De cette manière, tout ne serait pas antiscientifique dans l'opinion du vulgaire qui croit que le feu est chaud, le soleil lumineux, le tonnerre sonore, etc. Le sens commun ne se tromperait pas sur l'analogie fondamentale des qualités extérieures avec nos sensations; mais il se trom-

1 *Eléments d'idéologie.*

perait en poussant trop loin cette analogie, en oubliant que c'est avec nos sensations les plus rudimentaires, non avec les plus élevées ni les plus intellectuelles, que les choses extérieures doivent offrir des similitudes. Se passe-t-il dans la rose odorante quelque chose d'analogue à la sensation enivrante et douce de son parfum ? Ce parfum suave qui éveille des idées de beauté et de désir est-il lui-même œuvre de beauté et de désir ? La fleur, au moment de la fécondation, est plus belle et plus odorante, n'en sent-elle rien elle-même ?

A vrai dire, subjectif et objectif sont partout inséparables. Dans les phénomènes de génération chez les êtres primitifs (phénomènes qui sont l'intensification la plus haute de la vie), il ne faut sans doute placer, avons-nous dit, ni « amour », ni sympathie, ni choix ; mais que l'ovule mâle ne *sente* absolument rien quand il s'unit à l'ovule femelle, c'est ce qui semble bien improbable. Il faut ici éviter tout à la fois l'abus de l'analogie et l'abstention extrême du positivisme. Les éléments de la fleur peuvent sentir sourdement la vie sans avoir des perceptions analogues à celles du parfum ou de la couleur. De même on peut se demander si l'harmonie des objets qui rendent un son y est vaguement sentie et perçue : les éléments d'une lyre bien accordée, en vibrant, en mêlant sans se confondre leurs mouvements rythmés, éprouvent-ils un tressaillement vague que l'oreille reproduit en l'accroissant ? L'oreille est un appareil multiplicateur et condensateur, qui ne diffère peut-être pas d'une manière essentielle de ce qu'il condense et multiplie ; mais, plus probablement, ce qui est son pour l'oreille n'est dans l'instrument de musique, corps non organisé, qu'un ensemble de chocs accompagnés de ce qu'on pourrait appeler des *présensations* de résistance.

CHAPITRE VII

LA SYNTHÈSE PHILOSOPHIQUE ET LES LOIS SOCIOLOGIQUES DU MONDE

I

Outre les éléments des choses, l'interprétation philosophique s'efforce, pour concevoir la vraie notion de l'univers, de déterminer la loi qui unit les êtres en un tout. Dans ce problème, ce ne sont plus seulement les phénomènes primordiaux qu'il faut considérer, mais encore et surtout les lois des phénomènes supérieurs. Ce n'est plus la méthode d'analyse et d'évolution qu'il convient d'employer ; c'est la méthode de synthèse. Cherchons quelle forme la synthèse ultime de la philosophie devra prendre.

Selon Comte, l'*unité réelle* des choses, que l'on doit distinguer d'avec leur unité purement logique, est le but suprême de la pensée. L'*unité logique* vient de ce que, dans l'étude des différents ordres de phénomènes, on emploie, avec une série d'adaptations spéciales, une *seule et même méthode*. L'unité rationnelle ou subjective n'est donc qu'une liaison *méthodologique*. L'*unité objective* ou *scientifique* porte sur les choses elles-mêmes ou du moins sur leurs lois. « Des lois semblables gouvernant tous les ordres de phénomènes, les diverses sciences doivent pouvoir s'envisager comme autant de parties constituantes, *autant d'éléments d'un seul corps de doctrine.* » D'abord apparaissent les propriétés mathématiques, ensuite les propriétés mécaniques. Cette division correspond à la différence entre l'aspect statique (existence ou équilibre) et l'aspect dynamique (activité, énergie, mouvement). Mais cette distinction recouvre une unité réelle : d'Alembert l'a prouvé en rattachant les questions de mouvement aux questions d'équilibre. Selon Comte, les lois *primordiales* de la mécanique se confondent avec les lois primordiales des autres sciences, depuis la physique jusqu'à la sociologie inclusivement. La loi de *Képler*, par exemple, mal qualifiée de loi d'*inertie*, s'étend à tous les ordres de faits, y compris les faits vitaux et sociaux, puisque ceux-ci persistent dans leur état tant que ne survient point une influence perturbatrice. De même pour la *règle de Galilée* sur l'indépendance des mouvements. « Quelle que soit la classe phénoménale observée, dit Comte, on peut toujours constater en tout système l'indépendance fondamentale des diverses relations mutuelles, actives ou passives, envers toute action exactement commune aux différentes parties. » Par contre, le mouvement qui n'embrasse pas toutes les fractions d'un système en rompt toujours l'équilibre. « Les études biologiques offrent la vérification continue de cette loi, aussi bien pour les phénomènes de sensibilité que pour ceux de contractilité, puisque, nos impressions étant purement comparatives, notre appréciation des différences partielles n'est jamais troublée par aucune influence générale et uniforme. Son extension naturelle à la sociologie n'est pas moins incontestable : car, si le progrès social tend à altérer l'ordre intérieur d'un système politique, c'est uniquement, comme en mécanique, parce que le mouvement ne saurait être suffisamment commun aux diverses parties, dont l'économie mutuelle ne serait, au contraire, nullement affectée par une progression beaucoup plus rapide à laquelle tous les éléments participeraient avec une égale énergie [1]. » La troisième loi fondamentale du mouvement est celle de Newton sur l'équivalence entre la réaction et l'action ; or,

[1] *Cours*, t. I, p. 795, 796.

« son universalité nécessaire, dit Comte, est encore plus sensible que celle des deux autres ; et c'est même la seule dont on ait quelquefois entrevu, quoique d'une manière très confuse et fort insuffisante, l'extension spontanée à toute économie naturelle[1]. »

Comte admet donc l'*identité des lois* et relations qui régissent les différentes catégories de phénomènes. « Ces relations ont été dévoilées, dit-il, par l'étude du sujet le plus commun (les faits de quantité et de mouvement); mais elles pourraient aussi être conçues comme émanant des parties les plus élevées et les plus spéciales de la philosophie abstraite, qui seules en font apercevoir le vrai caractère d'universalité[2]. » Les lois que découvre la mécanique sont, pour notre connaissance actuelle les plus générales; car, dans toutes les sciences, elles dominent « les différentes lois plus spéciales relatives aux autres modes abstraits d'existence et d'activité, organiques ou inorganiques ». Cependant, ces rapports spéciaux, « qui resteront sans cesse indispensables, et dont le nombre effectif demeurera longtemps très grand », pourront un jour être « investis d'un semblable caractère d'universalité[3] ». C'est pourquoi, conclut Comte, « le système entier de nos connaissances réelles est susceptible d'une véritable unité scientifique, indépendante de la grande unité logique, quoique en harmonie avec elle[4] ». Comte admet donc que l'apparente particularité des lois autres que les lois mécaniques peut recouvrir une réelle universalité, que peut-être même les lois mécaniques sont dérivées d'autres lois qui, au premier abord, semblaient plus spéciales, mais qui, en réalité, sont plus universelles.

Comte trouve dans l'histoire des sciences la confirmation de ses vues sur l'unification du savoir au moyen

[1] *Cours*, p. 796 et suiv.

[2] *Ibib.*, p. 798

[3] *Ibid.*, p. 800.

[4] *Ibid.*, p. 800.

de certaines catégories de lois. « Suivant une formule justement célèbre, dit-il, l'étude de l'homme et de l'humanité a été constamment regardée comme constituant, par sa nature, la principale science, « celle qui doit surtout attirer et l'attention normale des hautes intelligences et la sollicitude continue de la raison publique. » La destination simplement préliminaire des spéculations antérieures est même tellement sentie, « que leur ensemble n'a jamais pu être qualifié qu'à l'aide d'expressions purement négatives, inorganique, inerte, etc., qui ne les définissent que par leur contraste spontané avec cette étude finale, objet prépondérant de toutes nos contemplations directes [1] ». Pour concevoir, ajoute Auguste Comte, « les droits de l'esprit sociologique à la suprématie », il suffit d'envisager « tous nos concepts comme autant de produits du développement de l'intelligence humaine [2] ». Mais par là Comte n'entend pas, comme Kant, la dépendance de tous les concepts par rapport au sujet pensant, à l'individu conscient; il entend que les concepts sont le résultat d'une longue évolution spéculative de l'humanité « vivant en groupes sociaux ». C'est donc le rapport de toutes nos idées à l'intelligence collective et de tous nos progrès à l'évolution sociologique qui assure la primauté de la sociologie même.

A vrai dire, Kant et Comte ont raison tous les deux : l'un rétablit le point de vue psychique, l'autre le point de vue social et historique. On a objecté à Comte que, si nos conceptions sont des faits sociaux, elles sont aussi, sous un autre aspect, des faits mécaniques et, sous un autre aspect encore, des faits vitaux. — Sans doute, mais il s'agit de savoir si l'aspect social, étant le plus complexe et le plus riche, n'est pas par cela même le plus révélateur du vrai pour la théorie, du bien pour la pratique. — Une loi de logique n'existe-t-elle pas, objecte-

[1] *Cours*, vol. VI, p. 816.

[2] *Ibid.*, t. I, leçon VIII, p. 651 et 688.

t-on encore, d'après laquelle les attributs *communs* à toutes les parties d'un système n'influent en rien sur les relations mutuelles de ces parties ? Cette loi ne revêt-elle pas en mathématique la forme de l'axiome qu'une quantité égale ajoutée à tous les termes d'un rapport, ou retranchée de ces termes, ne change pas la valeur du rapport? Et ne la retrouve-t-on pas en mécanique sous le nom de loi de Galilée, affirmant l'indépendance, dans n'importe quel système de mouvements, des différents mouvements partiels à l'égard du mouvement général ? Auguste Comte a reconnu l'universalité de cette loi. Quel que soit donc le caractère commun qu'il faille assigner aux conceptions humaines, — celui d'être *nos* conceptions, comme le disait Kant, ou celui de résulter d'une longue évolution spéculative de l'humanité vivant en groupes sociaux, comme le veut Comte, — une fois qu'un tel caractère s'envisage comme appartenant à tous nos concepts, il ne saurait servir à les distinguer, à les différencier, il ne modifie en rien les rapports de ces concepts entre eux, il ne nous éclaire nullement sur leur nature. « Nous admettons volontiers que le système total de nos idées, qui forme en même temps le système achevé de nos connaissances, soit un fait de sociologie, ou un fait de biologie et de sociologie à la fois, un fait de psychologie concrète, ce qui semble d'une vérité plus large ou plus entière. Mais une caractéristique aussi vague ne saurait influencer les rapports mutuels des divers éléments du système des sciences, en commençant par les conceptions mathématiques et en finissant par les conceptions sociales. Pour faire partie d'un vaste ensemble humain de connaissances, le savoir mathématique n'en demeure pas moins rigoureusement spécial ; et, comme tel, il n'offre aucune prise à l'ascendant de l'esprit sociologique. Une autonomie égale, mais inverse, appartient manifestement à la sociologie [1]. » — L'auteur de cette objection nous paraît confondre le

[1] De Roberty, *A. Comte et Spencer*, p. 103.

point de vue scientifique et le point de vue philosophique. Il importe peu, au point de vue de la science, que nos conceptions soient psychologiques, ou sociologiques, ou toute autre chose, puisque la science roule sur des relations particulières et ne s'occupe pas de la nature intrinsèque des termes, ni du sujet auquel ils apparaissent. Mais, quand il s'agit d'interpréter philosophiquement la réalité, il n'est nullement indifférent de rappeler que toutes nos conceptions, en définitive, sont des phénomènes psychologiques et même sociologiques, non pas seulement mécaniques ou biologiques. Là, en effet, il s'agit de savoir en quels termes la réalité doit être interprétée philosophiquement. Comte a donc raison de dire : « A parler strictement, il n'y a point de phénomène dans notre expérience qui ne soit humain au sens le plus vrai, et cela non seulement parce que c'est l'homme qui en prend connaissance, mais aussi parce que, d'un point de vue purement objectif, l'homme résume en lui toutes les lois du monde, comme les anciens l'ont bien senti[1]. » « La progression organique en général, ajoute Comte, ne peut se bien définir que quand on en connaît le dernier terme. » « Le type suprême constitue le principe exclusif de l'unité biologique, et chaque espèce animale se réduit, au fond, à un être humain plus ou moins avorté. L'ensemble de la vie animale serait inintelligible sans les attributs supérieurs que la sociologie peut seule apprécier. »

Ce sont là, comme on le voit, de belles échappées philosophiques. Par malheur, les considérations théoriques d'Auguste Comte tournent court et, au moment même où il semblait que la spéculation nouvelle allait embrasser l'univers, elle se confine tout à coup dans l'humanité. Quand Auguste Comte nous dit que la sociologie est seule susceptible d'une « véritable universalité[2] », est-ce dans l'ordre théorique ou dans l'ordre

[1] *Polit. pos.*, IV, 181.

[2] *Ibid.*, p. 836.

pratique? Si c'est dans le premier, il faut que le « point de vue social » soit foncièrement identique au point de vue universel, il faut que l'*humain* soit le *naturel* même, prenant enfin conscience de sa vraie vie. Dès lors, au lieu, d'une synthèse purement « subjective », la seule que Comte croie possible, il faut poursuivre une synthèse indivisiblement subjective et objective, par l'extension à l'univers des attributs fondamentaux de l'homme et des lois fondamentales de la société humaine. Le positivisme a donc besoin d'être complété et, par là, identifié à l'idéalisme même.

II

Nous avons soutenu il y a longtemps, dans nos études sur la Liberté et le déterminisme, que le monde est « une république universelle », puis, dans nos recherches sur la Science sociale contemporaine, que le monde est « un organisme social ou tendant à devenir social », parce que la complète satisfaction de la volonté individuelle enveloppe celle de la volonté universelle[1]. Dans la *Psychologie des idées-forces* nous avons essayé de montrer que la raison humaine, la « raison commune », selon l'expression des anciens, est en grande partie (comme Platon et Aristote l'ont vu bien avant Rousseau, Hegel, Comte, Spencer et Lewes) un produit social, en même

[1] « En d'autres termes, disions-nous, l'état social est la *fin* à laquelle semble tendre naturellement le monde, sans que cette fin lui soit imposée du dehors... On pourrait définir le monde un organisme qui tend à devenir conscient et volontaire, une république qui tend à se réaliser elle-même par sa propre idée... La sociologie peut fournir, comme on voit, une représentation particulière de l'univers, un type universel du monde conçu comme une société en voie de formation, avortant ici et réussissant ailleurs, aspirant à changer de plus en plus la force mécanique en justice et la lutte pour la vie en fraternité. S'il en était ainsi, la puissance essentielle et immanente à tous les êtres, toujours prête à se dégager dès que les circonstances lui donnent accès à la lumière de la conscience, pourrait s'exprimer par ce seul mot : Sociabilité. — *La Science sociale contemporaine*, p. 412-418.

temps qu'une condition de vie; que notre structure intellectuelle s'explique en majeure partie par la vie sociale; que, dans le grand organisme des sociétés, le moyen de communication réciproque est la pensée devenue universelle et collective. — « Il faut, avons-nous dit, que le membre de la cité humaine pense toutes choses, sinon *sub specie æterni*, du moins *sub specie civitatis* ». La logique « est l'expression des lois de l'action réciproque au sein de toute société, c'est-à-dire du *déterminisme social*[1] ». Enfin, grâce à la parole, il y a « une grammaire sociale comme une logique sociale, et on peut dire que la grammaire est, elle aussi, une science de la vie; car elle promulgue à sa façon les lois de la vie en commun pour des êtres capables de sympathiser et de coopérer à travers le temps, à travers l'espace [2] ». Le mouvement des sciences n'a fait que nous confirmer de plus en plus dans la même pensée. Nous croyons toujours que la logique même doit s'interpréter sociologiquement. Le principe d'identité, en effet, pose la volonté individuelle, avec sa persévérance en son être et en sa manière d'être, avec son affirmation de soi; le principe de raison, en reliant chaque chose à toutes les autres, pose la société universelle: il est la figuration de la solidarité et de la sociabilité. La réconciliation des contraires au sein du tout est la réconciliation de l'individuel et de l'universel. De même, dans l'ordre mécanique et physique, le déterminisme réciproque est le commencement de l'universelle sympathie. Le monde entier, sous son aspect logique et mécanique, apparaît donc déjà comme une société en voie d'évolution et tendant à la conscience de soi par l'union et la dépendance mutuelle des volontés. La propagation du changement dans l'ordre mental, comme dans l'ordre physique, a lieu sur la ligne de la plus grande action et de la moindre résistance; elle a lieu, en d'autres termes, sur la direction

[1] *La Psychologie des idées forces*, t. II, p. 142, 143.

[2] *Ibid.*, p. 144.

du plus grand plaisir et de la moindre peine. La lutte pour la vie entre les êtres animés est, au fond, la lutte des volontés pour le plus grand bien-être ou pour la moindre souffrance. La sélection, en général, est le triage des êtres les plus capables de satisfaire l'appétition fondamentale, non seulement dans le moment présent, mais encore dans le cours de leur existence, non seulement dans leur vie individuelle, mais encore dans leur race.

L'inertie semblait à Comte la première ébauche de l'habitude, et la sociabilité de certaines espèces animales, l'ébauche de la sociabilité humaine; il aurait dû, dans l'organisation même des êtres vivants, reconnaître une ébauche plus primitive encore de l'association. Il n'a fait qu'entrevoir vaguement le mouvement « sociologique » qui devait transformer la « biologie ».

De nos jours, après les tentatives de Spencer, Schæffle, Lilienfeld, pour réduire la sociologie à la biologie, on a vu se produire un mouvement tout opposé, qui cherche dans la sociologie même des explications pour la biologie. L'idée sociale a envahi l'histoire naturelle avec la théorie du polyzoïsme, et, plus récemment, elle a envahi la médecine avec la théorie microbienne. Au lieu de dire avec Spencer que la société est un organisme, on soutient aujourd'hui que l'organisme est une société rudimentaire, à son premier degré de développement. Au reste, les deux points de vue sont vrais, selon nous, et ne s'excluent pas l'un l'autre : il y a une profonde identité entre le lien vital et le lien social. Il est d'ailleurs incontestable que l'école de Spencer avait poussé trop loin l'assimilation des sociétés aux organismes, et Auguste Comte eût été le premier à réclamer, contre cette école, l'indépendance ou spécificité de la sociologie. La différence capitale entre organisme et société, c'est que, dans l'organisme, les cellules sont dépouillées de leur conscience propre au profit de la collectivité; au contraire, dans la société, c'est l'individu qui possède la vraie conscience du moi : et la « conscience sociale » est la coïncidence des consciences individuelles en certains sentiments communs.

Diderot, dans le *Rêve de d'Alembert*, avait déjà comparé les êtres vivants à ces essains d'abeilles collées l'une contre l'autre qui semblent ne former qu'un seul corps [1]. Une éponge du Japon, le *hyalomena*, s'est fixée autour d'un polype, le *polytea fatua*, d'une manière si intime que les naturalistes ont cru longtemps n'avoir devant eux qu'un être unique. Ce fait, qui semble l'exception, est la règle : tout être animé est plusieurs en un. Geoffroy Saint-Hilaire et Ampère avaient songé à assimiler la structure des vertébrés à celle des insectes. H. Milne-Edwards avait montré dans l'organisme la division du travail et la solidarité. Dugas avait écrit un mémoire sur *la Conformité organique dans le règne animal*. Durand (de Gros) fut un des premiers qui cherchèrent à établir cette proposition : — « Les vertébrés ne sont pas des animaux simples, mais bien des animaux composés résultant de l'association d'un certain nombre d'individualités dont les vertèbres, qui se répètent régulièrement d'une extrémité à l'autre du corps, sont les indications les plus nettes. » Au moment où elle fut énoncée, cette proposition était le contre-pied de ce qu'enseignaient en France les naturalistes les plus éminents : elle se présentait sous une forme imprévue qui s'opposait à ce qu'elle fût bien comprise et soulevait l'incrédulité; elle passa inaperçue. Cependant, en mai 1868, Claude Bernard prononçait son discours de réception à l'Académie française; il montrait les centres nerveux comme autant de « petits cerveaux », de « cerveaux secondaires » doués individuellement d'une sorte de sensibilité, de volonté et même d'intelligence, et présidant chacun à une région fonctionnelle déterminée. Plus tard, M. Perrier fit voir que « les segments des vertébrés sont eux-mêmes exactement comparables, au point de vue du mode de constitution du corps, à ce que

[1] Voir notre *Science sociale contemporaine*, livre II.

Moquin-Tandon appelait les *zoonites* des Arthropodes et des Vers ». Au reste, si M. Durand (de Gros) et M. Perrier se sont appliqués à démontrer la même thèse, — multiplicité animale de l'organisme humain ou, plus généralement, de l'organisme vertébré, — ils ont procédé différemment. M. Durand s'était posé le problème au point de vue de la physiologie, de la psychologie et de la médecine humaines ; il avait considéré d'abord les vertébrés et n'était passé ensuite à la considération des invertébrés que pour y chercher une confirmation de ce qu'une étude directe des premiers lui avait permis de découvrir en eux. M. Perrier, à l'inverse, envisagea la question en zoologiste et la prit, pour ainsi dire, par l'autre bout. En d'autres termes, au lieu de se borner à observer l'association polyzoïque sous l'aspect *statique*, comme toute faite et parvenue à sa perfection dans les animaux supérieurs, il l'étudia dans son *dynamisme;* il voulut la surprendre en action, en sa formation première au bas de l'échelle des êtres, pour la suivre ensuite de degré en degré dans sa constitution progressive jusqu'au sommet de la série organique. Il constata ainsi qu'un même phénomène simple, le *bourgeonnement*, donne naissance aux rameaux des éponges et des polypes, aux rayons des étoiles de mer et aux segments des vers. « C'est, a-t-il dit devant l'Académie des sciences, le point de vue éminemment *explicatif* auquel je me suis placé dans mon livre : *Les Colonies animales*. Or, lorsqu'on suit en détail le développement de cette idée fondamentale, on arrive, quant au mode de constitution du corps des vertébrés, précisément aux conclusions de M. Durand (de Gros) ; et la méthode employée donne ce qu'on ne trouve ni dans la doctrine de Darwin, ni dans celle de Haeckel : une explication absolument scientifique (puisqu'elle s'appuie uniquement sur un long enchaînement de faits) du processus de complication graduelle qui a présidé à l'évolution des organismes et les a conduits à la puissance physiologique qu'ils possèdent actuellement. » Tout l'effort de l'embryogénie et de l'anatomie comparées s'est porté, dans ces dernières années, vers la démonstration de ce grand fait, que les vertébrés sont le couronnement d'une série organique dont les vers annelés étaient les premiers termes, et qui a pour point de départ des animaux analogues aux rotifères (trocosphères). Comme les vers annelés, comme les animaux articulés, les vertébrés, malgré l'unité apparente de leur organisme, sont formés de segments, d'individus placés bout à bout et qui sont arrivés à fusionner. La moelle épinière, avait déjà dit Vulpian, de même que la chaîne ganglionnaire des annelés, est « une série linéaire de centres à la fois indépendants et gouvernés »... Ce sont « des provinces avec une administration autonomique, mais soumises dans certaines limites à une autorité supérieure ».

M. Perrier a expliqué par les lois de l'association l'indépendance des éléments anatomiques, l'hérédité, l'adaptation, le polymorphisme (qui résulte de la division du travail, mise en lumière par Milne Edwards), la solidarité organique, l'action des êtres vivants les uns sur les autres, la sélection, la génération asexuée ou sexuée, etc. En un mot, les lois de l'organisation sont les mêmes que celles de l'association. « Toute colonie dont les membres sont en continuité de tissus est, en réalité, un individu [1]. » Les membres se nourrissent ensemble et ne peuvent se mouvoir que par mouvements d'ensemble. M. Edmond Perrier a fait voir le parti que l'évolutionnisme peut tirer du mode d'évolution qui a lieu par *association* d'organismes élémentaires en organismes plus complexes. Tout n'est donc pas réductible à l'idée de lutte, ni à celle de hasard mécanique, ni à celle de sélection ; il y a, outre le combat pour la vie, l'association pour la vie, et c'est un des grands ressorts du transformisme. On sait l'influence qu'ont eue les études des microorganismes sur l'hygiène et la médecine ; or,

[1] Perrier, *Le Transformisme*, p. 159.

la santé est un consensus entre les petits organismes associés, la maladie se ramène à ce qu'on a nommé les désordres infinitésimaux des éléments histologiques, qui sont eux-mêmes des organismes. Les découvertes de Pasteur ont montré en outre le rôle que jouent, et dans la vie et dans la mort, non seulement les luttes pour l'existence, mais aussi les associations entre les organismes minuscules ou microbes. Jusque sur les racines des plantes on a découvert des microbes chargés de capturer et d'emmagasiner l'azote pour nourrir la plante et, par la plante, l'animal, qui sans cela n'aurait aucun moyen de s'emparer d'un seul atome de l'azote provenant de l'atmosphère.

Le côté psychologique et sociologique des découvertes relatives à l'association des organismes avait déjà été mis en lumière par M. Espinas, dans ses belles études sur les sociétés animales. Pour ce dernier, la sociologie commence au delà des « associations par concrescence » toutes physiologiques, où les éléments sont contigus (ce qu'il appelle *blastodermes*) ; elle commence à partir du moment où paraissent les sociétés dues à « l'accession d'individus primitivement séparés ». Dans l'organisme, les cellules composant le corps sont dépouillées de leur conscience propre au profit de la collectivité; chez l'homme, à côté de la conscience sociale, subsiste la conscience du moi. M. Espinas a parfaitement vu que la lutte pour l'existence, l'écrasement de l'individu, ne sont nullement « la caractéristique de la vie dans les limites d'un même corps et d'une même société ». C'est, au contraire, « la coalition pour mieux soutenir cette lutte, c'est le respect de l'individu qui en est la première condition et le trait dominant ». L'essentiel de toute société, c'est « un concours permanent que se prêtent, pour une même action, des êtres vivants séparés ». En parlant de Comte, M. Espinas a montré comment le particularisme scientifique est aboli. Chaque science, selon le Comte, ayant deux faces, « l'une par laquelle elle regarde la science inférieure et subit les conditions objectives que celle-ci lui transmet, l'autre par laquelle elle regarde la science supérieure et se rattache à la destination subjective qu'elle y puise, on voit aussitôt l'ensemble des connaissances humaines converger vers l'homme et la vie sociale comme vers un centre vivant d'action, et former ainsi un seul organisme ». A vrai dire, « il n'y a qu'une science : la science de l'humanité, dont les autres sciences ne sont que les préliminaires, parce qu'il n'y a qu'un art suprême, la vie sociale, dont tous les autres arts ne sont que les serviteurs[1] ».

Les œuvres de Guyau ont été traitées, comme on sait, « au point de vue sociologique universel » ; la dernière partie de l'*Irreligion de l'avenir* est une vraie synthèse sociologique du monde. Guyau a bien vu que la tâche la plus haute du XIXe siècle a été de mettre en relief « le côté *social* de l'individu humain et en général de l'être animé », qui avait été trop négligé par le matérialisme à forme égoïste du siècle précédent. « Le système nerveux n'apparaît plus aujourd'hui que comme le siège de phénomènes dont le principe dépasse de beaucoup l'organisme individuel : la solidarité domine l'individualité. » Le XVIIIe siècle s'était achevé avec les théories égoïstes d'Helvétius, de Volney, de Bentham, correspondant au matérialisme encore trop naïf de La Mettrie et même de Diderot : c'était la science qui commençait et qui s'en tenait encore aux surfaces. La chimie ne faisait que naître avec Lavoisier : la vraie physiologie était encore à venir : on ne cherchait guère alors à pénétrer dans l'intérieur de l'organisme, à sonder la cellule vivante ou l'atome, encore moins la conscience. « Le XIXe siècle n'a pas seulement élargi la conscience, il l'a considérablement approfondie, il l'a fait passer du dehors au dedans : la physiologie s'est perfectionnée assez pour toucher à la psychologie, et, à mesure que la science du système nerveux est allée grandissant, on a mieux

[1] *Sociétés animales*, p. 108.

compris combien étaient insuffisantes les vues du matérialisme brut et égoïste. D'un côté, la matière s'est subtilisée toujours davantage sous l'œil du savant, et le mécanisme d'horlogerie de La Mettrie est devenu tout à fait impuissant à rendre compte de la vie : la *physiologie* s'est affirmée à part et au-dessus de la *physique* élémentaire. D'un autre côté l'individu, que l'on considérait comme isolé, enfermé dans son mécanisme solitaire, est apparu comme essentiellement pénétrable aux influences d'autrui, solidaire des autres consciences, déterminable par des idées et sentiments impersonnels. » Il est aussi difficile, selon Guyau, de circonscrire dans un corps vivant une émotion morale, esthétique ou autre, que d'y circonscrire de la chaleur ou de l'électricité ; les phénomènes intellectuels ou physiques sont « essentiellement expansifs ou contagieux ». Les faits de « sympathie » soit nerveuse, soit mentale, sont de mieux en mieux connus ; ceux de contagion morbide, ceux de « suggestion et d'influence hypnotique » commencent à être étudiés scientifiquement. De ces cas maladifs, qui sont les plus faciles à connaître, Guyau croit qu'on passera peu à peu aux phénomènes d'influence normale entre les divers cerveaux et, par cela même, entre les diverses consciences. Le XIXe siècle finira par des découvertes encore mal formulées, mais « aussi importantes peut-être dans le monde moral que celles de Newton ou de Laplace dans le monde sidéral : attraction des sensibilités et des volontés, solidarité des intelligences, pénétrabilité des consciences ». Le prochain siècle fondera la psychologie scientifique et la sociologie, comme le XVIIIe siècle avait fondé la physique et l'astronomie. Les sentiments sociaux se révéleront comme des phénomènes complexes produits en grande partie par l'attraction ou la répulsion des systèmes nerveux, et comparables aux phénomènes astronomiques : la sociologie, dans laquelle rentre une bonne part de la morale et de l'esthétique, deviendra « une astronomie plus compliquée ». Elle projettera une clarté nouvelle jusque sur la métaphysique même. C'est ainsi, par exemple, que le déterminisme, qui, en nous déniant cette forme de pouvoir personnel qu'on appelle libre arbitre, semblait d'abord n'avoir qu'une influence morale dépressive, « paraît aujourd'hui donner naissance à des espérances métaphysiques, très vagues encore, mais d'une portée illimitée, puisqu'il nous fait entrevoir que notre conscience individuelle pourrait être en communication sourde avec toutes les consciences, et que d'autre part la conscience, ainsi épandue dans l'univers, y doit avoir, comme la lumière ou la chaleur, un rôle important, capable sans doute de s'accroître et de s'étendre dans les siècles à venir ».

Selon M. Marion, qui, comme on sait, a écrit une belle thèse sur la *Solidarité morale*, les faits sociaux sont vraiment *sui generis :* ce n'est pas seulement en grandeur, mais en nature, qu'ils diffèrent des faits individuels. « Une société, en effet, n'est pas simplement une somme d'individus juxtaposés; c'est un être nouveau, un vrai tout, individuel à son tour et à sa manière. » Or, « de même qu'un animal offre des phénomènes que n'offrent pas séparément les cellules qui le composent, de même une société se comporte, en tant que corps, autrement que ses membres isolés. Bien qu'elle ne se perfectionne qu'autant que ses membres s'améliorent, bien qu'elle ne se corrompe qu'autant qu'ils se pervertissent, elle présente des phénomènes moraux qui ont une physionomie à part, leur marche et leurs lois propres[1] ». M. Marion a mis en pleine lumière les résultats de ce principe de la « solidarité », qui implique une idée plus « positive » que celle de charité ou de fraternité.

On a vu plus haut que M. Paulhan, semi-positiviste, veut s'en tenir pour la conception de l'univers à de simples lois abstraites, et qu'il prétend impossible toute notion sur leur contenu réel; malgré cela, il semble

[1] *De la solidarité morale ;* 3e édit., Introd.. p. 51.

que, s'il voulait prendre parti, ce serait pour le caractère social des êtres individuels. A ceux qui disent : « La société est un organisme », M. Paulhan répond avec raison qu'ils appliquent à deux faits différents présentant un caractère identique le nom particulier d'un de ces faits, au lieu d'exprimer seulement par un terme général la partie commune aux deux. Nous avions appelé la société un « organisme d'idées »; M. Paulhan préférerait encore l'expression : « un organisme d'esprits ». Dans ses divers ouvrages, notamment dans son *Activité mentale*, il a montré que le résultat de la vie sociale est, au point de vue psychologique, l'inhibition d'un grand nombre de tendances, le développement de certaines autres. De même, dit-il, que les éléments psychiques sacrifient quelques-unes de leurs associations pour entrer dans le *consensus* général de l'esprit, de même font les hommes, d'une manière quelquefois réfléchie et voulue, mais plus souvent automatique et inconsciente. Guyau et M. Tarde avaient comparé les membres de la société à des hypnotisés; M. Paulhan ajoute que l'homme ne se rend généralement pas compte ni de l'origine sociale, ni du résultat social de ses actions : « Ses actes ne sont souvent qu'une partie d'une sorte de réflexe sociologique, alors qu'il croit agir en toute indépendance et sans être déterminé. » Sans doute il agit librement, étant donnée sa nature, mais c'est la société qui a fait en grande partie cette nature, « et c'est elle aussi qui bien souvent en fait jouer les ressorts, met en activité tel mécanisme, arrête le jeu de tel autre[1] ». Dans une société l'élément est l'individu, mais entre la société et l'individu il y a des groupes intermédiaires : c'est la commune, c'est telle association religieuse, politique, industrielle, dont on fait partie; c'est le cercle des connaissances et des amis, c'est la famille; M. Paulhan compare les divers systèmes d'idées et de sentiments à ces associations intermédiaires. Il tend ainsi à montrer

[1] *L'activité mentale*, p. 541.

partout la loi d'association et de « systématisation ».

M. Tarde est partisan, lui aussi, du « point de vue sociologique universel ». Il rejette la réduction des sociétés à des organismes pour admettre celle des organismes à des associations. Selon lui, un organisme est une « cité jalouse et close » suivant le rêve des anciens. Toute chose est une société, tout phénomène est un phénomène social. Mais, d'autre part, M. Tarde considère les éléments de la société comme essentiellement individuels et revient ainsi aux « monades » de Leibniz. Il est de ceux qui croient que « les progrès de la chimie nous conduisent à l'affirmation de l'atome, à la négation de la continuité matérielle ». Il pense que la combinaison des substances chimiques en proportions définies exclut les intermédiaires. Il admettrait volontiers, avec M. Renouvier, des *hiatus* et des *saltus* dans la nature, avec des apparitions soudaines de « nouveautés » « constituant des inventions individuelles »; et c'est-là, semble-t-il, qu'il place la « liberté ». Selon lui, au lieu d'invoquer le « génie des races », les « entrailles du peuple » et autres entités collectives, il faut revenir à un genre d'explications plus claires et plus positives, qui rend compte d'un événement social ou politique quelconque « par des actions individuelles seulement », surtout « par l'action d'hommes inventifs qui ont servi de modèles aux autres et se sont reproduits à milliers d'exemplaires, sorte de cellules mères de l'organisme social ». — Sans nier la portée de cette explication, il nous semble qu'elle n'exclut en rien les autres explications tirées de l'action collective comme telle, car il est certain que des phénomènes nouveaux résultent du conflit ou de l'harmonie des consciences, des sentiments, des volontés. M. Tarde explique le « besoin de société », — sur lequel s'appuient les partisans de l'association organique, comme MM. Espinas et Perrier —, par un besoin inconscient de petites « personnes », ce qui est beaucoup dire, même « en supposant » ces personnes infinitésimales. Dans l'évolution par bonds, M. Tarde voit « l'œuvre d'ouvriers cachés qui collaborent à la réalisation de quelque plan de réorganisation spécifique conçu et voulu premièrement par l'un d'entre eux ». Nous retrouvons là les deux grands principes chers à M. Tarde : « l'invention » et « l'imitation ». Il y a dans sa doctrine, si ingénieuse d'ailleurs, quelque excès d'anthropomorphisme. Nous ne saurions, pour notre part, admettre aucune « conception, » aucune « idée directrice » ni dans les cellules organiques, ni dans leurs noyaux, ni dans les éléments de ces noyaux. Il suffit d'attribuer aux éléments un sourd appétit de bien-être pour que, poussant et poussés, il se mettent dans certains états d'équilibre ou même associent des efforts aveugles. Conscience, pour M. Tarde, veut dire : « gloire cérébrale de l'élément le plus influent et le plus puissant du cerveau ». Livrée à elle-même, une monade ne peut rien ; de là la « tendance des monades à se rassembler ». Si d'ailleurs le moi n'est qu'une « monade dirigeante parmi des myriades de monades commensales du même crâne, quelle raison avons-nous au fond de croire à l'infériorité de celles-ci ? Un monarque est-il nécessairement plus intelligent que ses ministres ou ses sujets[1] ? M. Tarde considère donc comme un préjugé d'admettre l'infériorité de toutes les monades extérieures. Nous craignons qu'ici encore il ne se laisse aller trop loin dans la voie de l'anthropomorphisme.

M. Durkheim approuve la psychologie d'avoir combattu « les doctrines qui réduisent la vie psychique à n'être qu'une efflorescence de la vie physique ». Seulement, selon lui, ce qui ne dépend pas du physique dépend du social, au moins pour la majeure partie. Chacun des individus « est beaucoup plus un produit de la société qu'il n'en est l'auteur ». — Sans doute, peut-on répondre ; mais M. Durckheim ne se demande point si la société n'est pas le produit, non d'un individu, mais de *tous* les individus. Une goutte d'eau est beaucoup plus sous la dépendance de la

[1] *Revue de Sociologie*, 1er trimestre 1893.

mer que la mer n'est sous sa dépendance; mais supprimons toutes les gouttes d'eau, que deviendra la mer?

Des subtiles analyses de M. Bergson sur les données immédiates de la conscience, il semble résulter que nous avons deux moi différents, dont l'un serait comme la projection extérieure de l'autre, « sa représentation spatiale et pour ainsi dire sociale ». L'intuition d'un espace homogène est déjà un acheminement à la vie collective[1]. Le temps même finit par prendre dans notre représentation la forme spatiale, et par cela même sociale. De ce moi pour ainsi dire socialisé, M. Bergson distingue ce qu'il nomme le moi profond, le moi véritable. Mais on peut se demander si le courant de la vie sociale et universelle qui nous traverse et, en grande partie, nous produit, est vraiment inférieur à nos impressions purement individuelles, instinctives et fuyantes, si nous ne vivons pas plus pleinement en autrui que dans notre moi isolé, qui finit par se confondre avec notre moi biologique.

Nous avons vu[2] qu'un positiviste ou même « hyperpositiviste », M. de Roberty, avait proposé dans sa *Sociologie* une « hypothèse bio-sociale », déjà soutenue par Lewes. Selon cette hypothèse « les phénomènes psychiques sont plutôt des produits de l'action combinée des conditions biologiques et de l'évolution sociale que

[1] L'animal ne se représente probablement pas comme nous, dit M. Bergson, en outre de ses sensations, un monde extérieur bien distinct de lui, qui soit « la propriété commune de tous les êtres conscients ». La tendance en vertu de laquelle nous nous figurons nettement cette extériorité des choses et cette « homogénéité de leur milieu » est « la même qui nous porte à vivre en commun et à parler ». Notre vie extérieure et, pour ainsi dire, sociale a plus d'importance pour nous, selon M. Bergson, que notre existence intérieure et individuelle. Nous tendons donc instinctivement à « solidifier » nos impressions, pour les exprimer par le langage. De là vient que nous confondons le sentiment même, qui est « dans un perpétuel devenir », avec son objet extérieur permanent, et surtout avec le mot qui exprime cet objet. Le mot aux contours arrêtés, qui « emmagasine ce qu'il y a de stable, de commun et d'impersonnel dans les impressions de l'humanité », écrase ou tout au moins recouvre « les impressions délicates et fugitives de notre conscience individuelle ».

[2] Voir plus haut le chapitre sur la *psychologie*.

des facteurs ou des éléments irréductibles dans le développement historique ». Cette opinion était, comme nous croyons l'avoir établi, l'exagération d'une vérité. La vérité, c'est que, sans la société, l'individu conscient n'arrive pas à son plein développement psychique; l'erreur est de croire que, étant donnés les phénomènes purement physiologiques d'une part, sans les phénomènes psychiques, et, d'autre part, les phénomènes *objectifs* de la vie sociale, sans les phénomènes psychiques, on pourra avoir ces derniers comme produit. Le mécanisme des opérations purement physiologiques, à lui seul, n'expliquera jamais le fait de la sensation et de la conscience; de même, le rapprochement social d'êtres non sentants et non conscients ne leur donnera pas la sensation et la conscience. La *raison*, κοινὸς λόγος, ne se développe pleinement que dans la société, mais la sensibilité, la volonté et l'intelligence même n'ont pas besoin de l'état social pour exister.

M. Izoulet a repris et étendu l'hypothèse biosociale de Lewes et de M. Roberty. Selon lui, la cité « transfigure l'anthropoïde en homme, et les facultés spécialement humaines sont, selon le mot de Lewes, les produits de la coopération des facteurs sociaux avec les facteurs biologiques ». C'est « l'association » qui a doté « le misérable anthropoïde de ce que nous appelons un esprit et un cœur ou, d'un seul mot, une âme ». « Penser une chose, ajoute M. Izoulet, c'est déjà la faire. L'idée est l'embryon de l'acte. Le rêve est le germe de l'être... Penser la justice, c'est la créer. La *raison* est « la fonction de la cité ».

En somme, on aboutit de toutes parts à mettre en évidence l'idée sociale, à concevoir non seulement l'homme, mais le monde entier sous la catégorie de société. Restera à élucider le grand problème, qui est celui de l'*individuation* dans son rapport avec la « socialisation ». Les unités primitives contiennent-elles chacune en germe toutes les spécialisations ultérieures, ou celles-ci sont-elles le produit des divers modes de groupement et d'association? La première hypothèse est celle du monadisme, la seconde est celle de l'atomisme, auquel est obligée de se tenir la science positive. Mais comment comprendre que le simple groupement produise de véritables réalités nouvelles, comme la conscience? On prétend que « l'association crée », dans toute la force du terme, et on donne comme exemple la métamorphose de l'animal en homme, de l'instinct en raison; la vérité est que nous ignorons par quel mystère le nouveau arrive à l'existence. D'autre part, des unités détachées ne peuvent satisfaire la pensée. De là, selon nous, la nécessité d'un monisme ramenant à quelque unité radicale et les monades psychiques et les atomes physiques.

L'unité de composition immanente, que suppose et cherche l'évolutionnisme, apparaît aujourd'hui tout autre que ne l'avaient jadis conçue les Spencer et les Taine. Selon eux, l'unité de composition, pour l'esprit, comme pour le monde matériel, était le phénomène mécanique par excellence, le choc, qui, chez l'animal, devient « choc nerveux » et a pour forme consciente le « sentiment de contraste ». — Cette théorie n'a pu subsister. Ni avec le choc transformé, phénomène tout extérieur et matériel, ni même avec le sentiment intérieur de contraste diversement combiné, on ne pouvait former les sensations mêmes, les émotions, les désirs, tous les états de conscience. Qu'est-ce que le choc, sinon une rencontre, un rapport qui suppose lui-même des termes originaux entre lesquels il se produit? De même pour le sentiment de contraste : une sensation de lumière et une sensation d'obscurité préalablement données, pourront bien le provoquer; mais est-ce donc avec des sentiments de contraste ou de choc, qu'on fabriquera les sensations mêmes, les sensations primitives, lumière, chaleur, etc.? Non. Le contraste est un *caractère commun* des sensations, il ne peut être leur *élément;* on ne fait pas les choses avec des contrastes, mais des contrastes avec les choses. Une relation sans les termes qu'elle relie, c'est un pont suspendu dans le vide sans points d'appui à ses extrémités. Le *sentiment* de différence lui-même est une façon complexe d'être affecté et de réagir qui ne peut se spécifier qu'après deux états, comme un troisième état différent des deux autres : c'est une conscience de transition; loin d'être l'élément primitif, c'est un composé et un dérivé de différents états de conscience. Pas plus que la mécanique, la pure logique ne pouvait expliquer tous les faits d'ordre mental : il a donc fallu rejeter l'opinion trop intellectualiste de Wundt selon laquelle l'opération fondamentale de la logique, le *raisonnement*, ferait le fond de la conscience, établirait son « unité de composition ». C'est précisément parce que la logique coïncide avec la mécanique qu'elle ne peut rendre compte de la réalité. Il a donc paru impossible d'étendre le domaine du raisonnement jusqu'à y comprendre la sensation simple ou, en général, le fait de conscience, de dire, non plus que le raisonnement est de la « sensation transformée », mais que la sensation est du raisonnement transformé. Le caractère distinctif, « la propriété absolument spéciale », que rien ne peut exprimer et qui distingue une sensation d'une autre, est donnée dans la sensation même et dans le contraste des sensations simultanées ou successives, non dans une opération logique. Aussi faut-il chercher l'unité de composition des faits intérieurs dans quelque chose de bien plus profond que le raisonnement. Les intellectualistes ne sont souvent que des mécanistes qui s'ignorent.

Wundt lui-même a fini par le comprendre, mais a-t-il enfin trouvé l'élément primordial ? — On se souvient que les dernières éditions de son ouvrage accordent le rôle prépondérant à ce qu'il appelle, avec Leibniz, l'*aperception*. Comparant le champ de la conscience au champ de la vision, Wundt nomme perception l'entrée d'une représentation quelconque, par exemple d'un son ou d'une odeur, dans le « champ visuel de la conscience », et il nomme *aperception* l'entrée de cette même représentation au « point de vision distincte » de la conscience, qui est l'attention saisissant un objet. Selon lui, l'activité fondamentale et primitive de notre pensée consisterait dans le pouvoir que nous avons d'amener une représentation à ce point de vision distincte et de l'y maintenir ; la volonté elle-même ne serait autre que ce pouvoir; aussi Wundt emploie-t-il l'un pour l'autre les termes d'*aperception* et de *Wille*. Selon nous, l'attention volontaire est un intérêt que nous prenons à l'objet d'une représentation, et cet intérêt, réaction mentale, est déterminé par l'émotion ou, en dernière analyse, par le désir. L'aperception intellectuelle, en un mot, n'est autre chose qu'une plus grande intensité de conscience produite par l'appétition : c'est le désir qui fixe la poussée. La nouvelle théorie de Wundt était donc encore trop logique et trop intellectualiste : elle cherchait toujours l'unité de composition mentale dans un acte de pensée au lieu de la chercher dans quelque chose de plus profond et de plus vital que la pensée même, dans l'appétition qui, plus tard, devient volonté et, ne pouvant s'exercer sans un milieu dont elle est solidaire, enveloppe le germe de la sociabilité.

Le « mouvement transformé », le « raisonnement transformé » sont, comme la sensation transformée, des explications apparentes et non réelles. Il y a de même une sorte d'idolâtrie dans le culte voué de nos jours à la « transformation des forces ». La théorie de l'évolution, mieux entendue, doit abandonner la prétention de réduire toutes choses à une « homogénéité » du genre des quantités pures, y compris les différences mêmes de nos sensations sous le rapport de la qualité. Ce que les sciences positives réduisent à l'unité, — Auguste Comte l'a compris, — ce sont simplement des lois, des rapports ou, comme on dit aujourd'hui, des *processus*. On peut réduire à l'unité les lois mécaniques, les lois logiques, les procédés des diverses opérations intellectuelles, toutes les fonctions de l'entendement où l'ancienne psychologie avait eu le tort de chercher des « actes » originaux et irréductibles. Les sensations d'une part, la réaction du désir d'autre part, suffisent à expliquer tous les modes particuliers de fonctionnement intellectuel et tous les produits de ce fonctionnement, c'est-à-dire les « idées ». Mais les éléments essentiels de la conscience, sensations, émotions et désirs, demeurent toujours, comme la conscience même, inexplicables. Seul, un matérialisme abstrait et tout mathématique peut croire, non sans naïveté, qu'il a réellement réduit à l'unité la sensation de chaleur et la sensation de lumière parce qu'il a réduit au mouvement les conditions physiques de la chaleur et les conditions physiques de la lumière. Toutes les réductions possibles à l'unité dans le monde extérieur ne parviendront pas à identifier psychologiquement, dans notre sensation même, lumière et chaleur. Veut-on un exemple plus frappant? On ne réduira jamais à l'unité l'émotion de plaisir et celle de souffrance, quand même on montrerait qu'elles ont pour condition commune un même phénomène, le mouvement ou le choc, avec une simple différence de direction. Les plus subtils raisonnements sur l'unité fondamentale de la nature, sur l'identité universelle, sur l'universelle métamorphose des forces, ne supprimeront ni la différence des sensations et émotions, ni le sentiment de cette différence; quand on aurait fait voir qu'au dehors de nous tout est toujours le même, il resterait encore en nous, comme indéniable, le sentiment de la différence, qui aboutit à la reconnaissance de *qualités* diverses dans nos divers états de conscience. La variété est un fait d'expérience interne plus certain que toutes les spéculations mécanistes sur les transformations de la force. Qu'a-t-on donc le droit de maintenir comme incontestablement *réel*, devant les écoles qui étaient portées à tout regarder comme apparent et même illusoire dans les états de conscience, et qui cherchaient ailleurs la réalité dernière, le fond objectif des choses? — C'est que tous ces états de conscience qu'on voudrait réduire à un même état transformé n'en ont pas moins leurs qualités irréductibles; si l'on veut qu'ils soient des apparences, encore sont-ils des apparences différentes, des manières différentes de sentir. Et alors, eût-on ramené tout à l'homogénéité, il resterait à expliquer pourquoi il y a des *apparences* différentes, pourquoi il y a du blanc et du noir, du doux et de l'amer, de la jouissance et de la souffrance, du désir et de l'aversion, en un mot, des états de conscience opposés l'un à l'autre. « Qu'apercevons-nous ? dit Diderot. Des formes. Et encore? Des formes. Nous ignorons la *chose;* » comme les prisonniers de la caverne de Platon, « nous nous promenons entre des ombres, ombres nous-mêmes pour les autres et pour nous. Si je regarde l'arc-en-ciel dans la nue, je le vois; pour un autre qui regarde sous un autre angle, il n'y a rien... » Soit, mais l'arc-en-ciel n'en a pas moins une réalité originale dans notre conscience : il y existe psychologiquement avec la sensation de ses sept couleurs et avec toutes les nuances de ces couleurs. Ce n'est pas la lumière même qui déploie l'écharpe magique, ce n'est pas la lumière qui est Iris : c'est notre conscience. Et notre conscience n'est-elle pas plus réelle, en définitive, que cette « chose » ignorée, que « cette matière inconnue » dont parle Diderot, insaisissable fantôme qui ne prend un corps qu'au moment où nous projetons en lui quelque chose d'analogue à notre pouvoir conscient de sentir et de désirer?

CHAPITRE VIII

LE MOUVEMENT POSITIVISTE ET ÉVOLUTIONNISTE DANS LA MORALE ET LA RELIGION MORALE BIOLOGIQUE ET SOCIOLOGIQUE

I. — Dans sa *Politique positive*, Comte dit : « Dès mon début, je tentai de fonder le nouveau pouvoir spirituel que j'institue aujourd'hui. » — « Ma politique, dit-il encore, loin d'être aucunement opposée à ma philosophie, en constitue tellement la suite naturelle, que celle-ci fut directement instituée pour servir de base à celle-là. » — Par politique, entendez l'organisation sociologique du monde humain. Comme la sociologie théorique est la philosophie à son point de vue supérieur, la sociologie appliquée sera la vraie morale.

Comte part de ce principe, sur lequel il a déjà tant insisté, que l'individu ne saurait être isolé, sinon par abstraction, que l'être vraiment concret est la société même, que l'être relativement abstrait est l'individu. Sans doute l'individu peut exister dans la solitude, mais alors il n'est qu'un animal, non un homme : tout ce que nous avons de proprement humain est collectif et social. C'est pourquoi, il est faux d'admettre, avec les individualistes du siècle dernier, le caractère fondamental et primitif de l'égoïsme. Comte reproche aux encyclopédistes et à Helvétius de réduire toutes les relations sociales à « d'ignobles coalisations d'intérêts privés ». L'école écossaise, « qui admettait la sympathie en même temps que l'égoïsme » était, dit-il, « plus rapprochée de la réalité »; mais « le vague de ses doctrines et surtout leur défaut de liaison ne lui ont pas permis d'exercer une aussi grande influence[1] ». Le positivisme, lui, admet simultanément la réalité de l'égoïsme instinctif et de l'altruisme instinctif, mais, la société étant supérieure à l'homme, il conclut à la supériorité de l'altruisme. Ce qu'il s'agit de réaliser parmi les hommes, selon Comte, ce n'est pas l'unité abstraite du *genre* humain, mais l'unité concrète d'une seule et même vie humaine, qui se manifeste en chacun de ses membres. « Le type fondamental de l'évolution humaine, aussi bien individuelle que collective, est scientifiquement représenté comme consistant toujours dans l'ascendant croissant de notre humanité sur notre animalité, d'après la double suprématie de l'intelligence sur les penchants et de l'instinct sympathique sur l'instinct personnel. Ainsi ressort directement, de l'ensemble même du vrai développement spéculatif, l'*universelle domination de la morale*, autant du moins que le comporte notre imparfaite nature[2]. »

Selon Comte, l'hypothèse sociologique « dissipera l'antagonisme entre les conceptions relatives à l'homme et celles se rapportant au monde extérieur », antagonisme qui « s'oppose, depuis vingt siècles, à l'état pleinement normal de la raison humaine » et aussi à l'établissement de la vraie morale[3]. « La préférence spontanée acquise par l'étude de l'homme, seule applicable à l'explication primitive du monde extérieur, » avait déterminé le caractère nécessairement théologique de la philosophie initiale; « les notions positives qui ont ultérieurement suscité l'altération toujours croissante de ce système primordial devaient exclusivement émaner des plus simples études inorganiques; » plus tard encore, « la science organique s'est élevée contre l'ancienne unité théologique, dès lors intellectuellement dissoute,

[1] *Cours*, 45e leçon.

[2] *Ibid.*, t. VI, p. 837.

[3] *Ibid.*, t. VI, leçon LVIII, p. 686.

quoique son aptitude sociale dût prolonger longtemps encore son ascendant politique » ; c'est « ainsi qu'a surgi enfin, entre la philosophie naturelle et la philosophie morale, le conflit qui, depuis Aristote et Platon, a dominé l'ensemble de l'évolution humaine, et dont l'élite de l'humanité subit maintenant la dernière influence[1] ». Mais l'extension de l'esprit positif aux spéculations morales et sociales vient « dénouer une difficulté jusqu'alors inextricable ; elle concilie, en ce qu'elles renfermaient de légitime, les prétentions opposées soulevées, de part et d'autre, pendant les luttes philosophiques de la grande transition moderne... La positivité que l'impulsion mathématique avait justement en vue d'introduire, quoique par une marche vicieuse, dans toutes les spéculations réelles, y est irrévocablement établie »; la science a donc satisfaction. Mais, en même temps, la philosophie l'a aussi, car « la généralité, dont la résistance théologico-métaphysique stipulait avec raison, mais sans force, les indispensables garanties, y devient nécessairement plus complète qu'elle n'a jamais pu l'être auparavant ». Dès lors, « entre la souveraineté spontanée de la force et la prétendue suprématie de l'intelligence, la philosophie positive tend à réaliser directement l'universelle prépondérance de la *morale*, que l'admirable tentative du catholicisme avait, au moyen âge, si noblement proclamée, mais sans avoir pu la constituer, parce que la morale était alors subordonnée à une philosophie implicitement caduque[2] ». « Les propriétés morales inhérentes à la grande conception de Dieu ne sauraient être, sans doute, convenablement remplacées par celles que comporte la vague entité de la Nature ; mais elles sont, au contraire, nécessairement inférieures, en intensité comme en stabilité, à celles qui caractérisent l'inaltérable notion de l'humanité, présidant enfin, après ce double effort prépara-

[1] *Cours*, p. 687, 688.

[2] *Ibid.*, p. 689, 690, 691.

toire, à la satisfaction combinée de tous nos besoins essentiels, soit intellectuels, soit sociaux, dans la pleine maturité de notre organisme collectif[1]. »

On le voit, dans la morale de Comte, toute considération supra-sensible est écartée : l'altruisme n'est plus obligatoire que comme fait fondamental de la nature humaine, comme la condition la plus efficace de développement, de vie et de bonheur pour l'individu non moins que pour l'espèce. La reconnaissance de l'humanité comme un tout organique, à l'égard duquel chaque individu soutient des rapports définis et doit remplir certains devoirs, dépasse aux yeux de Comte l'idée chrétienne de l'humanité considérée comme une famille de frères. Dans le christianisme comme dans les religions antérieures, l'obligation morale à l'égard d'autrui est plus ou moins subordonnée au salut de l'individu ; pour Comte, l'amour universel est le premier principe d'action, fondé sur les droits du Grand Être, qui implique les devoirs de chacun de ses membres individuels.

Par malheur, ces droits du Grand Être, Auguste Comte ne les a pas justifiés. Il admettait comme donné l'altruisme, sans prétendre, ni remonter à ses origines, ni le justifier autrement que par le postulat de la supériorité de la société sur l'individu. Mais une morale positive ne peut, tout élément mystique ou même métaphysique étant écarté, être qu'une constatation scientifique et un art utilitaire. La première qualité d'un homme de science, comme tel, a dit un positiviste, devrait être le calme de Spinoza ; il devrait se borner à des constatations de ce genre : telle chose est ainsi, tel phénomène en produit tel autre ; « le tigre est un estomac qui a besoin de beaucoup de chair, l'ivrogne un estomac qui a besoin d'alcool, le criminel un cerveau qui s'injecte de sang, le prêtre un individu qui voit mal, parlant, au nom d'individus qui ne regardent pas, d'un

[1] *Cours*, p. 691.

dieu qu'il a cru reconnaître[1] ». Mais les hommes ne se contentent pas de ces notions positives ; ils demandent : la chose est-elle bonne ou mauvaise, aimable ou détestable, ravissante ou exécrable ? Or un phénomène n'est rien autre chose qu'un changement soumis à des lois. La science positive constate ces changements ; elle ne les injurie pas ; elle les classe, mais ne les condamne ni ne les absout ; elle en cherche les lois « pour en aider le retour si l'homme y trouve du bien, pour l'empêcher s'il y trouve du mal » : mais, mathématique, elle ne connaît pas de « nombres fastes ou néfastes » ; astronomie, elle ne connaît pas « d'astre bienfaisant ou malfaisant » ; météorologie, elle laisse aux sauvages le soin de lancer des flèches contre le ciel, au paysan celui de battre le saint qui ne fait pas pleuvoir. Il n'y a qu'un sens dans lequel on peut dire que le savant positif n'est pas indifférent ; « il observe, compare et expérimente non seulement pour *voir*, mais encore pour *pouvoir* ». Ajoutons : pour *jouir*. « L'être qui peut éprouver douleur et jouissance appellera tout de suite mauvais ce qui lui fait mal et bon ce qui lui fait bien. Parce qu'il est un de ces êtres, l'homme est prédisposé aussitôt à tout rapporter à lui. » Mais le bien, au point de vue purement positif, ne peut être que l'utile.

La morale positive ne peut donc juger les faits par rapport à un idéal supérieur aux faits mêmes ; elle doit se borner à dire : — Si, par hypothèse, vous désirez tel objet, par exemple votre maximum de vie ou votre plus grand bonheur personnel, voici les moyens scientifiques de l'obtenir ; si, par hypothèse, vous êtes altruiste et désirez le bonheur général, voici les recettes scientifiques qui l'assurent ; — de même qu'on dit en médecine : si vous désirez dormir, prenez de l'opium. — Mais *faut-il* dormir ? — Oui, *si* vous voulez conserver votre santé et votre vie même. — Mais *faut-il* conserver ma santé et ma vie ? — Oui, *si* vous voulez être utile à l'humanité,

[1] E. Lesigne. *Revue positive*, mars-avril 1879.

à la vie et au bonheur des autres. — Mais faut-il être utile à l'humanité ? — L'humanité désire que vous lui soyez utile. — Et si, moi, je ne le désire pas? — La société vous empêchera du moins d'être nuisible. — Et si je réussis à nuire sans qu'elle le sache ?... — L'entretien pourra se prolonger ainsi sans aboutir à rien de *définitif*. La science purement positive des mœurs demeure donc relative aux sentiments et désirs *réels* des hommes, conditions préalables et moteurs de l'évolution. L'art positif des mœurs consistera à essayer de produire effectivement, au moins chez le plus grand nombre, les sentiments et désirs utiles au plus grand nombre, en un mot les *mœurs* mêmes. C'est un problème d'éducation analogue à l'éducation des animaux, qui, jointe à la sélection et à l'hérédité, apprivoise peu à peu les espèces et les rend *domestiques*. Il s'agit d'apprivoiser l'animal humain et de le rendre non pas seulement domestique, mais social : ζῶον πολιτικόν. De même qu'on peut vulgariser des connaissances et des habitudes d'hygiène ou de médecine physique, on peut vulgariser des connaissances et des habitudes d'hygiène mentale ou de médecine sociale. Sans doute il y aura toujours des gens qui ruineront leur santé physique par leurs sottises ; il y en aura aussi toujours qui ruineront leur santé morale ; enfin il y en aura toujours de dangereux pour les autres, et contre lesquels il faudra prendre ses précautions; mais enfin, dans l'ensemble et avec le temps, on peut espérer un entraînement progressif des hommes dans le sens le plus favorable à l'espèce. Le mécanisme de la vie sociale finira par être si bien organisé que l'individu se trouvera forcé non pas de se faire loup avec les loups, ce qui était la formule de Hobbes, mais de se faire vraiment homme avec des hommes.

On voit que toute *obligation* proprement dite disparaît dans la morale des faits. « Une règle née sur la terre, a dit Tyndall, peut être aussi obligatoire qu'une règle née au ciel. » — Sans doute, mais à une condition; c'est que la règle soit indépendante et de la terre et du ciel, étant fondée dans la nature même de la conscience et ayant dès lors une portée pour toutes les consciences possibles. Mais le positivisme, en déniant les droits de la psychologie et en rejetant toute spéculation sur les principes ultimes des choses, s'est mis dans l'impossibilité de justifier rationnellement le « culte de l'humanité ». Physiquement considérée, a dit W. Thomson, l'humanité a beaucoup moins de valeur par rapport au grand tout que n'en a la ride passagère d'une onde sur la surface de l'océan. Le positivisme veut réduire la moralité à l'impulsion sociale chez l'homme : pour Auguste Comte, la société sera la seule divinité de l'avenir; c'est là s'arrêter à moitié chemin, sans apercevoir ni le premier terme de la question, qui est l'individu, ni le dernier terme, qui est le grand tout. La valeur que nous attribuons à la société humaine résulte uniquement, soit de la valeur que nous attribuons préalablement à l'*individu*, qui est son élément, soit de la valeur que nous attribuons à quelque idéal *universel* dont la société n'est qu'un moyen de réalisation. Si l'individu (conformément à la pensée de Comte) n'a pas une valeur en soi, et si le tout, d'autre part, n'a pas une valeur en soi, la société perdra elle-même toute valeur capable de déterminer notre raison et notre volonté. La morale ne saurait donc être, comme le veut Comte, une simple application de la biologie et de la sociologie : elle est et sera toujours, en ses derniers fondements, une application de la psychologie et de la philosophie générale.

D'ailleurs, la sociabilité humaine (que le positivisme admet sans la justifier) a elle-même son principe non dans des conditions plus ou moins extérieures et accidentelles, mais dans la constitution native et radicale de la conscience. La vraie morale doit donc poser, dès le début, l'idée de l'univers à côté de l'idée de l'individu, puisque ces deux idées sont essentielles à la conscience; la vraie morale n'existe pas sans ces deux notions, qui sont, en quelque sorte, ses catégories fondamentales. Par là, nous ne la faisons pas reposer sur une de ces « hypothèses métaphysiques » rejetées par Comte, car l'existence de l'univers, en admettant qu'elle soit une idée métaphysique, n'est pas vraiment une hypothèse, une sorte de conception arbitraire et contingente : elle est une conception inévitable de toute pensée humaine, elle est une condition même de la science, puisque la science, en tant que poursuivant l'unification du savoir, cherche des lois universelles, valables pour le tout. Aussi la morale est-elle essentiellement philosophique, non simplement scientifique, — biologique et sociologique, — elle porte sur les réalités, parce qu'elle agit dans le monde des réalités et des consciences, non dans celui des simples apparences pour la conscience; de plus, elle se propose un idéal universel, cosmique et peut-être supra-cosmique.

II. — M. Charles Robin prétend que Comte lui disait : — « La *philosophie* est une tentative incessante de l'esprit humain pour arriver au repos ; mais elle se trouve incessamment aussi dérangée par les progrès continus de la *science*. De là l'obligation de refaire chaque soir la synthèse de ses conceptions, et un jour viendra où l'homme raisonnable ne fera plus d'autre prière du soir. » — Si la parole est vraie, elle montre l'insuffisance du point de vue purement objectif et extérieur en philosophie. Cependant, même à ce point de vue, tout n'est pas assez mobile pour entraîner une conception toujours mobile du monde ; en outre, le sujet pensant a en lui-même des principes de connaissance et d'action qui sont immuables. C'est ce que le positivisme a trop méconnu, c'est ce qui lui rendait particulièrement difficile ce qu'il avait le plus à cœur : trouver les bases de la religion, comme de la morale, « sur notre terre, dans le domaine du savoir vérifiable ». Auguste Comte ne prétendait à rien moins, comme il le dit lui-même, qu'à tout « réorganiser sans Dieu ni Roi, par le culte systématique de l'Humanité ». Selon lui, les hommes peuvent, en tant que membres de l'Humanité, « constituer une réelle providence pour eux-mêmes, dans tous les domaines, moral, intellectuel et matériel. »

Pour ceux des positivistes contemporains qui sont restés les plus fidèles à la pensée de Comte, la droite conduite est le vrai but de la vie humaine ; or, notre conduite est finalement déterminée, non par ce qu'on nous enseigne à faire, ni par ce qui nous plairait à faire, mais par ce que nous croyons et par ce que nous révérons. Dès lors, ce sont nos convictions philosophiques et religieuses qui règlent notre conduite. Par philosophie, nous savons que les positivistes entendent nos idées générales sur l'ordre de la nature et sur l'évolution de l'homme, la systématisation de notre savoir; par religion, enlevant à ce mot toute signification théologique, ils ne gardent que l'élément commun à toutes les religions, les plus humbles comme les plus hautes. Cet élément commun, selon la définition du chef du positivisme anglais, M. Harrison, c'est la croyance en quelque pouvoir reconnu plus grand que l'individu et même que la communauté, capable de contribuer au triomphe de la justice; ce qui entraîne un sentiment intérieur de respect et motive un culte extérieur. Les positivistes contemporains croient que « la culture purement morale, à quelque perfection qu'elle soit amenée, ne peut rendre sûre aucune ligne de conduite. » La moralité, « si grande et si élevée qu'elle soit, doit toujours rester un stimulant tiède et prosaïque, lorsqu'elle entre en contraste avec l'orage de la passion ou avec le souffle subtil de l'intérêt personnel ». Les instincts bienveillants de l'homme n'atteignent jamais le degré de chaleur qu'atteignent la luxure et la haine. L'histoire nous montre qu'une force, une seule, a pu lutter avec succès contre les appétits et contre les impulsions de l'égoïsme : « Cette puissance est la religion, sous quelque forme que ce soit, » c'est-à-dire la soumission passionnée du moi à quelque pouvoir ou idée souveraine. La « chaleur blanche » de l'enthousiasme religieux s'est montrée plus forte que la « chaleur rouge » de la passion intéressée. La « civilisation » ne peut remplacer la « religion », autant du moins que la civilisation se borne à la pure culture morale : elle peut « diminuer la violence, quoiqu'elle rende le meurtre même plus diaboliquement délibéré ; mais, d'autre part, elle est le sol sur lequel croît la fraude, comme une moisissure mortelle[1]. » Pour les positivistes, les problèmes philosophiques et religieux sont donc réellement « antécédents » et doivent venir les premiers, car ils gouvernent et déterminent le problème moral. La conduite, dit M. Harrison, est « le résultat de l'idéal que nous révérons, plus la vérité que nous connaissons comme suprême ». Lorsque nous avons élevé un idéal comme objet d'amour et de dévouement, lorsque, d'autre part, nous avons marqué la plus haute limite du savoir humain, alors nous pouvons fonder une culture morale en accord avec nos émotions religieuses et avec nos croyances philosophiques.

Ainsi entendue, la religion de Comte n'est soutenable que si elle s'absorbe à la fin dans celle de Hegel. Les idéalistes hégéliens, en effet, font observer que la rationalité de toute vraie religion repose sur la possibilité d'une synthèse ultime « dans laquelle l'homme et la nature sont regardés comme la manifestation d'un seul et même principe », et que, de plus, ce principe doit être psychique ; car la religion enveloppe cette croyance que, dans nos efforts pour réaliser le bien de l'humanité, nous ne tendons pas simplement à un idéal au delà de nous, qui peut être ou ne pas être réalisé, mais que « nous sommes animés par un principe qui, en nous et hors de nous, se réalise nécessairement lui-même, parce qu'il est le principe ultime par lequel les choses *sont*, et sont *connues*. » Nous devons donc croire que nous travaillons efficacement parce que l'univers travaille avec nous[2].

Cette synthèse ultime que le sentiment religieux réclame n'est pas accomplie dans le positivisme. La

[1] Harrison. *International Journal, of Ethics*, 1892.

[2] Caird, art. *Metaphysics* dans l'*Encyclopædia Britannica*.

synthèse subjective qu'il nous propose n'est pas assez subjective et ne le devient complètement que par la conciliation du positivisme avec l'idéalisme. Auguste Comte, se bornant au point de vue superficiel de l'intérêt humain, n'a pas pénétré, par une analyse radicale, jusqu'au fond du sujet pensant et voulant. S'il avait fait cette analyse, il aurait vu que le sujet pensant est « le monde même en tant que représenté » et que, en conséquence, la synthèse subjective se confond avec la synthèse objective. C'est le point de vue auquel s'est élevé Hegel. Ajoutons, pour nous élever plus haut encore, que le sujet n'est pas seulement le monde « représenté » et que le monde objectif n'est pas seulement « une représentation ». Sous la pensée il y a un principe plus profond, et ce principe est celui des objets autres que nous comme il est notre propre principe ; il est le réel et le concret par excellence, dont la synthèse purement objective de Comte ne saisissait que les lois abstraites : il est la volonté. C'est le point de vue de Schelling, de Schopenhauer et de l'idéalisme contemporain.

Auguste Comte l'a pressenti, lorsqu'il a remarqué que le matérialisme consiste à vouloir expliquer le supérieur par l'inférieur. Selon Littré lui-même, le matérialisme est cette « erreur de logique » qui consiste à expliquer certains phénomènes « s'accomplissant d'après des lois particulières », — comme la vie, la pensée, — à l'aide des lois qui servent à relier entre eux des phénomènes d'un ordre plus général, par exemple à l'aide des lois mathématiques et mécaniques ; « ce qui est une sorte d'importation dans une science plus complexe des idées appartenant à une science moins complexe [1] ». — Par malheur, le positivisme n'a fait qu'entrevoir ici une vérité qu'il n'avait pour ainsi dire pas le droit de voir. Le vrai matérialisme, en effet, consiste à expliquer non pas le plus complexe par le moins complexe (ce qui est au contraire la tâche de la science), mais le subjectif par

[1] Littré. *Dictionnaire.*

l'objectif, la conscience par le mouvement; la formule de Littré est donc inadmissible. Celle même de Comte sur le supérieur et l'inférieur reste vague; car, pour le pur positiviste, que peut être le supérieur? Simplement ce qui est plus complexe, et nous retombons alors dans la définition de Littré. Ainsi, en supprimant la psychologie et le point de vue psychologique, le positivisme fait du matérialisme sans le vouloir et sans le savoir : il s'interdit par là le droit d'adresser des objections au matérialisme. En même temps, il est inconséquent avec son propre agnosticisme. Si, en effet, vous admettez la « matière » comme une substance qui se révèle par les qualités sensibles, mais qui elle-même ne tombe point sous les sens, vous admettez par cela même qu'une réalité peut exister sans être sensible; vous admettez de l'intelligible, et, sans vous en apercevoir, vous sortez du matérialisme par l'affirmation même de la matière. Cet intelligible, à son tour, ne peut être vraiment intelligible que par réduction à ce que nous trouvons en nous-mêmes. L'idéalisme est donc bien le nécessaire complément du positivisme. Le positivisme de Comte, l'évolutionnisme de Darwin et de Spencer, l'idéalisme de Kant et de Hegel sont parfaitement conciliables; de fait, nous les voyons réconciliés dans les grandes écoles contemporaines.

L'absence d'une synthèse assez subjective fit méconnaître aux positivistes, dans la sociologie et la morale comme dans la psychologie, la valeur de l'individualité. De là l'injustice de Comte, d'abord à l'égard de l'individualisme protestant, puis à l'égard des droits individuels consacrés par la Révolution française [1]. S'il nous a paru juste de dire avec Comte : l'individu n'a sa

[1] Comte va jusqu'à dire : « Il n'y a point de liberté de conscience en astronomie, en physique, en chimie, en philosophie même, en ce sens que chacun trouverait *absurde* de ne pas croire de confiance aux principes établis dans les sciences par les *hommes compétents*. » — Toutefois, Comte ne veut pas dire ici qu'on doive forcer les individus à croire; il constate seulement qu'il n'y a pas, dans les sciences diverses, d'état de la conscience analogue à celui qu'on observe dans les religions, où chacun se trouve, faute de preuves, libre de croire le oui ou le non.

véritable existence, son existence humaine et morale, que comme unité dans l'organisme social, il n'est pas moins juste de dire : l'humanité, à son tour, ne trouve sa réalisation que dans l'individu. Où est la conscience sociale, sinon dans les consciences individuelles? Ici encore, Hegel a raison de croire que les contraires s'appellent et se complètent, que l'individu existe par la société et que la société existe par l'individu. C'est, au fond, la synthèse à la fois subjective et objective qui doit réconcilier tous les points de vue, dans la sociologie comme dans la cosmologie. Il ne faut plus dire seulement, avec les uns : « l'individu seul est réel » ; avec les autres : « l'universel seul est réel, » il faut dire avec Hegel : « l'individu est réel, mais seulement comme la réalisation de l'universel ; l'universel est réel, mais seulement en tant que se manifestant dans l'individuel ». Et autant peut-on dire des rapports de l'individu à la société, de la société à l'individu.

De même que la subjectivité a été reconnue insuffisante dans la synthèse positiviste et, par cela même, l'objectivité, pareillement, selon les idéalistes hégéliens, cette synthèse ne pousse pas assez loin le principe de relativité universelle admis par Auguste Comte comme par Hegel. Comte s'arrête à l'humanité qu'il divinise : mais, disent les hégéliens, l'humanité est elle-même partie organique d'un tout plus large ; elle est relative à l'univers : le principe de relativité ne peut donc être satisfait que par la considération du Tout ; il ne permet pas de s'arrêter en chemin. Comte admet, nous l'avons vu, que chaque individu doit se dépasser lui-même, de manière à voir toutes choses, sinon sous l'aspect de l'éternité, du moins sous celui de l'universelle humanité, et que, conformément à cette conscience théorique de sa vraie nature, il doit vivre une vie pratique d'altruisme, c'est-à-dire une vie où il identifie son propre bien avec le bien de l'humanité. Mais les idéalistes néo-kantiens et néo-hégéliens ajoutent qu'une philosophie qui s'est avancée jusque-là doit logiquement aller plus loin encore.

Il est impossible, disent-ils, de traiter l'humanité comme un « organisme », sans étendre l'idée « organique » aux conditions sous lesquelles s'est développée la vie sociale de l'humanité. Le milieu à l'aide duquel, en réagissant, l'être organisé se maintient lui-même est une partie essentielle de sa vie; l'être ne reste organique qu'autant qu'il peut se mouler sur ses conditions ou les mouler sur lui. Cela est vrai même de l'organisme animal, qui, cependant, n'est en rapport qu'avec un petit cercle de conditions faisant partie d'un cercle plus large. A plus forte raison est-ce vrai d'un être doué de conscience. Un être conscient est, comme disait Hegel, un « centre *universel* de relations » ; il n'y a rien qu'il ne puisse, en tant que conscient, rendre partie de sa propre vie; dès lors, l'application de l'idée organique à cet être enveloppe l'application de la même idée au monde entier [1]. C'est ce que méconnaît l'empirisme positiviste. Se plaçant au point de vue purement objectif, il ne peut plus voir dans l'homme qu'un groupement individuel de phénomènes parmi d'autres êtres et objets comme lui; en conséquence, il considère sa relation à ces êtres comme quelque chose d'accidentel et d'extérieur. Placez-vous, au contraire, à ce point de vue subjectif vers lequel tendait Auguste Comte; mais allez plus loin et plus avant que lui et considérez le vrai *sujet*, c'est-à-dire l'être conscient, qui ne peut être vraiment conscient de soi que par la pensée des autres avec lesquels il se conçoit en universelle solidarité; de ce point de vue vous reconnaîtrez, avec les idéalistes néo-kantiens et néo-hégéliens, que l'homme n'a aucune relation purement *extérieure* soit avec les autres hommes, soit avec la nature. Ce qui nous constitue comme individus conscients, en effet, c'est précisément la conception de notre lien intérieur avec les autres êtres conscients; ce qui nous permet de nous distinguer par rapport à eux est aussi ce qui nous relie à eux, je veux dire la conception d'une unité intelli-

[1] Voir Caird, *Social Philosophy of Comte.*

gible et intellectuelle présente à tous les autres êtres comme à nous, et autorisant l'induction de nous à eux. Nous ne nous concevons individus qu'en concevant un univers ; plus nous pénétrons dans notre moi, plus nous pénétrons aussi dans autrui. Réciproquement, ce sont nos relations universelles qui nous donnent une existence individuelle : plus ces relations sont nombreuses et conscientes, plus notre individualité est riche et consciente de soi.

Là se trouve le commun principe non seulement de toute morale, mais encore de toute religion.

La morale exige la réalisation des plus hautes fins de la vie humaine ; mais cette réalisation n'est-elle dans l'univers qu'un « heureux accident », comme dirait Darwin, n'est-elle qu'une conquête de l'homme, dans la lutte pour la vie, sur une « destinée hostile ou indifférente »? ou bien est-elle le résultat vers lequel toutes choses font effort, même celles qui, au premier abord, semblaient lui être contraires? Le monisme idéaliste, fondement philosophique de toute religion, admet cette seconde thèse ; il pose l'universelle parenté et l'universelle société, en ramenant à l'unité la matière et l'esprit, en affirmant avec Hegel « l'identité fondamentale de ce qui se réalise en nous et hors de nous ». Pour que notre moralité ait un soutien qui ne semble pas seulement provisoire, mais définitif, il faut que nous nous considérions, en tant qu'êtres moraux, comme « les organes d'un principe vraiment universel, par conséquent irrésistible[1] » ; car qui pourrait résister définitivement à ce qui est en tout, à ce qui est voulu partout et de tous? La résistance même doit être enveloppée dans quelque action qui la subordonne au triomphe final du bien. Telle est la foi morale et philosophique qui se trouve au bout du positivisme comme de l'idéalisme kantien ou hégélien. Ajoutez-y les symboles et les mythes, sous une

[1] Caird, art. *Metaphysics*, *in Encyclopædia Britannica*. — *Social Philosophy of Comte.*

forme qui s'adresse à l'imagination collective, vous aurez les diverses religions historiques.

Selon Auguste Comte, les religions et théologies sont de moins en moins concrètes et vont, comme la « métaphysique », se perdant dans l'abstraction. Mais il faut distinguer l'élément imaginatif des religions d'avec leur élément philosophique ou moral. Que les religions se dépouillent progressivement de leur mythologie et se spiritualisent de plus en plus, le fait est incontestable. Encore a-t-on dit avec raison que le fétichisme des sauvages, avec son luxe apparent de folies, est en réalité bien pauvre, bien monotone au point de vue même de l'imagination et de l'esthétique : rien ne ressemble au fétichisme des Papous comme le fétichisme des Boschimans ou celui de toute autre peuplade inférieure. Mais les religions ont un contenu métaphysique, moral et social, qui, loin de s'appauvrir avec le temps, s'est enrichi au contraire. On a fait observer avec raison que l'idée chrétienne du Dieu-homme, vivant en nous et en qui nous vivons à notre tour, est autrement complexe que l'idée hébraïque de Jéhovah ou l'idée hindoue de Brahma[1]. On peut donc dire que les religions elles-mêmes vont à la fois en s'universalisant et en se particularisant : elles suivent la loi simultanée d'intégration et de spécification. Dès lors, si la mythologie tend à disparaître, il n'en résulte pas immédiatement que la religion proprement dite tende elle-même à disparaître, ni que le sentiment religieux ait perdu en complexité, en profondeur, en universalité, lorsque de fétichiste il est devenu païen et de païen chrétien.

Toutefois, il y a dans ce problème final un grand sujet d'embarras. On peut, en effet, demander aux hégéliens si la religion proprement dite, en tant que distincte de la métaphysique et de la morale, n'est pas précisément constituée par l'élément mythique et imaginatif, par la représentation anthropomorphique de la divinité et par

[1] Caird, art. *Metaphysics*, etc.

le miracle joint au mystère. Dans ce cas, il est certain que les religions prennent de nos jours une forme de plus en plus philosophique, en se dégageant de leur élément mythique. Le protestantisme, par exemple, est incontestablement plus voisin de la philosophie pure que n'en est le catholicisme. Comte aurait donc, à ce point de vue, le droit de soutenir que la religion, en tant que mythologie et représentation *humaine*, tend à s'absorber dans la métaphysique et dans la morale. Celles-ci, il est vrai, doivent être conçues sous forme de croyances sociales et collectives, non plus seulement individuelles. Pas plus en philosophie qu'en mathémathiques, il n'y a, selon le mot d'Euler, de grandes routes, de « routes royales » : il faut que chacun, à son tour, se fraie de nouveau son chemin et découvre ce que d'autres avaient déjà aperçu; les religions, au contraire, sont des routes royales où passent, en rangs serrés, les générations [1].

La philosophie première et la religion prendront-elles donc à la fin, comme Comte le croit, la forme scientifique? Tout dépend de ce qu'on définira science. Si l'on entend la science *objective* à la manière des ma-

[1] Selon une vue originale et profonde de M. Darlu, si le siècle précédent a sécularisé la morale, en rejetant la religion sans la comprendre, notre siècle a eu pour tâche de « séculariser les idées religieuses ». c'est-à-dire, sans doute, de les traduire en idées philosophiques, morales et sociales. Ainsi ont fait « Chateaubriand, Lamennais, Renan » et tant d'autres, parmi lesquels on peut citer non seulement Comte, mais encore l'auteur de l'*Irreligion de l'avenir*, avec ses hardies hypothèses sur l'immortalité. La philosophie, ajoute M. Darlu, doit transformer en raison les idées de la science et la foi de la religion. — Mais, ferons-nous observer, les « idées de la science, quoique bornées au point de vue objectif des relations mutuelles entre les choses, n'en sont pas moins *vraies* et n'ont pas besoin d'être éliminées, mais simplement complétées; au contraire, dans la foi des religions positives et, pour les appeler d'un autre nom, des mythologies, n'y a-t-il pas un élément fabuleux et miraculeux qui non seulement est antiscientifique, mais aussi est antiphilosophique et, par conséquent, doit être éliminé? Or, cet élément une fois rejeté, les positivistes demanderont de nouveau si la religion ne se résout point tout entière en une philosophie sociale et collective? Toujours est-il qu'on ne saurait ranger sur le même plan la science, la philosophie, la religion, du moins la religion historique, comme des « aspects divers de la vérité ».

thématiques ou de la physique, impossible d'espérer une telle *objectivation* de ce qui concerne précisément, d'une part, le sujet pensant ou voulant, et, d'autre part, l'unité finale du sujet et de l'objet en une relation vraiment universelle. La philosophie première n'aura jamais le même point de vue que la science proprement dite. Encore bien moins la religion peut-elle devenir science objective, si on entend par religion une croyance à la fois personnelle et collective, lien des esprits et des volontés vers un but suprême. La religion est une philosophie de sentiment et d'imagination, principalement sociale, quoique s'adressant à l'individu; elle est une poésie de la conscience à la recherche du plus haut idéal et du plus universel. Ici encore, le point de vue n'offre pas le caractère objectif et extérieur des vérités appelées par Comte positives. Aussi avons-nous vu Comte faire lui-même appel, dans l'ordre religieux, à la méthode subjective, mais incomplètement comprise et trop utilitaire. La société universelle, objet suprême de la morale, n'est possible qu'en vertu d'une unité foncière où le naturel et le moral se concilient. C'est cette conciliation que le positivisme ne nous a pas fournie et que l'idéalisme seul peut nous faire concevoir. On ne peut sans doute demander au philosophe ce que le prêtre des religions historiques prétend donner, un enseignement dit « certain » sur les mystères de l'existence; mais, dans ces religions mêmes, nous voyons l'empire des « dogmes » diminuer de plus en plus. Le protestantisme admet le libre examen; or, le libre examen étendu à tout, c'est la philosophie. Si la philosophie n'est pas un dogme immuable, elle est un progrès; ce n'est pas chez elle signe d'infériorité, mais de supériorité. Ce progrès, d'ailleurs, pour pénétrer dans la conscience collective, demande des siècles. Il y a des tribus indiennes qui croient que l'âme du dormeur est réellement en voyage et qu'il ne faut pas le réveiller avant qu'elle ne soit revenue, ou alors la vie s'arrêterait en lui; ainsi il ne faut pas tirer trop brusquement les peuples du rêve mythologique : il faut laisser à leur raison le temps de revenir. La philosophie n'en doit pas moins, comme la science, accomplir son œuvre, sans autre souci que la vérité, sans hostilité pour les religions historiques, mais aussi sans compromissions hypocrites. L'idée même d'une suprême synthèse entre le naturel et le moral est au fond toute philosophique, et c'est à la philosophie première qu'il appartient de la justifier. C'est la conscience de l'unité entre notre vrai moi et la loi de l'univers qui constitue la base de la religion philosophique. Le positivisme a eu le tort de s'arrêter à l'unité du moi individuel avec le moi social. Aller plus loin et admettre, comme l'admet l'idéalisme, que la vraie conscience de soi ne fait qu'un avec la conscience morale, celle-ci avec la conscience sociale, celle-ci avec la loi de l'univers, c'est, sous quelque forme qu'on se représente cette unité morale du monde, poser le principe même de toute vraie religion. Celui-là est moral qui dit : Fais le bien, advienne que pourra : celui-là est religieux qui dit : Le bien arrivera tôt ou tard pour tous, car la moralité, identique à la sociabilité infinie, loin d'être une illusion, est la vraie révélation de l'univers.

APPENDICE

RAPPORT A L'ACADÉMIE DES SCIENCES MORALES

SUR LE

CONCOURS POUR LE PRIX BORDIN (1895)

HISTOIRE ET APPRÉCIATION DU POSITIVISME

Quelque opinion qu'on professe sur la philosophie positive, qui, on l'a remarqué, n'est toujours ni assez positive, ni assez philosophique, nul ne peut nier cependant son importance et son influence, plus grande encore peut-être dans les pays voisins que dans le nôtre. Une conception qui prétend embrasser le monde et l'humanité, organiser les sciences et formuler les lois du progrès scientifique ; qui pose les bases de la nouvelle science sociale et voit dans cette science même le meilleur centre de perspective sur l'univers, voilà assurément une vaste entreprise, la plus systématique qu'on eût vue en France depuis un siècle et demi. Par malheur, en méprisant le point de vue psychologique, Auguste Comte s'est réduit lui-même à une doctrine incomplète, qui ne nous présente qu'un seul aspect de la réalité. De plus, il a eu la mauvaise fortune d'être non pas éclairci, mais obscurci par ses adeptes. Les uns étaient les aveugles croyants de la religion nouvelle ; les autres étaient des infidèles qui, comme Littré, ont mutilé et rétréci la philosophie positive, au point d'y substituer une manière de matérialisme. Il serait temps qu'un penseur comme Auguste Comte fût mieux connu de ceux mêmes qui ne s'en tiennent pas à son point de vue. Hegel a dit : « La controverse est un hommage ; il n'y a qu'un homme supérieur qui puisse nous condamner à la tâche de le discuter et de l'éclaircir. » Tout le monde est d'accord que la philosophie positive a, pour sa part, donné naissance aux trois grands courants de notre époque : agnosticisme, évolutionnisme, monisme. Objets de jugements contradictoires, ces trois directions de la pensée n'en constitueront pas moins la caractéristique du XIXe siècle ; comment donc négligerait-on l'étude d'une méthode et d'une doctrine qui ont provoqué un aussi considérable mouvement d'idées? En ce moment une juste réaction se produit contre les excès de l'esprit positiviste, et peut-être même, comme il arrive toujours, dépasse-t-elle le but. L'heure semble donc venue de marquer à la fois la valeur et l'insuffisance de la philosophie qui eut pour promoteur Auguste Comte.

Telle fut sans doute la pensée de l'Académie en mettant au concours cette belle question : — Histoire et exposition du positivisme. Discuter ses méthodes, ses théories et ses applications. — Le libéralisme de l'Académie, on le voit, laissait toute liberté d'appréciation aux concurrents, sous la seule condition de discuter impartialement les théories et de ne rien avancer sans preuves; elle n'aurait pas mis au concours l'examen de la philosophie positive, si cette philosophie ne contenait rien que de méprisable. Trois mémoires ont été envoyés, qui ne sont pas sans valeur; aucun n'a pleinement rempli le programme tracé ni répondu aux intentions de l'Académie; aucun n'apporte de réponse à cette question vitale qui, plus encore aujourd'hui qu'au temps d'Auguste Comte, passionne les esprits : — Peut-on, selon le rêve du positivisme, organiser philosophiquement la science, de manière à la rendre capable de réorganiser la société même? — Très divers sont les jugements sur la tentative de réorganisation philosophique et sociale due à Auguste Comte; cette diversité s'est manifestée dans le sein même de votre section de philosophie, celle-ci, unanime sur la valeur relative des mémoires, ne l'est plus sur les mérites et les défauts du positivisme lui-même; si bien que son rapporteur doit revendiquer pour lui seul la responsabilité de ses appréciations d'Auguste Comte. Mais, quoi qu'on pense des idées de ce réformateur, on ne saurait contester l'inspiration généreuse qui l'anime ; nous regrettons donc, pour notre part, que, dans le concours ouvert par l'Académie, il n'ait pas rencontré des appréciateurs à la fois mieux informés et moins prévenus. Il faut, croyons-nous, sympathiser avec ce que les diverses doctrines contiennent de vrai et de noble pour bien les comprendre : dans l'histoire de la philosophie comme ailleurs, on peut dire avec Auguste Comte : « le cœur éclaire l'intelligence ».

I

Le mémoire n° 1, de 219 pages, avec la devise : « Savoir, c'est savoir ignorer », est une bonne esquisse synthétique du positivisme et de son influence. Il y manque l'analyse détaillée, il y manque la critique approfondie des œuvres et des doctrines. Plus que les autres concurrents, l'auteur de ce mémoire accepterait volontiers les idées inspiratrices d'Auguste Comte, ce qui lui permet d'en mieux saisir le vrai sens ; il est fâcheux que, par une discussion méthodique, il n'ait pas mieux justifié ses sympathies. On remarque, il est vrai, un commencement de discussion, sous forme de dialogue, à propos de la morale positiviste et évolutionniste ; on remarque aussi de bonnes pages relatives à la science sociale, au droit, à la politique. L'auteur a bien vu, avec Auguste Comte, que, dans toute crise sociale, il y a un mouvement de décomposition et un mouvement de recomposition : l'un, dit-il, est plus rapide que l'autre, parce que ce qui doit périr est déjà naturellement décomposé, tandis que les fondements de l'œuvre à reconstruire, quoiqu'ils existent déjà virtuellement, ne sont pas aisés à mettre au grand jour du milieu des ruines. « C'est ce retard de la tendance organique ou réorganisatrice sur la tendance destructive qui est la vraie cause des violences et des révolutions. » Non moins justes sont les vues de l'auteur, conformes à celles de Comte, sur le caractère social qu'on retrouve au fond même des droits individuels. Ce qui, dit-il, prétend se fonder exclusivement sur le droit de l'individu, n'a dès lors, pour se protéger, qu'une force individuelle, c'est-à-dire très faible, si la collectivité ne prête pas sa force pour assurer le droit. « Mais ce droit, en se faisant protéger, disparait pour ainsi dire, car on n'est plus libre que par l'octroi de la communauté, à laquelle on doit raison de sa liberté. » Il en résulte, pourrait-on ajouter, que le droit individuel enveloppe lui-même l'action sociale et qu'il y a une contradiction secrète au fond de l'individualisme absolu. Malgré d'autres réflexions judicieuses sur la guerre, sur la possibilité de sa disparition, sur le réel affaiblissement de l'esprit militaire, — affaiblissement qui se cache sous l'appareil menaçant des armées modernes, — ce mémoire a pu être plutôt un essai très intéressant qu'une étude approfondie, telle que l'Académie la demandait.

II

Le mémoire n° 2 est un travail étendu de 425 pages, avec cette devise : « Qui trop embrasse mal étreint. » — Mais l'auteur, par crainte de trop embrasser, a paru rétrécir son sujet, sans pour cela assez l'étreindre. Dans le positivisme, en effet, il ne voit qu'une « théorie de la connaissance » ; il s'en tient à ce point de vue étroit et aboutit à une étude du sensualisme de Locke et de Condillac plutôt que du positivisme de Comte.

Il faut louer pourtant dans ce travail, outre un effort personnel, des intentions de méthode et de discussion régulière. Parmi les concurrents, c'est le seul qui argumente; le malheur est que son argumentation est trop scolastique. Aux définitions et aux propositions il ajoute des syllogismes, dont il démontre ou croit démontrer successivement la majeure et la mineure; son esprit de géométrie n'est pas assez corrigé par l'esprit de finesse. Il semble voir toutes choses sous l'angle de l'ancienne ontologie, antérieure non seulement à Kant, mais même à Descartes. La manière dont il parle de ces deux philosophes montre qu'il ne les a guère compris. Il croit que Descartes, à la recherche de l'évidence, veut faire table rase de toute conviction antérieure « même fondée sur l'évidence » ; il croit que, pour Kant, les vérités *a priori*, étant constitutionnelles, sont « arbitraires ». Il pense découvrir ainsi, chez Descartes et chez Kant, des positivistes, le premier ayant cherché, dit-il, à établir toute science sur un simple « fait », celui de sa propre existence: le second ayant réduit les objets de la science humaine aux choses d'expérience.

L'auteur de ce mémoire ne paraît pas connaître la critique faite par les modernes de l'idée de substance et va même jusqu'à confondre la certitude de notre existence personnelle, comme êtres pensants, avec la certitude d'un moi *substantiel*. A l'en croire, c'est ce moi substantiel qui servirait de point de départ à la psychologie, ainsi confondue avec la métaphysique. Sur l'idée de cause comme sur celle de substance, il en est resté à la philosophie du moyen âge, ce qui est assurément permis, mais à la condition que, pour motiver une telle préférence, on ait de la philosophie moderne et contemporaine une connaissance assez exacte et assez approfondie. Ce n'est pas d'une telle connaissance que l'auteur du n° 2 fait preuve, quand il essaie de démontrer le principe de causalité sans s'apercevoir qu'il roule dans un cercle vicieux. Admettons avec Kant, dit-il, que l'idée d'événement n'implique pas en elle-même et par simple analyse l'idée d'une relation de cause à effet, « il n'en est pas moins vrai qu'en rapprochant l'idée de cause de l'idée d'événement, je vois clairement qu'un événement, ne possédant pas l'existence avant qu'il s'accomplisse, a dû la recevoir et ne s'est accompli en conséquence que par un autre ». Il est manifeste que l'auteur présuppose ici ce qu'il faut démontrer, car il établit en principe qu'un événement doit « recevoir » l'existence « d'un autre », ce qui est précisément la question. Puisque l'auteur prétendait réduire tout le positivisme à une simple théorie de la connaissance, au moins aurait-il dû mieux se rendre compte des diverses doctrines relatives à ce grand sujet, notamment de la critique kantienne.

Mais c'est la conception fondamentale du mémoire qui doit être rejetée comme ne donnant qu'une vue unilatérale du positivisme. S'il est vrai que, comme toute autre doctrine générale, la philosophie positive implique une théorie de la connaissance, il est également vrai que cette théorie n'a pas été faite par Auguste Comte, mais simplement présupposée. C'est même là, semble-t-il, la première des grandes lacunes de sa philosophie, que l'auteur du mémoire aurait dû mettre en évidence. Le positivisme est essentiellement une interprétation de l'univers au moyen des résultats acquis par la science, en vue de réorganiser la société humaine. Auguste Comte, pourra-t-on dire, considère la philosophie comme une sorte de « feu central » alimenté par toutes les sciences, mais qui, à son tour, doit les éclairer toutes. Le positivisme est donc non pas un système d'épistémologie, comme disent les Allemands, mais, indivisiblement, de cosmologie et de sociologie. Ce n'est pas en une théorie de la connaissance qu'il se résume, mais en une théorie du monde et de la société. De là les deux célèbres synthèses poursuivies par le positivisme : la première, que Comte appelait la synthèse objective, est la systématisation des lois qui régissent les objets connaissables ; la seconde, que Comte appelait la synthèse subjective, est une nouvelle systématisation des lois de la nature en vue de la société humaine; c'est, en d'autres termes, non plus l'interprétation cosmologique, mais l'interprétation sociologique de l'univers, *ex analogià societatis humanæ*.

On ne saurait prétendre qu'une philosophie qui est ainsi toute tournée vers le monde des objets, soit qu'il s'agisse de la nature, soit qu'il s'agisse de la société humaine, puisse être réduite à une doctrine de la connaissance. Ce qu'il eût fallu, tout au contraire, reprocher à cette philosophie, c'est de n'avoir pas pris pour base une analyse de l'intelligence comme celle qui a immortalisé le nom de Kant. Le positivisme déclare que le relatif est le seul objet du savoir et que l'expérience en est la seule voie, bien plus, l'expérience sensible. Comment le sait-il ? S'il veut établir son principe, il est obligé d'édifier et la psychologie et la critique de l'intelligence. Sinon, nous n'avons plus devant nous qu'un dogmatisme sans couleur de positivisme. La vraie philosophie n'est pas celle qui s'en tient ainsi à l'empirisme naïf des premiers âges, lesquels se contentent de présuppositions et parfois de préjugés. Une philosophie qui se prétend positive doit se rendre parfaitement compte d'elle-même à elle-même, elle doit être toute pénétrée de lumière. Pour cela, il en faut venir à la considération du « sujet », non plus seulement des « objets », et il faut chercher ensuite le rapport synthétique qui unit les deux termes. C'est ce que n'a point fait Auguste Comte, et c'est ce que ne lui a pas assez reproché l'auteur du mémoire. L'expérience scientifique, qu'Auguste Comte veut mettre à la base de la philosophie, ne s'explique pas elle-même; elle implique les lois mentales et leur harmonie avec les lois de l'univers. Il faut donc chercher les éléments, les conditions et aussi les bornes de ce que nous appelons l'expérience; il faut en faire la critique en complétant par la psychologie les résultats de la cosmologie. Comment un philosophe qui se dit positif se désintéresserait-il de tout ce travail critique ? Auguste Comte, en admettant sa prétendue loi des trois états, ne s'aperçoit pas que cette loi, en la supposant vraie, doit elle-même avoir sa dernière raison dans l'analyse de l'intelligence. On peut donc dire que le positivisme est inconséquent avec lui-même lorsqu'il néglige et la logique et la théorie de la connaissance.

Au reste. Comte a été obligé plusieurs fois d'aborder ces questions. Parfois même il s'y montre supérieur, mais sur un seul point : c'est quand il admet, pour expliquer le développement de l'esprit, l'action de l'élément sociologique, qui devient ainsi un facteur essentiel de la science humaine. L' « expérience » sur laquelle la philosophie doit se fonder, selon Comte, n'est plus simplement celle de l'individu ; élargissant sa sphère, elle s'étend à toutes les acquisitions collectives de l'humanité. Ce point de vue original — essentiel à l'intelligence du positivisme — a été entièrement négligé par les trois concurrents et, notamment, par l'auteur du n° 2. Aucun n'a mis ici en évidence le mérite d'Auguste Comte, qui a compris que le progrès de l'intelligence humaine s'explique par la vie en société, non par un pur développement individuel. M. Spencer est fidèle à cette pensée lorsqu'il remonte de l'individu à la race ; mais il demeure inférieur à Comte par la prédominance excessive qu'il accorde aux considérations biologiques et même mécaniques. Il ne recherche pas dans l'intelligence individuelle, comme Auguste Comte, l'action proprement « sociale ».

Malgré les vues ingénieuses de Comte sur l'origine sociologique de la connaissance, on peut dire que le positivisme, en somme, prend pour accordée une série de thèses dogmatiques dont il n'a pas fait préalablement la critique. Dès qu'il ébauche cette critique — ce qui lui arrive en plusieurs endroits — il sort du domaine de la philosophie purement objective pour passer à l'examen du sujet pensant. Le positivisme ne peut donc se soutenir qu'en se dépassant lui-même ; s'il essaie de se justifier, il se condamne comme système et s'absorbe dans une doctrine plus large. Aussi M. Spencer et M. Taine, dont l'auteur du mémoire n° 2 expose très longuement les doctrines, n'auraient-ils pas dû être présentés par lui comme de vrais positivistes, car ils ont une théorie de la connaissance, une psychologie et, comme conséquence, une métaphysique. Si l'auteur du mémoire l'avait compris, il n'eût pas indistinctement englobé dans le positivisme les doctrines les plus diverses et il eût donné à Auguste Comte une place mieux proportionnée à sa vraie importance. Ce mémoire n'en contient pas moins d'excellentes parties, au nombre desquelles se trouve précisément l'exposé des doctrines d'Herbert Spencer.

III

Le mémoire n° 3, portant pour devise : *Fais ce que dois, advienne que pourra*, est un travail considérable, d'un millier de pages environ. Si l'auteur du mémoire n° 1 s'est borné à une vue synthétique du positivisme, l'auteur du mémoire n° 3, lui, s'est trop contenté d'une longue analyse, très consciencieuse d'ailleurs et généralement exacte, de l'œuvre d'Auguste Comte. Après une introduction consacrée à la vie de ce dernier et aux antécédents de sa doctrine, il résume avec soin, dans trois parties différentes, d'abord la cosmologie d'Auguste Comte, puis sa sociologie, enfin sa religion de l'humanité. Le dernier chapitre, un peu court, mais intéressant, est consacré aux héritiers des doctrines de Comte, orthodoxes ou hétérodoxes. Enfin, un appendice contient l'analyse de l'esquisse historique des progrès de l'esprit humain par Condorcet, esquisse que l'auteur du mémoire aurait dû, dans le corps même de son ouvrage, comparer avec plus de soin à la théorie de Comte. Analyser, ou plutôt résumer, livre par livre, chapitre par chapitre, sans toujours bien comprendre, sans toujours distinguer le principal de l'accessoire, voilà surtout ce qu'a su faire l'auteur de ce mémoire, en un style lourd, terne et souvent incorrect. Il reproche à Comte de se répéter, et il se répète lui-même à chaque instant. Ne lui demandez ni large discussion, ni critique approfondie, ni vues d'ensemble; il vous répondra, dans sa préface, qu'il n'a pas eu un seul instant l'intention d'ajouter une réfutation régulière à celles qui ont été déjà faites et bien faites. Mais ce que l'Académie attendait c'était précisément la réfutation des erreurs et la démonstration des vérités. Grâce à son procédé commode, l'auteur s'est tenu pour satisfait en disséminant, à travers son interminable résumé des interminables ouvrages de Comte, de brèves remarques toujours fragmentaires, souvent dédaigneuses, dont beaucoup ne portent pas et dénotent une superficielle intelligence des questions philosophiques. Plus au courant des sciences que de la philosophie même, l'auteur ne domine pas son sujet, il en est dominé, il en est écrasé.

Quelques exemples pris au hasard montreront combien la critique, dans ce mémoire, est terre à terre et à courte vue. Si Auguste Comte établit, avant Claude Bernard, la nécessité des hypothèses et des théories provisoires jusque dans la méthode expérimentale, s'il ajoute cette belle parole que, « pour faire une observation, il faut avoir une théorie, et que l'empirisme absolu est stérile », l'auteur du mémoire croit le réfuter en montrant que bien des observations utiles ont été faites sans aucune théorie. Il reproche également à Comte d'avoir soutenu que le progrès scientifique doit emprunter aux sciences antérieurement constituées des considérations *a priori*, de manière à « rendre essentiellement déductives les notions fondamentales qui ne peuvent être qu'inductives dans les sciences plus isolées ». C'est, cependant là la vraie marche des sciences, qui, d'inductives, deviennent de plus en plus déductives. De même, Auguste Comte mérite-t-il tant de blâme pour avoir placé la sociologie au-dessus de l'économie politique en faisant remarquer que cette dernière fait trop abstraction, dans l'étude de la société, des facteurs intellectuels, moraux et politiques, et qu'elle se borne ainsi à la considération d'un seul élément du problème social ? Mérite-t-il encore le blâme pour avoir essayé de retrouver, dans l'ordre sociologique, les principes du dynamisme universel : — égalité entre l'action et la réaction, composition des forces, indépendance des mouvements, — et pour avoir ainsi essayé de donner à la sociologie une constitution scientifique ? Si Auguste Comte reproche à Montesquieu de ne pas avoir reconnu que la société, à mesure qu'elle progresse, s'affranchit du milieu extérieur et des « causes physiques », dont elle « neutralise l'action », l'auteur du mémoire s'écrie : « Montesquieu ignorait-il donc que les vêtements, les maisons avaient été imaginés pour neutraliser l'action du froid ? « C'est mal saisir la haute portée de l'observation faite par Auguste Comte. Si ce dernier, dans sa philosophie de l'histoire, soutient que les invasions germaniques ont eu « une influence très secondaire sur l'organisation féodale », qui tient à des raisons sociologiques encore plus qu'historiques, l'auteur du mémoire ne voit là que pure « fantaisie », au lieu d'y reconnaître une remarquable anticipation de la thèse soutenue par Fustel de Coulanges. Enfin Auguste Comte montre-t-il dans les croyances théologiques un des plus grands services rendus à la société, par « l'établissement d'idées communes nécessaires à sa constitution », l'auteur du mémoire voit là une contradiction avec cette autre théorie de Comte qui fait naître spontanément la société des penchants altruistes. Mais la naissance spontanée de la société ne saurait se confondre avec sa constitution et organisation intellectuelle. Née des penchants sympathiques, la société a été « organisée » par les croyances religieuses; où est la contradiction?

Mais laissons ces détails et considérons dans son ensemble l'exposition faite par l'auteur de la théorie de Comte.

Dans la première partie du mémoire, il est dit avec raison que tout système s'explique par ses antécédents et par le milieu où il a pris naissance. Le milieu où naquit le positivisme est bien décrit, malgré quelques erreurs de fait, notamment sur Maine de Biran; mais les antécédents véritables du positivisme ne sont pas assez élucidés. Comte avait beau se rattacher lui-même à Hume; il avait beau avouer la parenté de plusieurs de ses idées avec celles de Kant, qu'il n'avait pas d'abord connu; en réalité, ce n'est ni de l'école anglaise ni de l'école allemande que procédait le positivisme; son origine était toute française. Sans parler des vues de Descartes lui-même sur l'avenir de la science, comment ne pas reconnaître ici l'influence de l'Encyclopédie, puis celle de Condorcet, de Turgot, qui avait déjà distingué trois états de la connaissance, puis l'influence des idéologues physiologistes qui, au commencement du XIXe siècle, représentaient encore l'esprit du XVIIIe, enfin (comme l'a vu d'ailleurs l'auteur du mémoire no 3) l'influence du docteur Burdin, de Saint-Simon et des novateurs socialistes? La Révolution française et la réaction de l'école théocratique, Joseph de Maistre en tête, furent aussi parmi les facteurs les plus importants de la nouvelle doctrine. Mais, en somme, c'est l'esprit de l'Encyclopédie qui vient se résumer dans ce que Comte appelait lui-même sa « philosophie encyclopédique », laborieuse coordination de la totalité des sciences[1].

[1] On a souvent remarqué que les idées développées par les encyclopédistes étaient, pour ainsi dire, devenues vivantes dans l'Institut et dans l'Ecole polytechnique. Pendant les sept années qu'elle a vécu, et avant sa

L'auteur du mémoire no 3, perdu dans les détails, n'a pas saisi ce qui fait l'unité du système positiviste; entre la synthèse objective du début et la synthèse subjective de la fin, il n'aperçoit aucune espèce de lien : il n'y a là, selon lui, que contradiction et déviation de la pensée. — Certes, le contraste est grand entre les deux formes successives du positivisme, à tel point que les disciples du maître se sont séparés, les uns rejetant, les autres admettant « la méthode subjective ». Cependant, l'auteur du mémoire aurait dû reconnaître que, dès le début du cours de philosophie positive, la reconstruction sociale fondée sur l'hégémonie de la science apparaît comme le mobile de toutes les spéculations de Comte. Sa philosophie se présente elle-même comme une sociologie; elle tend à l'organisation de la société par la raison. Étant ainsi à la fois une philosophie scientifique et une philosophie sociale, le positivisme doit être considéré en son entier, comme un tout organique; il ne faut pas absolument séparer l'une de l'autre, comme l'a fait Littré, la « synthèse objective » du début et la « synthèse subjective » de la fin, ce que Comte appelait l'interprétation mathématique et l'interprétation sociologique du monde. Ce qui est vrai, c'est que cette espèce de tout organisé s'est développé progressivement et que, parvenu à son état adulte ou même à une sorte de vieillesse, il ne semblait plus le même qu'en sa jeunesse : les rap-

suppression par le décret du Premier Consul, la seconde classe de l'Institut, consacrée aux sciences morales et politiques, donna lieu à une ardeur philosophique des plus considérables. Les *Rapports du physique et du moral*, de Cabanis, l'*Idéologie*, de Destutt de Tracy, les travaux de Degerando et de Prévost sur les *Signes;* ceux de Biran sur l'*Habitude;* les mémoires de Mercier et de Tracy sur *Kant*, indiquent un esprit scientifique et historique qui fait honneur à l'époque et dont le positivisme, pour sa part, devait bientôt s'inspirer.

En 1824, après avoir lu le petit traité de Kant (*Idées pour une histoire universelle*, etc.), Auguste Comte trouvait ce livre prodigieux pour l'époque. « Pour moi, ajoutait-il avec une noble sincérité, je ne me trouve jusqu'à présent, après cette lecture, d'autre valeur que celle d'avoir systématisé et arrêté la conception ébauchée par Kant à mon insu, — ce que je dois surtout à l'éducation scientifique; et même le pas le plus positif et plus distinct que j'aie fait après lui me semble seulement d'avoir découvert la loi du passage des idées humaines par les trois états théologique, métaphysique et scientifique, loi qui me semble être la base du travail dont Kant a conseillé l'exécution. Je rends grâce aujourd'hui à mon défaut d'érudition ; car, si mon travail, tel qu'il est maintenant, avait été précédé chez moi par l'étude du *Traité de Kant*, il aurait, à mes propres yeux, perdu beaucoup de sa valeur. »

ports des divers organes s'étaient modifiés, les idées sociales et même religieuses étaient devenues dominantes, les idées purement scientifiques étaient descendues au second plan.

Veut-on comprendre en son entier cette philosophie de Comte, souvent interprétée à contresens, et dont le mémoire n° 3 ne donne par sa longue analyse qu'une idée très incomplète; il faut se souvenir que, pour le fondateur du positivisme, le point de vue philosophique par excellence fut toujours, et dès le début, le point de vue sociologique. Auguste Comte a l'ambition de dégager des sciences une doctrine assez compréhensible pour embrasser non seulement toute connaissance humaine, mais encore toute action. Il poursuit un système assez large pour que chaque généralisation scientifique, d'une part, chaque grande force sociale, d'autre part, y trouvent une place exactement proportionnée à leur valeur. En outre, il ne veut pas que ce système soit arbitraire, mais rationnel, en ce sens que tout y est lié et solidaire, que tout peut s'y rattacher à trois grandes lois, elles-mêmes obtenues par le double moyen de l'induction et de la déduction : 1° une loi du développement scientifique, celle de la hiérarchie des six sciences fondamentales ; 2° une loi du développement philosophique, celle des « trois états » ; 3° une loi du développement moral et religieux, celle de la « solidarité sociale », qui doit réaliser la systématisation des sentiments et, par cela même, des actions, comme les deux autres réalisent la systématisation des connnaissances.

Telle est l'entreprise hardie dont il fallait faire l'examen et la critique.

L'auteur du mémoire n° 3 a eu le mérite d'exposer avec exactitude la loi de classification hiérarchique et la synthèse objective des sciences; mais il est moins heureux dans son appréciation que dans son exposition. Selon Auguste Comte, l'ordre de complexité est aussi, pour les diverses sciences, l'ordre de difficulté et, par conséquent, de progrès. L'auteur du n° 3 conteste ce point; il cite en exemple les progrès de l'histoire naturelle dans l'antiquité, qui, à première vue, semblent avoir devancé ceux de la physique. N'est-ce point se contenter d'une vue superficielle? La loi de filiation des sciences, à partir des plus générales jusqu'aux plus spéciales, s'applique non pas à leur développement historique, mais à leur constitution rationnelle comme sciences positives. Auguste Comte distingue expressément le stade empirique de la connaissance et le stade vraiment scientifique. Les sciences se développent empiriquement en un rapport d'action réciproque et simultanée ; les conquêtes expérimentales et les vérités élémentaires de certaines sciences hiérarchiquement postérieures peuvent alors servir aux sciences antérieures et favoriser leur avancement : l'humanité a découvert la vérité comme elle a pu, par morceaux qui n'étaient pas toujours logiquement liés. Mais les sciences atteignent leur stade rationnel en une série successive ; il est impossible qu'une science supérieure parvienne à son stade de constitution positive avant les sciences inférieures qui lui fournissent ses bases. L'évolution historique des sciences n'est pas la même chose que leur systématisation graduelle. Il ne s'agit donc pas de savoir si la connaissance empirique des caractères les plus extérieurs chez les végétaux et les animaux, ainsi que leurs fonctions les plus importantes et de leurs classes les plus notoires, s'est développée de bonne heure avec les Hippocrate et les Aristote ; ce n'est pas en cela que consiste la biologie. Celle-ci est la science de la vie même et, comme on dit aujourd'hui, de ses « processus essentiels ». Or, la constitution systématique et rationnelle de cette science est vraiment récente : la théorie cellulaire, par exemple, ainsi que celle qui ramène l'organisme vivant à un ensemble d'organismes associés, est une découverte contemporaine. C'est en ce sens, d'après les textes les plus formels, qu'Auguste Comte a soutenu la hiérarchie des sciences, arbres immenses dont le tronc doit d'abord s'élever, avec les branches principales, pour que les diverses frondaisons nourries de la sève commune, fleurissent et fructifient.

Si les sciences dépendent l'une de l'autre, elles n'en sont pas moins, selon Auguste Comte, irréductibles l'une à l'autre. La physique enveloppe toutes les relations établies par les mathématiques et quelque chose de plus ; la biologie enveloppe toutes les relations physico-chimiques, et quelque chose de plus ; la sociologie enveloppe toutes les relations des autres sciences et quelque chose de plus. Alors même que ce surplus, absolument parlant, pourrait être déduit des principes qui dominent les sciences moins complexes, cette déduction est, selon Comte, impossible à notre humaine science. Le matérialisme a son origine précisément dans la prétention de déduire ce qui est plus riche de ce qui est plus pauvre, de rendre entièrement compte du plus par le moins, de la société humaine par la vie, de la vie par la nature. Comte rejette le matérialisme. S'il a lui-même, dans la première partie de sa philosophie, présenté la mathématique comme « l'instrument universel », il n'a jamais réduit toute réalité aux « éléments » mathématiques, ni confondu la philosophie avec la mathématique universelle. C'est M. Spencer, ce n'est pas Auguste Comte, qui admet, — comme Descartes d'ailleurs, — la possibilité de réduire les sciences plus concrètes aux sciences plus abstraites et, en définitive, à la mécanique. L'auteur du mémoire aurait dû marquer avec soin cette importante distinction.

La seconde loi soutenue par le positivisme est celle des trois états, théologique, métaphysique et positif, ou encore, selon les termes de Comte, fictif, abstrait et scientifique. Cette loi, appelée par Stuart Mill l'épine dorsale du positivisme, est beaucoup plus sujette à contestation que la précédente : tout dépend et du sens et du domaine qu'on lui attribue. Elle exigeait donc une discussion approfondie, qui manque dans le mémoire n° 3, comme dans les autres. L'auteur, d'abord, n'a ni bien dégagé ni apprécié le principe même de la loi des trois états. Ce principe, selon Comte, est le suivant. Dans ses explications, l'homme a nécessairement commencé par juger des causes extérieures d'après les causes qu'il trouvait en lui-même : il a donc dû voir partout des volontés analogues à la sienne. De là cette animation universelle qui constitue l'état mythologique, avec ses trois formes : fétichisme, polythéisme, monothéisme. L'auteur du mémoire a ici négligé un point capital : la coexistence continuelle des trois états selon Auguste Comte. Les « états » ne désignent pas des « époques » successives. Les explications scientifiques ont existé dès le début, pour les faits les plus simples, notamment pour ceux qui relèvent des lois mathématiques et mécaniques. Auguste Comte approuve même Adam Smith d'avoir dit qu'il n'exista jamais un dieu pour la pesanteur, de même qu'on n'a jamais demandé aux divinités de faire que deux et deux donnent cinq. Il n'en est pas moins vrai, selon Comte, qu'aux diverses époques de l'histoire, l'un des trois états de la philosophie a prédominé sur les autres, sans jamais les faire entièrement disparaître. Homère expliquait la peste par la colère d'un dieu, le moyen âge par une entité morbide et essentielle, la science moderne par le développement de germes contagieux. Auguste Comte assure en outre que les explications mythologique et ontologique vont s'évanouissant et que l'explication scientifique finit par subsister seule.

Telle est la loi, grosse de problèmes, qu'il s'agissait de critiquer. L'examen sommaire qu'on trouve dans le mémoire n° 3 repose malheureusement sur une interprétation inexacte, qui consiste à confondre l'idée métaphysique de cause avec l'idée scientifique de loi. Le progrès des sciences vers leur état positif entraîne, selon Auguste Comte, la substitution graduelle de la recherche des lois à celle des causes ; et par cause, Auguste Comte entend toute activité plus ou moins analogue à celle que nous trouvons en nous-mêmes lorsque nous faisons effort, lorsque nous exerçons notre volonté et notre énergie musculaire. Or, on ne conteste plus aujourd'hui que le point de vue purement objectif des sciences physiques et naturelles exclut la considération métaphysique des causes efficientes, comme aussi celle des causes finales, pour se borner à la recherche des rapports constants entre les faits. Dans la grande marée des phénomènes, la science positive cherche comment une vague suit une autre vague ; elle ne se demande pas quelle force supérieure agit dans chacune, ni vers quel but elle soulève la masse entière. L'auteur du mémoire n° 3 montre donc quelque incompétence philosophique lorsqu'il conteste la distinction du comment et du pourquoi, ou qu'il confond avec les vraies causes les conditions empiriques des phénomènes. « C'est, dit-il, à l'aide des lois ou des faits reliés entre eux que les sciences s'élèvent graduellement des *causes* les plus prochaines à celles qui sont plus éloignées ; dans ce travail incessant, l'esprit scientifique est soutenu par cette croyance profonde que tout ce qui devient a une cause, que tout ce qui est a sa raison suffisante d'être. » — Sans aucun doute ; mais Auguste Comte n'a jamais nié le principe de causalité au sens expérimental, qui signifie que tout phénomène a sa condition ou raison dans d'autres phénomènes auxquels il est lié ; ce qu'il a soutenu, c'est que la science positive, comme telle, se borne à la recherche des phénomènes et de leurs rapports, sans pouvoir atteindre, au delà des phénomènes, des causes efficientes ou des forces productrices qui ne seraient plus phénoménales. Telle est la thèse que l'auteur du mémoire n° 3 devait examiner. Une discussion plus sérieuse l'eût amené sans doute à reconnaître deux choses importantes. La première, c'est qu'il est légitime de restreindre, avec Auguste Comte, les sciences « positives » à la recherche des lois ; la seconde, c'est qu'il est illégitime de proscrire, avec Auguste Comte, dans la philosophie même, la recherche des causes. Sans doute l'ontologie abstraite, mal à propos confondue par Comte avec la vraie métaphysique, a eu le tort de prendre pour des causes de simples entités, qui n'étaient, selon le mot de Stuart Mill, que la désincorporation des anciens fétiches ; mais quoi qu'en dise Comte, une métaphysique concrète, fondée sur la psychologie, peut atteindre, par analogie avec notre activité consciente, des causes véritables et de véritables existences. Ce qui était ici en question, c'est la légitimité même de la métaphysique. L'auteur du mémoire n'aborde pas le problème. Ce qu'il eût dû reprocher au positivisme, c'est son imparfaite conception de la philosophie, non sa conception fort juste de la science objective, conforme à celle que Descartes avait si bien mise en lumière. Autre est la science, autre la philosophie ; si la première se contente des rapports entre les faits, la seconde se demande quelle est la nature des termes. Le positivisme a tort de se borner à la science objective ; celle-ci, malgré son nom et malgré sa prétention, ne peut atteindre l'*objet* réel ni être vraiment réaliste. D'une part, elle élimine le point de vue du seul être dont l'existence soit immédiatement saisissable, je veux dire l'être conscient, le sujet sentant, pensant et voulant. D'autre part, dans les êtres extérieurs, elle ne considère que les relations. La science objective demeure donc, par essence, abstraite et idéale. Aussi avons-nous vu Auguste Comte réduit à faire de la philosophie positive, exclusivement fondée sur les sciences, une simple codification des lois abstraites de la nature, sans aucune intervention de l'élément concret. L'auteur du mémoire n° 3 n'a pas montré l'insuffisance de cette philosophie. Certes, les études concrètes propres aux diverses sciences particulières ne peuvent entrer dans la philosophie générale, mais il n'en reste pas moins, pour le philosophe, cette question dépassant les sciences spéciales : — qu'est-ce que le concret même? La vraie philosophie doit corriger l'abstraction de la science. La loi des trois états n'est soutenable que si le premier état désigne la mythologie, le second, l'ontologie abstraite, le troisième, la vraie philosophie et la vraie science; mais elle est fausse si le premier état désigne le fond même de toute religion, le second, celui de toute métaphysique. Au reste, Auguste Comte lui-même a eu une philosophie première et une religion.

Si l'auteur du mémoire avait placé la question sur son vrai terrain, il n'eût donc pas eu de peine à découvrir que le positivisme, après sa première lacune, qui est le manque d'une théorie de la connaissance, en présente une seconde non moins grande, conséquence inévitable de la première, qui est le manque d'une théorie de la réalité. Qu'est-ce que le réel? L'appréhendons-nous quelque part? Où et comment? La conscience ne nous fait-elle pas saisir en nous-mêmes le vrai type de l'existence? Et si nous avons en effet un pied dans le réel, nous est-il interdit, partant de là, d'étendre nos inductions jusqu'à nous faire une idée de la réalité universelle? Vous aurez beau, avec Auguste Comte, établir et systématiser les lois mathématiques, mécaniques, physico-chimiques, biologiques, sociologiques, vous ne tiendrez encore que les « conditions d'existence » et les « rapports généraux » du réel; mais, encore une fois, qu'est-ce que le réel lui-même? Qu'est-ce que l'existence? Le poète a dit :

Allons où l'œil fixe reluit.

L'œil fixe, c'est la conscience.

Le positivisme s'est fermé toute ouverture de ce côté en négligeant le point de vue central de la philosophie, celui du *cogito*. Son vice essentiel, c'est d'avoir méconnu la psychologie, de l'avoir même supprimée ou absorbée dans la biologie; par là, s'interdisant l'accès de la conscience, il s'est interdit du même coup la vraie perspective sur l'existence. Sans psychologie, pas de métaphysique possible. Auguste Comte a beau parler avec une juste admiration de l'immortelle distinction entre le subjectif et l'objectif, due à Kant, son positivisme exclusif l'oblige à construire sa philosophie tout entière avec des phénomènes extérieurs et avec des lois. Sa méthode demeure toujours objective, même lorsque, dans la sociologie, il prétend appliquer une méthode subjective, car, dans ce dernier cas, il ne fait encore que considérer les faits sociaux comme des objets ou des produits extérieurs. Et s'il finit par coordonner sociologiquement les sciences en prenant pour but l'intérêt humain, cet utilitarisme final ne le fait pas pénétrer encore dans le vrai monde intérieur, celui du sujet conscient. Dès lors, réduit aux phénomènes et à leurs relations, il demeure enfermé, comme le prisonnier de la caverne, dans le monde des apparences et des ombres. Car les phénomènes extérieurs sont évidemment des apparences pour un sujet sentant; leurs lois sont des relations tout abstraites qui, pour être posées à part, supposent un sujet pensant. Le réel des choses échappe donc de tous côtés aux positivistes. Ils en ont eux-mêmes le sentiment; c'est pourquoi, derrière les phénomènes et leurs lois, ils réservent une place à l'Inconnaissable, océan sans rivages pour lequel, dit Littré, nous n'avons ni barque ni voiles. Mais cette idée, devenue si chère à M. Spencer, n'est-elle point factice, et le caractère foncièrement inconnaissable du réel ne disparaît-il pas pour une philosophie qui placerait l'unique réalité dans le domaine des faits de conscience, lesquels sont essentiellement lumineux par eux-mêmes et pour eux-mêmes?

L'auteur du mémoire n° 3 n'a pas vu que le positivisme demeure ainsi un objectivisme exclusif, c'est-à-dire un essai pour tout réduire à des objets et à des rapports d'objets, où le sujet même vient s'absorber. Auguste Comte méconnaît par là les deux termes essentiels du grand problème philosophique : le sujet individuel, qui disparaît dans les objets; l'universel qui, n'embrassant pas le rapport des choses au sujet, n'est plus vraiment universel. Auguste Comte reste à moitié chemin entre ces deux termes, seuls vraiment ultimes, et, même quand il prétendra fonder une religion, il ne lui donnera qu'un caractère terrestre et humain, non universel et cosmique. La vraie et complète philosophie, au contraire, avec la morale qui en découle, c'est le rétablissement du sujet dans tous ses droits, la systématisation des objets mêmes par rapport au sujet sentant, pensant et voulant, qui, après avoir été considéré dans son individualité, apparaît bientôt comme la vraie révélation et le type de l'existence universelle.

Passant de la cosmologie à la sociologie d'Auguste Comte, l'auteur du mémoire n° 3 a savamment exposé cette dernière avec tout le développement qu'elle méritait. La science sociale, qui étudie les conditions d'équilibre et de mouvement pour toute société, ne saurait se confondre ni avec l'histoire, ni avec la politique. Son importance va croissant de nos jours avec son indépendance. L'auteur du mémoire n° 3 l'a bien senti, mais on peut lui reprocher de ne pas avoir mis en relief le caractère original de la conception sociologique due à Auguste Comte. Ce dernier, en effet, n'est pas tombé dans l'erreur de M. Spencer et de beaucoup de philosophes contemporains, qui font de la sociologie un simple prolongement de la biologie. Selon Auguste Comte, comme la biologie « doit se garder des empiétements de la physique et de la chimie », ainsi la sociologie « doit se garder des empiétements de la biologie ». Il faut savoir gré au fondateur du positivisme d'avoir soutenu que la vraie science sociale n'étudie pas seulement la vie, c'est-à-dire, au fond, l'animalité ; elle étudie ce qui constitue proprement l'humanité. Or, ce qui fait l'homme et ce qui donne à la société son caractère vraiment « humain », c'est l'intelligence. De là l'importance supérieure attribuée par Auguste Comte à l'élément intellectuel. Il ne nie pas pour cela l'existence, dans la société humaine, de phénomènes purement vitaux et biologiques. Il est clair par exemple que l'humanité, avant tout, doit vivre et, par conséquent, pourvoir à sa propre subsistance, comme les darwinistes le répètent à satiété ; mais c'est là le côté animal, non humain, de la vie sociale. Ce qu'il y a d'humain, selon Comte, c'est, en premier lieu, l'*industrie* déployée par l'homme dans la recherche des moyens de vivre, parce que l'industrie est une application de la science; ce qui est plus humain encore, en second lieu, c'est la *science* même. Enfin, nos *sentiments*, en tant que distincts des sensations, en tant qu'esthétiques et moraux, empruntent à l'intelligence leur humanité. Comment ne pas insister sur un point aussi capital?

Le premier principe sociologique d'Auguste Comte, mal à propos contesté par le mémoire n° 3, est le suivant : — Tous les éléments du développement social sont solidaires et harmoniques, c'est-à-dire en constante réciprocité d'action. L'auteur du mémoire demande à ce sujet où était l'harmonie pendant la tourmente révolutionnaire; c'est jouer sur les mots. Les désordres sociaux, comme les tempêtes, enveloppent eux-mêmes des actions réciproques et des harmonies cachées. Ce que Comte veut dire, c'est que, dans la marche de la société, soit progressive, soit régressive, il y a toujours quatre mouvements corrélatifs et solidaires : un développement intellectuel, un développement moral, un développement esthétique, un développement industriel, — toutes choses vraiment « humaines », encore une fois, parce qu'elles ne sont plus simplement des phénomènes vitaux et animaux. Chacun de ces développements agit sur tous les autres et en subit à son tour l'action. En ce sens, l'auteur du mémoire aurait dû reconnaître la vérité de cette première loi.

Le second principe de Comte, non moins juste, est le suivant. Malgré la réciprocité d'action entre tous les éléments du dynamisme social, il y en a nécessairement un qui doit être prépondérant et directeur. C'est à cette seule condition, en effet, dit Auguste Comte, qu'on peut voir se produire un « mouvement général collectif » offrant une unité et aboutissant à un but commun. Pour trouver quel est cet élément supérieur, il faut chercher parmi les éléments *humains* celui qui peut le mieux, dit Comte, être conçu isolément des autres, tandis que les autres le présupposent nécessairement. Or, nous l'avons vu, il n'y a point de sentiments humains, surtout moraux, point d'art humain, point d'industrie humaine, point de science humaine sans l'intelligence; c'est donc bien l'intelligence qui est l'élément supérieur et directeur de la société humaine; l'histoire de la société est réglée par l'histoire de la pensée. « C'est seulement, dit Comte, par l'influence marquée et toujours croissante de la raison sur la conduite générale de l'homme et de la société, que la marche graduelle de notre race est parvenue à cette régularité et à cette continuité ininterrompue qui la distingue si radicalement de l'expansion incohérente et stérile que manifestent les espèces même les plus élevées des animaux, lesquels pourtant participent, et plus énergiquement, aux appétits, aux passions et même aux sentiments primitifs de l'homme. » L'auteur du mémoire n'a pas vu à quel point est essentielle cette question de la valeur sociale de l'intelligence. Il n'a pas examiné, comme il l'aurait dû, les objections de l'école naturaliste contemporaine. — Non, dit cette école, M. Spencer en tête, ce ne sont pas les idées qui mènent le monde, ce sont les sentiments. — Mais personne ne s'imagine que des idées pures agissent sur la marche de l'humanité; il est clair que les idées doivent devenir des sentiments pour être efficaces; la lumière devenue chaleur se transforme en mouvement. Il n'en reste pas moins vrai qu'il n'y a point de sentiments proprement dits sans idées; une émotion morale enveloppe une idée ou, comme disait Pascal, une précipitation de pensées; un sentiment esthétique enveloppe une idée, l'industrie est une application d'idées à des besoins pratiques. Le développement intellectuel a donc beau être solidaire des autres, comme les autres le sont de lui, encore est-ce lui qui constitue la partie vraiment sociologique, non plus biologique, de notre développement à travers les siècles.

De même, d'autres partisans de la sociologie naturaliste prétendent que ce ne sont pas même les sentiments qui mènent les sociétés, mais les besoins, et les besoins inconscients. Ici encore, l'auteur du mémoire n° 3 aurait dû montrer qu'il y a malentendu. On ne nie pas le caractère fondamental des besoins, mais il n'y a toujours là qu'un phénomène biologique. La biologie est la base de la sociologie, elle n'est pas la sociologie. L'homme est un animal, mais il est un animal intelligent et, par son rapport avec autrui dans la société, capable de progrès intellectuel, conséquemment moral, esthétique, industriel. L'intelligence sociale, seule vraiment progressive, voilà, en quelque sorte, l'âme même de l'organisme collectif; c'est la différentielle de l'homme par rapport aux animaux ou aux végétaux. Par là se trouve justifié ce que Comte appelait « la prépondérance dynamique du développement intellectuel ». De là l'importance attribuée par Comte à la classification hiérarchique des sciences et la loi des trois états. On voit l'unité de la sociologie positive; on voit aussi l'élément idéaliste qu'elle renferme en son sein. Un système aussi fortement lié ne méritait pas la condamnation sommaire que, sans autre forme de procès et sans discussion sérieuse, l'auteur du mémoire n° 3 a cru pouvoir prononcer : il y fallait marquer avec soin et les parties caduques et surtout les parties stables.

On a justement comparé la position de Comte à celle de Kant. Tous les deux servent de transition entre la philosophie individualiste du XVIIIe siècle et la philosophie universaliste du XIXe. Si Kant fut incomparablement supérieur comme philosophe, Comte fut supérieur comme sociologue. Il fut le premier philosophe qui rompit ouvertement avec les préjugés individualistes de l'école de Locke. Dans les derniers volumes de sa *Philosophie positive* et, plus encore, dans sa *Politique positive*, il dépasse tellement l'individualisme du XVIIIe siècle qu'il va jusqu'à nier la réelle extériorité des hommes les uns aux autres : « l'individu comme tel, dit-il, est une abstraction ». A ses yeux, l'individu ne peut être réellement séparé de l'organisme social, qui n'est pas seulement une condition extrinsèque de son développement, mais est essentiel à son existence même comme homme ou être raisonnable. Cette théorie, analogue à celle de Hegel, méritait un sérieux examen. Pour Comte comme pour Hegel, les individus n'existent et surtout ne pensent que par l'universel, par l'esprit de la famille, de la patrie, de l'humanité, qui se manifeste en eux comme un principe interne de vie et de développement. Que faut-il penser de cette doctrine? l'auteur du mémoire n° 3 oublie de nous le dire. Il eût dû montrer comment l'exagération d'une vérité aboutit chez Comte à l'erreur. Le manque de psychologie et le dédain de la conscience conduisent logiquement ce dernier à méconnaître et la valeur et l'existence même de l'individualité. De là les défauts de la doctrine positiviste du droit. Auguste Comte reproche aux philosophes du XVIIIe siècle d'avoir fait reposer le droit sur une fiction toute métaphysique, celle d'individus substances et causes, ayant une existence indépendante du corps social. Nous avons vu plus haut ce qu'il y a de vrai dans ce reproche, et la part de la société dans le droit individuel. Mais Auguste Comte ajoute : « La nouvelle philosophie tendra de plus en plus à remplacer spontanément, dans les débats actuels, la discussion orageuse des *droits* par la détermination calme et rigoureuse des *devoirs*. Au lieu de faire consister politiquement les devoirs particuliers dans le respect des droits universels, on concevra donc, en sens inverse, les droits de chacun comme résultant des devoirs des autres envers lui : ce qui, sans doute, n'est nullement équivalent, puisque cette distinction générale représente alternativement la prépondérance sociale de l'esprit métaphysique ou de l'esprit positif. » S'il fallait en croire Auguste Comte, l'idée du droit individuel, par elle-même, aboutirait à « l'égoïsme », tandis que l'idée du droit social résultant des devoirs sociaux aboutirait à « une morale profondément active, dirigée par la charité ». Il est clair qu'Auguste Comte a exagéré la part de la société, tandis que ses devanciers avaient exagéré la part de l'individu.

On doit d'ailleurs reconnaître qu'il a mis ici en lumière plus d'une vérité importante. Selon lui, une base sociale est nécessaire pour toute force. « Il n'y a rien d'individuel, dit-il, excepté la force physique, » et même la force physique est très limitée quand elle est purement individuelle. Toute autre sorte de pouvoir, intellectuel ou moral, est essentiellement social, car il dépend de la coopération d'un grand nombre d'esprits dans le présent, et généralement aussi d'une lente accumulation de leurs efforts dans le passé. Gœthe a dit dans le même sens : « Ce n'est pas l'homme solitaire qui peut accomplir quoi que ce soit, mais celui qui s'unit avec un grand nombre au moment convenable. » D'autre part, le concours d'un grand nombre ne peut jamais être efficace s'il ne trouve un organe individuel pour le ramener à l'unité et le condenser en un résultat défini. De là la nécessité de l'organisme politique. Toute vraie force sociale, conclut Comte, est le résultat d'une coopération plus ou moins étendue, concentrée dans un organe individuel. Un grand nombre de volontés concourent au résultat, mais ce résultat lui-même trouve son expression finale dans quelque volonté unique.

Ce principe vrai, Auguste Comte l'a poussé à l'extrême en rêvant la constitution d'un pouvoir spirituel, cerveau de la société, chez qui se réalise et prend corps la synthèse sociale des sciences. Ne pouvant atteindre un fondement objectif d'unité dans les choses, nous devons, selon Comte, coordonner notre savoir par rapport à un centre subjectif. « L'univers, dit-il, doit être étudié non pour lui-même, mais pour l'homme, ou plutôt pour l'humanité. » Ainsi, selon lui, nous pouvons considérer les choses du point de vue d'un certain tout, mais non du tout. Le seul tout avec lequel nous puissions nous mettre en relation et auquel nous puissions nous subordonner, est la société humaine, non l'univers. En outre, c'est à l'autorité toute spirituelle des savants qu'il appartient de coordonner pratiquement les sciences.

Si Auguste Comte avait mieux compris la profonde unité des deux synthèses objective et subjective, il ne lui serait jamais venu à l'esprit de vouloir réglementer et organiser humainement les sciences de la nature. Il n'aurait pas essayé de leur imposer du dehors, par la constitution de son pouvoir intellectuel, une unité artificielle : il aurait compris que, laissée à elle-même, la science tend à l'unité. Bien plus, elle tend à l'utilité sociale. Le physicien ou le chimiste qui s'absorbe dans la contemplation du vrai trouve l'utile par surcroît ou permettra à d'autres de le découvrir. Si donc on considère la synthèse subjective au point de vue inférieur des besoins de l'humanité, on voit encore que le meilleur et le seul moyen de coordonner les choses par rapport à leur usage social, c'est toujours de les coordonner par rapport à leur vérité objective. En d'autres termes, la plus grande utilité sociale est dans la vérité scientifique poursuivie pour elle-même; le principal intérêt de l'humanité, c'est la recherche désintéressée de ce qui est. Aussi ne saurait-on admettre les prétendues synthèses que nous proposent certains positivistes [1]. Le calcul infinitésimal est plus utile que telle ou telle invention industrielle, qui d'ailleurs, sans lui, eût été impossible. La vraie catholicité scientifique résulte de la liberté même. L'intelligence n'est pas, comme le soutient Comte, essentiellement « dispersive »; tout au contraire, elle est plutôt portée à chercher l'unité dans des synthèses prématurées, à conclure trop vite et à systématiser le tout d'après les seules parties qu'elle connaisse. Laissez donc les intelligences s'orienter elles-mêmes, comme autant de boussoles séparées : vous les verrez à la fin se diriger toutes vers la même étoile polaire.

Pour le philosophe idéaliste, qui, d'ailleurs, est réaliste indivisiblement, la complète synthèse subjective est identique à la complète synthèse objective. C'est-à-dire que, si vous coordonnez toutes choses par rapport au sujet pensant et aux vraies exigences de la pensée, cette coordination viendra se confondre avec celle qui range toutes choses selon les rapports objectifs qu'elles soutiennent : la vérité et la réalité ne font qu'un. Les lois de systématisation qui satisfont la pensée sont précisément celles que la nature réalise. Le sujet n'est intelligent que par l'objet, et l'objet n'est intelligible que pour le sujet. La vraie « synthèse subjective » est donc celle qui prend la conscience pour centre de coordination; et comme la conscience de soi n'est achevée que quand elle est aussi la conscience de notre relation à l'uni-

[1] C'est au nom de la méthode subjective entendue dans le sens d'un utilitarisme étroit, qu'un positiviste reprochera à Regnault d'avoir corrigé la loi de Mariotte « sans que la pratique l'exigeât ». Et ce même positiviste, blâmant l'introduction dans la science des appareils de précision par qui nos sens acquièrent une puissance extraordinaire, trouvera que c'est « folie » de chercher des phénomènes nouveaux à étudier.

vers, il en résulte que la vie subjective se confond avec l'objective : la plénitude de la conscience impliquerait la plénitude de la science.

L'auteur du mémoire n° 3 consacre avec raison la dernière partie de son long travail, et peut-être la meilleure, à la transformation de la philosophie positive en morale et en religion de l'humanité. Partisan convaincu du spiritualisme, quoique d'un spiritualisme trop superficiel et sans profondes racines métaphysiques, il n'a pas de peine à montrer le peu de place que tiennent, dans la morale et dans la religion positivistes, les idées de Dieu, de l'âme et du libre arbitre. La seule position logique du positiviste, ici, est l'abstention systématique. Considérant comme inaccessible à l'esprit humain toute connaissance des substances, des causes et des fins, le positiviste est obligé d'écarter à la fois l'affirmative et la négative, de ne prendre parti ni pour ni contre. Accuse-t-on Auguste Comte d'athéisme; son ami Valat, qui connaissait bien ses idées, proteste avec indignation en 1840; Auguste Comte proteste à son tour dans une lettre à Stuart Mill en 1845. L'athéisme, dit-il, est lui-même une spéculation sur les essences ou les causes, et ne fait que substituer à la croyance en Dieu de vaines rêveries métaphysiques sur l'origine du monde et de l'homme, « double question que la saine philosophie doit finalement écarter ». En outre, Comte accuse l'athéisme de ne faire, pour « systématiser la morale », que « d'étroites et dangereuses tentatives ». Par une tentative qui, elle-même, n'est pas sans danger, Auguste Comte veut conserver le sentiment religieux sans lui laisser un « objet », ni au-dessus de l'homme, comme le déisme, ni au-dessous de l'homme et dans la nature, comme le panthéisme. Il ne reste donc plus d'autre grand Être à nous accessible, connaissable d'une connaissance positive, que l'humanité. Par crainte d'humaniser Dieu, Auguste Comte incarne Dieu dans le genre humain, auquel il adresse la parole de l'*Imitation : Amen te plus quam me, nec me nisi propter te ipsum.*

Quant à l'âme, étant une substance, ou une cause, ou les deux à la fois, le positivisme la déclare nécessairement au-dessus de toute connaissance possible, si bien qu'on ne peut, elle aussi, ni l'affirmer, ni la nier. Réduisant toute psychologie à la physiologie, Auguste Comte voit dans l'âme une harmonie des fonctions cérébrales et, tout en se prétendant à égale distance du spiritualisme ou du matérialisme, il aboutit à des formules de pure physiologie cérébrale qui ont une apparence matérialiste. La conception dernière de la physiologie positive est, comme le montre l'auteur du mémoire n° 3, « l'unité fondamentale de l'organisme animé résultant d'une exacte harmonie entre les diverses fonctions ». Selon Comte, « le sentiment général du moi est certainement déterminé par un tel équilibre, dont les perturbations au delà de certaines limites l'altèrent si profondément dans un grand nombre de maladies ».

Le libre arbitre étant une causalité attribuée au moi et supérieure aux phénomènes, un système qui rejette toute considération des causes ne peut ni l'affirmer, ni le nier. Ici encore, Comte prétend rester entre les extrêmes métaphysiques, dans la région positive. Il se défend donc énergiquement de tout fatalisme et montre avec raison que c'est là encore un dogmatisme métaphysique. Mais l'oubli de la psychologie l'a empêché de formuler son déterminisme en termes acceptables pour le moraliste : il compare la liberté de la volonté à celle de la pierre qui tombe librement selon la loi de la pesanteur ; par là il méconnaît la réaction qu'exerce, chez un être intelligent, la conscience même qu'a cet être de ses motifs et de son pouvoir individuel. C'est donc encore la notion de l'individualité qui manque à la morale de Comte.

En revanche, la notion de la solidarité universelle y est admirablement mise en lumière. A cette idée se rattache tout ce que dit Comte de la filiation ininterrompue des générations humaines, des liens de gratitude, de piété même qui doivent relier le présent au passé, les vivants aux morts, plus nombreux qu'eux et par lesquels ils sont dirigés invisiblement ; à la même idée se rattache encore celle d'un lien continu entre l'histoire de l'humanité et l'évolution universelle, et c'est ce lien même qui, selon Comte, produit le sentiment religieux.

L'auteur du mémoire n° 3 expose dans tous ses détails avec une louable exactitude, la religion positive, le culte, les rites, le régime, etc. Il n'a pas de peine à faire voir les extravagances dont cette religion est remplie, et qui peuvent s'expliquer par l'état mental d'Auguste Comte. Mais il aurait dû approfondir et discuter le fondement de la religion nouvelle, pour en montrer à la fois le côté vrai et l'insuffisance. Ce qu'il peut y avoir de chimérique et même de ridicule dans cette religion n'empèche pas le principe même d'avoir sa part de vérité. Auguste Comte, en effet, a parfaitement saisi les trois éléments philosophiques de toute religion : soumission à une puissance qui nous dépasse, amour pour cette puissance, que nous concevons comme volonté bienveillante, enfin coopération de notre bonne volonté et bienveillance pour ce qui a besoin de notre aide. C'est l'équivalent des trois « respects » dont parle Gœthe et qui, selon lui, sont essentiels à l'humanité. La religion n'est pas avant tout rationnelle et théorique comme la philosophie, mais affective et pratique : elle s'adresse au cœur et à la volonté. Son objet, c'est de nous faire aimer le principe ultime de notre existence et de nous faire trouver dans cet amour la force nécessaire pour remplir nos obligations. L'auteur du mémoire a négligé de faire voir que, selon Auguste Comte, la religion a un caractère essentiellement social, non individuel. C'est en cela qu'elle diffère de la métaphysique, qui, selon Auguste Comte, est de tendance individualiste. L'auteur du mémoire n'a ni dégagé ni apprécié ces principes de la doctrine d'Auguste Comte. « Puisque la religion, dit ce dernier, embrasse toute notre existence, son histoire doit être un résumé de toute l'histoire de notre développement. » Au delà et au-dessus des détails de nos sciences, ajoute-t-il, se dégage un certain « esprit d'ensemble », une conception générale du monde ; si cette conception est d'accord avec elle-même, si de plus elle est telle qu'elle nous présente un objet auquel nos affections puissent se prendre et une fin que notre activité puisse poursuivre, notre vie acquiert alors l'unité qui lui est nécessaire pour la plus haute efficacité et le plus grand bonheur. La religion, c'est « l'harmonie d'existence ».

Si l'auteur du mémoire n° 3 avait accordé à cette définition toute l'attention qu'elle méritait, il se fût trouvé amené devant le grand problème qui, de nos jours, tourmente les esprits : « Que devient le sentiment religieux devant la science ? » Selon Auguste Comte, la science positive ne décourage le sentiment religieux que lorsqu'elle est simplement considérée sous son aspect astronomique, physico-chimique et même biologique : les progrès de l'astronomie et des autres sciences, en effet, nous ont laissés jusqu'ici en face d'un *milieu* matériel infini, qui nous semble moins ami qu'hostile et contre lequel notre vie est un combat perpétuel. Si Auguste Comte eût pu connaître les théories de Darwin sur la lutte pour l'existence en biologie, elles n'eussent fait que le confirmer dans son opinion que les sciences physiques et naturelles, en laissant subsister devant nous un objet de crainte, semblent supprimer l'objet d'amour. Mais, selon lui, le salut de la religion, en quelque sorte, vient de la sociologie. Cette science, malheureusement trop récente, lui semble appelée, par son futur développement, à restaurer sous une forme nouvelle le sentiment religieux compromis par la cosmologie. La science sociale, en effet, nous met en présence non plus d'un milieu indéterminé et indifférent, ou même hostile, mais d'un milieu vivant et ami où nous retrouvons « d'autres nous-mêmes », où nous vivons d'une vie en commun, aidants et aidés, aimants et aimés. Ce n'est même plus, à vrai dire, un simple milieu ; c'est un être véritable, un organisme dont nous sommes membres, c'est relativement à l'homme, le « grand Être ». La nature, pour nous, c'était fatalité ; la société humaine, pour nous, c'est liberté. Entre l'individu et la nature l'humanité intervient « et la pression générale de la fatalité extérieure, dit Comte, ne tombe plus sur l'individu directement, mais seulement à travers l'interposition de l'humanité ». Or, en traversant ce milieu, la nécessité brute se transforme de plus en plus en une providence salutaire. La nature extérieure change elle-même d'aspect à nos yeux. Ces conditions qui nous paraissaient tout à l'heure si hostiles, elles sont au fond favorables, et il le faut bien, puisqu'en fait nous vivons et nous nous développons. Les positivistes croient même que le sort de l'humanité ira s'améliorant de plus en plus. C'est cette croyance optimiste qui sert de fondement à leur religion, alliance de la philosophie avec une poésie qui n'est pas dupe d'elle-même. L'auteur du mémoire eût dû montrer qu'une poésie qui a ainsi conscience des mythes qu'elle imagine ne saurait plus être une foi vraiment religieuse. Que nous ayons un culte pour l'humanité, rien de plus légitime ; mais pour la terre, le grand Fétiche, avec laquelle nous sommes en lutte journalière, et pour l'espace, le grand Milieu où nous sommes engloutis, voilà qui est plus difficile à comprendre. Pour que la terre et l'espace infini puissent ainsi acquérir un caractère religieux, il faut que, d'un point de vue supérieur au positivisme, ils soient considérés comme faisant partie d'un tout organique et vivant, qui est l'univers. Telle est bien la pensée à laquelle tendait Auguste Comte ; mais il s'est arrêté en route. Après avoir cherché à résoudre l'opposition mutuelle des individus dans une unité supérieure, qui est la société, il aurait dû résoudre l'opposition de la société humaine et de la nature dans une unité plus haute. Il en avait le pressentiment lorsqu'il adorait la Terre et l'Espace, mais, au lieu de ce fétichisme grossier qu'il voulait restaurer par la poésie, Auguste Comte aurait pu, faisant appel à la philosophie même et à la science, adopter la doctrine d'unité et de parenté universelle qui fait le fond de l'idéalisme.

L'évolution religieuse du positivisme n'en est pas moins un des plus instructifs spectacles de l'histoire des idées au XIXe siècle. S'étant interdit au début, comme entachée de métaphysique, toute spéculation sur le fond de la réalité universelle, Auguste Comte est obligé à la fin de briser l'unité du Cosmos, de restreindre l'objet de la religion au monde humain. — Mais, aurait pu lui objecter l'auteur du mémoire, la partie ne peut ainsi se séparer du tout, et la religion, la morale même impliquent des relations universelles. L'essence de la vie religieuse et morale ne consiste pas seulement dans l'harmonie de l'homme avec soi, ni même avec l'humanité ; elle consiste encore dans son harmonie avec l'univers et avec le principe universel. Toute vraie religion est obligée de représenter la nature entière, en apparence immorale et inhumaine, comme un moyen nécessaire pour le développement de la moralité et de l'humanité. De même que l'individu est partie organique de l'humanité, de même l'humanité est partie organique de la nature, dont la conscience individuelle et surtout la conscience sociale nous révèlent l'universelle aspiration. Auguste Comte a lui-même admis, comme fondement de la morale, qu'il existe en nous un principe assez universel pour constituer une communauté entre tous les hommes, mais il n'a pas vu que ce principe est précisément la conscience de soi, qui implique la conception d'autrui et de tous, et qui, par cela même, nous permet de sortir du moi pour « vivre en autrui ». De là résulte la moralité, qui est l'identification de la volonté individuelle à la volonté universelle et, par cela même, le triomphe de la sociabilité embrassant l'infinité des êtres. Auguste Comte a eu le tort de ne pas étendre au monde entier cette idée de société dont il avait si bien compris l'importance : une religion humaine et terrestre est insuffisante ; ce qui est nécessaire à un être capable de concevoir l'univers, c'est une religion universelle. « Vivre en autrui » doit aboutir à vivre la vie du tout.

La conclusion qui ressort de la lecture des trois mémoires envoyés à l'Académie, quoique aucun des auteurs ne l'ait dégagée, c'est que le positivisme a eu le double mérite : 1° de constituer scientifiquement la sociologie; 2° de voir dans la sociologie même un moyen d'arriver à une nouvelle et définitive systématisation de toutes les sciences. A la sociologie, selon Auguste Comte, appartiendra un jour la prédominance théorique et pratique, parce que l'état social est l'état supérieur auquel l'existence peut atteindre et que le « supérieur est la véritable explication de l'inférieur ». Dans le matérialisme, comme nous l'avons dit, Auguste Comte voyait une négation de cette importante vérité ; par cela même il aspirait sans s'en douter à l'idéalisme, qui, en représentant l'existence comme foncièrement sociale, la représente par cela même comme foncièrement psychique. Auguste Comte a très bien aperçu lui-même la nouveauté de son « point de vue sociologique universel », par rapport au point de vue individualiste de la métaphysique cartésienne. Descartes, dans le monde subjectif, avait vu surtout la pensée individuelle se posant en face de tout le reste, par la conscience de soi; dans le monde subjectif, il n'avait vu d'universel que les mathématiques; Auguste Comte élève avec raison, lui aussi, le monde subjectif au-dessus de l'autre, mais il a le tort de supprimer le point de vue de la conscience individuelle; aussi finit-il par subordonner tout à l'idée de société. Et comme la société, ainsi conçue, est encore un « objet », nous avons vu l'apparent subjectivisme de Comte demeurer un réel objectivisme, où d'ailleurs le fait dominateur n'est plus le fait « mécanique », ni même le fait « organique » ou vital, mais le fait de « l'association ».

Les trois plus graves défauts du positivisme ont été, en premier lieu, la négation de la psychologie; en second lieu, comme conséquence, une idée fausse de la métaphysique, cette recherche du réel qu'Auguste Comte prend pour une spéculation sur les entités; en troisième lieu, une idée incomplète de la religion, conçue comme humaine et non universelle. Si Auguste Comte n'avait pas négligé la perspective de la conscience, s'il avait maintenu avec Descartes le monde intérieur, il se serait élevé à une plus haute interprétation du monde extérieur lui-même, envisagé non plus comme essentiellement mécanique, mais comme essentiellement sociologique, par cela même moral et religieux. La philosophie future devra, croyons-nous, compléter ces divers points de vue l'un par l'autre; mais, à quelque résultat qu'elle arrive, la tentative positiviste aura contribué, pour sa part, aux progrès de cette philosophie qu'un antique préjugé se figure immobile et qui, au contraire, comme la science même dont elle s'inspire et qu'elle inspire, est en ascension perpétuelle vers de plus larges horizons.

Devant les résultats du concours sur le positivisme, la section de philosophie estime qu'il n'y a pas lieu de décerner le prix. Mais, malgré l'insuffisance du mémoire n° 3 en ce qui concerce la discussion et appréciation du positivisme, la section de philosophie, tenant compte à l'auteur de la conscience apportée à l'exposition complète du système d'Auguste Comte, ainsi que des connaissances scientifiques dont il a fait preuve, propose de lui décerner une récompense de deux mille francs. En même temps, elle propose une récompense de cinq cents francs pour l'auteur du mémoire n° 2, où se reconnaît un effort de dialectique non toujours heureux, mais toujours digne d'éloges[1].

Le rapporteur,

Alfred Fouillée.

[1] L'auteur du mémoire n° 3 est M. Charles Laurens, ancien élève de l'Ecole normale supérieure, professeur honoraire à l'Ecole supérieure des sciences et au lycée Corneille, de Rouen. L'auteur du mémoire n° 2 est M. Jean Halleux, de Gand.

TABLE DES MATIÈRES

CHAPITRE VI

CHAPITRE VII

CHAPITRE VIII

LIVRE II

CHAPITRE PREMIER

CHAPITRE II

CHAPITRE III

CHAPITRE IV

CHAPITRE V

CHAPITRE VI

CHAPITRE VII

CHAPITRE VIII

APPENDICE

ÉVREUX, IMPRIMERIE DE CHARLES HÉRISSEY

www.ingramcontent.com/pod-product-compliance
Ingram Content Group UK Ltd.
Pitfield, Milton Keynes, MK11 3LW, UK
UKHW022326190726
13856UKWH00001B/236